Die Gestaltung des Arbeitsvertrags durch Tarifvertrag im spanischen Recht

Europäische Hochschulschriften Recht

European University Studies in Law

Publications Universitaires Européennes de Droit

BAND 6834

Vanessa Marrone

Die Gestaltung des Arbeitsvertrags durch Tarifvertrag im spanischen Recht

PETER LANG
Berlin · Bruxelles · Chennai · Lausanne · New York · Oxford

Bibliografische Information der Deutschen Nationalbibliothek
Die Deutsche Nationalbibliothek verzeichnet diese Publikation in der Deutschen Nationalbibliografie; detaillierte bibliografische Daten sind im Internet über http://dnb.d-nb.de abrufbar.

Zugl.: Freiburg (Breisgau), Univ., Diss., 2025

DE-25
ISSN 3052-8291 (Print)
ISSN 3052-8305 (eBook)
ISBN 978-3-631-94330-4 (Print)
ISBN 978-3-631-94343-4 (ePDF)
ISBN 978-3-631-94344-1 (ePUB)
DOI 10.3726/b23205

Verlegt durch Peter Lang GmbH, Berlin, Deutschland

info@peterlang.com

www.peterlang.com

Kontakt zur Verordnung über die allgemeine Produktsicherheit (GPSR):
gpsr@peterlang.com

Meinen Eltern

Inhaltsverzeichnis

Vorwort

Die vorliegende Arbeit wurde im Sommersemester 2025 von der Rechtswissenschaftlichen Fakultät der Albert-Ludwigs-Universität Freiburg als Dissertation angenommen. Rechtsprechung und Literatur wurden bis einschließlich August 2024 berücksichtigt.

Zunächst gilt mein besonderer Dank meinem Doktorvater, Herrn Prof. Dr. Sebastian Krebber, LL.M. (Georgetown), der mir in jeder Phase meiner Promotion mit konstruktiven Vorschlägen zur Seite stand und zum erfolgreichen Gelingen dieser Arbeit maßgeblich beigetragen hat. Frau Prof. Dr. Katharina von Koppenfels-Spies danke ich für die zügige Erstellung des Zweitgutachtens.

Danken möchte ich zudem José Maria Goerlich Peset, der die Arbeit während meines mehrwöchigen Forschungsaufenthalts an der Universidad de Valencia durch wertvolle Ratschläge und anregende Diskussionen zum spanischen Tarifrecht gefördert und meinen Blickwinkel auf das spanische Tarifrecht um Erfahrungen aus der Praxis erweitert hat. Besonderer Dank gilt auch meinen Freunden, die mich auf verschiedene Weise in meinem Promotionsvorhaben bestärkt haben und stets ein offenes Ohr für mich hatten.

Mein größter Dank gebührt schließlich meinen Eltern Bettina und Giuseppe Marrone, die mich auf meinem gesamten Ausbildungsweg bedingungslos unterstützt und ermutigt haben. Ihnen ist diese Arbeit gewidmet.

Freiburg, im Juli 2025

Vanessa Marrone

Vorbemerkung

Aus Gründen der besseren Lesbarkeit wird bei Personenbezeichnungen und personenbezogenen Hauptwörtern das generische Maskulinum verwendet. Entsprechende Begriffe gelten im Sinne der Gleichbehandlung grundsätzlich für alle Geschlechter.

Zur Identifizierung der in den Fußnoten genannten Urteile des Obersten Gerichtshofs *(Tribunal Supremo)*, des Nationalgerichts *(Audiencia Nacional)* sowie der regionalen Obersten Gerichte der Autonomen Gemeinschaften *(Tribunales Superiores de Justicia)* wurde jeweils die Nummer der Amtlichen Rechtsprechungssammlung *(Repertorio Oficial de Jurisprudencia* – abgek. ROJ), verbunden mit dem Datum der Urteilsverkündung zitiert. Für Urteile des Verfassungsgerichts *(Tribunal Constitucional)* wurden jeweils die Nummer und das Datum des Urteils zitiert.

Abkürzungsverzeichnis

a.A.	andere(r) Ansicht
a.a.O.	am angegebenen Ort
abgek.	abgekürzt
Abs.	Absatz, Absätze
ACOAUTO	Verband der Autohändler der Provinz Cadiz (Asociación de concesionarios de automóviles de la provincia de Cádiz)
a.E.	am Ende
a.F.	alte Fassung
Alt.	Alternative(n)
Anm.	Anmerkung
arg.	argumentum
arg. e contr.	argumentum e contrario
Art.	Artikel
ASORECA	Verband der Reparaturwerkstätten in der Provinz Cadiz (Asociación reparadores automóviles de la provincia de Cádiz)
ATC	Beschluss des Spanischen Verfassungsgerichts (Auto del Tribunal Constitucional)
ATS	Beschluss des Obersten Gerichtshofs (Auto del Tribunal Supremo)
AuA	Arbeit und Arbeitsrecht
Auff.	Auffassung
Aufl.	Auflage
AuR	Arbeit und Recht
ausdr.	ausdrücklich

ausf.	ausführlich
Az.	Aktenzeichen
BAG	Bundesarbeitsgericht
Bd.	Band
BeckOK	Beck'scher Online-Kommentar
Begr.	Begründung
Beil.	Beilage(n)
Beschl.	Beschluss
BetrVG	Betriebsverfassungsgesetz vom 25.09.2001 (BGBl. I S. 2518), zuletzt geändert durch Art. 1 des Gesetzes vom 19.07.2024 (BGBl. I S. 248)
BGB	Bürgerliches Gesetzbuch vom 02.01.2002 (BGBl. I S. 42, 2909; 2003 I S. 738), zuletzt geändert durch Art. 9 des Gesetzes vom 16.07.2024 (BGBl. I Nr. 240)
BGBl.	Bundesgesetzblatt
BO	Gesetzblatt der Autonomen Gemeinschaft (Boletín Oficial de [Comunidad Autónoma])
BOE	Bundesgesetzblatt (Boletín Oficial del Estado)
BOP	Gesetzesblatt der Provinz (Boletín Oficial de la Provincia)
bspw.	beispielsweise
BVerfG	Bundesverfassungsgericht
bzw.	beziehungsweise
ca.	circa
CA	Autonome Gemeinschaft (Comunidad Autónoma)
CCNCC	Nationaler beratender Ausschuss für Tarifverträge (Comisión Consultiva Nacional de Convenios Colectivos)
CIG	Galizischer Gewerkschaftsbund (Confederación Intersindical Galega)
CSIF	Gewerkschaft der Beamten (Central Sindical Independiente y de Funcionarios)
dass.	dasselbe
ders.	derselbe
d.h.	das heißt
dies.	dieselbe
DRdA	Das Recht der Arbeit (Österreich)
DuR	Demokratie und Recht

e.A.	eine(r) Ansicht
ELA-STV	Baskische Arbeitersolidarität (Euzko Langilleen Alkartasuna – Solidaridad de Trabajadores Vascos)
et al.	et alii (und andere)
etc.	et cetera (und so weiter)
EUR	Euro
EuZA	Europäische Zeitschrift für Wirtschaftsrecht
f./ff.	folgende Seite(n)
FEMCA	Verband der Metallunternehmen in der Provinz Cadiz (Federación de Empresas de Metal de la provincia de Cádiz)
Fn.	Fußnote
gem.	gemäß
GewO	Gewerbeordnung vom 22.02.1999 (BGBl. I S. 202), zuletzt geändert durch Art. 6 des Gesetzes vom 19.07.2024 (BGBl. I Nr. 245)
GG	Grundgesetz, zuletzt geändert durch Art. 1 des Gesetzes vom 19.12.2022 (BGBl. I S. 2478)
ggf.	gegebenenfalls
grds.	grundsätzlich
h.M.	herrschende Meinung
Hrsg.	Herausgeber/in
HS.	Halbsatz
IC	Gewerkschaft der Kanaren (Intersindical Canaria)
i.d.F.	in der Fassung
i.d.R.	in der Regel
i.d.S.	in diesem Sinne
i.e.	id est (das heißt, das ist)
i.E.	im Einzelnen
i.Erg.	im Ergebnis
i.e.S.	im engeren Sinne
insb.	insbesondere
inkl.	inklusive
i.R.d.	im Rahmen des/der
i.R.v.	im Rahmen von
i.S.d.	im Sinne des/der
i.S.v.	im Sinne von

i.S.e.	im Sinne eines/einer
i.V.m.	in Verbindung mit
JuS	Juristische Schulung
JZ	JuristenZeitung
KJ	Kritische Justiz
krit.	kritisch
LAB	Baskische Arbeiterkommissionen (Languile Abertzaleen Batzordeak – Comisiones de Obreros Abertzales)
lit.	littera (Buchstabe)
MiLoG	Gesetz zur Regelung eines allgemeinen Mindestlohns vom 11.08.2014 (BGBl. I S. 1348), zuletzt geändert durch Art. 2 des Gesetzes vom 28.06.2023 (BGBl. I Nr. 172)
m.w.N.	mit weiteren Nachweisen
n./Nr.	Nummer(n)
n.F.	neue Fassung
NJW	Neue Juristische Wochenschrift
NZA	Neue Zeitschrift für Arbeitsrecht
o.a.	oben angegebene/r/s
o.Ä./o.ä.	oder Ähnliches, oder ähnliche
OCCA	Gewerkschaft der Fluglotsen (Organización de Controladores de la Circulación Aérea)
o.g.	oben genannt/e/n
RdA	Recht der Arbeit
Rn.	Randnummer(n)
ROJ	Amtliche Rechtsprechungssammlung (Repertorio Oficial de Jurisprudencia)
Rspr.	Rechtsprechung
s.	siehe
S.	Seite(n), Satz
SAN	Urteil des Nationalgerichts (Sentencia Audiencia Nacional: insb. zuständig für die in Art. 8.1, 2 lit. f, g, h, j, k, l LJS genannten besonderen Belange des kollektiven Arbeitsrechts und der Tarifautonomie, die mehr als eine Autonome Gemeinschaft betreffen)
sog.	sogenannt/e/er/es

SPICA	unabhängige Gewerkschaft der Fluglotsen (Sindicato profesional independiente de Controladores Aéreos)
STC	Urteil des Verfassungsgerichts (Sentencia del Tribunal Constitucional)
STCT	Urteil des zentralen Arbeitsgerichts (Tribunal Central de Trabajo: mit Acuerdo de 10 de mayo de 1989 aufgelöstes Gericht, dessen Aufgaben jetzt die Audiencia Nacional und die regionalen Obersten Gerichte übernehmen)
st. Rspr.	ständige Rechtsprechung
str.	streitig
STS	Urteil des Obersten Gerichtshofs (Sentencia del Tribunal Supremo)
STSJ	Urteil des Obersten Gerichts der jeweiligen Autonomen Gemeinschaft (Sentencia del Tribunal Superior de Justicia)
TVG	Tarifvertragsgesetz vom 25.08.1969 (BGBl. I S. 1323), zuletzt geändert durch Gesetz vom 20.05.2020 (BGBl. I S. 1055)
u.a.	unter anderem
UAbs.	Unterabsatz
Urt.	Urteil
USCA	Gewerkschaft der Fluglotsen (Unión Sindical de Controladores Aéreos)
u.s.w.	und so weiter
v.	von, vom
Var.	Variante(n)
vgl.	vergleiche
z.B.	zum Beispiel
ZEuP	Zeitschrift für Europäisches Privatrecht
ZfA	Zeitschrift für Arbeitsrecht
ZIAS	Zeitschrift für ausländisches und internationales Arbeits- und Sozialrecht
zit.	zitiert
zust.	zustimmend
zutr.	zutreffend
ZVglRWiss	Zeitschrift für Vergleichende Rechtswissenschaft

Einleitung und Grundlagen

A. Untersuchungsgegenstand

Mit steigenden Tariflöhnen im spanischen Frauenfußball[1] und dem ersten Branchentarifvertrag für Rettungsschwimmer auf den Balearen[2] erregte der Abschluss spanischer Tarifverträge auch über die spanischen Landesgrenzen hinaus in jüngster Zeit Aufmerksamkeit. Die in Spanien mehrheitlich abgeschlossenen, sog. statutarischen Tarifverträge zeichnen sich dadurch aus, dass sie mitgliederunabhängig für alle Arbeitnehmer und Arbeitgeber des festgelegten Anwendungsbereichs Wirkung entfalten. Der statutarische Tarifvertrag, der im spanischen Arbeitsgesetz, dem sog. Arbeitnehmerstatut[3]

---

1 „Spaniens Fußballerinnen beenden Streik" vom 14.09.2023, www.spiegel.de/sport/fussball/spaniens-fussballerinnen-beenden-streik-a-dc947b1e-ea4c-4297-baf7-5c57e882f76f (zuletzt abgerufen am 01.03.2026).

2 „30 Prozent Lohnerhöhung: Rettungsschwimmer auf Mallorca bekommen Tarifvertrag" vom 02.11.2022, www.mallorcazeitung.es/arbeiten/2022/11/02/30-prozent-lohnerhoehung-rettungsschwimmer-78040420.html#:~:text=Mit%20dem%20Tarifvertrag%20verbessert%20sich,am%20Strand%20erhalten%201.400%20Euro und „Los socorristas de Baleares consiguen firmar su primer convenio" vom 02.11.2022, www.diariodemallorca.es/mallorca/2022/11/02/socorristas-baleares-firmar-primer-convenio-78043330.html (jeweils zuletzt abgerufen am 01.03.2026). Der Tarifvertrag ist veröffentlicht in BO de las Islas Baleares 21/2023, S. 7510–7537, abrufbar unter https://intranet.caib.es/eboibfront/es/2023/11696/670092/resolucion-del-consejero-de-modelo-economico-turis (zuletzt abgerufen am 01.03.2026).

3 Die Übersetzung der spanischen Fachbegriffe richtet sich in der vorliegenden Arbeit nach Garay y Chamizo, Rechtswörterbuch und Becher/Schlüter-Ellner, Wörterbuch Recht und Wirtschaft. Soweit keine offizielle Übersetzung existiert, erfolgt die Übersetzung durch die Verfasserin.

(*Estatuto de los Trabajadores*)[4] geregelt ist, sieht damit eine Erga-Omnes-Wirkung vor.[5] Zum Schutz Nicht- und Andersorganisierter, die von der Erga-Omnes-Wirkung erfasst werden, normiert der Gesetzgeber umfangreiche Vorschriften in Titel III (Art. 82–92) des Arbeitnehmerstatuts, z.B. zu einzuhaltenden Verfahrensschritten, Mindestinhalten oder Modifizierungsmöglichkeiten der Tarifverträge. Auf diese Weise interveniert er in die Ausübung der Tarifautonomie durch die Tarifvertragsparteien. Werden die Vorgaben der Art. 82 ff. Arbeitnehmerstatut durch die tarifvertragschließenden Parteien erfüllt, tritt gem. Art. 82.3 Arbeitnehmerstatut *ex lege* eine Wirkung für organisierte Arbeitnehmer und Arbeitgeber sowie für nicht und anders organisierte Arbeitnehmer und Arbeitgeber ein.[6] Zentrale Voraussetzung und Legitimationserfordernis der Erga-Omnes-Wirkung ist die in Art. 87, 88, 89 Arbeitnehmerstatut normierte Repräsentativität der tarifvertragschließenden Gewerkschaft bzw. des tarifvertragschließenden Arbeitgeberverbands. Für erstere konkretisiert das Organgesetz über die Gewerkschaftsfreiheit (*Ley Orgánica*[7] *de Libertad Sindical*)[8] die Erfordernisse des Art. 87 Arbeitnehmerstatut. Die Repräsentativität stellt sicher, dass die tarifvertragschließenden Parteien über ausreichende demokratische Legitimation zur Rechtsetzung gegenüber den betroffenen Arbeitnehmern und Arbeitgebern verfügen.[9] Tarifverträge, die in ihrem Anwendungsbereich über die Unternehmensebene hinausgehen, können auf Arbeitnehmerseite nur Gewerkschaften abschließen.[10] Beschränkt sich der tarifvertragliche Anwendungsbereich

---

4 Real Decreto Legislativo 2/2015, de 23 de octubre, por el que se aprueba el texto refundido de la Ley del Estatuto de los Trabajadores (BOE n. 255, de 24.10.2015), zuletzt geändert durch Art. 14 und Disposición final 9 Ley Orgánica 2/2024, de 1 de agosto (BOE n. 186, de 02.08.2024).

5 Vgl. in Kapitel 2 B.

6 Vgl. in Kapitel 2 B.

7 Organgesetze *(Leyes Orgánicas)* gestalten die Grundrechte und die öffentlichen Freiheiten, das allgemeine Wahlsystem und sonstige in der Verfassung vorgesehene Materien aus. Für ihre Verabschiedung, Änderung oder Aufhebung ist eine absolute Mehrheit erforderlich, Art. 81 Spanische Verfassung.

8 Ley Orgánica 11/1985, de 2 de agosto, de Libertad Sindical (BOE n. 189, de 08.08.1985), zuletzt geändert durch Art. 13 Ley Orgánica 2/2024, de 1 de agosto (BOE n. 186, de 02.08.2024).

9 Vgl. in Kapitel 1 B.III.2.a.aa.

10 Vgl. in Kapitel 1 B.III.2.b.bb(2)(a).

funktional auf die Unternehmensebene oder die Ebenen darunter, z.B. den Betrieb, Betriebsteile oder einzelne Abteilungen, sind im Gegensatz zum zuvor Genannten neben Gewerkschaften betriebliche Einheitsvertretungen zu Tarifabschlüssen berechtigt.[11] Die Einheitsvertretungen weisen Parallelen zu den Betriebsräten auf, unterscheiden sich jedoch in wesentlichen Elementen von der deutschen Konstruktion, z.B. in der Berechtigung zu Tarifverhandlungen und der starken rechtlichen Verknüpfung mit Gewerkschaften.[12] Im Folgenden spricht die Arbeit daher abweichend von der deutschen Terminologie von Einheitsvertretungen.[13]

Neben dem genannten statutarischen Tarifvertrag ist trotz einer fehlenden einfachgesetzlichen Normierung die Möglichkeit eines außerhalb des Arbeitnehmerstatuts existierenden, außerstatutarischen Tarifvertrags allgemein anerkannt. Dessen Zulässigkeit wird unmittelbar aus Art. 37.1 der Spanischen Verfassung (*Constitución Española*[14]) abgeleitet.[15] Die Besonderheit der Tarifvertragsform liegt darin, dass diesen auch nicht-repräsentative Verbände abschließen können.[16] Die Wirkung des außerstatutarischen Tarifvertrags ist mitgliederbezogen[17] und nach mehrheitlicher Ansicht ebenfalls normativ, wobei aber eine starke Gegenmeinung eine schuldrechtliche Wirkung annehmen möchte.[18]

Als dritte Kategorie kollektiver Vereinbarungen können Kollektivvereinbarungen auf Unternehmensebene getroffen werden. Es handelt sich nicht um Betriebsvereinbarungen i.S. des deutschen Rechts.[19] Die im deutschen Recht verankerte, strikte Unterscheidung von Tarifvertrag und Betriebsvereinbarung existiert im spanischen Recht nicht.[20] Ob es sich um eine Form

---

11 Vgl. in Kapitel 1 B.III.2.b.bb(1)(a).

12 Vgl. in Kapitel 1 B.I.3.a.aa(2)(b).

13 Auch Däubler, in: Däubler, Arbeitsbeziehungen in Spanien, S. 7, 19 stellt fest, dass der Begriff „Betriebsrat" nicht adäquat für die spanische Konstruktion der betrieblichen Interessenvertretung genutzt werden kann.

14 Constitución Española (BOE n. 311, de 29.12.1978), zuletzt geändert durch Reforma de 15 de febrero de 2024 (BOE n. 43, de 17.02.2024).

15 Vgl. in Kapitel 1 B.II.1.a.aa.

16 Vgl. in Kapitel 1 B.III.3.a.

17 Vgl. in Kapitel 2 C.

18 Vgl. in Kapitel 3 B.

19 Vgl. in Kapitel 1 B.II.2.e.dd.

20 Vgl. rechtsvergleichend: Junker, RdA-Beilage 2009, 4, 10.

des Tarifvertrags oder eine Vereinbarung *sui generis* handelt, ist streitig.[21] Das Verhältnis zwischen den Kollektivvereinbarungen und dem statutarischen und außerstatutarischen Tarifvertrag beurteilt sich je nach Einzelfall: Die Kollektivvereinbarung kann subsidiär, ergänzend, aber auch ausnahmsweise gem. Art. 41 und 82.3 Arbeitnehmerstatut modifizierend zu den Tarifverträgen sein.[22] Bei der Analyse der Wirkung von statutarischen und außerstatutarischen Tarifverträgen muss die Kollektivvereinbarung daher ebenfalls berücksichtigt werden.

Diese kurz dargestellten, zentralen Charakteristika des spanischen Tarifrechts dienen einem ersten Überblick über das spanische Tarifsystem und werden in den folgenden Kapiteln dieser Arbeit tiefergehend untersucht. Ausgehend von einer ausführlichen Darstellung der verfassungsrechtlichen Grundlagen erläutert diese Arbeit die geltenden, gesetzlichen Vorgaben. Sie stellt die Wirkungen von statutarischen sowie außerstatutarischen Tarifverträgen und Kollektivvereinbarungen der Unternehmensebene einander gegenüber. Den Gesetzesänderungen durch das Königliche Gesetzesdekret[23] 32/2021[24] kommt dabei eine besondere Bedeutung zu.

B. Stand der Forschung

Zu Fragen des spanischen Tarifrechts gibt es bislang eine Erörterung des spanischen Tarifrechts von *Abele* mit schwerpunktmäßiger Betrachtung der historischen Perspektive.[25] *Schramm* analysiert die Rechte und Pflichten der Gewerkschaften bezogen auf den Betrieb.[26] *Selenkewitsch* erläutert das

---

21 Vgl. in Kapitel 1 B.II.2.e.cc.

22 Vgl. in Kapitel 1 B.II.2.e.bb.

23 Das Königliche Gesetzesdekret *(Real Decreto-ley)* wird in Ausnahmefällen bei dringender Notwendigkeit durch die Regierung beschlossen und erst nachträglich durch das Parlament validiert. Es darf nicht Materien zur Organisation der grundlegenden staatlichen Institutionen, die in Titel I der Verfassung geregelten Rechte, Pflichten und Freiheiten der Bürger, das System der Autonomen Gemeinschaften und das allgemeine Wahlrecht regeln, Art. 86 Spanische Verfassung.

24 Real Decreto-ley 32/2021, de 28 de diciembre, de medidas urgentes para la reforma laboral, la garantía de la estabilidad en el empleo y la transformación del mercado de trabajo (BOE n. 313, de 30.12.2021).

25 Abele, Tarifrecht in Spanien.

26 Schramm, Die Rechte der Gewerkschaften im Betrieb nach spanischem Recht.

spanische Tarifrecht mit Fokus auf Arbeitszeitregelungen.[27] Nach der Veröffentlichung verabschiedete, relevante Gesetzesänderungen, insbesondere die Neuerungen der Reformen von 2012 und 2021, konnten von *Selenkewitsch* allerdings noch nicht dargestellt werden. *Hartmann* stellt das spanische Tarifvertragssystem überblicksartig dar und prüft die Außenseiterwirkung und mögliche Verletzungen der negativen Koalitionsfreiheit.[28] In der rechtsvergleichenden Arbeit von *Kamanabrou*[29] werden in Länderberichten, auch zu Spanien,[30] die verschiedenen gewerkschaftlichen Strukturen und Vorschriften des Tarifrechts dargestellt und mit der Idee einer Übertragung der Erga-Omnes-Wirkung auf das deutsche Tarifrecht erörtert. In der deutschen Literatur fehlt es jedoch bisher an einer Arbeit, die die Gestaltungsmöglichkeiten der Arbeitsverhältnisse durch die spanischen Tarifverträge und die Dispositionsbefugnisse der Tarifvertragsparteien unter Berücksichtigung aktueller Rechtsprechung analysiert. Außerdem fehlt es bislang an einer Gegenüberstellung der Wirkungen der verschiedenen Formen von Kollektivvereinbarungen und Tarifverträgen.

C. Gang der Untersuchung

Die vorliegende Arbeit analysiert in Kapitel 1 die tatsächlichen und rechtlichen Rahmenbedingungen des Tarifsystems in Spanien. Neben der Darstellung der Gewerkschaftslandschaft und des Organisationsgrades erläutert sie die verfassungsrechtlichen Grundlagen des Tarifsystems, die Gesamtrepräsentationsfunktion von Verbänden, deren institutionelle Vertretungsfunktion und die Tarifautonomie als originäre Macht der Verbände. Es wird geprüft, inwieweit sich die tariflichen Betätigungen von Gewerkschaften und Einheitsvertretungen überschneiden und welche verfassungsrechtlichen Problematiken die Überschneidung verursachen kann. Weiter kategorisiert die Arbeit die verschiedenen Formen kollektiver Vereinbarungen und untersucht die Legitimation der Tarifvertragsparteien zur Rechtsetzung gegenüber den tarifgebundenen Arbeitnehmern und Arbeitgebern.

---

27 Selenkewitsch, Spanisches Tarifrecht.
28 Hartmann, Negative Tarifvertragsfreiheit, zu Spanien auf S. 413–417.
29 Kamanabrou, Erga-Omnes-Wirkung.
30 Paßmann, in: Kamanabrou, Erga-Omnes-Wirkung, S. 261 ff.

Kapitel 2 analysiert den Umfang der Tarifbindung. In einem ersten Abschnitt wird die Erga-Omnes-Wirkung der statutarischen Tarifverträge erläutert. Es wird untersucht, wie sich die umfangreiche, staatliche Regulierung in Art. 82–92 Arbeitnehmerstatut auf das Gesamtgefüge des Tarifrechts auswirken kann. Daher legt die vorliegende Arbeit einen besonderen Fokus auf die rechtstechnische Gestaltung der gesetzlichen Regelungen und die Prüfung deren Verfassungsmäßigkeit. Weiter analysiert dieser erste Abschnitt den Anwendungsvorrang von Unternehmenstarifverträgen gegenüber Branchentarifverträgen und Tarifverträgen unter der Unternehmensebene gem. Art. 84.2 Arbeitnehmerstatut als Ausnahme der Erga-Omnes-Wirkung. Der zweite Abschnitt stellt der umfangreichen Erga-Omnes-Wirkung die mitgliederbezogene Wirkung außerstatutarischer Tarifverträge gegenüber. Zuletzt werden die Wirkungen der Kollektivvereinbarungen auf Unternehmensebene mit den tarifvertraglichen Wirkungen der statutarischen und außerstatutarischen Tarifverträge verglichen.

Kapitel 3 untersucht die normative Wirkung des statutarischen Tarifvertrags und stellt sie der normativen bzw. der von einer starken Mindermeinung vertretenen schuldrechtlichen Wirkung der außerstatutarischen Tarifverträge gegenüber. Im Verhältnis zwischen Tarifvertrag und Arbeitsvertrag untersucht die Arbeit die Einwirkungsmöglichkeiten, Dispositionsbefugnisse und mögliche Rechtsetzungsprärogativen der tarifvertragschließenden Parteien. Auch Ausnahmen zu den Wirkungen der Tarifverträge, insbesondere gesetzliche Öffnungsklauseln sowie die individualvertraglichen Abweichungsmöglichkeiten von Tarifvertragsinhalten sollen analysiert werden.

Kapitel 4 fasst die in der Literatur derzeit diskutierten Reformvorschläge zusammen, gibt einen kurzen Ausblick auf die Zukunft des spanischen Tarifrechts und ordnet das spanische Tarifsystem abschließend ein.

Insgesamt soll unter Berücksichtigung des deutschen Tarifrechts eine systematisierende Einordnung des spanischen Tarifrechts erfolgen. Es soll bewertet werden, inwieweit die etablierten Regelungen des spanischen Rechts das Gesamtgefüge flexibler machen. Herausforderungen einer umfangreichen, gesetzlichen Regulierung des Tarifrechts und die Auswirkungen auf Tarif- und Privatautonomie sollen erkannt und erörtert werden. Die vom deutschen System abweichende Gewerkschaftsstruktur in Richtungsgewerkschaften und das Verhältnis zwischen der weitgehenden, staatlichen Gesetzgebung einerseits und der Selbstbestimmung der Gewerkschaften und

Arbeitgeberverbänden andererseits können für die deutsche Rechtswissenschaft erkenntnisbringend sein. Diese Arbeit bezweckt zwar keine Übertragung der spanischen Strukturen auf das deutsche Tarifrecht, die Betrachtung der spanischen, legislativen Gestaltungen kann aber Ideen zur Sicherstellung einer ausreichenden tarifvertraglichen Wirkungsbreite liefern.[31]

---

31 Vgl. auch zu dieser Zielrichtung bei einer Betrachtung des spanischen Rechts: Seiwerth, EuZA 2014, 450, 458, 461.

Rahmenbedingungen bei der tariflichen Gestaltung von Arbeitsverträgen

Art und Umfang der tariflichen Gestaltungsmöglichkeiten unterliegen verschiedenen Rahmenbedingungen, die das folgende Kapitel erläutert. Zunächst werden die Gestaltungsmöglichkeiten durch tatsächliche Gegebenheiten definiert (unter A.). In diesem Zusammenhang sind die Gewerkschaftslandschaft und die Organisationsstrukturen der Arbeitgeberverbände, der gewerkschaftliche Organisationsgrad sowie die historisch bedingte gesetzliche Regulierung vieler aus deutscher Sicht eigentlich tarifüblicher Regelungen zu erörtern. Zweiter Ausgangspunkt der Rahmenbedingungen sind die rechtlichen Vorgaben der Verfassung, des Arbeitnehmerstatuts und des Organgesetzes über die Gewerkschaftsfreiheit (unter B.). Innerhalb dieses Abschnitts werden die Legitimationserfordernisse für die Vereinbarung von statutarischen und außerstatutarischen Tarifverträgen sowie Kollektivvereinbarungen analysiert. Je nach Form der kollektiven Vereinbarung gelten unterschiedliche Anforderungen an die tarifvertragschließenden Subjekte und das einzuhaltende Verfahren.

A. Tatsächliche Rahmenbedingungen

I. Gewerkschaftslandschaft und Arbeitgeberverbände in Spanien

Die spanische Gewerkschaftslandschaft setzt sich aus Richtungsgewerkschaften zusammen, deren ideologische und politische Unterscheidung historisch bedingt ist.[32] Die zwei größten Dachverbände sind die kommunistisch orientierten Arbeiterkommissionen (*Comisiones Obreras*) und die sozialistische Allgemeine Arbeitergewerkschaft Spaniens (*Unión General de Trabajadores*). Die *Unión General de Trabajadores* registrierte zuletzt 983.521 Mitglieder, erfasst aber durch erga omnes wirkende Tarifverträge ungefähr 11 Millionen Arbeitnehmer in 1,1 Millionen Unternehmen.[33] Bei einer Gesamtzahl von ca. 21,7 Millionen Arbeitnehmern in Spanien[34] sind damit mehr als 50 % aller Arbeitnehmer an diese Tarifverträge gebunden. Bei den Wahlen zu den Einheitsvertretungen im Unternehmen vertrat die *Unión General de Trabajadores* zuletzt 32,2 % der Arbeitnehmer.[35] Die *Comisiones Obreras* haben nach eigenen Angaben fast eine Million Mitglieder und 100.000 gewerkschaftliche Vertreter in Einheitsvertretungen.[36] Neben den zwei großen Dachverbänden haben sich als regionale Gewerkschaften auf Ebene der Autonomen Gemeinschaften die sozial-katholische Baskische Arbeitersolidarität (*Euzko Langilleen Alkartasuna-Solidaidad de Trabajadores Vascos*), die Baskischen Arbeiterkommissionen (*Languile Abertzaleen Batzordeak*) und der Galizische Gewerkschaftsbund (*Confederación Intersindical Galega*) gebildet. Alle genannten Gewerkschaften bzw. Gewerkschaftsbünde erfüllen die Repräsentativitätserfordernisse des Arbeitnehmerstatuts und sind auf gesamtstaatlicher Ebene bzw. auf Ebene der jeweiligen Autonomen Gemeinschaft berechtigt, statutarische Tarifverträge mit Erga-Omnes-Wirkung zu vereinbaren.[37]

Auf Arbeitgeberseite vertritt der repräsentative Spanische Verband der Arbeitgeberverbände (*Confederación Española de Organizaciones Empresariales*) mehr als drei Millionen Arbeitgeber jeden Sektors auf dem gesamten spanischen Staatsgebiet.[38] Mitglieder der *Confederación Española de Organizaciones*

---

32 Palomeque López/Álvarez de la Rosa, Derecho del trabajo, S. 336; Köhler/Calleja Jiménez, in: Hekimler/Ring, Tarifrecht in Europa, S. 313, 316–319. Zur Geschichte spanischer Gewerkschaften vgl. Führer-Ries, Gewerkschaften in Spanien, S. 26 ff.

33 www.ugt.es/que-es-ugt (zuletzt abgerufen am 01.03.2026).

34 Stand 2024, 2. Quartal, vgl. www.ine.es/dyngs/INEbase/es/operacion.htm?c=Estadistica_C&cid=1254736176918&menu=ultiDatos&idp=1254735976595 (zuletzt abgerufen am 01.03.2026).

35 www.ugt.es/que-es-ugt (zuletzt abgerufen am 01.03.2026).

36 https://afiliate.ccoo.es/afiliate.htm (zuletzt abgerufen am 01.03.2026).

37 Vgl. in Kapitel 1 B.III.2.b.bb(2)(a)(bb) und Kapitel 1 B.III.2.b.bb(2)(a)(cc).

38 www.ceoe.es/es/conocenos/la-confederacion/que-representamos (zuletzt abgerufen am 01.03.2026).

Empresariales sind Industrieverbände oder Verbände mit einem festgelegten territorialen Gebiet, nicht aber einzelne Unternehmen.[39] Nach eigenen Angaben vertritt die *Confederación Española de Organizaciones Empresariales* ungefähr 4.500 Basisverbände, die sich aus mehr als 50 Regionalverbänden und mehr als 200 Branchenverbänden zusammensetzen.[40] In die *Confederación Española de Organizaciones Empresariales* seit 1980 eingegliedert[41] ist ebenfalls der Spanische Verband der kleinen und mittleren Unternehmen (*Confederación Española de la Pequeña y Mediana Empresa*),[42] der aber weitgehend selbständig und unabhängig von der *Confederación Española de Organizaciones Empresariales* agiert.[43]

II. Der gewerkschaftliche Organisationsgrad

Ähnlich wie in Deutschland[44] ist auch bei spanischen Gewerkschaften ein stetiges Absinken der Mitgliederzahlen erkennbar. Im Jahr 2010 lag der Netto-Organisationsgrad[45] in Spanien bei 18,2 %[46] und im Jahr 2019 bei 12,5 %.[47] Trotz des geringen Organisationsgrades lag der Anteil der Arbeitnehmer,

---

39 www.ceoe.es/es/asociados/miembros-actuales (zuletzt abgerufen am 01.03.2026).

40 www.ceoe.es/es/asociados/miembros-actuales (zuletzt abgerufen am 01.03.2026).

41 Köhler/Calleja Jiménez, in: Hekimler/Ring, Tarifrecht in Europa, S. 313, 320.

42 www.ceoe.es/es/asociados/miembros-actuales/confederacion-espanola-de-la-pequena-y-mediana-empresa-cepyme (zuletzt abgerufen am 01.03.2026).

43 Köhler/Calleja Jiménez, in: Hekimler/Ring, Tarifrecht in Europa, S. 313, 320.

44 Der Netto-Organisationsgrad in Deutschland lag 2021 bei 17,4 %, Fulda, IW Kurzbericht 83/2022, S. 1; vgl. nur beispielhaft die Mitgliederzahlen beim DGB unter www.dgb.de/der-dgb/wer-wir-sind/#c8912, beim DBB unter www.dbb.de/der-dbb.html#:~:text=Mit%20über%201%2C3%20Millionen,Dienst%20und%20im%20privaten%20Dienstleistungssektor und beim Marburger Bund unter www.marburger-bund.de/vorteile (jeweils zuletzt abgerufen am 01.03.2026); zur Auswertung des geringen Organisationsgrades und der daraus resultierenden Schwächung der Tarifautonomie: Seiwerth, EuZA 2014, 450, 450–456.

45 Der Netto-Organisationsgrad beschreibt die Anzahl abhängig beschäftigter Gewerkschaftsmitglieder im Vergleich zur Gesamtzahl der abhängig Beschäftigten, vgl. auch www.samuel-greef.de/gewerkschaften/ (zuletzt abgerufen am 01.03.2026).

46 Appendix A1, Indicators relevant to trade unions in the European Union, S. 8, www.etui.org/sites/default/files/2023-06/Appendix%20A1_Indicators%20relevant%20to%20trade%20unions%20in%20the%20Europea%20Union_2023.pdf (zuletzt abgerufen am 01.03.2026).

47 OECD and AIAS (2021), Institutional Characteristics of Trade Unions, Wage Setting, State Intervention and Social Pacts, OECD Publishing, Paris, S. 2, https://web-archive.

deren Arbeitsverhältnisse von erga omnes wirkenden Tarifverträgen erfasst wurden, im Jahr 2015 bei 79,58 %,[48] 2018 bei 80,1 %[49] und 2023 bei 91,8 %.[50] Im Vergleich hierzu waren in Deutschland 2018 54 % der Beschäftigten an einen Branchen- oder Haustarifvertrag gebunden, während sich 51 % der übrigen nicht-tarifgebundenen Beschäftigten an einem Tarifvertrag orientierten.[51]

III. Historische Einflüsse auf das Tarifrecht

Betrachtet man das Verhältnis des Staates zu den Arbeitnehmer- und Arbeitgebervertretern, zeichnen sich das spanische Arbeitsrecht und insbesondere das Tarifrecht durch eine starke staatliche Regulierung aus: Der Gesetzgeber hat umfangreiche, gesetzliche Regelungen zum Tarifsystem in Art. 82 ff. Arbeitnehmerstatut geschaffen. Grund hierfür ist die Diktatur von Francisco Franco von 1936 bis 1975, in der primär der Staat die Arbeitsbedingungen regelte.[52] Hierdurch sollte bezweckt werden, Rechtssicherheit innerhalb der Tarifautonomie zu schaffen, statt lediglich die rechtlichen Rahmenbedingungen der Tarifverhandlungen rechtssicher zu gestalten.[53] Der Staat regelt oftmals die Arbeitsbedingungen, die ursprünglich Gewerkschaften und Arbeitgeberverbände in Tarifverträgen ausgehandelt hatten, durch Gesetz: Beispielsweise existiert seit 1963[54] ein gesetzlicher Mindestlohn, von dem die Tarifvertragsparteien nur zugunsten der Arbeitnehmer abweichen können.[55] Im Vergleich hierzu wurde der Mindestlohn in Deutschland seit dem 01.01.2015 eingeführt.[56] Daneben enthält das Arbeitnehmerstatut ausführliche Bestimmungen

---

oecd.org/pdfViewer?path=/2021-02-17/580105-collective-bargaining-database-spain.pdf (zuletzt abgerufen am 01.03.2026).

48 Cruz Villalòn, in: Cruz Villalón, La negociación colectiva como instrumento de gestión del cambio, S. 15, 27.

49 https://rshiny.ilo.org/dataexplorer43/?lang=es&id=ILR_CBCT_NOC_RT_A (zuletzt abgerufen am 01.03.2026).

50 www.mites.gob.es/estadisticas/cct/cct24eneav/Resumen_resultados_CCT_enero-24.pdf, S. 11 (zuletzt abgerufen am 01.03.2026).

51 Ellguth/Kohaut, WSI-Mitteilungen 2019, 290, 293.

52 García-Perrote Escartín, Ley y Autonomía Colectiva, S. 201.

53 Duque González, Derecho de relaciones laborales 2020, Nr. 3, 252, 253.

54 Vgl. Alonso Olea, Las fuentes del derecho, S. 92.

55 Durch Art. 1 Real Decreto 145/2024, de 6 de febrero wurde der Mindestlohn auf 1.134 EUR monatlich bzw. 37,80 EUR täglich angehoben.

56 Gesetz zur Regelung eines allgemeinen Mindestlohns (MiLoG), in Kraft getreten durch Art. 1 des Gesetzes zur Stärkung der Tarifautonomie (Tarifautonomiestärkungsgesetz)

zu Ein- und Höhergruppierungen in Art. 22–24 Arbeitnehmerstatut und zu Lohnfragen in Art. 26–33 Arbeitnehmerstatut, obwohl diese Bereiche im deutschen Tarifrecht üblicherweise durch Tarifverträge geregelt werden.[57] Die Rechtsprechung hat dagegen eine vergleichsweise geringere Bedeutung.[58] Im Vergleich der spanischen und deutschen Literatur fällt auf, dass die spanische Literatur in ihren Ausführungen seltener die Rechtsprechung zitiert.

IV. Zusammenfassung

Im Ausgangspunkt der tatsächlichen Rahmenbedingungen weist Spanien einen vergleichbar geringen Organisationsgrad wie Deutschland auf. Aufgrund der historischen Entwicklungen während der Franco-Diktatur lassen sich aber bereits in diesem Punkt zwei wesentliche Unterschiede zum deutschen System ausmachen: Erstens ist die Gewerkschaftslandschaft in ideologisch und politisch orientierte Richtungsgewerkschaften organisiert. Zweitens stellt das spanische Tarifsystem durch umfangreiche, gesetzliche Regelungen sicher, dass trotz eines geringen Organisationsgrades eine hohe tarifliche Wirkungsbreite erzielt wird.

B. Rechtliche Rahmenbedingungen

I. Die verfassungsrechtlichen Vorgaben zum Tarifrecht

Die Spanische Verfassung legt die Rahmenbedingungen zulässiger Gestaltung von Arbeitsbedingungen durch Tarifvertrag fest. Das Verhältnis zwischen autonomer, tarifvertraglicher Regelung durch die Parteien selbst und staatlicher, heteronomer Regulierung von außen ist maßgeblich davon beeinflusst, welche Entscheidungen der Verfassungsgeber insbesondere zum Verständnis der Tarifautonomie, zur Gewerkschaftsfreiheit und zum Vereinigungsrecht

---

vom 11.08.2014 (BGBl. I S. 1348), zuletzt geändert durch Art. 2 des Gesetzes vom 28.06.2023 (BGBl. I Nr. 172). Vgl. vor Einführung des Mindestlohns: Krebber, in: Bu, Recht und Rechtswirklichkeit in Deutschland und China, S. 181, 193 f., nach dem es vorrangig den Tarifvertragsparteien vorbehalten bleibe, „für die Volkswirtschaft ganz wesentliche Parameter" zu vereinbaren. Er deutete aber bereits an, dass der Gesetzgeber auch in diesen Bereichen Mindestbedingungen für Arbeitnehmer schaffen werde.

57 Rechtsvergleichend hierzu: Zachert, Die Wirkung des Tarifvertrages in der Krise, S. 85.

58 So auch die rechtsvergleichende Einschätzung von Däubler, in: Däubler, Arbeitsbeziehungen in Spanien, S. 7, 12, 13, 15.

der Arbeitgeber sowie zum Recht auf Tarifverhandlungen getroffen hat. Im Vergleich zu den in Art. 9 Abs. 3 GG verankerten Rechten wurden die auf das kollektive Arbeitsrecht bezogenen Grundrechte in der spanischen Verfassung ausführlich formuliert.[59] Im Folgenden werden daher die Gewerkschaftsfreiheit, die verfassungsrechtliche Aufgabe von Gewerkschaften und Arbeitgeberverbänden zur Verteidigung und Förderung wirtschaftlicher und sozialer Interessen, das Recht auf Tarifverhandlungen sowie Rechtsgrund und Verständnis der Tarifautonomie analysiert.

1. Die Gewerkschaftsfreiheit

Art. 28.1 Spanische Verfassung normiert die Gewerkschaftsfreiheit *(libertad sindical)* in Form eines Jedermann-Grundrechts. Die Gewerkschaftsfreiheit umfasst nach Art. 28.1 S. 3 Spanische Verfassung das Recht des Einzelnen zur Gewerkschaftsgründung, zum Gewerkschaftsbeitritt und das Recht der Gewerkschaften, Verbände und internationale Gewerkschaftsorganisationen zu bilden oder ihnen beizutreten. Auch die negative Gewerkschaftsfreiheit wird in Art. 28.1 S. 4 Spanische Verfassung ausdrücklich normiert. Art. 28.2 Spanische Verfassung gewährleistet das Streikrecht der Gewerkschaften. Letzteres ist aber nicht Gegenstand des folgenden Kapitels.

a. Persönlicher Schutzbereich

Art. 28.1 Spanische Verfassung schützt seinem Wortlaut nach alle (*todos*). Er erfasst in individueller Hinsicht die gewerkschaftliche Betätigung von Arbeitnehmern und in kollektiver Hinsicht die Bildung und die Betätigung von Gewerkschaften (*sindicatos de trabajadores*).[60] Arbeitgeber bzw. Arbeitgeberverbände (*asociaciones empresariales*) werden nach einhelliger Meinung nicht durch Art. 28.1 Spanische Verfassung geschützt, sondern durch die Vereinigungsfreiheit gem. Art. 22.1 Spanische Verfassung *(derecho de asociación)*.[61]

---

59 Vgl. die rechtsvergleichenden Ausführungen von Rudkowski, RdA 2010, 287; Mendoza Navas/Zachert, AuA 1994, 77; Zachert, AuR 1993, 193, 195.

60 Goerlich Peset, in: Casas Baamonde/Rodríguez-Piñero y Bravo-Ferrer, Comentarios a la Constitución Española, S. 806–810; Santamaría Pastor, in: Garrido Falla, Comentarios a la Constitución, S. 650; Cavas Martínez, Revista del ministerio de trabajo, migraciones y seguridad social 2019, Nr. 143, 357, 358.

61 STC 75/1992, 14.05.1992; STC 52/1992, 08.04.1992; ATC 113/1984, 22.02.1984; Santamaría Pastor, in: Garrido Falla, Comentarios a la Constitución, S. 678; Palomeque

Die der Arbeitgeberseite zugewiesen Rechte ähneln nach Interpretation des Verfassungsgerichts denen der Gewerkschaftsfreiheit in Art. 28.1 Spanische Verfassung.[62] Der separaten Regelung kommt keine praktische Bedeutung zu, sodass diese im Folgenden auch nicht weiter betrachtet wird.

aa. Die individuelle Gewerkschaftsfreiheit

Die individuell von der Gewerkschaftsfreiheit geschützten Arbeitnehmer sind die abhängig Beschäftigten des öffentlichen und privaten Sektors,[63] unabhängig davon, ob es sich um spanische oder ausländische Staatsangehörige handelt.[64] Art. 28.1 Spanische Verfassung fordert nach Ansicht des Verfassungsgerichts nicht, dass die vom Schutzbereich umfassten Personen in einem Arbeitsverhältnis stehen müssen.[65]

bb. Die kollektive Gewerkschaftsfreiheit

Der Wortlaut des Art. 28.1 Spanische Verfassung bezieht sich allein auf Gewerkschaften und schließt sonstige Arbeitnehmervereinigungen vom Schutzbereich aus.[66] Bezieht sich die gewerkschaftliche Tätigkeit auf alle Arbeitnehmer, sind auch diese geschützt.[67] Aus deutscher Sicht auffallend ist, dass die Verfassung den Begriff der Koalition nicht verwendet. Hintergrund ist, dass das spanische Recht Koalitionen abweichend vom deutschen Verständnis definiert als vereinzelte, gelegentliche Vereinigungen von Arbeitgebern oder

---

López/Álvarez de la Rosa, Derecho del trabajo, S. 101, 317; García Murcia, in: Casas Baamonde/Rodríguez-Piñero y Bravo-Ferrer, Comentarios a la Constitución Española, S. 105.

62 STC 75/1992, 14.05.1992.

63 Vgl. Art. 28.1 S. 2 Spanische Verfassung („*La ley podrá limitar o exceptuar el ejercicio de este derecho a las Fuerzas o Institutos armados o a los demás Cuerpos sometidos a disciplina militar y regulará las peculiaridades de su ejercicio para los funcionarios públicos*"); STC 98/1985, 29.07.1985; Goerlich Peset, in: Casas Baamonde/Rodríguez-Piñero y Bravo-Ferrer, Comentarios a la Constitución Española, S. 806.

64 STC 236/2007, 07.11.2007; Goerlich Peset, in: Casas Baamonde/Rodríguez-Piñero y Bravo-Ferrer, Comentarios a la Constitución Española, S. 806; Santamaría Pastor, in: Garrido Falla, Comentarios a la Constitución, S. 651.

65 STC 236/2007, 07.11.2007.

66 Goerlich Peset, in: Casas Baamonde/Rodríguez-Piñero y Bravo-Ferrer, Comentarios a la Constitución Española, S. 809; zum Ausschluss der Einheitsvertretungen von Art. 28.1 Spanische Verfassung, vgl. STC 98/1985, 29.07.1985.

67 STC 134/1994, 09.05.1994.

Arbeitnehmern, die zu einem bestimmten Zweck vorübergehend gebildet werden und sich nach Erreichen dieses Zweckes auflösen. Gewerkschaften und Arbeitgeberverbände sind dagegen nach der spanischen Definition permanente, mit der Absicht der Kontinuität gebildete Vereinigungen mit eigenen Satzungen und interner Organisation.[68]

b. Sachlicher Schutzbereich

Ähnlich der Koalitionsfreiheit in Art. 9 Abs. 3 GG schützt Art. 28.1 Spanische Verfassung in Satz 3 HS. 1 das Recht, in individueller Hinsicht Vereinigungen zur Vertretung von Arbeitnehmerinteressen zu gründen und ihnen beizutreten. In kollektiver Hinsicht gewährleistet Art. 28.1 S. 3 HS. 2 Spanische Verfassung, Vereinigungen erlaubnisfrei zu gründen, die Vereinigungen zu Dachverbänden zusammenzuschließen und sie frei nach demokratischen Grundsätzen zu organisieren.[69] Art. 28.1 S. 4 Spanische Verfassung normiert ausdrücklich den negativen Schutz vor einem Gewerkschaftsbeitritt. Jede direkte Beeinträchtigung, z.B. eine Zwangsmitgliedschaft, oder indirekte Beeinträchtigung, z.B. durch Maßnahmen, die den Arbeitnehmer in seiner freien Entscheidung zum Gewerkschaftsbeitritt beeinträchtigen, verletzt nach Interpretation des Verfassungsgerichts die negative Gewerkschaftsfreiheit.[70] Auch wenn sich der Wortlaut nicht explizit auf die gewerkschaftliche Betätigung der Arbeitnehmer und Gewerkschaften bezieht, erfasst Art. 28.1 i.V.m. Art. 7 Spanische Verfassung unstreitig ebenfalls die gewerkschaftliche

---

68 Vgl. Ojeda Avilés, Derecho sindical, S. 127; Monereo Pérez/Molina Navarrete/Moreno Vida/Vila Tierno, Manual de derecho del trabajo, S. 116; Alfonso Mellado, in: Goerlich Peset, Derecho del trabajo, S. 573, 574. Im Gegensatz hierzu definiert das deutsche Recht Koalitionen als freiwilligen Zusammenschluss von Arbeitnehmern oder Arbeitgebern auf privatrechtlicher Grundlage zur Wahrung und Förderung der Arbeits- und Wirtschaftsbedingungen. Hierunter sind Gewerkschaften als Arbeitnehmerkoalitionen und Arbeitgeberverbände als Arbeitgeberkoalitionen zu fassen, vgl. Scholz, in: Dürig/Herzog/Scholz, Grundgesetz-Kommentar, Art. 9 GG, Rn. 159, 160; Cornils, in: Epping/Hillgruber, BeckOK Grundgesetz, Art. 9 GG, Rn. 44–52.

69 Zum sachlichen Schutzbereich: STC 9/1988, 25.01.1988; Palomeque López/Álvarez de la Rosa, Derecho del trabajo, S. 105, 325; Melián Chinea, El sistema de negociación colectiva y sus reglas de articulación, S. 33; Sala Franco, Derecho sindical, S. 32, 33; Baylos Grau, Sindicalismo y derecho sindical, S. 27–34.

70 STC 68/1982, 22.11.1982.

Betätigung: Beispielsweise gewährleistet Art. 28.1 Spanische Verfassung nach Interpretation des Verfassungsgerichts, alle Maßnahmen zum Schutz und zur Förderung der Interessen von Arbeitnehmern zu ergreifen, insbesondere Tätigkeiten im Bereich des Arbeitskampfes, der Tarifverhandlungen und der Einleitung von Konflikten.[71]

Die in Art. 28.1 Spanische Verfassung ausdrücklich aufgezählten, als Kernbereich geschützten Tätigkeiten (*contenido esencial*) sind nach ständiger verfassungsgerichtlicher Rechtsprechung nicht abschließend aufgelistet.[72] Sie stellten den indisponiblen Mindestinhalt des Art. 28.1 Spanische Verfassung dar.[73] Gesetze und Tarifverträge könnten den Schutzbereich von Art. 28.1 Spanische Verfassung der Rechtsprechung nach aber um weitere Rechte erweitern und ausgestalten (*contenido adicional*).[74] Der erweiterte Schutzbereich unterliege nicht demselben indisponiblen Schutzniveau wie der Kernbereich; eine Nichtbeachtung könne aber zu einer Verletzung des Art. 28.1 Spanische Verfassung führen.[75] Teil des erweiterten Schutzbereichs seien z.B. das Recht der repräsentativen Gewerkschaften, zu Wahlen zu den Einheitsvertretungen auszurufen[76] und Kandidaten aufzustellen[77] (Art. 67.1 Arbeitnehmerstatut) oder das Recht, Gewerkschaftsdelegierte ab einer Belegschaftsgröße von 250 Arbeitnehmern im Unternehmen oder Betrieb zu benennen[78] (Art. 10 Organgesetz über die Gewerkschaftsfreiheit). Rechte des

---

71 STC 164/1993, 18.05.1993; STC 173/1992, 29.10.1992; STC 30/1992, 18.03.1992; STC 51/1988, 22.03.1988; STC 9/1988, 25.01.1988; STC 4/1983, 28.01.1983; STC 70/1982, 29.11.1982; STC 11/1981, 08.04.1981.

72 STC 64/2016, 11.04.2016; STC 127/1995, 25.07.1995; STC 94/1995, 19.06.1995; STC 61/1989, 03.04.1989; STC 23/1983, 25.03.1983.

73 Vgl. Art. 53.1 S. 2 Spanische Verfassung; STC 39/1986, 31.03.1986.

74 STC 125/2006, 24.04.2006; STC 145/1999, 22.07.1999; STC 164/1993, 18.05.1993; STC 127/1989, 13.07.1989. Nach früherer Rechtsprechung sollte der erweiterte Schutzbereich nur durch Gesetze, nicht aber durch Tarifvertrag ausgestaltet werden können: STC 39/1986, 31.03.1986.

75 STC 123/2018, 12.11.2018; STC 281/2005, 07.11.2005; STC 164/1993, 18.05.1993; STC 30/1992, 18.03.1992; STC 51/1988, 22.03.1988. Vgl. Ojeda Avilés, in: Monereo Pérez/Molina Navarrete/Moreno Vida, Comentario a la Constitución socio-económica de España, S. 1041; Baylos Grau, Sindicalismo y derecho sindical, S. 34.

76 STC 125/2006, 24.04.2006; STC 164/1993, 18.05.1993.

77 STC 51/1988, 22.03.1988.

78 STC 145/1999, 22.07.1999.

erweiterten Schutzbereichs müssten nicht allen Gewerkschaften in gleicher Weise gewährt werden. Sofern die unterschiedliche Behandlung auf objektiven Kriterien beruhe, sei eine Differenzierung zwischen Gewerkschaften möglich.[79] Da auch die Erga-Omnes-Wirkung des statutarischen Tarifvertrags nicht verfassungsrechtlich, sondern einfachgesetzlich in Art. 82.3 Arbeitnehmerstatut normiert werde, sei das Recht, Tarifverträge mit Erga-Omnes-Wirkung zu vereinbaren, Teil des erweiterten Schutzbereichs. Auf dieser Basis dürfe das einfache Gesetz in Einklang mit der Verfassung zwischen repräsentativen und nicht-repräsentativen Gewerkschaften differenzieren.[80]

c. Zwischenfazit

Durch seinen Wortlaut begrenzt Art. 28.1 Spanische Verfassung den persönlichen Schutzbereich in kollektiver Hinsicht auf Gewerkschaften und schließt neben Arbeitgebern bzw. Arbeitgeberverbänden sonstige Arbeitnehmervertretungen vom Schutz der Gewerkschaftsfreiheit aus. Einheitsvertretungen unterfallen damit nicht dem Schutz des Art. 28.1 Spanische Verfassung. Gerade unter Berücksichtigung dessen, dass auch Einheitsvertretungen neben Gewerkschaften zu Tarifverhandlungen statutarischer Tarifverträge berechtigt sein sollen, bedarf diese verfassungsrechtliche Differenzierung trotz funktionaler Überschneidungen einer genaueren Betrachtung.

Der sachliche Schutzbereich des Art. 28.1 Spanische Verfassung verläuft weitgehend parallel zum Umfang des sachlichen Schutzbereichs in Art. 9 Abs. 3 GG. Die vom Verfassungsgericht entwickelte Unterscheidung zwischen einem Kern- und einem erweiterten Schutzbereich schafft die Grundlagen für eine Differenzierung zwischen repräsentativen und nicht-repräsentativen Verbänden. Sie ist damit auch rechtliche Rahmenbedingung und maßgeblicher Ausgangspunkt einer verfassungskonformen, einfachgesetzlichen Normierung der Erga-Omnes-Wirkung von statutarischen Tarifverträgen.

---

[79] STC 39/1986, 31.03.1986.

[80] STC 98/1985, 29.07.1985. Vgl. Goerlich Peset, in: Casas Baamonde/Rodríguez-Piñero y Bravo-Ferrer, Comentarios a la Constitución Española, S. 814.

2. Die verfassungsrechtliche Aufgabe der Verteidigung und Förderung wirtschaftlicher und sozialer Interessen

a. Inhalt und Systematik von Art. 7 Spanische Verfassung

Gem. Art. 7 Spanische Verfassung verteidigen und fördern die Gewerkschaften und Arbeitgeberverbände die ihnen eigenen wirtschaftlichen und sozialen Interessen. Nach Art. 7 S. 2, 3 Spanische Verfassung sind sie in ihrer Gründung und in ihren Tätigkeiten frei, sofern sie sich im Rahmen der Verfassung und der Gesetze bewegen und demokratisch organisiert sind.

Der persönliche Schutzbereich des Art. 7 Spanische Verfassung umfasst nach seinem Wortlaut alle Gewerkschaften und Arbeitgeberverbände. Inhaltlich verleihe Art. 7 Spanische Verfassung den Gewerkschaften und Arbeitgeberverbänden nach Ansicht der Literatur keine unmittelbaren Rechte, da er systematisch als Grund- und Wertentscheidung innerhalb des Einleitungstitels der Verfassung *(título preliminar)* verortet ist.[81] Er diene aber als Basis sowie als Auslegungs- und Interpretationshilfe von Inhalt und Umfang der Verfassungstexte in Art. 28.1 und 22.1 Spanische Verfassung.[82] Durch die explizite Nennung der Gewerkschaften und Arbeitgeberverbände in Art. 7 Spanische Verfassung räume die Verfassung diesen eine Vorrangstellung gegenüber anderen Vertretungen, z.B. den betrieblichen Vertretungen oder *ad hoc* gebildeten Vereinigungen, ein.[83] Die Rechtsprechung zieht Art. 7 i.V.m. Art. 28.1 Spanische Verfassung zudem heran, um den Gewerkschaften das Recht zur Ausübung aller Tätigkeiten zuzuweisen, die zu ihrer Aufgabenerfüllung erforderlich sind.[84] Da Art. 7 Spanische Verfassung in Satz 2 explizit die Betätigung der Verbände schützt, während Art. 28.1 Spanische Verfassung die Betätigung nicht in seine Auflistung der geschützten Tätigkeiten aufgenommen hat, bedürfe es einer Auslegung des Art. 28.1 unter Berücksichtigung des Art. 7 Spanische Verfassung.[85] Art. 7 Spanische Verfassung hat damit auch eine ergänzende Funktion im Vergleich zu Art. 28.1 Spanische Verfassung.

---

81 Vgl. Cazorla Prieto, in: Garrido Falla, Comentarios a la Constitución, S. 108, 116.

82 García Murcia, in: Casas Baamonde/Rodríguez-Piñero y Bravo-Ferrer, Comentarios a la Constitución Española, S. 106, 107.

83 García Murcia, in: Casas Baamonde/Rodríguez-Piñero y Bravo-Ferrer, Comentarios a la Constitución Española, S. 108.

84 STC 4/1983, 28.01.1983; STC 53/1982, 22.07.1982.

85 García Murcia, in: Casas Baamonde/Rodríguez-Piñero y Bravo-Ferrer, Comentarios a la Constitución Española, S. 113, 114.

b. Definition der Verteidigung und Förderung von wirtschaftlichen und sozialen Interessen

Die zentrale, in Art. 7 Spanische Verfassung festgelegte Aufgabe und Zielbestimmung der Gewerkschaften und Arbeitgeberverbände ist die Verteidigung und Förderung von wirtschaftlichen und sozialen Interessen. Die Begriffe der Verteidigung und Förderung werden nicht restriktiv ausgelegt: Verteidigung umfasst danach den Schutz der bereits erreichten Positionen und Rechtsstellungen durch eine der Parteien; Förderung ist die Erreichung neuer oder verbesserter Positionen und Rechtsstellungen in der Zukunft.[86] Auch wenn Art. 7 Spanische Verfassung die konkreten Maßnahmen nicht auflistet, werden alle typischen Maßnahmen erfasst, z.B. Tarifverhandlungen, Arbeitskampfmaßnahmen und die betriebliche Interessenvertretung durch Gewerkschaften.[87]

Der Bezug auf wirtschaftliche und soziale Interessen konkretisiere den funktionalen Tätigkeitsbereich der Verbände. Wirtschaftliche und soziale Interessen i.S.d. Art. 7 S. 1 Spanische Verfassung seien ebenfalls extensiv auszulegen und könnten auch teilweise politische Interessen betreffen, ohne dass eine klare Grenzziehung möglich sei.[88] Ob es sich um Interessen handele, sei subjektiv aus Sicht der Verbände zu ermitteln und werde meist durch die Satzung des einzelnen Verbandes konkretisiert.[89] Die Verbände vertreten die Interessen der Mitglieder, aber auch kollektiv die Interessen der gesamten Arbeitnehmer- bzw. Arbeitgebergruppe.[90] Nach welchen Kriterien der generelle Wille aller Arbeitnehmer festgelegt werden kann, bleibt aber fraglich. Die jeweilige Ideologie und Ausrichtung der Gewerkschaft beeinflussen die Interessenvertretung. Kommt ein konkreter Tarifvertrag einer bestimmten

---

86 García Murcia, in: Casas Baamonde/Rodríguez-Piñero y Bravo-Ferrer, Comentarios a la Constitución Española, S. 111.

87 García Murcia, in: Casas Baamonde/Rodríguez-Piñero y Bravo-Ferrer, Comentarios a la Constitución Española, S. 113.

88 García Murcia, in: Casas Baamonde/Rodríguez-Piñero y Bravo-Ferrer, Comentarios a la Constitución Española, S. 111, 112; Rodríguez-Piñero, Eficacia general del convenio colectivo, S. 116, 195.

89 García Murcia, in: Casas Baamonde/Rodríguez-Piñero y Bravo-Ferrer, Comentarios a la Constitución Española, S. 112, 113.

90 García Murcia, in: Casas Baamonde/Rodríguez-Piñero y Bravo-Ferrer, Comentarios a la Constitución Española, S. 112.

Gewerkschaft zur Anwendung, bedeutet dies nicht, dass die den Regelungen inhärente Haltung die generellen Interessen der Arbeitnehmer darstellt.

c. Institutionelle Vertretungsfunktion der Verbände

Durch die Anerkennung von politischen, wirtschaftlichen und sozialen Aufgaben in Art. 7 Spanische Verfassung erhalten die Verbände eine institutionelle Stellung.[91] Die Rechtsprechung leitet aus Art. 7 Spanische Verfassung ab, dass die Funktion der Gewerkschaften nicht nur in der Interessenvertretung ihrer jeweiligen Gewerkschaftsmitglieder durch die privatrechtlichen Institute der Stellvertretung bestehe, sondern in der institutionellen Vertretung der Interessen aller Arbeitnehmer.[92] Über Art. 7 Spanische Verfassung werde die Gewerkschaft nach Ansicht von Literatur und Rechtsprechung Teil des politischen Systems[93] und nähere sich einer Stellung an, die der einer staatlichen Organisation ähnele.[94]

d. Die Gesamtrepräsentationsfunktion der Gewerkschaften und Arbeitgeberverbände

Aus Art. 7, 28.1 Spanische Verfassung leitet das Verfassungsgericht ebenfalls eine Gesamtrepräsentationsfunktion der Verbände ab: Art. 7, 28.1 S. 1 Spanische Verfassung seien dahingehend auszulegen, dass den Gewerkschaften verfassungsrechtlich die generelle Kompetenz zugewiesen sei, Arbeitnehmer unabhängig von einer möglichen Gewerkschaftszugehörigkeit zu vertreten.[95]

---

91 García Murcia, in: Casas Baamonde/Rodríguez-Piñero y Bravo-Ferrer, Comentarios a la Constitución Española, S. 105, 106.

92 STC 94/1995, 19.06.1995; STC 210/1994, 11.07.1994; STC 217/1991, 14.11.1991; STC 70/1982, 29.11.1982; insb. STC 37/1983, 11.05.1983, nach dem sich die Funktion der Gewerkschaften nicht auf die Vertretung ihrer Mitglieder beschränke. Da das Gesetz den Gewerkschaften die Funktion der Verteidigung von Arbeitnehmerinteressen zugewiesen habe, seien die Gewerkschaften berechtigt, all diejenigen Rechte der Arbeitnehmer auszuüben, die den Arbeitnehmern zwar individuell zustehen, aber kollektiv ausgeübt werden müssen. Genauso auch in Bezug auf Arbeitgeberverbände: STC 13/1986, 30.01.1986.

93 STC 11/1981, 08.04.1981; Palomeque López, in: Catedráticos y Profesores Agregados de la Universidad, Estudios de derecho del trabajo en memoria del profesor Gaspar Bayón Chacón, S. 551, 555.

94 Duque González, La fuerza vinculante del convenio colectivo, S. 686.

95 STC 210/1994, 11.07.1994; STC 70/1982, 29.11.1982.

Die Vertretung erfolge nicht parteiisch und mitgliederbezogen, sondern generell und in Teilen auch mit politischen Zwecksetzungen. Die Verbände nehmen die Interessen der Vertretenen als unabhängige, eigenständige Organisation mit dem Zweck des Arbeitnehmerschutzes wahr.[96] Der Tarifvertrag resultiere aus diesem gebündelten Interesse der Arbeitnehmer- und der Arbeitgeberseite, welches von der ordentlichen Rechtsprechung als allgemein, abstrakt und unteilbar bezeichnet wird.[97]

Bei der Vertretung der Verbände handele sich um eine Interessenvertretung, die vom Willen der Vertretenen unabhängig ist.[98] Die Vertretungsbefugnis der Verbände resultiere aus der gesetzlichen Ermächtigung des Art. 7 Spanische Verfassung zur Interessenvertretung aller Arbeitnehmer und Arbeitgeber.[99] Arbeitnehmer ermächtigen die Gewerkschaften nicht erst entsprechend ihrem individuellen Willen zur Vertretung und Förderung ihrer Interessen, sodass der Vertretung nicht individuell widersprochen werden könne.[100] Ein legitimierender Verbandsbeitritt als „vorherige[n] zukunftsgerichtete[n] Zustimmung“[101], wie sie die deutsche Mandatstheorie konstruiert,[102] ist nach dieser Auslegung von Art. 7 Spanische Verfassung im spanischen Tarifsystem daher nicht erforderlich.

e. *Zwischenfazit*

Die Auslegung des Art. 7 Spanische Verfassung stellt die zweite maßgebliche Rahmenbedingung einer verfassungskonformen Normierung der

---

96 STC 94/1995, 19.06.1995.

97 STC 124/1988, 23.06.1988.

98 „*representación de intereses y no de voluntades*“: STC 58/1985, 30.04.1985; STS 7647/2010, 21.12.2010; STS 3666/2005, 08.06.2005; STS 8857/2002, 26.12.2002; STS 7450/1996, 20.12.1996.

99 García Murcia, in: Casas Baamonde/Rodríguez-Piñero y Bravo-Ferrer, Comentarios a la Constitución Española, S. 109.

100 STC 210/1994, 11.07.1994; STS 8857/2002, 26.12.2002; Rodríguez-Piñero, Eficacia general del convenio colectivo, S. 199, 200; Lillo, Relaciones laborales 1991, Nr. 20/21, 146.

101 Rieble, ZfA 2000, 5, 15.

102 BAG, Urt. v. 19.12.2019 – 6 AZR 563/18 – juris, Rn. 26; Klumpp, in: Münchener Handbuch zum Arbeitsrecht, Band 3, § 230, Rn. 14; Lorenz, in: Däubler, Tarifvertragsgesetz, § 3 TVG, Rn. 1–3, 10; Löwisch/Rieble, Tarifvertragsgesetz, § 3 TVG, Rn. 1; Bötticher, Gestaltungsrecht und Unterwerfung im Privatrecht, S. 18, 19; Rieble, ZfA 2000, 5, 15.

Erga-Omnes-Wirkung dar. Durch sie wird verdeutlicht, dass die Vertretungsbefugnisse der Verbände über privatrechtliche Bevollmächtigungen hinausgehen und damit auch Nicht- und Andersorganisierte umfassen können. Mithilfe einer extensiven Wortlautauslegung leiten Literatur und Rechtsprechung aus Art. 7 Spanische Verfassung eine institutionelle Vertretungsfunktion der Verbände, eine teils politische Interessenvertretung und eine Gesamtrepräsentationsfunktion von Verbänden ab. Die Verfassung normiert Befugnisse zugunsten der Verbände, die eine umfangreiche Interessenvertretung aller Arbeitnehmer und Arbeitgeber ermöglichen. Das spanische Tarifsystem hat an dieser Stelle eine grundsätzlich andere Entscheidung als das deutsche Tarifsystem getroffen, die für die weitere Ausgestaltung des Tarifrechts weitreichende Auswirkungen hat.

3. Das Recht auf Tarifverhandlungen

Die Spanische Verfassung erkennt in Art. 37.1 Spanische Verfassung das Recht auf Tarifverhandlungen an (*derecho a la negociación colectiva laboral*) und gewährleistet die Verbindlichkeit von Tarifverträgen (*fuerza vinculante*). Aus Art. 37.1 Spanische Verfassung wird keine Verhandlungspflicht der Arbeitnehmer- und Arbeitgebervertreter abgeleitet, sondern eine generelle Befugnis der Vertreter gegenüber dem Staat, Tarifverhandlungen zu führen.[103] Die explizite Nennung des Rechts auf Tarifverhandlungen stellt im Vergleich zum deutschen Rechtssystem eine Besonderheit dar.[104] Der spanische Verfassungsgesetzgeber möchte mit der ausdrücklichen Formulierung in Art. 37.1 Spanische Verfassung klarstellen, dass die Staatsform in Abgrenzung zum franquistischen Regime nicht autoritär ist.[105] Dennoch ist die ausdrückliche Normierung nach ständiger Rechtsprechung des Verfassungsgerichts nicht notwendig, weil bereits Art. 28.1 Spanische Verfassung entnommen werden könne, dass Tarifverhandlungen als Teil der i.V.m. Art. 7 Spanische

---

103 Valdés Dal-Ré, Revista de política social 1979, Nr. 121, 469, 482, 483.

104 Im deutschen Recht wird die Tarifautonomie, die die Betätigungsgarantie und das Recht auf Tarifverhandlungen enthält, mittelbar aus der Koalitionsfreiheit in Art. 9 Abs. 3 GG abgeleitet, Cornils, in: Epping/Hillgruber, BeckOK Grundgesetz, Art. 9 GG, Rn. 61; Scholz, in: Dürig/Herzog/Scholz, Grundgesetz-Kommentar, Art. 9 GG, Rn. 170.

105 García-Perrote Escartín, Ley y Autonomía Colectiva, S. 119; Mendoza Navas/Zachert, AuA 1994, 77, 79.

Verfassung kollektiv ausgeübten Gewerkschaftsfreiheit geschützt werden.[106] Diese Ansicht wird wiederum durch Art. 2.2 lit. d Organgesetz über die Gewerkschaftsfreiheit bestätigt, der das Recht auf Tarifverhandlungen ebenfalls als Teil der Gewerkschaftsfreiheit ansieht.

a. Persönlicher Schutzbereich

Der Wortlaut des Art. 37.1 Spanische Verfassung erfasst in seinem persönlichen Schutzbereich Vertreter der Arbeitnehmer und Arbeitgeber und wird auf jede Organisation erstreckt, die Arbeitnehmer- oder Arbeitgeberinteressen vertritt.[107] Der persönliche Schutzbereich auf Arbeitnehmerseite wird nicht auf Gewerkschaften begrenzt, sondern ermöglicht auch Tarifverhandlungen durch sonstige Vertretungen, denen einfachgesetzlich entsprechende Befugnisse zugewiesen werden.[108] In einfachgesetzlicher Ausgestaltung des Art. 37.1 Spanische Verfassung werden ebenfalls die Einheitsvertretungen im Betrieb gem. Art. 61 ff. Arbeitnehmerstatut berechtigt, Tarifverhandlungen zu führen.[109] Sie werden als einzige nicht gewerkschaftliche Vereinigung durch einfaches Gesetz (Art. 87.1 Arbeitnehmerstatut) zu Tarifverhandlungen befugt; daneben sind keinen weiteren Vereinigungen entsprechende Rechte

---

106 St. Rspr.: STC 238/2005, 26.09.2005; STC 17/2005, 01.02.2005; STC 225/2001, 26.11.2001; STC 80/2000, 27.03.2000; STC 173/1992, 29.10.1992; STC 184/1991, 30.09.1991; STC 73/1984, 27.06.1984; STC 45/1984, 27.03.1984.

107 Vicente Palacio, in: García Ninet, Derecho del trabajo, S. 138; Gálvez Montes, in: Garrido Falla, Comentarios a la Constitución, S. 820, 821; Goerlich Peset, Revista del ministerio de empleo y seguridad social 2014, Nr. 108, 253, 257–260.

108 STC 8/2015, 22.01.2015; STC 134/1994, 09.05.1994; Ministerio de Trabajo y Economía Social, Guía de la negociación colectiva 2023, S. 23; Rodríguez-Piñero y Bravo-Ferrer, in: Cruz Villalón/Menéndez Calvo/Nogueira Guastavino, Representación y representatividad colectiva en las relaciones laborales, S. 41, 43; Martínez Emperador, in: Ministerio de Trabajo y Seguridad Social, El contenido de los Convenios Colectivos, S. 55, 59, 63; Valdés Dal-Ré, Revista de política social 1979, Nr. 121, 469, 487, 488, a.A. aber Duque González, La fuerza vinculante del convenio colectivo, S. 742, 875, nach dessen Ansicht Art. 37.1 Spanische Verfassung nur solche Arbeitnehmervertreter erfasst, die sich selbst organisieren (*autoorganización*) und bei denen der Beitritt von Arbeitnehmern auf freiwilligem Entschluss beruht.

109 Valdés Dal-Ré, in: Casas Baamonde/Rodríguez-Piñero y Bravo-Ferrer, Comentarios a la Constitución Española, S. 960; Apilluelo Martín, Actualidad laboral 1995, Nr. 9, 133, 134.

zugewiesen.[110] Da die Einheitsvertretungen durch einfaches Recht geschaffen werden,[111] können sie sich nicht auf die Gewerkschaftsfreiheit berufen.[112] Ihre Rechte werden nach einhelliger Ansicht nur mittelbar aus der verfassungsrechtlichen Norm des Art. 129.2 Spanische Verfassung abgeleitet.[113] Nach Art. 129.2 Spanische Verfassung ist der Staat verpflichtet, die verschiedenen Formen der Beteiligung im Unternehmen zu fördern. Nicht von Art. 37.1 Spanische Verfassung erfasst werden nach überwiegender Ansicht *ad hoc*-Vereinigungen, die von Arbeitnehmern ausschließlich zum Zweck gebildet werden, einen konkreten Tarifvertrag auszuhandeln, insbesondere, wenn die vertretenen Arbeitnehmer der Vereinigung widerrufliche Mandate erteilt haben.[114]

aa. Das duale System der Arbeitnehmervertretung

Mit den Gewerkschaften und den demokratisch gewählten Einheitsvertretungen (*representantes unitarios* oder *legales*[115]) existieren zwei Formen der Arbeitnehmervertretung mit Berechtigung zu Tarifverhandlungen auf Unternehmensebene und den darunter liegenden Ebenen, wie z.B. der Ebene des Betriebs, der Betriebsteile oder einzelner Abteilungen.[116] Über der Unternehmensebene existiert kein duales System, sondern ein Gewerkschaftsmonopol; die Einheitsvertretungen werden dort von Tarifverhandlungen

---

110 Palomeque López/Àlvarez de la Rosa, Derecho del trabajo, S. 194.

111 STC 74/1996, 30.04.1996; STC 197/1990, 29.11.1990; STC 118/1983, 13.12.1983; STC 37/1983, 11.05.1983.

112 Cazorla Prieto, in: Garrido Falla, Comentarios a la Constitución, S. 122.

113 STC 95/1996, 29.05.1996; STC 134/1994, 09.05.1994; STC 118/1983, 13.12.1983; Monereo Pérez/Molina Navarrete/Moreno Vida, Manual de derecho sindical, S. 134, 135; Cazorla Prieto, in: Garrido Falla, Comentarios a la Constitución, S. 2199, 2200.

114 Palomeque López/Àlvarez de la Rosa, Derecho del trabajo, S. 194; Valdés Dal-Ré, Configuración y eficacia de los convenios colectivos extraestatutarios, S. 32; a.A. Palomo Vélez, El modelo español de representación de los trabajadores en la empresa, S. 357.

115 Als „*representantes unitarios*", in: Palomeque López/Àlvarez de la Rosa, Derecho del trabajo, S. 358; Ribes Moreno, Temas laborales 2017, Nr. 139, 229, 230, 232, 233; als „*representantes legales*", in: Art. 41.4 UAbs. 3 lit. b Nr. 1, 2, 51.2 UAbs. 1 S. 1 Arbeitnehmerstatut, Art. 165.1 lit. a Gesetz über die Sozialgerichtsbarkeit.

116 STC 95/1996, 29.05.1996; Sala Franco, Derecho sindical, S. 95; Ojeda Avilés, Derecho sindical, S. 420; Alfonso Mellado, in: Goerlich Peset, Derecho del trabajo, S. 613; Borrajo Dacruz, Introducción al derecho del trabajo, S. 162, 163; Lahera Forteza, Papeles de economía española 2018, Nr. 156, 18, 18–19.

ausgeschlossen, Art. 87.2 Arbeitnehmerstatut. Zu den Einheitsvertretungen, die von der Belegschaft gem. Art. 69–76 Arbeitnehmerstatut gewählt werden, gehören gem. Art. 63 Arbeitnehmerstatut das Betriebskomitee (*comité de empresa*) und gem. Art. 62 Arbeitnehmerstatut die Personaldelegierten (*delegados de personal*). Entsprechende Organe im Öffentlichen Dienst sind die Personaldelegierten (*delegados de personal*) und die Personalversammlung (*juntas de personal*), Art. 39 Gesetz über das Beamtenstatut (*Ley del Estatuto Básico del Empleado Público*).[117]

(1) Die gewerkschaftliche Vertretung

(a) Unmittelbare Vertretung durch die Gewerkschaften

Gewerkschaften werden vom persönlichen Schutzbereich des Rechts auf Tarifverhandlungen gem. Art. 37.1 Spanische Verfassung erfasst.[118] Die Verfassung enthält im Unterschied zur einfachgesetzlichen Ausgestaltung in Art. 87 ff. Arbeitnehmerstatut keine Vorgaben zur Erfüllung von Repräsentativitätskriterien, sodass nach einhelliger Ansicht jede Gewerkschaft und jeder Arbeitgeberverband unabhängig von deren Durchsetzungsmacht im betreffenden Bereich zu Tarifverhandlungen berechtigt und hierbei verfassungsrechtlich geschützt ist.[119] Auf und unter der Unternehmensebene führen die Gewerkschaftssektionen (*secciones sindicales*) als gewerkschaftliche Vertretungen im Betrieb bzw. Unternehmen die Tarifverhandlungen, Art. 87.1 UAbs. 1 Arbeitnehmerstatut. Über der Unternehmensebene handeln die Gewerkschaften selbst, Art. 87.2 Arbeitnehmerstatut.

---

117 Real Decreto Legislativo 5/2015, de 30 de octubre, por el que se aprueba el texto refundido de la Ley del Estatuto Básico del Empleado Público (BOE n. 261, de 31.10.2015), zuletzt geändert durch Disposición final 10ª Ley Orgánica 2/2024, de 1 de agosto (BOE n. 186, de 02.08.2024).

118 Valdés Dal-Ré, in: Casas Baamonde/Rodríguez-Piñero y Bravo-Ferrer, Comentarios a la Constitución Española, S. 960.

119 Valdés Dal-Ré, in: Casas Baamonde/Rodríguez-Piñero y Bravo-Ferrer, Comentarios a la Constitución Española, S. 960; Palomo Vélez, El modelo español de representación de los trabajadores en la empresa, S. 357; Escudero Rodríguez, La capacidad negocial de los representantes de los trabajadores en los convenios colectivos de empresa, S. 3–4.

(b) Die Gewerkschaftssektionen als gewerkschaftliche Vertretung im Betrieb bzw. Unternehmen

(aa) Zur Definition der Gewerkschaftssektionen

Arbeitnehmer, die Mitglied einer Gewerkschaft sind, können gem. Art. 8.1 lit. a Organgesetz über die Gewerkschaftsfreiheit auf Betriebs- oder auf Unternehmensebene Gewerkschaftssektionen gemäß den Gewerkschaftssatzungen bilden. Die Gewerkschaftssektionen ähneln den deutschen gewerkschaftlichen Vertrauensleuten.[120] Sie sind organisatorisch den Gewerkschaften zuzuordnen, haben aber im Unterschied zu den Gewerkschaften selbst keine eigene Rechtspersönlichkeit.[121] Das *Tribunal Supremo* führte aus, dass es eine Frage der internen Organisation sei, ob Gewerkschaften oder ihre Gewerkschaftssektionen handelten. Jede der Handlungsformen sei nach außen hin der Gewerkschaft zuzuordnen, sodass sowohl die Gewerkschaften als auch die Gewerkschaftssektionen die den Gewerkschaften zustehenden Rechte ausüben könnten.[122] Das Verfassungsgericht weist den Sektionen insoweit auch eine Doppelfunktion zu: Erstens seien sie internes Organ der Gewerkschaft; zweitens seien sie externes Organ, das zu Tarifverhandlungen und -abschlüssen berechtigt ist.[123] Aber auch nach außen hin treten die Sektionen als Teil der Gewerkschaft auf und stehen in einem funktionalen Abhängigkeitsverhältnis zur Gewerkschaft.[124]

---

120 Rechtsvergleichend hierzu: Köhler/Calleja Jiménez, in: Hekimler/Ring, Tarifrecht in Europa, S. 313, 322.

121 Mejías García, in: Comisión Ejecutiva Confederal de UGT, Representación y libertad sindical. La LOLS y la sección sindical en la pequeña y mediana empresa, S. 67, 96.

122 STS 761/2020, 19.02.2020; STS 5705/2004, 16.09.2004; STS 1521/2000, 28.02.2000.

123 STC 229/2002, 09.12.2002; STC 121/2001, 04.06.2001; STC 168/1996, 29.10.1996; STC 208/1993, 28.06.1993; STC 173/1992, 29.10.1992; STC 84/1989, 10.05.1989; STC 61/1989, 03.04.1989.

124 Mejías García, in: Comisión Ejecutiva Confederal de UGT, Representación y libertad sindical. La LOLS y la sección sindical en la pequeña y mediana empresa, S. 67, 96.

(bb) Bildung der Gewerkschaftssektionen

Die Gewerkschaften selbst werden weder zur Bildung von Gewerkschaftssektionen berechtigt,[125] noch steht die Bildung unter ihrem Erlaubnisvorbehalt.[126] Voraussetzung der Bildung ist gemäß Art. 8.1 lit. a Organgesetz über die Gewerkschaftsfreiheit, dass die Gewerkschaft mit mindestens zwei Mitgliedern[127] im Betrieb oder Unternehmen vertreten ist. Organisierte Arbeitnehmer können die Sektionen nach Ansicht der Literatur und ordentlichen Rechtsprechung entsprechend der Gewerkschaftssatzung der jeweiligen Gewerkschaft gründen, ohne dass die Gewerkschaft besondere Repräsentativitätserfordernisse oder die Arbeitnehmer eine konkrete Mitgliederstärke einhalten müssen.[128] Die Bildung müsse dem Arbeitgeber angezeigt werden, insbesondere, wenn die Gewerkschaftssektion ihre Rechte im Betrieb bzw. Unternehmen ausüben möchte. Der Arbeitgeber könne dann die rechtmäßige Bildung der Gewerkschaftssektion und die Existenz von Gewerkschaftsmitgliedern ebendieser Gewerkschaft im Unternehmen oder Betrieb überprüfen.[129]

---

125 STC 293/1993, 18.10.1993; STS 10453/1990, 06.07.1990; Molero Manglano, Derecho sindical, S. 329, 330; eine Förderung der Bildung einer Gewerkschaftssektion durch die Gewerkschaft ist aber möglich, vgl. STS 3486/1996, 08.06.1996.

126 Alfonso Mellado, in: Comisión Ejecutiva Confederal de UGT, Representación y libertad sindical. La LOLS y la sección sindical en la pequeña y mediana empresa, S. 31, 41.

127 Vgl. Art. 8.1 Organgesetz über die Gewerkschaftsfreiheit: „*Los trabajadores afiliados* [...]“ (Plural); Alfonso Mellado, in: Comisión Ejecutiva Confederal de UGT, Representación y libertad sindical. La LOLS y la sección sindical en la pequeña y mediana empresa, S. 31, 43: eine namentliche Nennung der Gewerkschaftsmitglieder ist nicht erforderlich. Ohne Zustimmung der Mitglieder darf deren gewerkschaftliche Organisation gegenüber dem Arbeitgeber nicht offengelegt werden; Mejías García, in: Comisión Ejecutiva Confederal de UGT, Representación y libertad sindical.La LOLS y la sección sindical en la pequeña y mediana empresa, S. 67, 98.

128 STS 761/2020, 19.02.2020; STS 7516/1994, 21.11.1994; Monereo Pérez/Molina Navarrete/Moreno Vida/Vila Tierno, Manual de derecho del trabajo, S. 150; Alfonso Mellado, in: Comisión Ejecutiva Confederal de UGT, Representación y libertad sindical. La LOLS y la sección sindical en la pequeña y mediana empresa, S. 31, 41.

129 Alfonso Mellado, in: Comisión Ejecutiva Confederal de UGT, Representación y libertad sindical. La LOLS y la sección sindical en la pequeña y mediana empresa, S. 31, 42; Monereo Pérez/Molina Navarrete/Moreno Vida, Manual de derecho sindical, S. 104, 105.

Alle Gewerkschaftssektionen jeder Gewerkschaft werden ohne besondere zusätzliche Anforderungen zu Tarifverhandlungen berechtigt.[130] Unterschiede, bei denen die Verankerung im entsprechenden Bereich entscheidend ist, ergeben sich erst bei der Zuweisung spezifischer Funktionen wie z.B. der Befugnis zu Verhandlungen von Tarifverträgen mit Erga-Omnes-Wirkung.

(cc) Gewerkschafsdelegierte als Vertreter der Gewerkschaftssektionen

Gem. Art. 10.1 Organgesetz über die Gewerkschaftsfreiheit können Gewerkschaftsdelegierte (*delegados sindicales*) die Gewerkschaftssektionen vollumfänglich vertreten.[131] Die Gewerkschaftsdelegierten werden trotz fehlender ausdrücklicher Nennung in Art. 87.1 Arbeitnehmerstatut berechtigt, an Tarifverhandlungen mitzuwirken, da sie als Teil der Gewerkschaftssektionen das Kollektiv vertreten dürfen.[132] Sind die Gewerkschaftsdelegierten nicht zugleich Mitglieder der Einheitsvertretung, verfügen sie trotzdem gem. Art. 10.3 Organgesetz über die Gewerkschaftsfreiheit über dieselben Rechte wie die Mitglieder der Einheitsvertretungen. Bei den Gewerkschaftsdelegierten handelt sich um keine zwingend erforderlichen Organe, sodass eine Vertretung durch Gewerkschaftsdelegierte vom Willen der Gewerkschaftssektionen abhängig ist. Die Vertretung durch Gewerkschaftsdelegierte wird nach Ansicht des Verfassungsgerichts ebenfalls vom Schutzbereich des Art. 28.1 Spanische Verfassung erfasst.[133] Eine Wahl von Gewerkschaftsdelegierten ist gem. Art. 10.1 Organgesetz über die Gewerkschaftsfreiheit in

---

130 Mejías García, in: Comisión Ejecutiva Confederal de UGT, Representación y libertad sindical. La LOLS y la sección sindical en la pequeña y mediana empresa, S. 67, 110.

131 Vgl. STC 292/1993, 18.10.1993; STC 84/1989, 10.05.1989; Alfonso Mellado, in: Goerlich Peset, Derecho del trabajo, S. 638. Ihre Anzahl ist abhängig von der Belegschaftszahl, Art. 10.2 Organgesetz über die Gewerkschaftsfreiheit: bei 250–750 Arbeitnehmern: eins; bei 751–2.000 Arbeitnehmern: zwei; bei 2.001–5.000 Arbeitnehmern: drei; ab 5.001 Arbeitnehmern: vier, kann aber tarifvertraglich erweitert werden, vgl. STC 188/1995, 18.12.1995.

132 Fabregat Monfort, in: Comisión Ejecutiva Confederal de UGT, Representación y libertad sindical. La LOLS y la sección sindical en la pequeña y mediana empresa, S. 141, 146, 147.

133 STC 229/2002, 09.12.2002; STC 145/1999, 22.07.1999.

Betrieben oder Unternehmen[134] mit mehr als 250 Arbeitnehmern[135] möglich, sofern die betreffende Gewerkschaft in der Einheitsvertretung vertreten ist. Die Gewerkschaftsdelegierten werden von und aus den Reihen der Gewerkschaftsmitglieder im Betrieb oder Unternehmen gewählt, Art. 10.1 Organgesetz über die Gewerkschaftsfreiheit. Weitere Voraussetzungen, insbesondere in personeller Hinsicht oder zu Modalitäten der Vertretung, wie die Dauer des Mandats, gibt das Gesetz nicht vor, sodass die Gewerkschaftssektionen frei entscheiden dürfen.[136]

Problematisch ist insbesondere, dass 99,8 % der Unternehmen in Spanien und damit mehr als acht Millionen Beschäftigte[137] den kleinen und mittleren Unternehmen angehören. Zu dieser Gruppe werden nach Art. 2 Abs. 1

---

134 Die Rechtsprechung urteilte uneinheitlich, ob Unternehmen oder Betrieb als Maßstab dienen: nach alter Rechtsprechung in STS 7190/1997, 28.11.1997; STS 4384/1996, 15.07.1996 diente das Unternehmen als Maßstab, da in Spanien nicht viele Unternehmen existieren, die in ihren einzelnen Betrieben mindestens 250 Arbeitnehmer beschäftigen. Der Gesetzgeber kann nicht wollen, dass Art. 10 Organgesetz über die Gewerkschaftsfreiheit einen derart kleinen Anwendungsbereich hat; die neuere Rechtsprechung in STS 3721/2005, 09.06.2005; STS 6113/2000, 20.07.2000; STS 6548/1998, 10.11.1998 geht aber davon aus, dass sich der Maßstab danach entscheidet, in welcher Weise die Einheitsvertretungen gebildet wurden. Existieren Einheitsvertretungen in den verschiedenen Betrieben eines Unternehmens, zählt die Belegschaftsgröße des Betriebs. Gibt es dagegen ein gemeinsames Betriebskomitee für alle Betriebe des Unternehmens, wird die gesamte Belegschaftsgröße des Unternehmens berücksichtigt; nach STS 562/2018, 08.02.2018; STS 3933/2014, 18.07.2014 steht den Gewerkschaften ein Wahlrecht zu.

135 Der Gesetzeswortlaut widerspricht sich hinsichtlich der Anzahl der Belegschaft. Art. 10.1 Organgesetz über die Gewerkschaftsfreiheit fordert mehr als 250 Arbeitnehmer, während Art. 10.2 Organgesetz über die Gewerkschaftsfreiheit die Anzahl der Gewerkschaftsdelegierten ab 250 Arbeitnehmern auflistet. Auch Rechtsprechung und Literatur gehen uneinheitlich von mindestens 250 (vgl. STS 3049/2001, 11.04.2001; Monereo Pérez/Molina Navarrete/Moreno Vida, Manual de derecho sindical, S. 107, 108) oder über 250 Arbeitnehmern aus (vgl. STS 3933/2014, 18.07.2014; STS 9277/1990, 14.12.1990).

136 Ojeda Avilés, Derecho sindical, S. 428.

137 Marco estratégico en política de PYME 2030, Gobierno de España, Ministerio de industria, comercio y turismo, April 2019, S. 4: https://industria.gob.es/es-es/Servicios/MarcoEstrategicoPYME/Marco%20Estrat%C3%A9gico%20PYME.pdf (zuletzt abgerufen am 01.03.2026).

Anhang I VO (EU) Nr. 651/2014 der Kommission vom 17. Juni 2014[138] solche Unternehmen gezählt, die weniger als 250 Arbeitnehmer beschäftigen und entweder einen Jahresumsatz von höchstens 50 Millionen Euro erzielen oder deren Jahresbilanzsumme sich auf höchstens 43 Millionen Euro beläuft. Da gem. Art. 10.1 Organgesetz über die Gewerkschaftsfreiheit nur Betriebe oder Unternehmen mit mehr als 250 Arbeitnehmern zur Wahl von Gewerkschaftsdelegierten berechtigt sind, können diese kleinen und mittleren Unternehmen keine Gewerkschaftsdelegierten wählen.

(c) Zwischenfazit

Auf Unternehmensebene und den Ebenen darunter handeln die Gewerkschaftssektionen. Diese erfüllen eine Doppelfunktion, indem sie Organ der Gewerkschaft sind, gleichzeitig aber auch selbständiges Organ, das Tarifverträge auf und unter der Unternehmensebene aushandeln kann. Der Gesetzgeber stellt geringe Anforderungen an die Bildung der Gewerkschaftssektionen und lässt den Gewerkschaften in der Ausgestaltung der Ausübungsmodalitäten Variabilität.

Über der Unternehmensebene handelt die Gewerkschaft selbst.

(2) Die Einheitsvertretungen

Anders als Gewerkschaften und Arbeitgeberverbände erfüllen die Einheitsvertretungen unstreitig keine institutionellen oder politischen Funktionen, vertreten aber gebündelt die betrieblichen Interessen aller Arbeitnehmer.[139] Arbeitnehmer werden aufgrund von Gesetz (Art. 62.1 S. 1, 63.1 Arbeitnehmerstatut) unabhängig von ihrem individuellen Willen und ihrer gewerkschaftlichen Organisation durch Einheitsvertretungen repräsentiert.[140]

---

138 Verordnung (EU) Nr. 651/2014 der Kommission vom 17. Juni 2014 zur Feststellung der Vereinbarkeit bestimmter Gruppen von Beihilfen mit dem Binnenmarkt in Anwendung der Artikel 107 und 108 des Vertrags über die Arbeitsweise der Europäischen Union (Amtsblatt der Europäischen Union L 187/1, 26.06.2014); vgl. auch https://ipyme.org/en-us/queespyme/Pages/concepto.aspx (zuletzt abgerufen am 01.03.2026), die auf diese Definition Bezug nimmt.

139 Vgl. Art. 63.1 Arbeitnehmerstatut; STC 189/1993, 14.06.1993; Lahera Forteza, Manual de negociación colectiva, S. 60; Molero Manglano, Derecho sindical, S. 327; Palomeque López/Àlvarez de la Rosa, Derecho del trabajo, S. 358; Canalda Criado, Temas laborales 2020, Nr. 152, 139, 151.

140 Palomeque López/Àlvarez de la Rosa, Derecho del trabajo, S. 358.

(a) Voraussetzungen zur Bildung der Einheitsvertretungen

(aa) Die Personaldelegierten

Bei einer Beschäftigtenzahl von mehr als zehn und weniger als 50 Arbeitnehmern[141] vertreten gewählte Personaldelegierte die Arbeitnehmer im Betrieb oder Unternehmen, Art. 62.1 UAbs. 1 S. 1 Arbeitnehmerstatut. Nach allgemeiner Auffassung stellt der Betrieb grundsätzlich die Basis der Wahleinheit dar.[142] Gem. Art. 1.5 Arbeitnehmerstatut wird der Betrieb als Produktionseinheit mit eigenständiger Organisation definiert.[143] Als Grund für die Erwähnung von Unternehmen und Betrieb in Art. 62.1 Arbeitnehmerstatut wird die Unterscheidung zwischen einem Unternehmen mit nur einem Betrieb und einem Unternehmen mit mehreren Betrieben aufgeführt. In erstgenanntem Fall nehme der Gesetzeswortlaut auf das Unternehmen (*empresa*) Bezug. In zweitgenanntem Fall beziehe sich das Gesetz auf die einzelnen Betriebe (*centro de trabajo*).[144]

In Betrieben oder Unternehmen mit einer Belegschaftszahl zwischen sechs und zehn Arbeitnehmern kann die Vertretung gem. Art. 62.1 UAbs. 1 S. 2 Arbeitnehmerstatut ebenfalls durch einen Personaldelegierten erfolgen, wenn die Belegschaft dem mehrheitlich zustimmt. Die Wahl der Personaldelegierten

[141] Hierzu zählen alle fest Angestellten, befristet Beschäftigte, deren Arbeitsverträge auf einen Zeitraum über ein Jahr befristet sind, und unbefristet, aber unregelmäßig Beschäftigte. Bei befristet Beschäftigten unter einem Jahr werden alle Arbeitstage für den Vorjahreszeitraum vor der Wahl zusammengerechnet, sodass je 200 Arbeitstage ein Arbeitnehmer hinzugezählt wird, Art. 72.2 Arbeitnehmerstatut.

[142] STS 3933/2014, 18.07.2014; STS 589/2001, 31.01.2001; Alfonso Mellado, in: Comisión Ejecutiva Confederal de UGT, Representación y libertad sindical. La LOLS y la sección sindical en la pequeña y mediana empresa, S. 31, 43; Molero Manglano, Derecho sindical, S. 350; Lahera Forteza, La reforma de la negociación colectiva, S. 32; Solans Latre, El ejercicio de la legitimación para negociar convenios colectivos, S. 49; Rega Rodríguez, in: García Murcia, El sistema de fuentes de la relación laboral, S. 177, 187; De Val Tena, Derecho social 2017, Nr. 79, 205, 213. Kritisch zum Betrieb als Wahleinheit: Lahera Forteza, La reforma de la negociación colectiva, S. 33, 34; Lahera Forteza, Derecho de relaciones laborales 2016, Nr. 1, 57, 59; ähnlich auch Casas Baamonde, in: Cruz Villalón/Menéndez Calvo/Nogueira Guastavino, Representación y representatividad colectiva en las relaciones laborales, S. 89, 92.

[143] Zusätzliches Erfordernis in Art. 1.5 Arbeitnehmerstatut ist die Anmeldung bei der Arbeitsbehörde, die aber laut Rechtsprechung kein konstitutives Element eines Betriebs darstellt, STS 4733/2021, 02.12.2021; STS 260/2017, 11.01.2017.

[144] Vgl. Borrajo Dacruz, Introducción al derecho del trabajo, S. 247; Canalda Criado, Temas laborales 2020, Nr. 152, 139, 150.

erfolgt gem. Art. 70 Arbeitnehmerstatut nach dem Mehrheitsprinzip, bei Stimmengleichheit gewinnt der Arbeitnehmer mit der längeren Betriebszugehörigkeit. Die konkrete Zahl der Personaldelegierten ist an die Belegschaftsgröße geknüpft[145] und nach Ansicht der ordentlichen Rechtsprechung nicht dispositiv.[146] Arbeiten weniger als sechs Arbeitnehmer im Betrieb oder Unternehmen, existiert, selbst bei entsprechendem Willen der Arbeitnehmer, im Umkehrschluss zu Art. 62.1 UAbs. 1 Arbeitnehmerstatut keine Einheitsvertretung. Angesichts der Entwicklung von Großunternehmen hin zu kleinen und mittleren Unternehmen wird diese Regelung kritisch betrachtet, da Unternehmen ohne eine ausreichende Belegschaftsgröße ohne eine Arbeitnehmervertretung agieren müssen.[147] In der Praxis hatten im Jahr 2013 mehr als 80 % der spanischen Unternehmen keine Einheitsvertretung, da sie weniger als sechs Arbeitnehmer beschäftigen bzw. zwischen sechs und zehn Arbeitnehmer, aber die erforderliche Mehrheitsentscheidung für eine Einheitsvertretung nicht zustande kam.[148]

(bb) Das Betriebskomitee

Das Betriebskomitee (*comité de empresa*) wird gem. Art. 63.1 Arbeitnehmerstatut bei einer Gesamtheit von 50 oder mehr Arbeitnehmern im Betrieb durch die Belegschaft gewählt. Im Unterschied zur Mehrheitswahl der Personaldelegierten erfolgt die Wahl und Einberufung in das Betriebskomitee proportional anhand aufgestellter Listen, Art. 71.2 lit. a–c Arbeitnehmerstatut: Die Arbeitnehmer wählen eine der aufgestellten Listen aus. Dem Wahlergebnis entsprechend werden sodann die Sitze je Liste proportional ermittelt. Die dort aufgelisteten Kandidaten werden in der Reihenfolge, die

---

145 Art. 62.1 UAbs. 2 Arbeitnehmerstatut: Bei bis zu 30 Arbeitnehmern gibt es einen Personaldelegierten. Bei einer Belegschaft zwischen 31 und 49 Arbeitnehmern gibt es drei Personaldelegierte.

146 STS 589/2001, 31.01.2001.

147 Zur fehlenden Anpassung der Regelung an die Strukturen kleiner und mittlerer Unternehmen Alfonso Mellado, in: Comisión Ejecutiva Confederal de UGT, Representación y libertad sindical. La LOLS y la sección sindical en la pequeña y mediana empresa, S. 31, 52–53; Lahera Forteza, Papeles de economía española 2018, Nr. 156, 18, 21, 22 und Lahera Forteza, Derecho de relaciones laborales 2016, Nr. 1, 57, 59.

148 Alfonso Mellado, in: Comisión Ejecutiva Confederal de UGT, Representación y libertad sindical. La LOLS y la sección sindical en la pequeña y mediana empresa, S. 31, 53.

in der Liste festgesetzt wird, als Mitglieder in das Betriebskomitees berufen. Erreichen die einzelnen Listen das Mindestquorum von 5 % nicht, sind die aufgestellten Listenmitglieder nicht berechtigt, Mitglied der Einheitsvertretung zu sein. Die Anzahl der Mitglieder wird auch hier entsprechend der Belegschaftszahl gestaffelt.[149] Sowohl das Mandat der Personaldelegierten als auch das der Mitglieder im Betriebskomitee dauert gem. Art. 67.3 UAbs. 1 Arbeitnehmerstatut vier Jahre.

(cc) Die Vertretungen im Öffentlichen Dienst

Die Vorgaben zu den entsprechenden Vertretungen im Öffentlichen Dienst sind im Gesetz über das Beamtenstatut geregelt. Bei mindestens sechs – statt zehn bei den Vertretungen im privaten Sektor – und unter 50 Beamten in der kommunalen Körperschaft werden gem. Art. 39.2 Gesetz über das Beamtenstatut Personaldelegierte (*delegados de personal*) und ab 50 Beamten gem. Art. 39.3–5 Gesetz über das Beamtenstatut die Personalversammlung (*juntas de personal*)[150] gewählt. Im Unterschied zum privaten Sektor werden die Einheitsvertretungen im Öffentlichen Dienst aber nicht zu Tarifverhandlungen berechtigt, sondern ausschließlich die repräsentativen Gewerkschaften, Art. 33 Gesetz über das Beamtenstatut.[151]

(dd) Besonderheiten bei Unternehmen mit mehreren Betrieben

Besonderheiten gelten in Unternehmen mit mehreren Betrieben, welche alle oder teilweise die Schwelle von 50 Arbeitnehmern nicht überschreiten. Hier ist die Bildung des gemeinsamen Betriebskomitees (*comité de empresa conjunto*) und des betriebsübergreifenden Komitees (*comité intercentros*) als spezielle Form der Einheitsvertretung möglich, sodass ausnahmsweise nicht der Betrieb die Basis der Wahleinheit darstellt.

---

149 Art. 66.1 Arbeitnehmerstatut: zwischen 50 und 100 Arbeitnehmer: fünf; zwischen 101 und 250 Arbeitnehmer: neun; zwischen 251 und 500 Arbeitnehmer: 13; zwischen 501 und 750 Arbeitnehmer: 17; zwischen 751 und 1.000 Arbeitnehmer: 21; darüber hinausgehend je zwei mehr pro zusätzliche 1.000 Arbeitnehmer, höchstens 75.

150 Die Anzahl der Einheitsvertretungen im öffentlichen und privaten Sektor entspricht sich, vgl. zu den Personaldelegierten gem. Art. 39.2 Gesetz über das Beamtenstatut bzw. Art. 62.1 UAbs. 2 Arbeitnehmerstatut und zum Betriebskomitee in Art. 66.1 Arbeitnehmerstatut bzw. zu der Personalversammlung gem. Art. 39.5 Gesetz über das Beamtenstatut.

151 Vgl. Baylos Grau, Sindicalismo y derecho sindical, S. 83, 84.

(aaa) Das gemeinsame Betriebskomitee

Bei mehreren Betrieben eines Unternehmens, die in derselben Provinz oder in angrenzenden Gemeinden liegen und jeweils zehn oder mehr[152] und weniger als 50 Arbeitnehmer beschäftigen, wird gem. Art. 63.2 S. 1 Arbeitnehmerstatut ein gemeinsames Betriebskomitee gebildet, wenn das gesamte Unternehmen eine Belegschaft von über 50 Arbeitnehmern aufweist. Die Betriebe mit einer Belegschaft von über 50 Arbeitnehmern wählen ein eigenes Betriebskomitee, die übrigen Betriebe mit weniger als 50 Arbeitnehmern je Betrieb bilden ein gemeinsames Komitee, Art. 63.2 S. 2 Arbeitnehmerstatut.

(bbb) Das betriebsübergreifende Komitee

Das betriebsübergreifende Komitee wird im Unterschied zu den genannten Einheitsvertretungen nicht aufgrund eines Gesetzes, sondern durch einen statutarischen Tarifvertrag mit höchstens 13 Mitgliedern gebildet, Art. 63.3 UAbs. 1 Arbeitnehmerstatut. Ähnlich dem Gesamtbetriebsrat gem. §§ 47 ff. BetrVG werden die Mitglieder des betriebsübergreifenden Komitees aus den Mitgliedern der einzelnen Einheitsvertretungen gewählt, Art. 63.3 UAbs. 1 Arbeitnehmerstatut. Weil jeder einzelne Betrieb über eine eigene Einheitsvertretung verfügt und das betriebsübergreifende Komitee diese einzelnen Einheitsvertretungen auf höherer Ebene lediglich bündelt, wird es auch als Betriebskomitee zweiten Grades bezeichnet.[153] Es wird ausschließlich zur Ausübung derjenigen Kompetenzen berechtigt, die dem Komitee durch den Tarifvertrag, der seine Bildung anordnet, ausdrücklich zugewiesen sind, Art. 63.3 UAbs. 3 Arbeitnehmerstatut.

Da gem. Art. 87.2 Arbeitnehmerstatut allein die repräsentativen Gewerkschaften Tarifverträge über der Unternehmensebene vereinbaren können, wird kritisiert, dass diesen über Art. 63.3 Arbeitnehmerstatut erhebliche Kompetenzen zugewiesen werden. In der Praxis werden die repräsentativen Gewerkschaften entsprechende Klauseln ausschließlich in ihren Tarifvertrag aufnehmen, sofern die Mitglieder des zu gründenden betriebsübergreifenden Komitees ihnen gegenüber zugeneigt sind. Da sich das Komitee gem. Art. 63.3 UAbs. 2 Arbeitnehmerstatut proportional den Wahlergebnissen der

---

152 STS 5325/2009, 28.05.2009.

153 Solans Latre, El ejercicio de la legitimación para negociar convenios colectivos, S. 62, 63.

Einheitsvertretung entsprechend zusammensetzt, werden nur die Gewerkschaften, die bei den Wahlen zu den Einheitsvertretungen auch die Mehrheit erreicht haben, zur Bildung des betriebsübergreifenden Komitees bereit sein. Diese Gewerkschaften vereinen dann auch die Mehrheit im übergreifenden Komitee auf sich und üben großen Einfluss auf Unternehmensebene aus.[154]

(b) Vergleich der Einheitsvertretungen mit dem deutschen Betriebsrat

Die Beteiligungs- und Informationsrechte der Einheitsvertretungen gem. Art. 64 Arbeitnehmerstatut sind zwar vergleichbar mit den Beteiligungsrechten des Betriebsrats.[155] Grundlegender Unterschied der Einheitsvertretungen im Vergleich zur deutschen Konstruktion des Betriebsrats ist aber, dass das spanische Recht keine strikte Unterscheidung zwischen den Kompetenzen der Einheitsvertretungen und solchen der Gewerkschaften vorgibt. Die Aufgabenbereiche beider Vertretungen auf Unternehmensebene und den Ebenen darunter überschneiden sich, sodass beide Vertretungsformen zu Tarifverhandlungen und -abschlüssen berechtigt werden und zu einem Streik aufrufen dürfen.[156] Ein § 2 Abs. 1 BetrVG entsprechendes Gebot zur vertrauensvollen Zusammenarbeit von Arbeitgeber und Betriebsrat besteht in Konsequenz des für Einheitsvertretungen bestehenden Streikrechts nicht.[157] Gewerkschaften sind gegenüber Einheitsvertretung nicht derart stark privilegiert wie im deutschen Recht über den Tarifvorrang und -vorbehalt in §§ 77 Abs. 3, 87 Abs. 1 Einleitungssatz BetrVG. Gewerkschaften sind gegenüber Einheitsvertretungen lediglich vorrangig zu Tarifverhandlungen berechtigt, wenn sie dies vereinbaren und die Mehrheit der Personaldelegierten bzw. der Mitglieder im Betriebskomitee vertreten, Art. 87.1 UAbs. 2 Arbeitnehmerstatut. Erfüllen die Gewerkschaften nicht die Voraussetzungen des Art. 87.1

---

154 Vgl. zu dieser Problematik auch Selenkewitsch, Spanisches Tarifrecht, S. 232, 233.

155 So auch Mendoza Navas/Zachert, AuA 1994, 77, 79.

156 Vgl. Mendoza Navas/Zachert, AuA 1994, 77, 79.

157 Lediglich Art. 64.7 Arbeitnehmerstatut deutet an, dass Unternehmensleitung und Einheitsvertretungen bei Maßnahmen zur Aufrechterhaltung und Steigerung der Produktivität und bei der Verwirklichung der ökologischen Nachhaltigkeit des Unternehmens zusammenarbeiten, sofern dies in Tarifverträgen vereinbart wurde (lit. c); Zusammenarbeit ist auch bei der Festlegung und Umsetzung von Maßnahmen zur Vereinbarkeit von Familie und Beruf vorgesehen (lit. d), vgl. Cruz Villalón, Compendio de derecho del trabajo, S. 545, 546.

UAbs. 2 Arbeitnehmerstatut, können die Einheitsvertretungen vollumfänglich ihre Kompetenzen ausüben.

(c) Zwischenfazit

Die Einheitsvertretungen stellen die betriebliche Interessenvertretung der Arbeitnehmer dar. Ihre Konstruktion und Ausgestaltung beruhen auf einfachem Recht und nur mittelbar auf der Verfassung. Dennoch wird durch Art. 37.1 CE die verfassungsrechtliche Grundlage dafür geschaffen, dass den Einheitsvertretungen einfachgesetzlich die Befugnis zu Tarifverhandlungen übertragen werden kann.

Als betriebliche Interessenvertreter agieren die Einheitsvertretungen auf Ebene des Unternehmens und den darunter liegenden Ebenen. Je nach Belegschaftsgröße und Unternehmensstruktur werden Personaldelegierte, das Betriebskomitee, das gemeinsame Betriebskomitee oder, bei tarifvertraglicher Schaffung, das betriebsübergreifende Komitee gebildet. Da aber die Mehrheit der spanischen Unternehmen die Mindestbelegschaftsgröße zur Bildung einer Einheitsvertretung nicht erfüllt, verfügt die Mehrheit der Unternehmen über keine betriebliche Interessenvertretung.

bb. Verhältnis der betrieblichen und gewerkschaftlichen Vertretung

(1) Aus verfassungsrechtlicher Sicht

Das Verfassungsgericht führte zum verfassungsrechtlichen Verhältnis der betrieblichen und gewerkschaftlichen Vertretung aus, dass die Rechtsordnung zwar ein duales System zulasse, in dem sowohl Einheitsvertretungen als auch Gewerkschaften Arbeitnehmerinteressen vertreten und verteidigen könnten. Dies bedeute aber nicht, dass den beiden Vertretungen dieselben Aufgaben, Befugnisse und Funktionen zugewiesen seien.[158]

Gewerkschaften werden im Vergleich zur betrieblichen Interessenvertretung privilegiert und unterstehen einem gesteigerten verfassungsrechtlichen Schutzniveau: Allein Gewerkschaften werden in Art. 7, 28 Spanische Verfassung geschützt.[159] Die Gewerkschaftsfreiheit in Art. 28.1 Spanische Verfassung befindet sich systematisch im zweiten Kapitel des ersten Titels und unterliegt daher gem. Art. 53.2 Spanische Verfassung dem besonderen Schutz

---

158 STC 118/1983, 13.12.1983; so auch STC 134/1994, 09.05.1994.

159 Vgl. in Kapitel 1 B.I.1.a.bb und Kapitel 1 B.I.2.a.

einer Verfassungsbeschwerde (*recurso de amparo*). Die Einheitsvertretungen können sich nach ständiger verfassungsgerichtlicher Rechtsprechung nicht auf Art. 7, 28.1 Spanische Verfassung berufen, sondern lediglich mittelbar auf Art. 129.2 Spanische Verfassung.[160] Bei Verletzung ihrer Rechte können die Einheitsvertretungen daher keine Verfassungsbeschwerde erheben. Aus dem unterschiedlichen verfassungsrechtlichen Schutzniveau wird gefolgert, dass den Verbänden aufgrund von Art. 7, 28 Spanische Verfassung ein weiter, nicht abschließend aufzählbarer Tätigkeitsbereich zugewiesen wird, während die Einheitsvertretungen ausschließlich die Kompetenzen ausüben können, die ihnen einfachgesetzlich ausdrücklich zugewiesen wurden.[161]

In Sondervoten zu verfassungsgerichtlichen Urteilen wurde kritisiert, dass sich der verfassungsrechtliche Schutz über Art. 28.1 Spanische Verfassung nach derzeitiger Rechtsprechung des Verfassungsgerichts danach richte, ob eine Gewerkschaft oder eine sonstige Arbeitnehmervertretung die Tätigkeit ausübe.[162] In den Sondervoten wurde vorgeschlagen, den persönlichen Schutzbereich des Art. 28.1 Spanische Verfassung nicht allein auf Gewerkschaften zu beschränken. Es sollte funktional danach unterschieden werden, ob die ausgeübte Tätigkeit als Teil der Gewerkschaftsfreiheit einzuordnen sei. Konsequenz wäre, dass auch die Einheitsvertretungen von Art. 28.1 Spanische Verfassung erfasst werden, wenn sie z.B. Tarifverhandlungen führen. Damit wären sowohl Tätigkeiten durch Gewerkschaften als auch solche der Einheitsvertretungen ohne Beteiligung von Gewerkschaften geschützt.

Abgrenzungsprobleme zwischen beiden Formen der Vertretung können auftreten, wenn ein Arbeitnehmer eine Doppelfunktion ausübt, indem er gleichzeitig Mitglied der gewerkschaftlichen und der betrieblichen Vertretung ist.[163] Seine Tätigkeit als gewerkschaftlicher Vertreter wird verfassungsrechtlich

---

160 St. Rspr.: STC 191/1996, 26.11.1996; STC 95/1996, 29.05.1996; STC 134/1994, 09.05.1994; STC 197/1990, 29.11.1990; STC 98/1985, 29.07.1985; STC 51/1984, 25.04.1984; STC 45/1984, 27.03.1984; STC 118/1983, 13.12.1983; STC 37/1983, 11.05.1983; Palomeque López/Álvarez de la Rosa, Derecho del trabajo, S. 108.

161 STC 37/1983, 11.05.1983; Palomeque López/Àlvarez de la Rosa, Derecho del trabajo, S. 198.

162 STC 95/1996, 29.05.1996, Sondervotum von Manuel Jiménez de Parga y Cabrera und Vicente Gimeno Sendra; STC 74/1996, 30.04.1996, Sondervotum von Manuel Jiménez de Parga y Cabrera.

163 Krebber, in: Bu, Recht und Rechtswirklichkeit in Deutschland und China, S. 181, 193 bezieht sich für das deutsche Recht auf die ähnliche Problematik um eine personelle

geschützt, die generelle Tätigkeit im Rahmen der Einheitsvertretung aber nicht. Individuell genießt diese Person den Schutz über Art. 28.1 Spanische Verfassung, während das Organ der Einheitsvertretung diesem Schutz aber gerade nicht unterfällt. Im Einzelfall wird es nach einzelnen Stimmen in der Literatur schwierig, die unterschiedlichen Tätigkeitsbereiche bei Personenidentität einerseits dem Schutz der Art. 7, 28 Spanische Verfassung, andererseits aber keinem verfassungsrechtlich gewährleisteten Schutzbereich zuzuordnen, insbesondere, da die Aufgabenbereiche zwischen gewerkschaftlichen und Einheitsvertretungen nicht klar abgrenzbar sind und sich überschneiden.[164] In der Literatur wurde daher bereits 2016 vorgeschlagen, das duale System zur Vermeidung von Abgrenzungsproblematiken aufzugeben und allein den Gewerkschaften die Funktion der Arbeitnehmervertretung zu übertragen.[165] Weiter wurde vorgeschlagen, die Kompetenzen von Gewerkschaften und Einheitsvertretungen ähnlich dem deutschen System zu trennen.[166] Das Verfassungsgericht versuchte, die Problematik zu lösen, indem es gewerkschaftlich organisierte Einheitsvertretungen (*comité de empresa sindicalizado*) unter den Schutz des Art. 28.1 Spanische Verfassung fasste.[167] Es sei im Einzelfall zu prüfen, ob die Tätigkeit eines Mitglieds der Einheitsvertretung, das gleichzeitig Gewerkschaftsmitglied ist, Auswirkungen auf Art. 28.1 Spanische Verfassung habe.[168] Da die Gewerkschaften aber einen starken Einfluss auf die Bildung, Zusammensetzung und Betätigung der Einheitsvertretungen ausüben, wird nicht klar, ob jede Einheitsvertretung gewerkschaftlich organisiert ist bzw. wo eine mögliche Grenze zwischen gewerkschaftlich organisierten und nicht gewerkschaftlich organisierten

---

Verbindung beider Vertretungen. Nach seiner Ansicht sei das Betriebsverfassungsrecht ein „Beleg dafür, wie schwierig es für staatliches Recht ist, sich im Bereich des Kollektiven Arbeitsrechts gegen die Rechtswirklichkeit zu stemmen."

164 Vgl. Lahera Forteza, La reforma de la negociación colectiva, S. 34, 35; Cruz Villalón, in: Cruz Villalón/Menéndez Calvo/Nogueira Guastavino, Representación y representatividad colectiva en las relaciones laborales, S. 147, 172–174; Lahera Forteza, Derecho de relaciones laborales 2016, Nr. 1, 57, 58, 59.

165 Lahera Forteza, Derecho de relaciones laborales 2016, Nr. 1, 57, 62.

166 Lahera Forteza, La reforma de la negociación colectiva, S. 170–173; Lahera Forteza, Papeles de economía española 2018, Nr. 156, 18, 24. Vgl. auch Duque González, Lan Harremanak 2021, Nr. 45, 14, 37, 39.

167 STC 191/1996, 26.11.1996.

168 STC 100/2014, 23.06.2014.

Einheitsvertretungen gezogen werden muss. Außerdem ist unklar, welche Folgen sich für eine Einheitsvertretung ergeben, wenn einzelne, aber nicht alle Mitglieder der Einheitsvertretung Gewerkschaftsmitglieder sind. Die Einheitsvertretung kann als Kollegialorgan nur einheitlich aufgrund mehrheitlicher Entscheidung handeln. Welche Auswirkungen eine gewerkschaftliche Organisation der Mehr- bzw. Minderheit hat, wird ebenfalls nicht deutlich.

(2) Aus einfachgesetzlicher Sicht: Vergewerkschaftlichung der Einheitsvertretungen

(a) Verknüpfung der Wahlen zu den Einheitsvertretungen mit dem Erfordernis der Repräsentativität

Repräsentative Gewerkschaften und Gewerkschaften mit einer Vertretung von mindestens 10 % in den Einheitsvertretungen haben gem. Art. 67.1 Arbeitnehmerstatut bzw. Art. 43 Gesetz über das Beamtenstatut das Recht, zu Wahlen der Einheitsvertretungen aufzurufen und Kandidaten aufzustellen. Dabei werden sie nach Ansicht des Verfassungsgerichts vom Schutzbereich des Art. 28.1 Spanische Verfassung erfasst.[169] Die Ergebnisse der Wahlen zu den Einheitsvertretungen haben wiederum Auswirkungen auf die Gewerkschaften. Sofern die Gewerkschaften bestimmte, nach dem Arbeitnehmerstatut und dem Organgesetz über die Gewerkschaftsfreiheit prozentual vorgegebene Mindesterfordernisse erreichen, werden sie durch die spanischen Behörden gem. Art. 75.7 Arbeitnehmerstatut als repräsentative Gewerkschaften eingestuft und erhalten erweiterte Rechte gem. Art. 6.3 lit. a–g Organgesetz über die Gewerkschaftsfreiheit. Das umfasst z.B. das Recht zur institutionellen Vertretung der Arbeitnehmer vor öffentlichen Institutionen (lit. a), zur Verhandlung von statutarischen Tarifverträgen (lit. b), zur Beteiligung bei der Verhandlung von Arbeitsbedingungen im Öffentlichen Dienst (lit. c) und zum Ausrufen der Wahlen zu den Einheitsvertretungen (lit. e).

Da die Repräsentativität einfachgesetzlich mit den Wahlen der Einheitsvertretungen verknüpft wird und oftmals die Gewerkschaften Kandidaten zur Wahl aufstellen, werden die Wahlen der Einheitsvertretung als Gewerkschaftswahlen (*elecciones sindicales*) bezeichnet.[170] Die Mehrheit der Mitglieder

---

[169] STC 95/1996, 29.05.1996.

[170] STC 95/1996, 29.05.1996; Lahera Forteza, La reforma de la negociación colectiva, S. 39; Baylos Grau, Sindicalismo y derecho sindical, S. 52; Lahera Forteza, Papeles

in Einheitsvertretungen ist gewerkschaftlich organisiert.[171] Nach einer kritischen Literaturmeinung führe das faktisch zu einer Vergewerkschaftlichung des gesamten Tarifsystems, da stets Gewerkschaften, entweder unmittelbar oder mittelbar als gewählte Vertreter der betrieblichen Arbeitnehmervertretung, Tarifverträge aushandeln.[172]

(b) Alternative Befugnis der Arbeitnehmervertretungen zu Tarifverhandlungen

Das spanische Tarifrecht ermöglicht aufgrund der institutionellen Interessenvertretung, die unabhängig vom Willen des Einzelnen erfolgt,[173] eine Vertretung entweder durch die Einheitsvertretung oder durch die Gewerkschaftssektionen für denselben Bereich im Unternehmen.[174] Kommt es zu Verhandlungen zwischen dem Arbeitgeber und den Arbeitnehmervertretern, können Einheitsvertretungen und gewerkschaftliche Vertretungen nach einhelliger Auffassung aber nicht kumulativ, sondern nur alternativ tätig werden.[175] Zur Klarstellung des Verhältnisses zwischen gewerkschaftlichen und Einheitsvertretungen im Unternehmen wurde Art. 87.1 Arbeitnehmerstatut durch das Königliche Gesetzesdekret 7/2011[176] neu gefasst. Gem. Art. 87.1

---

de economía española 2018, Nr. 156, 18, 20; Lahera Forteza, Derecho de relaciones laborales 2016, Nr. 1, 57, 58.

171 STC 95/1996, 29.05.1996; Alfonso Mellado, in: Comisión Ejecutiva Confederal de UGT, Representación y libertad sindical. Límites a la libertad sindical negativa, la mayor representación sindical y su necesaria revisión, S. 103, 107; Landa Zapirain, Documentación laboral 2019, Nr. 117, 117, 122, 123. Escudero Rodríguez, in: Comisión Ejecutiva Confederal de UGT, Representación y libertad sindical. Límites a la libertad sindical negativa, la mayor representación sindical y su necesaria revisión, S. 167, 175 spricht davon, dass ungefähr 95 % der Mitglieder gewerkschaftlich organisiert sind.

172 Lahera Forteza, Manual de negociación colectiva, S. 41.

173 Vgl. in Kapitel 1 B.I.2.c.

174 Mendoza Navas, Revista española de derecho del trabajo 2020, Nr. 235, 123.

175 STS 4945/2016, 27.09.2016; STS 5833/2000, 14.07.2000; STS 6590/1994, 17.10.1994; SAN 8186/1999, 16.04.1999; Palomo Balda, in: Cruz Villalón/Menéndez Calvo/Nogueira Guastavino, Representación y representatividad colectiva en las relaciones laborales, S. 477, 478; Palomeque López/Àlvarez de la Rosa, Derecho del trabajo, S. 214; Nores Torres/Rodríguez Pastor, in: Pérez de los Cobos/Goerlich Peset, El régimen jurídico de la negociación colectiva en España, S. 111, 114, 115.

176 Real Decreto-ley 7/2011, de 10 de junio, de medidas urgentes para la reforma de la negociación colectiva (BOE n. 139, de 11.06.2011).

UAbs. 2 Arbeitnehmerstatut steht den Gewerkschaftssektionen vorrangig das Recht zu Tarifverhandlungen zu, sofern ihnen die Mehrheit der Mitglieder in den Einheitsvertretungen angehört und sie in einer internen Vereinbarung festgelegt haben, vorrangig vor den Einheitsvertretungen Tarifverhandlungen führen zu wollen.[177] Mit dieser Privilegierung von Gewerkschaften gegenüber den Einheitsvertretungen soll die verfassungsrechtlich zugewiesene, zentrale Funktion der Gewerkschaften in der Interessenvertretung der Arbeitnehmer einfachgesetzlich Ausdruck finden.[178]

In der Literatur wird trotz dieser Vorrangregelung kritisiert, dass das System die Einheitsvertretungen und deren Tätigkeit aufgrund der starken Vergewerkschaftlichung der Wahlen in den Mittelpunkt rücke[179]: Für Gewerkschaften sei es in der Praxis trotz der Vorrangregelung in Art. 87.1 UAbs. 2 Arbeitnehmerstatut schwierig, in Unternehmen gegenüber den Einheitsvertretungen vorrangig tätig zu werden. Gerade Gewerkschaften mit geringem Organisationsgrad könnten die Voraussetzungen des Art. 87.1 UAbs. 2 Arbeitnehmerstatut zum vorrangigen Eintritt nur schwer erfüllen. Das mittelbare Agieren über die Einheitsvertretungen stelle daher den einfacheren Weg für die Gewerkschaft dar. Problematisch sei dieser mittelbare Weg aber, da die Gewerkschaften hierbei nicht durch Art. 28.1 Spanische Verfassung geschützt würden. Außerdem werde dem Arbeitnehmer nicht anschaulich dargestellt, dass tatsächlich die Gewerkschaft tätig sei. Das mittelbare Handeln reduziere damit die Anreize zum Gewerkschaftsbeitritt weiter.

b. Sachlicher Schutzbereich

Art. 37.1 Spanische Verfassung umfasst das Recht auf effektive Tarifverhandlungen. Das beinhaltet nach Ansicht von Literatur und Rechtsprechung das Recht auf Verhandlungen frei von staatlicher Intervention und die Zuweisung einer wirkungsvollen tarifvertraglichen Geltung, den relativen Vorrang

---

177 Vgl. STS 4945/2016, 27.09.2016; Monereo Pérez/Molina Navarrete/Moreno Vida/Vila Tierno, Manual de derecho del trabajo, S. 229; Sala Franco, in: Goerlich Peset, Derecho del trabajo, S. 662; Palomo Balda, in: Cruz Villalón/Menéndez Calvo/Nogueira Guastavino, Representación y representatividad colectiva en las relaciones laborales, S. 477, 479.

178 Melián Chinea, El sistema de negociación colectiva y sus reglas de articulación, S. 130.

179 Lahera Forteza, Papeles de economía española 2018, Nr. 156, 18, 20, 21.

der Tarifautonomie gegenüber der Privatautonomie, den relativen Vorrang gegenüber staatlichen Regelungen und die Förderung kollektivarbeitsrechtlicher Maßnahmen.[180]

Der sachliche Schutzbereich umfasst aber nicht das Recht bzw. die Pflicht zum Tarifabschluss[181] oder enthält Konkretisierungen zur Form des Tarifvertrags selbst.[182] Nach Ansicht des Verfassungsgerichts gebe Art. 37.1 Spanische Verfassung dem einfachen Gesetzgeber kein konkretes System zum Recht auf Tarifverhandlungen vor.[183] Das Recht auf Tarifverhandlungen werde durch den einfachen Gesetzgeber ausgestaltet.[184] Der einfache Gesetzgeber bestimme das Verfahren der Tarifverhandlungen und die Wirkung der Tarifverträge und lege fest, welche Tarifvertragsparteien zu Tarifverhandlungen und -abschlüssen legitimiert werden.[185] Beispielsweise besteht nach mehrheitlicher Ansicht in Literatur und Rechtsprechung auch ein Gestaltungsspielraum dahingehend, ob der Tarifvertrag mitgliederbezogen oder erga omnes wirken soll.[186]

Der einfache Gesetzgeber werde weiter verpflichtet, die Tarifverhandlungen durch seine Ausgestaltung in effektiver Weise gem. Art. 9.2 Spanische

---

180 STC 119/2014, 16.07.2014; STC 17/1986, 04.02.1986; Monereo Pérez, in: Cavas Martínez/Luján Alcaráz, Crisis económica, reformas laborales y protección social, S. 619, 638.

181 Valdes Dal-Ré, in: Valdés Dal-Ré/González-Posada/Pérez-Espinosa/Matia Prim, La negociación colectiva en las pequeñas y medianas empresas, S. 17, 21; Goerlich Peset, Revista del ministerio de empleo y seguridad social 2014, Nr. 108, 253, 265.

182 Valdes Dal-Ré, in: Valdés Dal-Ré/González-Posada/Pérez-Espinosa/Matia Prim, La negociación colectiva en las pequeñas y medianas empresas, S. 17, 23.

183 STC 8/2015, 22.01.2015; STC 119/2014, 16.07.2014.

184 STC 85/2001, 26.03.2001.

185 STC 208/1993, 28.06.1993.

186 STC 8/2015, 22.01.2015; STC 119/2014, 16.07.2014; STC 73/1984, 27.06.1984; Monereo Pérez/Molina Navarrete/Moreno Vida/Vila Tierno, Manual de derecho del trabajo, S. 206; Lahera Forteza, Manual de negociación colectiva, S. 41; Cruz Villalón, Compendio de derecho del trabajo, S. 562; Valdes Dal-Ré, in: Valdés Dal-Ré/González-Posada/Pérez-Espinosa/Matia Prim, La negociación colectiva en las pequeñas y medianas empresas, S. 17, 33. A.A. Rodríguez-Piñero, Eficacia general del convenio colectivo, S. 201, der die Erga-Omnes-Wirkung als notwendige Folge der institutionellen Vertretung und Gesamtrepräsentationsfunktion von Verbänden sieht.

Verfassung zu gewährleisten.[187] Zudem werde der einfache Gesetzgeber beauftragt, das Recht auf Tarifverhandlungen zu fördern, um die den Arbeitnehmer- und Arbeitgebervertretern zugeteilte Macht flexibel umverteilen zu können.[188]

c. Zwischenfazit

Art. 37.1 Spanische Verfassung schafft die verfassungsrechtliche Grundlage für eine Dualität der Arbeitnehmervertretung auf Unternehmensebene und den darunter liegenden Ebenen und damit eine dritte wesentliche rechtliche Rahmenbedingung zur Gestaltung des Arbeitsvertrags durch Tarifvertrag. Mit den Gewerkschaftssektionen und den Einheitsvertretungen können alternativ zwei Akteure an Tarifverhandlungen mitwirken. Da sich die Aktivität beider Arbeitnehmervertretungen auf das Unternehmen bzw. den Betrieb konzentriert, wird deutlich, dass das Unternehmen bzw. der Betrieb den maßgeblichen Anknüpfungspunkt innerhalb des spanischen Tarifsystems darstellt. Mit der einfachgesetzlichen Verknüpfung der Wahlen zu den Einheitsvertretungen und dem Kriterium der Repräsentativität werden Einheitsvertretungen und Gewerkschaften personell, tatsächlich und rechtlich eng miteinander verbunden. Da beide Vertretungen aber trotz funktionaler Überschneidungen einem unterschiedlichen verfassungsrechtlichen Schutzniveau unterliegen, wird eine Abgrenzung und eine präzise Anwendung des Art. 28.1 Spanische Verfassung im Einzelfall schwierig. Zwar führt die Entwicklung in Richtung einer Vergewerkschaftlichung der Einheitsvertretungen. Gewerkschaften haben die Möglichkeit, entweder unmittelbar oder mittelbar durch die von ihnen wesentlich kontrollierten Einheitsvertretungen zu handeln. Nur bei einem unmittelbaren Tätigwerden werden sie allerdings von Art. 28.1 Spanische Verfassung geschützt, bei einem mittelbaren Handeln über die Einheitsvertretungen nicht. Dennoch muss die verfassungsrechtliche Vorrangstellung von Gewerkschaften gegenüber Einheitsvertretungen auch bei der einfachgesetzlichen Ausgestaltung der Tarifverhandlungen zum Ausdruck kommen.

---

187 STC 119/2014, 16.07.2014; STC 11/1981, 08.04.1981; Palomeque López/Álvarez de la Rosa, Derecho del trabajo, S. 102; Rodríguez-Piñero/del Rey Guanter, in: Durán López, Las relaciones laborales y la reorganización del sistema productivo, S. 27, 28.

188 Valdés Dal-Ré, Revista de política social 1979, Nr. 121, 469, 478, 479.

4. Rechtsgrund und Verständnis der Tarifautonomie

a. Definition der Tarifautonomie

Da die Spanische Verfassung die Tarifautonomie (*autonomía colectiva*) nicht ausdrücklich in ihrem Verfassungstext anerkennt, setzt sie sich nach überwiegender Ansicht konglomeratartig aus der Gewerkschaftsfreiheit gem. Art. 28.1 Spanische Verfassung, dem Streikrecht gem. Art. 28.2 Spanische Verfassung, dem Recht auf Tarifverhandlungen und der Verbindlichkeit der Tarifverträge gem. Art. 37.1 Spanische Verfassung zusammen.[189] Die Tarifautonomie ist damit zwar Teil der verfassungsrechtlichen Rahmenbedingungen, gibt dem einfachen Gesetzgeber aber über Art. 28, 37 Spanische Verfassung einen weiten Gestaltungsspielraum.[190] Der Gesetzgeber wird verfassungsrechtlich verpflichtet, die Rahmenbedingungen zu einer effektiven Ausübung der Tarifautonomie zu schaffen, sie rechtssicher zu gestalten, Tarifverhandlungen zu fördern und dabei die generellen Interessen zu gewährleisten.[191]

Insgesamt hat die Literatur wenige Ausführungen zum Konzept der Tarifautonomie gemacht. Sie bezieht sich in ihren Ausführungen schwerpunktmäßig auf die einzelnen, ausführlich formulierten Rechte der Verfassung in Art. 7, 22, 28, 37 Spanische Verfassung, statt auf die Gesamtkonstruktion der Tarifautonomie.

b. Originäre Machtzuweisung zur Rechtsetzung gegenüber den Tarifgebundenen

Die Arbeitnehmer- und Arbeitgebervertreter verfügen nach weit überwiegender Ansicht über eine originäre, außerstaatliche Macht zur Rechtsetzung gegenüber den tarifgebundenen Arbeitnehmern und Arbeitgebern: Die

---

189 Alarcón Caracuel, in: Alarcón Caracuel/Del Rey Guanter, La reforma de la negociación colectiva, S. 51, 57. Martín Valverde, Revista de política social 1983, Nr. 137, 105, 159–160 ergänzt das Konglomerat um den Gewerkschaftspluralismus, Gewerkschaften und Arbeitgeberverbände als Basisorgane des politischen Systems. Valdés Dal-Ré, Revista de política social 1979, Nr. 121, 469, 473–478 ergänzt das Konzept um Art. 7 Spanische Verfassung. Nach STC 51/1982, 19.07.1982 garantieren Art. 7, 28, 35, 37 Spanische Verfassung die Freiheit und Autonomie der Arbeitsbeziehungen. Ob sich diese Definition auf die Tarifautonomie bezieht, ist nicht klar ersichtlich.

190 Martín Valverde, Revista de política social 1983, Nr. 137, 105, 160.

191 Cruz Villalòn, in: Cruz Villalón, La negociación colectiva como instrumento de gestión del cambio, S. 15, 19; Rodríguez-Piñero/Del Rey Guanter, in: Durán López, Las relaciones laborales y la reorganización del sistema productivo, S. 27, 29.

Rechtsetzungsmacht entsteht danach nicht abgeleitet aus der Rechtsetzungsmacht des Gesetzgebers, sondern wird als außerstaatliche, originäre, soziale Macht verfassungsrechtlich gewährleistet (*poder social de autotutela*).[192] Die soziale Rechtsetzungsmacht umfasst individuelle und kollektive Arbeitsbedingungen sowie die Organisation und das Verfahren der Zusammenarbeit verschiedener Verbände.[193]

aa. Keine abgeleitete, subsidiäre Machtzuweisung

Über die Figur der rechtsgeschäftlichen Vertretung hinausgehend wird den Gewerkschaften nach Ansicht des Verfassungsgerichts aus Art. 7, 37 Spanische Verfassung *ex lege* eine Befugnis zugewiesen, im Rechtskreis der Arbeitnehmer zu handeln und in deren Rechte einzugreifen.[194] Es sei nicht möglich, das Verhältnis zwischen Gesetz und Tarifvertrag mit dem Verhältnis einer delegierenden und einer delegierten Vorschrift gleichzusetzen, gerade, weil es sich bei der staatlichen und tariflichen Rechtsetzungsmacht um nebeneinanderstehende, nicht voneinander abgeleitete, sondern originär durch die Verfassung zugewiesene Kompetenzen ohne ein Über-/Unterordnungsverhältnis handele.[195] Die Befugnis der Arbeitnehmer- und Arbeitgebervertreter, ihre gegenseitigen Interessen durch Tarifvertrag zu regeln, sei eine originäre Macht der Vertreter, die im Verfassungstext normiert sei.[196]

Auch nach Ansicht der Literatur verdeutliche Art. 37.1 Spanische Verfassung, dass die soziale Rechtsetzungsmacht der Arbeitnehmer- und Arbeitgebervertreter keine staatliche Delegation, sondern eine eigene, originäre

---

192 STC 208/1993, 28.06.1993; Rodríguez-Piñero y Bravo-Ferrer, in: Cruz Villalón/Menéndez Calvo/Nogueira Guastavino, Representación y representatividad colectiva en las relaciones laborales, S. 41, 50, 56; Monereo Pérez, in: Cavas Martínez/Luján Alcaráz, Crisis económica, reformas laborales y protección social, S. 619, 648; Alarcón Caracuel, in: Alarcón Caracuel/Del Rey Guanter, La reforma de la negociación colectiva, S. 51, 55; Alonso Olea, Las fuentes del derecho, S. 25–26; Melián Chinea, El sistema de negociación colectiva y sus reglas de articulación, S. 31; Rodríguez-Piñero y Bravo-Ferrer, Relaciones laborales 1992, I, 47, 51.

193 Rodríguez-Piñero/del Rey Guanter, in: Durán López, Las relaciones laborales y la reorganización del sistema productivo, S. 27, 28; García-Perrote Escartín, Ley y Autonomía Colectiva, S. 122.

194 STC 12/1983, 22.02.1983.

195 STC 58/1985, 30.04.1985; García-Perrote Escartín, Ley y Autonomía Colectiva, S. 121.

196 STC 58/1985, 30.04.1985.

und nicht subsidiäre Macht sei.[197] Sowohl dem Gesetzgeber als auch den Verbänden werde ihre Rechtsetzungsmacht unmittelbar durch die Verfassung verliehen.[198] In dogmatischer Hinsicht leite sich maßgeblich aus Art. 7 Spanische Verfassung die Rechtsetzungsmacht der Verbände gegenüber den Tarifgebundenen ab.[199] Gem. Art. 7 Spanische Verfassung fördern und verteidigen Gewerkschaften und Arbeitgeberverbände die wirtschaftlichen und sozialen Interessen, die ihnen eigen sind. Die verfassungsrechtliche Verankerung des Gewerkschaftspluralismus und des Arbeitnehmer-Arbeitgeber-Konflikts in Art. 7 Spanische Verfassung legitimiere die Macht der Verbände, autonom Recht setzen zu können.[200] Diese soziale Rechtsetzungsmacht gehe über die reine Regelung von Arbeitsbeziehungen hinaus, betreffe auch politische Bereiche und konkurriere mit der staatlichen Rechtsetzungsmacht.[201]

bb. Die Arbeitnehmer- und Arbeitgebervertretung als Interessen- und nicht als Willensvertreter

Nach Ansicht des Verfassungsgerichts und der ordentlichen Gerichte handelt es sich bei der Vertretung der Verbände um eine institutionelle Interessenvertretung, die nicht auf dem Willen des einzelnen Vertretenen beruht *(representación de intereses y no de voluntades)*.[202]

Bereits der Wortlaut in Art. 37.1 HS. 1 Spanische Verfassung lege nahe, dass Adressat des Rechts auf Tarifverhandlungen Arbeitnehmer- und Arbeitgebervertreter, nicht aber die vertretenen, individuellen Arbeitnehmer oder Arbeitgeber seien. Auch der Wortlaut lasse sich im Sinne einer originären, bereits verfassungsrechtlich zugewiesenen Rechtsetzungsmacht der Verbände auslegen, sodass keine Rückbindung an den Willen des Einzelnen erforderlich sei.[203] Die Vertretung von Nicht- und Andersorganisierten, wie sie

---

197 García-Perrote Escartín, Ley y Autonomía Colectiva, S. 121; Palomeque López/Álvarez de la Rosa, Derecho del trabajo, S. 102; Casas Baamonde, Cuadernos de relaciones laborales 2014, Bd. 32, Nr. 2, 275, 289; Rivero Lamas, Proyecto social 1994, Nr. 2, 109, 114.

198 García-Perrote Escartín, Ley y Autonomía Colectiva, S. 121.

199 Valdés Dal-Ré, Revista de política social 1979, Nr. 121, 469, 473–475.

200 Valdés Dal-Ré, Revista de política social 1979, Nr. 121, 469, 474.

201 Valdés Dal-Ré, Revista de política social 1979, Nr. 121, 469, 474.

202 STC 58/1985, 30.04.1985; STS 7647/2010, 21.12.2010; STS 3666/2005, 08.06.2005; STS 8857/2002, 26.12.2002; STS 7450/1996, 20.12.1996.

203 Ojeda Avilés, Compendio de derecho sindical, S. 327.

mit der Erga-Omnes-Wirkung einfachgesetzlich normiert ist, basiert damit auch auf dem aus der Verfassung abgeleiteten Verständnis der Verbände als Interessenvertretung.

cc. Diskussion um die Vertretungs- und Verbandstheorie

In der Literatur werden in diesem Zusammenhang die Vertretungs- und Verbandstheorie aus dem deutschen Recht diskutiert.[204] Ähnlich wie in Deutschland[205] wird auch in Spanien die Verbandstheorie befürwortet.[206] Die Verbände werden berechtigt, in eigenem Namen Tarifverträge zu verhandeln und aufgrund der ihnen zugewiesenen originären, verfassungsrechtlichen Rechtsetzungsmacht in den Rechtskreis der betroffenen Arbeitnehmer und Arbeitgeber einzugreifen.[207]

Unter Berücksichtigung der dargestellten Erkenntnisse wäre eine Rechtskonstruktion im Sinne der Vertretungstheorie auch nicht möglich. Aufgrund der institutionellen Vertretungsfunktion und originären Machtzuweisung liegt gerade keine konkrete Ermächtigung eines jeden Arbeitnehmers oder Arbeitgebers an die tarifvertragschließenden Verbände vor.

c. Laheras abweichendes Verständnis der Tarifautonomie als kollektiv ausgeübte Privatautonomie

Nach der Mindermeinung von *Lahera* begründet sich die Rechtsetzungsmacht der Verbände nicht originär aus der Verfassung, sondern aus der kollektiv ausgeübten Privatautonomie. Diese Mindermeinung soll im Folgenden besonders hervorgehoben werden, da dieses abweichende Grundverständnis der Tarifautonomie nach *Laheras* Ansicht die automatische Vertraglichung von

---

204 Vgl. Löwisch/Rieble, Tarifvertragsgesetz, § 1 TVG, Rn. 1460; Thüsing, in: Wiedemann, TVG, § 1 TVG, Rn. 163, 164; Sinzheimer, Grundzüge des Arbeitsrechts, S. 255–256. Zum historischen Überblick: Höpfner, ZfA 2019, 108, 116–118.

205 BAG, Urt. v. 15.01.1955 – 1 AZR 305/54 – juris, Rn. 25 ff.; Thüsing, in: Wiedemann, TVG, § 1 TVG, Rn. 163, 164.

206 Rodríguez-Piñero y Bravo-Ferrer, in: Cruz Villalón/Menéndez Calvo/Nogueira Guastavino, Representación y representatividad colectiva en las relaciones laborales, S. 41, 48–50; Rodríguez-Piñero y Bravo-Ferrer, Revista de política social 1964, Nr. 64, 117, 127–129.

207 Rodríguez-Piñero y Bravo-Ferrer, in: Cruz Villalón/Menéndez Calvo/Nogueira Guastavino, Representación y representatividad colectiva en las relaciones laborales, S. 41, 49, 50.

statutarischen und außerstatutarischen Tarifverträgen in den Individualarbeitsvertrag zur Folge haben soll. Im Folgenden soll daher die (verfassungs-) rechtliche Basis dieses Grundverständnisses dargestellt werden, während die Konsequenzen für die Ausgestaltung der normativen Wirkung innerhalb des Kapitels 3 erläutert werden.[208]

Abweichend von der mehrheitlichen Ansicht begründet Art. 37.1 Spanische Verfassung nach Ansicht von *Lahera Forteza* keine soziale und normative Rechtsetzungsmacht der Tarifvertragsparteien.[209] Ohne eine entsprechende verfassungsrechtliche oder sonstige gesetzliche Zuweisungsnorm könne die Rechtsetzungsmacht der Tarifvertragsparteien ausschließlich auf die kollektive Privatautonomie (*autonomía colectiva privada*) zurückgeführt werden, die in Art. 37.1 Spanische Verfassung verankert sei.[210] Aus Art. 37.1 HS. 2 Spanische Verfassung folge, dass die Verbände ohne individuelle Ermächtigung in eigenem Namen mit Wirkung für die Arbeitnehmer und Arbeitgeber handeln dürfen. Denn sie vertreten nicht die individuellen Interessen des Einzelnen, sondern die generellen Arbeitnehmer- bzw. Arbeitgeberinteressen.[211] *Lahera* bezeichnet diese Ermächtigung als vertragliche Ermächtigung gesetzlichen Ursprungs (*potestad contractual de origen legal*), deren Basis die Privatautonomie der durch das Arbeitnehmerstatut legitimierten Subjekte sei.[212] Die Ausübung der einfachgesetzlich zugewiesenen Rechte über Art. 3.1 lit. c, 3.5 Arbeitnehmerstatut sei als Ausübung einer vertraglichen Macht zu verstehen, die das Gesetz ausgewählten, legitimierten Subjekten zuweise, damit diese wiederum berechtigt seien, in die Rechtskreise Dritter einzugreifen.[213] Diese zugewiesene Befugnis der Verbände zu Tarifverhandlungen sei als privatrechtlich und frei einzuordnen.[214] Die privatrechtliche Einordnung beruhe darauf,

---

208 Vgl. in Kapitel 3 A.II.2.

209 Lahera Forteza, La contractualización del convenio colectivo; Lahera Forteza, La reforma de la negociación colectiva, S. 70; Lahera Forteza, Normas laborales y contratos colectivos, S. 7, 43, 48–79; Lahera Forteza, Derecho de relaciones laborales 2015, Nr. 1, 58, 61–63; Lahera Forteza, Relaciones laborales 2008, Nr. 1, 1, 4–5.

210 Lahera Forteza, Normas laborales y contratos colectivos, S. 7, 145.

211 Lahera Forteza, La reforma de la negociación colectiva, S. 80.

212 Lahera Forteza, La reforma de la negociación colectiva, S. 79; Lahera Forteza, Derecho de relaciones laborales 2015, Nr. 1, 58, 61.

213 Lahera Forteza, Derecho de relaciones laborales 2015, Nr. 1, 58, 61.

214 Lahera Forteza, in: Ministerio de Trabajo y Asuntos Sociales, La eficacia de los convenios colectivos, S. 397, 403.

dass nur der Staat normative Macht ausüben könne und Gewerkschaften und Arbeitgeberverbänden keine normative Macht zustehe.[215] Die Verbände vertreten stattdessen die kollektiven Privatinteressen (*interés colectivo privado*) der Arbeitnehmer und Arbeitgeber, ohne dass der Staat interveniere oder sie selbst staatliche Aufgaben ausüben.[216] Die Ermächtigung sei als frei einzuordnen, weil keine Pflicht bestehe, Tarifverträge mit einer Erga-Omnes-Wirkung schlussendlich zu unterzeichnen.[217] Art. 82.1 Arbeitnehmerstatut bezeichne den statutarischen Tarifvertrag gerade als Ausdruck einer frei getroffenen Vereinbarung. Basis von *Laheras* Erklärung ist damit eine staatlich delegierte und keine originäre Rechtsetzungsmacht. Eine privatautonome Delegation des einzelnen tarifgebundenen Arbeitnehmers oder Arbeitgebers an den Verband nimmt er nicht an. Diese wäre auch nicht mit den gesetzlichen Repräsentationskriterien in Art. 87, 88, 89 Arbeitnehmerstatut vereinbar, da die Handlungen der Tarifvertragsparteien gerade nicht mit dem Willen jedes Einzelnen verknüpft werden können.

d. Zwischenfazit

Das spanische Verständnis der Tarifautonomie basiert nicht auf einer Delegation von Befugnissen, die der Einzelne oder der Staat auf die Verbände übertragen. Die Rechtsetzungsmacht der Verbände gegenüber Arbeitnehmern und Arbeitgebern wird stattdessen als originär und neben der staatlichen Macht stehend eingestuft. Sie befähigt die Verbände, normative Regelungen für Arbeitnehmer und Arbeitgeber als deren Interessenvertreter festzulegen und dabei über die privatrechtlichen Ermächtigungen hinausgehend zu agieren. Dieses Verständnis ist die vierte Rahmenbedingung, die eine verfassungsrechtliche Basis für eine einfachgesetzliche Normierung der Erga-Omnes-Wirkung schafft.

---

215 Lahera Forteza, Derecho de relaciones laborales 2015, Nr. 1, 58, 61.

216 Lahera Forteza, in: Ministerio de Trabajo y Asuntos Sociales, La eficacia de los convenios colectivos, S. 397, 403.

217 Lahera Forteza, in: Ministerio de Trabajo y Asuntos Sociales, La eficacia de los convenios colectivos, S. 397, 403.

5. Zwischenergebnis

Die einfachgesetzliche Ausgestaltung der Tarifwirkung beruht auf den vier verfassungsrechtlichen Rahmenbedingungen der Gewerkschaftsfreiheit gem. Art. 28.1 Spanische Verfassung, der Aufgabe der Verteidigung und Förderung wirtschaftlicher und sozialer Interessen gem. Art. 7 Spanische Verfassung, dem Recht auf Tarifverhandlungen gem. Art. 37.1 Spanische Verfassung und dem Verständnis der Tarifautonomie als originäre Macht der Verbände.

Die innerhalb des Art. 28.1 Spanische Verfassung vorgenommene Unterscheidung zwischen dem indisponiblen Kernbereich und dem erweiterten Schutzbereich gibt erste Rahmenbedingungen für die Unterscheidung zwischen repräsentativen und nicht-repräsentativen Gewerkschaften vor. Auch Art. 7 Spanische Verfassung ist wesentlicher Bestandteil und Ausgangspunkt für die Erga-Omnes-Wirkung statutarischer Tarifverträge: Verbände nehmen wirtschaftliche, soziale, aber auch politische Aufgaben wahr und üben eine Gesamtrepräsentationsfunktion und eine soziale, originäre Rechtsetzungsmacht gegenüber den Arbeitnehmern und Arbeitgebern aus. Sie werden nicht als Willens-, sondern als Interessenvertreter eingestuft. Art. 37.1 Spanische Verfassung ermöglicht zudem die einfachgesetzliche Ausgestaltung einer dualen Arbeitnehmervertretung und gewährleistet die Verbindlichkeit der Tarifverträge.

II. Typisierung der kollektiven Vereinbarungen in Spanien

Im Folgenden werden die drei Arten kollektiver Vereinbarungen im spanischen Tarifrecht untersucht und abgegrenzt: statutarische und außerstatutarische Tarifverträge sowie Kollektivvereinbarungen. Der erste Teil analysiert die verfassungsrechtliche Zulässigkeit des außerstatutarischen Tarifvertrags, die Unterscheidungskriterien zwischen statutarischem und außerstatutarischem Tarifvertrag und die Fallgruppen des außerstatutarischen Tarifvertrags. Der zweite Teil stellt die verschiedenen Formen von Kollektivvereinbarungen dar und untersucht deren Verhältnis zu den statutarischen und außerstatutarischen Tarifverträgen.

1. Die Unterscheidung zwischen dem statutarischen und dem außerstatutarischen Tarifvertrag

Das spanische Tarifrecht kennt zwei mögliche Formen von Tarifverträgen und unterscheidet zwischen dem statutarischen (*convenio estatutario, convenio regular* oder *convenio de eficacia general*[218]) und dem außerstatutarischen Tarifvertrag (*convenio extraestatutario, convenio irregular* oder *convenio colectivo de eficacia limitada*[219]). Beide Formen haben unterschiedliche Legitimations- und Verfahrensanforderungen[220] sowie unterschiedliche Wirkungen.[221] Die Bezeichnung als statutarischer Tarifvertrag wird daraus abgeleitet, dass dessen maßgebliche Vorschriften im Arbeitnehmerstatut in Art. 82 ff. Arbeitnehmerstatut geregelt sind, während die Bezeichnung als außerstatutarischer Tarifvertrag darauf zurückgeführt wird, dass dessen Regelungen sich außerhalb des Arbeitnehmerstatuts befinden.[222]

In der Praxis stellt der statutarische Tarifvertrag den Regelfall und der außerstatutarische Tarifvertrag die Ausnahme dar.[223] Ungeachtet dessen sollen hier die Wirkungen beider Tarifvertragsformen vollumfänglich analysiert und einander gegenübergestellt werden, um zu ermitteln, warum es zwei Tarifvertragsformen gibt und welche Lücke dieser zweite, außerstatutarische Tarifvertrag im Gesamtgefüge des spanischen Tarifrechts schließen soll.

---

218 Als „*convenio colectivo estatutario*“ oder „*convenio estatutario*“, vgl. STC 225/2001, 26.11.2001; STC 107/2000, 05.05.2000; STC 124/1988, 23.06.1988; STS 3626/2023, 12.09.2023; STS 3447/2022, 20.09.2022; STS 4711/2007, 01.06.2007; STS 3184/1996, 25.05.1996; als „*convenio regular*“, vgl. STS 3184/1996, 25.05.1996, als „*convenio de eficacia general*“, vgl. STC 108/1989, 08.06.1989; STS 1890/2010, 23.03.2010; STS 8514/2006, 12.12.2006.

219 Als „*convenio extraestatutario*“, vgl. STC 121/2001, 04.06.2001; STS 5666/2012, 11.07.2012; STS 1890/2010, 23.03.2010; STS 4711/2007, 01.06.2007; als „*convenio irregular*“, vgl. STS 3184/1996, 25.05.1996; als „*convenio de eficacia limitada*“, vgl. STC 108/1989, 08.06.1989; STS 5666/2012, 11.07.2012; STS 1890/2010, 23.03.2010.

220 Vgl. zu statutarischen Tarifverträgen in Kapitel 1 B.III.2 und zu außerstatutarischen Tarifverträgen in Kapitel 1 B.III.3.

221 Vgl. zu statutarischen Tarifverträgen in Kapitel 2 B und Kapitel 3 A; zu außerstatutarischen Tarifverträgen in Kapitel 2 C und Kapitel 3 B.

222 Durán López, Relaciones laborales 1990, Nr. 15/16, 121, 132.

223 Lahera Forteza, Manual de negociación colectiva, S. 44. Valdés Dal-Ré, Configuración y eficacia de los convenios colectivos extraestatutarios, S. 13 bezifferte 1988 das Verhältnis statutarischer und außerstatutarischer Tarifverträge auf 80:20.

a. *Die Problematik um eine verfassungsrechtliche Basis des außerstatutarischen Tarifvertrags*

aa. *Mehrheitliche Anerkennung der Zulässigkeit eines außerstatutarischen Tarifvertrags*

Die Zulässigkeit außerstatutarischer Tarifverträge ist heute mehrheitlich durch das Verfassungsgericht,[224] die ordentliche Gerichtsbarkeit[225] und die Literatur[226] anerkannt. Auch der Gesetzgeber geht davon aus, dass Tarifverträge außerhalb des Arbeitnehmerstatuts existieren. Im Wortlaut von Art. 82.3 Arbeitnehmerstatut sowie Art. 90.1 Arbeitnehmerstatut bestimmt er im Rahmen der Regulierung statutarischer Tarifverträge, dass diese sich nur auf Tarifverträge nach diesem Gesetz, also solche nach dem Arbeitnehmerstatut, beziehen.[227] In Art. 2.1 lit. d, Art. 2.2 lit. d Organgesetz über die Gewerkschaftsfreiheit deutet er zudem auf die generelle Möglichkeit der gewerkschaftlichen Betätigung und in Art. 6.3 lit. b Organgesetz über die

---

224 STC 121/2001, 04.06.2001; STC 108/1989, 08.06.1989; STC 57/1989, 16.03.1989; STC 98/1985, 29.07.1985; STC 73/1984, 27.06.1984; insb. STC 58/1985, 30.04.1985 spricht sich klar für die zweite Interpretationsmöglichkeit aus.

225 St. Rspr.: ATS 6522/2022, 27.04.2022; ATS 8535/2021, 15.06.2021; STS 2629/2017, 21.06.2017; STS 6187/2013, 22.10.2013; STS 5666/2012, 11.07.2012; STS 4711/2007, 01.06.2007; STS 8514/2006, 12.12.2006; STS 1055/2003, 18.02.2003; STS 291/1999, 25.01.1999; STS 392/1997, 24.01.1997; STS 7201/1996, 14.12.1996; STS 6620/1994, 17.10.1994; STS 176/1994, 22.01.1994.

226 Sagardoy Bengoechea, La eficacia de los convenios colectivos, S. 24; Sala Franco, Los convenios colectivos extraestatutarios, S. 3, 4, 24; Valdés Dal-Ré, Configuración y eficacia de los convenios colectivos extraestatutarios, S. 28; Monereo Pérez/Molina Navarrete/Moreno Vida/Vila Tierno, Manual de derecho del trabajo, S. 206; Vicente Palacio, in: García Ninet, Derecho del trabajo, S. 139; Palomeque López/Àlvarez de la Rosa, Derecho del trabajo, S. 193–196; Palomeque López/Àlvarez de la Rosa, Derecho del trabajo, S. 195; Fernández Domínguez, in: Barreiro González/Fernández Domínguez, Los convenios colectivos extraestatutarios, S. 21, 22 ff.; Palomo Vélez, El modelo español de representación de los trabajadores en la empresa, S. 374; Martínez Emperador, in: Ministerio de Trabajo y Seguridad Social, El contenido de los Convenios Colectivos, S. 55, 60; Monereo Pérez, in: Cavas Martínez/Luján Alcaráz, Crisis económica, reformas laborales y protección social, S. 619, 621; Santiago Redondo, Revista española de derecho del trabajo 1997, Nr. 85, 731, 744–749; Valdés Dal-Ré, Revista de política social 1979, Nr. 121, 469, 498; auch wenn teilweise kritisiert wird, die zweite Form verletze die Entwicklung der Tarifverhandlungen: Ministerio de Sanidad y Seguridad Social, I Congreso nacional, S. 242.

227 Sala Franco, Los convenios colectivos extraestatutarios, S. 2.

Gewerkschaftsfreiheit explizit auf die statutarischen Tarifverträge hin und impliziert damit, dass es zwei mögliche Formen von Tarifverträgen geben muss.[228]

Ausgangspunkt für die Zulässigkeit des außerstatutarischen Tarifvertrags ist die Auslegung des Art. 37.1 Spanische Verfassung. Fraglich ist, ob Art. 37.1 Spanische Verfassung lediglich ein Mandat an den einfachen Gesetzgeber erhält, Tarifverhandlungen einfachgesetzlich auszugestalten, das dieser mit Verabschiedung des Arbeitnehmerstatuts vollständig und in abschließender Weise erfüllt hat. Die mehrheitliche Ansicht geht davon aus, dass Art. 37.1 Spanische Verfassung neben dem Mandat zur einfachgesetzlichen Ausgestaltung ein weiteres Recht garantiere, nämlich die unmittelbare Anerkennung eines Rechts auf Tarifverhandlungen.[229] Mit Verabschiedung der Art. 82 ff. Arbeitnehmerstatut habe der einfache Gesetzgeber das erste Mandat erfüllt. Daneben bleibe Raum für eine unmittelbare Anwendung des Art. 37.1 Spanische Verfassung und die Gewährleistung von hieraus abgeleiteten Rechten, die nicht einfachgesetzlich ausgestaltet werden müssen.[230] Auf dieser Basis bestehe innerhalb des Art. 37.1 Spanische Verfassung genügend Raum für eine zweite, neben dem statutarischen Tarifvertrag stehende Tarifvertragsform. Die Systematik spreche nach dieser Ansicht ebenfalls für eine unmittelbare Anwendbarkeit des Art. 37.1 Spanische Verfassung[231]: Das Recht auf Tarifverhandlungen stehe im Kapitel 2 der Verfassung und könne daher unmittelbar angewendet werden. Hätte der Verfassungsgesetzgeber eine unmittelbare Anwendung ausschließen wollen, hätte Art. 37.1 Spanische Verfassung innerhalb des Kapitels 3 als Leitprinzip der Sozial- und Wirtschaftspolitik eingeordnet werden müssen.

---

228 Sala Franco, Derecho sindical, S. 72; Palomeque López/Àlvarez de la Rosa, Derecho del trabajo, S. 195.

229 Vgl. bereits in Fn. 224, 225, 226.

230 Valdés Dal-Ré, in: Casas Baamonde/Rodríguez-Piñero y Bravo-Ferrer, Comentarios a la Constitución Española, S. 958; Sala Franco, Los convenios colectivos extraestatutarios, S. 3; Valdés Dal-Ré, Configuración y eficacia de los convenios colectivos extraestatutarios, S. 24; Martínez Emperador, in: Ministerio de Trabajo y Seguridad Social, El contenido de los Convenios Colectivos, S. 55, 59, 60 und Valdés Dal-Ré, Temas laborales 2004, Nr. 76, 21, 43 leiten die unmittelbare Gewährleistung aus Art. 9.1, 53.1 Spanische Verfassung ab.

231 Melián Chinea, El sistema de negociación colectiva y sus reglas de articulación, S. 69, 70.

Weiter sei verfassungsrechtlich geboten, eine zweite Tarifvertragsform einzuführen, um die verfassungsrechtlich geschützten Rechte in Art. 37.1 Spanische Verfassung vollumfänglich zu gewährleisten und nicht einfachgesetzlich zu beschränken.[232] Art. 37.1 Spanische Verfassung gewährleiste das Recht auf Tarifverhandlungen für alle Arbeitnehmer- und Arbeitgebervertreter, während nach dem Arbeitnehmerstatut lediglich repräsentative Verbände befugt seien, statutarische Tarifverträge zu vereinbaren. Die verfassungsrechtlich gewährleisteten Rechte nicht-repräsentativer Gewerkschaften gem. Art. 28.1, 37.1 Spanische Verfassung und Arbeitgeberverbände gem. Art. 22 Spanische Verfassung dürften aber nicht durch eine einfachgesetzliche Ausgestaltung umgangen oder eingeschränkt werden.[233] Eine zweite, außerhalb des Arbeitnehmerstatuts existierende Form des Tarifvertrags, des außerstatutarischen Tarifvertrags, müsse daher möglich sein. Diese Interpretation stehe in Einklang mit einer demokratischen Interpretation des Art. 37.1 Spanische Verfassung sowie dessen einfachgesetzlicher Ausgestaltung durch die franquistisch beeinflussten Vorschriften des Arbeitnehmerstatuts.[234]

bb. Mindermeinung der Nichtigkeit eines außerstatutarischen Tarifvertrags

Lediglich eine Minderheit beurteilt den außerstatutarischen Tarifvertrag als verfassungswidrig. Eine Literaturmeinung sieht die Regelungen des Gesetzgebers zu den statutarischen Tarifverträgen im Arbeitnehmerstatut als abschließend an.[235] Nach dieser Ansicht habe der Gesetzgeber sein Mandat aus Art. 37.1 Spanische Verfassung durch die Normierung der statutarischen Tarifverträge mit Erga-Omnes-Wirkung in Art. 82 ff. Arbeitnehmerstatut erfüllt.[236] Die dortige Regelung gebe objektive, sachliche Kriterien vor, die jedem Verband dieselben Möglichkeiten zum Tarifabschluss bieten und nicht

232 Zu den möglichen Interpretationsmöglichkeiten von Art. 37.1 Spanische Verfassung Palomeque López/Àlvarez de la Rosa, Derecho del trabajo, S. 194, 195, Melián Chinea, El sistema de negociación colectiva y sus reglas de articulación, S. 68–70; Valdés Dal-Ré, Relaciones laborales 2005, II, 71–75; Valdés Dal-Ré, Temas laborales 2004, Nr. 76, 21, 42–44; Durán López, Relaciones laborales 1990, Nr. 15/16, 121, 130–132.

233 Sala Franco, Los convenios colectivos extraestatutarios, S. 4, 5; Vicente Palacio, in: García Ninet, Derecho del trabajo, S. 139.

234 Goerlich Peset, Revista española de derecho del trabajo 2000, Nr. 100, 1433, 1445.

235 Montoya Melgar, Derecho del trabajo, S. 173–175.

236 Montoya Melgar, Derecho del trabajo, S. 174.

per se Einzelne ausschließen.[237] Tarifverträge außerhalb der gesetzlichen Regelungen dürften damit nicht existieren und seien wegen Verstoßes gegen das zwingende Recht in Art. 82 ff. Arbeitnehmerstatut gem. Art. 6.3 Spanisches Zivilgesetzbuch[238] nichtig.[239]

cc. Mindermeinung einer fehlenden verfassungsrechtlichen Basis

Nach einer weiteren Mindermeinung in der Literatur enthalte Art. 37.1 Spanische Verfassung lediglich ein an den einfachen Gesetzgeber gerichtetes Mandat, das Recht aus Art. 37.1 Spanische Verfassung zu gewährleisten und auszugestalten.[240] Mit den Normierungen in Art. 82 ff. Arbeitnehmerstatut habe der einfache Gesetzgeber dieses verfassungsrechtliche Mandat erfüllt.[241] Da Art. 82 ff. Arbeitnehmerstatut lediglich die Ausübung des Rechts aus Art. 37.1 Spanische Verfassung von der Erfüllung der dort genannten Voraussetzungen abhängig mache, das Recht zu Tarifverhandlungen aber weiterhin allen Arbeitnehmer- und Arbeitgebervertretern zustehe, sei diese Auslegung verfassungsgemäß.[242] Ein zweites Mandat bestehe nicht, sodass eine unmittelbare Anwendung von Art. 37.1 Spanische Verfassung nicht möglich sei.[243] Für diese Ansicht spreche der Wortlaut des Art. 37.1 Spanische Verfassung, in dem es heißt: Das Gesetz garantiert (*„la ley garantizará“*).[244] Im systematischen Vergleich hierzu enthalte Art. 28.2 Spanische Verfassung den Wortlaut: Das Streikrecht wird anerkannt (*„se reconoce el derecho a la huelga“*). Da sich der Wortlaut des Art. 28.2 Spanische Verfassung nicht auf das einfache Gesetz (*„la ley“*) beziehe, resultiere hieraus ein unmittelbar aus der Verfassung abgeleitetes Recht, während das Recht aus Art. 37.1 Spanische Verfassung einer einfachgesetzlichen Umsetzung bedürfe. Weiter handle

---

237 Montoya Melgar, Derecho del trabajo, S. 173.

238 Real Decreto de 24 de julio de 1889 por el que se publica el Código Civil (Gaceta de Madrid n. 206, de 25.07.1889), zuletzt geändert durch Disposición final 1era und 2nda Ley 4/2023, de 28 de febrero (BOE n. 51, de 01.03.2023).

239 Montoya Melgar, Derecho del trabajo, S. 174.

240 Durán López, Relaciones laborales 1990, Nr. 15/16, 121, 137. Auch Goerlich Peset, Revista española de derecho del trabajo 2000, Nr. 100, 1433, 1448, 1449 bezweifelt, ob eine verfassungsrechtliche Basis besteht.

241 Durán López, Relaciones laborales 1990, Nr. 15/16, 121, 138–139.

242 Durán López, Relaciones laborales 1990, Nr. 15/16, 121, 142, 143.

243 Durán López, Relaciones laborales 1990, Nr. 15/16, 121, 137.

244 Durán López, Relaciones laborales 1990, Nr. 15/16, 121, 137.

es sich bei Art. 37.1 Spanische Verfassung um ein Abwehr-, nicht aber als Leistungsrecht[245]: Art. 37.1 Spanische Verfassung gewähre kein unmittelbares Recht Privater, ein neben dem Arbeitnehmerstatut existierendes Tarifvertragssystem zu etablieren. Vielmehr diene es dem Schutz vor zu weitgehenden staatlichen Eingriffen bei der einfachgesetzlichen Ausgestaltung. Trotz der genannten Kritik erkennt diese Mindermeinung, dass Vereinbarungen außerhalb der Art. 82 ff. Arbeitnehmerstatut in der Praxis genutzt werden und die Wirksamkeit von außerstatutarischen Tarifverträgen mehrheitlich anerkannt wird.[246] Als möglichen Lösungsweg wird daher vorgeschlagen, Vorschriften für außerstatutarische Tarifverträge zu normieren.

b. Unterscheidungskriterien zwischen beiden Tarifvertragsformen

aa. Erga-Omnes-Wirkung versus auf Mitglieder beschränkte Wirkung als maßgeblicher Unterschied

Das maßgebliche Unterscheidungskriterium zwischen einem statutarischen und einem außerstatutarischen Tarifvertrag ist der Umfang der Tarifbindung.[247] Der statutarische Tarifvertrag wirkt erga omnes für alle Arbeitnehmer und Arbeitgeber der betroffenen Verhandlungseinheit, der außerstatutarische Tarifvertrag lediglich mitgliederbezogen: Werden die Anforderungen, die nach dem Arbeitnehmerstatut für das ordnungsgemäße Zustandekommen des statutarischen Tarifvertrags erforderlich sind, erfüllt, erhält der Tarifvertrag zusätzlich eine Erga-Omnes-Wirkung.[248] Erfüllt der Tarifvertrag die Anforderungen des Arbeitnehmerstatuts nicht, handelt es sich um einen außerstatutarischen Tarifvertrag mit einer mitgliederbezogenen Wirkung.

---

245 Durán López, Relaciones laborales 1990, Nr. 15/16, 121, 137–139.

246 Durán López, Relaciones laborales 1990, Nr. 15/16, 121, 144.

247 STC 108/1989, 08.06.1989. In diesem Sinne auch STC 121/2001, 04.06.2001; STC 73/1984, 27.06.1984; STC 12/1983, 22.02.1983; STS 6187/2013, 22.10.2013; STS 8514/2006, 12.12.2006; STS 7163/1998, 30.11.1998; Palomeque López/Àlvarez de la Rosa, Derecho del trabajo, S. 195; Alonso García, in: Ministerio de Sanidad y Seguridad Social, I Congreso nacional, S. 35, 38; Valdés Dal-Ré, Relaciones laborales 2005, II, 95, 103; Valdés Dal-Ré, Temas laborales 2004, Nr. 76, 21, 65; Borrajo Dacruz, Revista de política social 1980, Nr. 126, 5, 16. Vgl. zum Umfang der Tarifbindung in Kapitel 2.

248 STC 108/1989, 08.06.1989.

bb. Fallgruppen außerstatutarischer Tarifverträge

Fehlerhafte, als statutarisch veröffentlichte Tarifverträge, die während den Verhandlungen Vorgaben des Arbeitnehmerstatuts zum Verfahren oder zur Repräsentativität nicht beachten, können in wirksame, außerstatutarische Tarifverträge umgedeutet werden (*principio de conversión negocial*).[249] Ein außerstatutarischer Tarifvertrag, der unter Nichteinhaltung der Repräsentativitätserfordernisse abgeschlossen wurde und durch nachträgliche Beitritte von Gewerkschaften die Repräsentativitätserfordernisse erreicht, kann aber nicht in einen statutarischen Tarifvertrag umgedeutet werden.[250] Der nachträglich beitretende Verband kann den Tarifvertragsinhalt nicht mehr durch Verhandlungen beeinflussen und legitimieren. Der maßgebliche Zweck der Repräsentativität wäre nicht gewahrt, wenn ein Tarifvertrag ohne Mitwirkung von Mehrheiten erga omnes wirken würde.

Durch einen außerstatutarischen Tarifvertrag können die Tarifvertragsparteien z.B. Rechte eines statutarischen Tarifvertrags ausgestalten und ergänzen.[251] Der außerstatutarische Tarifvertrag kann zudem eine Strategie und Alternative für Gewerkschaften darstellen, sofern die Verhandlung eines statutarischen Tarifvertrags scheitert.[252] Weiter nutzen Tarifvertragsparteien die Form der außerstatutarischen Tarifverträge, wenn sie die im Arbeitnehmerstatut geforderten Voraussetzungen, z.B. die der Repräsentativität, nicht erfüllen können.[253]

---

249 STS 176/1994, 22.01.1994; STSJ País Vasco, 669/2000, 08.02.2000; Sala Franco, Los convenios colectivos extraestatutarios, S. 36; Ojeda Avilés, Derecho sindical, S. 771; Fernández Domínguez, in: Barreiro González/Fernández Domínguez, Los convenios colectivos extraestatutarios, S. 21, 28.

250 STS 5666/2012, 11.07.2012 m.w.N.

251 Fernández Domínguez, in: Barreiro González/Fernández Domínguez, Los convenios colectivos extraestatutarios, S. 21, 28.

252 Vgl. Valdés Dal-Ré, Configuración y eficacia de los convenios colectivos extraestatutarios, S. 43–44; Fernández Domínguez, in: Ministerio de Trabajo y Asuntos Sociales, La eficacia de los convenios colectivos, S. 735, 744–747.

253 STS 8514/2006, 12.12.2006; STS 1151/2005, 24.02.2005; STS 4055/1999, 08.06.1999; STS 641/1998, 03.02.1998; Sala Franco, Los convenios colectivos extraestatutarios, S. 6–8; Sala Franco, in: Goerlich Peset, Derecho del trabajo, S. 679; Fernández Domínguez, in: Barreiro González/Fernández Domínguez, Los convenios colectivos extraestatutarios, S. 21, 28.

Der außerstatutarische Tarifvertrag hat nicht den Zweck, den statutarischen Tarifvertrag zu ersetzen, sondern ihn zu ergänzen und die Tarifverhandlungen an die gesetzlichen Vorgaben anzupassen.[254] Nicht beteiligten Verbänden bleibt trotz Abschluss eines außerstatutarischen Tarifvertrags durch einen anderen Verband die Möglichkeit, bei ausreichender Legitimation einen vorrangig anwendbaren, statutarischen Tarifvertrag zu schließen, selbst einen außerstatutarischen Tarifvertrag mit Wirkung für ihre Mitglieder zu vereinbaren oder dem bereits geschlossenen außerstatutarischen Tarifvertrag beizutreten.[255] Da ein Verband, der nicht Partei des außerstatutarischen Tarifvertrags war, weiterhin seine Rechte aus Art. 28.1 Spanische Verfassung ausüben kann, verletzt der Abschluss des außerstatutarischen Tarifvertrags nicht die Rechte anderer Verbände. Grenzen sind aber erreicht, wenn die Vereinbarung eines außerstatutarischen Tarifvertrags eine antigewerkschaftliche Handlung darstellt.[256]

c. Das Arbeitnehmerstatut als Recht der statutarischen Tarifverträge

Da das Arbeitnehmerstatut in Titel III (Art. 82 ff. Arbeitnehmerstatut) zwischen dem statutarischen und dem außerstatutarischen Tarifvertrag differenziert, wird fast einhellig angenommen, dass Titel III ausschließlich für statutarische Tarifverträge anwendbar ist.[257] Das Arbeitnehmerstatut gestalte gerade die besondere Form des erga omnes wirkenden statutarischen Tarifvertrags aus, während Existenz und Wirkung des außerstatutarischen Tarifvertrags unmittelbar aus der Verfassung folgen.[258]

Eine Mindermeinung diskutiert in Abweichung von der mehrheitlichen Ansicht die Anwendung einzelner Vorschriften des Titels III, wie z.B. Art. 82.1, 82.2, 83.1, 85.1 Arbeitnehmerstatut, die allgemeine Ausführungen

---

[254] Valdés Dal-Ré, Configuración y eficacia de los convenios colectivos extraestatutarios, S. 43.

[255] STS 3484/2006, 22.05.2006; STS 5446/2003, 11.09.2003; STS 2832/1991, 30.05.1991.

[256] STC 121/2001, 04.06.2001.

[257] Sala Franco, La negociación colectiva y los convenios colectivos, S. 45; Ojeda Avilés, Compendio de derecho sindical, S. 456. Nach STS 2230/2010, 29.03.2010; STS 7201/1996, 14.12.1996 ist der außerstatutarische Tarifvertrag nicht Teil der Rechtsquellen gem. Art. 3.1 Arbeitnehmerstatut.

[258] Vgl. hierzu bereits in Kapitel 1 B.II.1.a.aa.

zu Tarifverträgen und -verhandlungen enthalten und in ihrem Wortlaut nicht zwischen verschiedenen Tarifvertragsformen differenzieren.[259] Die Systematik spreche dafür, dass das Arbeitnehmerstatut als einfachgesetzliche Ausgestaltung des Art. 37.1 Spanische Verfassung nicht bereits im Anwendungsbereich eine der Tarifvertragsformen ausschließe.[260] Wenn die Verfassung in ihrem Ausgangspunkt nicht differenziere, so unterscheide kohärenterweise auch das Ausführungsgesetz in seinem Ausgangspunkt nicht. Auch die Rechtsprechung wendet Titel III ausschließlich auf statutarische Tarifverträge an, möchte die generellen Vorschriften des Arbeitnehmerstatuts in ihren Grundzügen aber für außerstatutarische Tarifverträge anwenden.[261] Was genau unter diesen Grundzügen zu verstehen ist, wurde bislang aber nicht konkretisiert.

d. Zwischenfazit

Die Zulässigkeit des außerstatutarischen Tarifvertrags ist mehrheitlich in der spanischen Literatur und Rechtsprechung anerkannt. Unterscheidungskriterium zwischen dem statutarischen und dem außerstatutarischen Tarifvertrag ist der Umfang der Tarifbindung. Eine Abgrenzung zwischen den beiden Tarifvertragsformen erfolgt danach, ob die tariflichen Verfahrens- und Formvoraussetzungen des Arbeitnehmerstatuts erfüllt werden. Werden die Voraussetzungen erfüllt, handelt es sich um einen statutarischen Tarifvertrag mit Erga-Omnes-Wirkung. Werden sie nicht erfüllt, handelt es sich um einen außerstatutarischen Tarifvertrag mit mitgliederbezogener Wirkung.

---

259 Valdés Dal-Ré, Relaciones laborales 2005, II, 95, 100. Vgl. auch Valdés Dal-Ré, Configuración y eficacia de los convenios colectivos extraestatutarios, S. 79–81; Valdés Dal-Ré, Relaciones laborales 2014, Nr. 7/8, 1, 3, 4; Valdés Dal-Ré, Relaciones laborales 2005, II, 95, 97; Valdés Dal-Ré, Temas laborales 2004, Nr. 76, 21, 62.

260 Valdés Dal-Ré, Configuración y eficacia de los convenios colectivos extraestatutarios, S. 82.

261 STS 5747/2010, 21.10.2010; STS 8488/2009, 16.12.2009; STS 8153/2009, 01.12.2009; STS 6566/2007, 18.09.2007; STS 8514/2006, 12.12.2006. STS 7216/2003, 17.11.2003; STS 1642/2003, 11.03.2003; STS 2230/1999, 30.03.1999.

2. Die von Tarifverträgen zu unterscheidenden Kollektivvereinbarungen

a. *Definition der Kollektivvereinbarungen*

Das spanische Recht sieht die Möglichkeit vor, als weitere kollektive Vereinbarung neben den Tarifverträgen (*convenios colectivos*) Kollektivvereinbarungen (*acuerdos colectivos*) abzuschließen. Tarifverträgen und Kollektivvereinbarungen ist gemein, dass sie kollektive Vereinbarungen von Arbeitnehmer- und Arbeitgebervertretern sind.[262] Obwohl Art. 37.1 Spanische Verfassung nicht ausdrücklich die Kollektivvereinbarungen nennt und von der bindenden Wirkung von „*convenios*" spricht, werden auch diese verfassungsrechtlich geschützt.[263] Im Unterschied zu Tarifverträgen regeln die Kollektivvereinbarungen aber nicht in genereller, langfristiger Weise die Arbeitsbedingungen, sondern beschränken sich auf die meist kurzfristige Regelung einzelner Materien.[264] Auch in ihrer Funktion unterscheiden sich die Kollektivvereinbarungen von Tarifverträgen. Während der Tarifvertrag vor allem eine Schutz-, Befriedungs- und Ordnungsfunktion verfolgt,[265] wird der Zweck der Kollektivvereinbarungen aufgrund der Bindung an eine konkrete Materie einzelfallbezogen durch die Art der Vereinbarung definiert.[266] Die Kollektivvereinbarung ist keine Form eines, möglicherweise atypischen, Tarifvertrags, sondern eine Vereinbarung *sui generis*.[267] Die Unterscheidung von Tarifvertrag

---

262 Lahera Forteza, Normas laborales y contratos colectivos, S. 243, 244; García Murcia, Los acuerdos de empresa, S. 44, 103.

263 Melián Chinea, El sistema de negociación colectiva y sus reglas de articulación, S. 166; Lahera Forteza, Normas laborales y contratos colectivos, S. 218; García Murcia, Los acuerdos de empresa, S. 103; Quintanilla Navarro, Los acuerdos de empresa, S. 23.

264 Duque González, La fuerza vinculante del convenio colectivo, S. 741; Lahera Forteza, Normas laborales y contratos colectivos, S. 216; García Murcia, Los acuerdos de empresa, S. 102–105; Goerlich Peset, in: Albiol Montesinos, Convenios colectivos y acuerdos de empresa, S. 317, 321; Monereo Pérez/Ortega Lozano, Temas laborales 2020, Nr. 154, 251, 253; Sala Franco, Actualidad laboral 2013, Nr. 12, 1; García Murcia, Temas laborales 2004, Nr. 76, 85, 87, 101.

265 Lahera Forteza, Normas laborales y contratos colectivos, S. 204–206, der den Tarifvertrag auch als Handel beschreibt, da er durch die Festsetzung der Arbeitsbedingungen den Wert der Arbeitskraft festlegt und eine Kartellfunktion hat.

266 Vgl. in Kapitel 1 B.II.2.e.bb(1).

267 Melián Chinea, El sistema de negociación colectiva y sus reglas de articulación, S. 166; García Murcia, Temas laborales 2004, Nr. 76, 85, 99.

und Kollektivvereinbarung kann sich aber je nach Einzelfall in der Praxis als schwierig gestalten.[268]

Je nach Art der Kollektivvereinbarung werden unterschiedliche Anforderungen an die legitimierten Vertragsparteien gestellt und den Vereinbarungen unterschiedliche Wirkungen zugewiesen. Auf diese wird die Arbeit in den folgenden Kapiteln ebenfalls eingehen und die Unterschiede zu den statutarischen und außerstatutarischen Tarifverträgen herausarbeiten. Da die Abgrenzung zu sog. Kollektivvereinbarungen der Unternehmensebene in Theorie und Praxis besonders relevant ist, wird diese Form der Vereinbarung schwerpunktmäßig betrachtet. Sonstige Vereinbarungen, wie die Vereinbarung zur Beendigung von kollektiven Konflikten und Rahmenvereinbarungen sowie Vereinbarungen zu konkreten Materien der repräsentativen Verbände werden aus Gründen der Vollständigkeit ebenfalls dargestellt. Nicht gesetzlich, sondern durch Tarifvertragsklauseln festgelegte Möglichkeiten, konkrete Materien durch Kollektivvereinbarungen auszugestalten,[269] und ohne jede gesetzliche oder tarifliche Grundlage abgeschlossene Kollektivvereinbarungen, deren Verfahren, Form, Inhalte und Wirkungen sich allein nach dem Willen der Parteien richten,[270] werden dagegen aufgrund des weiten möglichen Gestaltungspielraumes der Parteien nicht erörtert.

b. Vereinbarungen zur Beendigung von kollektiven Konflikten

Die erste Kategorie von Kollektivvereinbarungen sind Vereinbarungen zur Beendigung von kollektiven Konflikten (*acuerdo colectivo fin de conflicto*). Das können Vereinbarungen zur Beendigung eines Streiks gem. Art. 8.2 des Königlichen Gesetzesdekrets 17/1977 über Arbeitsbeziehungen,[271] zur Beendigung der behördlichen Mediation gem. Art. 24 des Königlichen Gesetzesdekrets 17/1977 über Arbeitsbeziehungen oder zur Beendigung kollektiver Konflikte gem. Art. 17 ff. des Königlichen Gesetzesdekrets 17/1977 über

---

268 So z.B. STS 6187/2013, 22.10.2013, in dem die Vereinbarung von der Rechtsprechung als außerstatutarischer Tarifvertrag eingestuft wurde.

269 Dazu Quintanilla Navarro, Los acuerdos de empresa, S. 83–87.

270 García Murcia, Los acuerdos de empresa, S. 60, 61; Rega Rodríguez, in: García Murcia, El sistema de fuentes de la relación laboral, S. 177, 180, 181, 185, 193.

271 Real Decreto-ley 17/1977, de 4 de marzo, sobre relaciones de trabajo (BOE n. 58, 09.03.1977), zuletzt geändert durch Disposición final 3.14 Ley 8/1980, de 10 de marzo (BOE n. 64, de 14.03.1980).

Arbeitsbeziehungen oder Art. 91 Arbeitnehmerstatut sein. Kollektive Konflikte gem. Art. 91 Arbeitnehmerstatut sind z.B. Unstimmigkeiten über die Interpretation der Tarifvertragsklauseln oder sonstige Meinungsverschiedenheiten im Zusammenhang mit Tarifverhandlungen oder dem Tarifvertrag. Mit dieser Form der Kollektivvereinbarungen werden vor allem Zwecke der Regulierung und Ordnung verfolgt.[272]

Legitimiert zum Abschluss von Vereinbarungen zur Beendigung von kollektiven Konflikten sind die jeweiligen Arbeitskampfparteien und der Arbeitgeber bzw. Arbeitgeberverband. Bei Vereinbarungen zur Beendigung eines Streiks gem. Art. 8.2 des Königlichen Gesetzesdekrets 17/1977 über Arbeitsbeziehungen sind das Streikkomitee (*comité de huelga*) und, je nach Ebene, auf der der Streik stattfindet, der Arbeitgeber bzw. der Arbeitgeberverband legitimiert.[273] Art. 2.1 lit. d Gesetzesdekret 713/2010 fordert eine Archivierung und Registrierung der Vereinbarungen. Ebenso müssen Vereinbarungen über die Interpretation von Tarifverträgen gem. Art. 91 Arbeitnehmerstatut archiviert und registriert werden, Art. 2.1 lit. c Gesetzesdekret 713/2010. Weitere Verfahrensvorschriften normiert der Gesetzgeber nicht.[274]

Art. 8.2 und 24 des Königlichen Gesetzesdekrets 17/1977 über Arbeitsbeziehungen bestimmen ausdrücklich, dass die Vereinbarungen dieselbe Wirkung haben wie ein Tarifvertrag. Die Wirkung hängt davon ab, ob nach Art. 87, 88, 89 Arbeitnehmerstatut legitimierte Subjekte agiert haben. Haben nach dem Arbeitnehmerstatut legitimierte Subjekte den Tarifvertrag vereinbart, hat der Tarifvertrag die Wirkung des statutarischen Tarifvertrags, im Übrigen die Wirkung des außerstatutarischen Tarifvertrags.[275] Die nachfolgenden Ausführungen und Streitstände zur Wirkung der Tarifverträge gelten daher ebenfalls für die Wirkung der Vereinbarung zur Beendigung von kollektiven Konflikten.

---

272 Lahera Forteza, Normas laborales y contratos colectivos, S. 229.

273 Sala Franco, in: Goerlich Peset, Derecho del trabajo, S. 682; Monereo Pérez/Ortega Lozano, Temas laborales 2020, Nr. 154, 251, 265.

274 Sala Franco, in: Goerlich Peset, Derecho del trabajo, S. 682.

275 STS 7558/2005, 29.11.2005; STS 8908/2000, 04.12.2000; STS 3586/1998, 01.06.1998; STS 4960/1994, 28.06.1994; Lahera Forteza, Normas laborales y contratos colectivos, S. 228; Viqueira Pérez, in: Goerlich Peset, Derecho del trabajo, S. 92.

c. Branchenspezifische und -übergreifende Rahmenvereinbarungen

Eine weitere Form von Kollektivvereinbarungen sind branchenspezifische oder -übergreifende Rahmenvereinbarungen. Die repräsentativsten Verbände auf gesamtstaatlicher Ebene oder Ebene der Autonomen Gemeinschaften sind gem. Art. 83.2 Arbeitnehmerstatut berechtigt, Rahmenvereinbarungen[276] abzuschließen. Diese Rahmenvereinbarungen enthalten die Vorgaben zu Verfahren, Struktur und Organisation für die untergeordneten Tarifverträge, dagegen aber keine Klauseln zu den Individualarbeitsbedingungen selbst.[277] Die Rahmenvereinbarungen können z.B. die Regelung bestimmter Materien durch untergeordnete Tarifverträge ausschließen, aber nicht unmittelbar selbst individuelle Arbeitsbedingungen abschließend regeln.[278] Dennoch ist anerkannt, dass eine Rahmenvereinbarung mit einem Tarifvertrag verbunden werden kann (*acuerdo marco-mixto*), sodass die Rahmenvereinbarung organisatorische und strukturelle Regelungen und der Tarifvertrag Regelungen zu individuellen Arbeitsbedingungen enthält.[279]

Die Rahmenvereinbarungen können durch die nach dem Arbeitnehmerstatut legitimierten Subjekte funktional für eine Branche (*acuerdo marco*) oder branchenübergreifend (*acuerdo interprofesional*)[280] vereinbart werden. Gem. Art. 83.3 S. 2, 83.2 Arbeitnehmerstatut entspricht die Wirkung der Rahmenvereinbarungen der Wirkung statutarischer Tarifverträge. Sofern die Vorschriften des Arbeitnehmerstatuts erfüllt werden, wirken die Rahmenvereinbarungen erga omnes für die Tarifvertragsparteien untergeordneter Tarifverträge.[281] Die Regelungen der Rahmenvereinbarungen können verpflichtend oder auch als Empfehlungen für die untergeordneten

---

276 García Murcia, Los acuerdos de empresa, S. 113 und Sicre Gilabert, La negociación colectiva, S. 15 stufen diese Form der *acuerdos* – über eine Gleichstellung hinausgehend – als Tarifverträge ein.

277 Palomeque López/Álvarez de la Rosa, Derecho del trabajo, S. 202; Monereo Pérez/Molina Navarrete/Moreno Vida/Vila Tierno, Manual de derecho del trabajo, S. 224; Monereo Pérez/Ortega Lozano, Temas laborales 2020, Nr. 154, 251, 254–256.

278 STS 1511/2008, 05.03.2008; Sala Franco, Actualidad laboral 2013, Nr. 12, 1, 3.

279 STS 5902/2007, 10.07.2007; Sala Franco, Actualidad laboral 2013, Nr. 12, 1, 4.

280 Vicente Palacio, in: García Ninet, Derecho del trabajo, S. 167.

281 STS 5902/2007, 10.07.2007; Vicente Palacio, in: García Ninet, Derecho del trabajo, S. 166; Palomeque López/Álvarez de la Rosa, Derecho del trabajo, S. 202.

Tarifvertragsparteien ausgestaltet werden.[282] Gem. Art. 2.1 lit. b Gesetzesdekret 713/2010 müssen die Rahmenvereinbarungen archiviert und registriert werden.

d. Rahmenvereinbarungen zu konkreten Materien

Art. 83.3 Arbeitnehmerstatut ermöglicht Rahmenvereinbarungen zu konkreten Materien *(acuerdos sobre materias concretas)*, die ebenfalls die Basis für künftige Tarifverträge festlegen, im Unterschied zu Rahmenvereinbarungen gem. Art. 83.2 Arbeitnehmerstatut aber begrenzt auf einen konkreten Regelungsgegenstand, z.B. in Form von Mindestbedingungen.[283] Gem. Art. 83.3 S. 2 Arbeitnehmerstatut sind auch die Vereinbarungen zu konkreten Materien den statutarischen Tarifverträgen gleichgestellt. Werden die Voraussetzungen der Art. 82 ff. Arbeitnehmerstatut erfüllt, haben die Vereinbarungen die Wirkung des statutarischen Tarifvertrags und bei Nichterfüllen die Wirkung des außerstatutarischen Tarifvertrags.[284] Im Unterschied zu den Rahmenvereinbarungen des Art. 83.2 Arbeitnehmerstatut können die konkreten Vereinbarungen des Art. 83.3. Arbeitnehmerstatut individuelle Arbeitsbedingungen regeln.[285] Es besteht gem. Art. 2.1 lit. b Gesetzesdekret 713/2010 ebenfalls eine Pflicht zur Archivierung und Registrierung.

e. Kollektivvereinbarungen der Unternehmensebene

aa. Definition und Zweck der Kollektivvereinbarungen der Unternehmensebene

Die Rechtsprechung definiert die Kollektivvereinbarung der Unternehmensebene (*acuerdos colectivos de empresa*) als Vereinbarung mit begrenztem materiellen Inhalt und einer hohen Informalität aufgrund weniger gesetzlicher Regelungen zu Verfahren und Form.[286] In der Literatur wird diese Form der Kollektivvereinbarung auch als Mikro-Unternehmenstarifvertrag

---

282 Lahera Forteza, Normas laborales y contratos colectivos, S. 230, 231.

283 Monereo Pérez/Ortega Lozano, Temas laborales 2020, Nr. 154, 251, 256.

284 Monereo Pérez/Ortega Lozano, Temas laborales 2020, Nr. 154, 251, 257.

285 Alonso Olea/Barreiro González, El Estatuto de los Trabajadores, S. 383; Monereo Pérez/Ortega Lozano, Temas laborales 2020, Nr. 154, 251, 256.

286 STSJ Navarra 1216/2005, 13.10.2005.

(*„micro-convenios" de empresa*) bezeichnet.[287] Sie dient der Flexibilisierung, verstärkten Arbeitnehmerbeteiligung, Dezentralisierung und schnellen Anpassung der Tarifverhandlungen, insbesondere der erga omnes wirkenden Tarifverträge, an die konkreten Gegebenheiten des Unternehmens.[288] Laut Gesetzesbegründung bezweckt die Vereinbarung, Tarifverhandlungen zu fördern und Flexibilisierungsmöglichkeiten in verschiedenen Phasen des Arbeitsverhältnisses einzuführen.[289]

bb. Kategorisierung der Vereinbarungen

(1) Subsidiäre, ergänzende oder modifizierende Vereinbarungen

Die Kollektivvereinbarungen auf Unternehmensebene können subsidiär, ergänzend oder im Fall von Art. 41.2, 44.4, 82.3 UAbs. 2 Arbeitnehmerstatut ausnahmsweise modifizierend zu einem Tarifvertrag sein.[290] Im Verhältnis zu

---

287 Galiana Moreno, in: Ministerio de Trabajo y Asuntos Sociales, La eficacia de los convenios colectivos, S. 33, 64.

288 Melián Chinea, El sistema de negociación colectiva y sus reglas de articulación, S. 166, 167; Lahera Forteza, Normas laborales y contratos colectivos, S. 221, 222; García Jiménez, Los acuerdos de empresa, S. 71–86; García Murcia, Los acuerdos de empresa, S. 218, 219; Rega Rodríguez, in: García Murcia, El sistema de fuentes de la relación laboral, S. 177, 179; García Murcia, Temas laborales 2004, Nr. 76, 85, 87, 88, 92–95.

289 Ley 11/1994, de 19 de mayo (BOE n. 122, de 23.05.1994), Exposición de motivos Nr. 2 UAbs. 5.

290 Zu dieser Unterscheidung: Lahera Forteza, Normas laborales y contratos colectivos, S. 216; Monereo Pérez/Ortega Lozano, Temas laborales 2020, Nr. 154, 251, 258–265; die Kategorisierung der Vereinbarungen wird aber uneinheitlich vorgenommen: García Murcia, Los acuerdos de empresa, S. 136, 137, García Murcia, Temas laborales 2004, Nr. 76, 85, 96, 97 unterscheidet zwischen Kollektivvereinbarungen zur Regulierung und solchen zur Umstrukturierung; Melián Chinea, El sistema de negociación colectiva y sus reglas de articulación, S. 167–168 unterscheidet zwischen klassischen (subsidiären) und außerordentlichen Kollektivvereinbarungen für außerordentliche Situationen; Rojas Miño, La eficacia jurídica de los convenios colectivos, S. 171 unterscheidet zwischen Vereinbarungen, die bei dessen Fehlen oder Fehlerhaftigkeit anstelle eines Tarifvertrags treten, und solchen, die die tarifvertraglichen Regelungen anpassen; García Jiménez, Los acuerdos de empresa, S. 46 unterscheidet zwischen Kollektivvereinbarungen zur Regulierung, zur Umstrukturierung und zur

statutarischen Tarifverträgen sind subsidiäre Vereinbarungen beispielsweise in Art. 22.1, 24.1, 29.1 UAbs. 3, 34.2 UAbs. 1, 34.3 UAbs. 2, 67.1 UAbs. 5 S. 3 Arbeitnehmerstatut normiert.[291] Das Unternehmen und die gewerkschaftliche oder betriebliche[292] Arbeitnehmervertretung können die im Gesetz genannten konkreten Materien im Wege einer Kollektivvereinbarung regeln, wenn kein statutarischer Tarifvertrag existiert oder der statutarische Tarifvertrag keine Regelung hierzu trifft.[293] Der Gesetzgeber hat mit diesen Kollektivvereinbarungen eine Alternative zu den außerstatutarischen Tarifverträgen geschaffen und den Anwendungsbereich außerstatutarischer Tarifverträge bewusst begrenzt.[294] Ergänzende Kollektivvereinbarungen sind z.B. Art. 40 Arbeitnehmerstatut zur Versetzung der Arbeitnehmer, Art. 51 Arbeitnehmerstatut bei Massenentlassungen oder Art. 45 des Organgesetzes 3/2007[295] zur Gleichbehandlung der Geschlechter.[296] Das Verfahren zur Modifizierung außerstatutarischer Tarifverträge normiert Art. 41 Arbeitnehmerstatut[297] und das Verfahren zur Modifizierung statutarischer Tarifverträge Art. 82.3 UAbs. 2–9 Arbeitnehmerstatut.[298]

Lösung von kollektiven Konflikten; Goerlich Peset, in: Albiol Montesinos, Convenios colectivos y acuerdos de empresa, S. 317, 322–325 unterscheidet in subsidiäre, modifizierende Vereinbarungen und solche zur Umstrukturierung.

291 *„mediante la negociación colectiva o, en su defecto, acuerdo entre la empresa y los representantes de los trabajadores*“; vgl. auch Sala Franco, in: Goerlich Peset, Derecho del trabajo, S. 681.

292 Vgl. zu den legitimierten Parteien in Kapitel 1 B.III.4.a.

293 Alfonso Mellado/Pedrajas Moreno/Sala Franco, Relaciones laborales 1995, Nr. 4, 1390, 1392.

294 Terradillos Ormaechea, Documentación laboral 2017, Nr. 109, 143, 145.

295 Ley Orgánica 3/2007, de 22 de marzo, para la igualdad efectiva de mujeres y hombres (BOE n. 71, de 23.03.2007), zuletzt geändert durch Disposición final 10ª Ley Orgánica 10/2022, de 6 de septiembre (BOE n. 215, de 07.09.2022).

296 Auflistung der möglichen Kollektivvereinbarungen auf Unternehmensebene in Lahera Forteza, Normas laborales y contratos colectivos, S. 216, 217.

297 Vgl. in Kapitel 3 D.II.

298 Vgl. in Kapitel 3 D.III.

Der funktionale Anwendungsbereich der Kollektivvereinbarungen kann das Unternehmen, den Betrieb[299] sowie Berufs-[300] oder Unternehmensgruppen[301] betreffen.

(2) Nicht gesetzlich normierte Kollektivvereinbarungen

Neben den ausdrücklich gesetzlich geregelten Fällen der Vereinbarungen auf Unternehmensebene sind die Parteien berechtigt, Vereinbarungen über sonstige Materien zu treffen, die das Arbeitnehmerstatut nicht ausdrücklich regelt.[302] Nach mehrheitlicher Ansicht handelt es sich dabei aber nicht um die

---

299 STSJ Navarra 1216/2005, 13.10.2005; Goerlich Peset, in: Albiol Montesinos, Convenios colectivos y acuerdos de empresa, S. 317, 335. García Jiménez, Los acuerdos de empresa, S. 214–216 beurteilt je nach konkretem Gegenstand der Kollektivvereinbarung, ob Ebenen unter dem Unternehmen taugliche funktionale Anwendungsbereiche sind. García Murcia, Los acuerdos de empresa, S. 132, 133 bejaht grundsätzlich, dass Kollektivvereinbarungen Ebenen unter der Unternehmensebene (Betrieb, Abteilung, u.s.w.) betreffen können. Die – hier als subsidiär bezeichneten – Kollektivvereinbarungen sollen aber einheitlich das Unternehmen betreffen, während modifizierende Vereinbarungen flexibler auch darunter liegende Ebenen erfassen können. Die Betriebsebene ablehnend: Quintanilla Navarro, Los acuerdos de empresa, S. 100, 101.

300 García Jiménez, Los acuerdos de empresa, S. 217–218. Nach García Murcia, Los acuerdos de empresa, S. 134, 135 sind Beschränkungen auf Berufsgruppen möglich, sofern die Materie sinnvollerweise auf die Personengruppe beschränkt werden kann und eine Rechtfertigung für die Beschränkung besteht. Kritisch hierzu: Goerlich Peset, in: Albiol Montesinos, Convenios colectivos y acuerdos de empresa, S. 317, 337–338: Für Berufstarifverträge legitimiert Art. 87.1 UAbs. 4 Arbeitnehmerstatut nicht die Einheitsvertretungen oder Gewerkschaftssektionen insgesamt, sondern eine durch separate Wahl bestimmte Vertretung. Eine Repräsentation der betroffenen Gruppe liegt nicht vor, wenn die für die gesamte Belegschaft legitimierten Einheits- oder Gewerkschaftsvertretungen Kollektivvereinbarungen für sie aushandeln. Vereinbarungen für Berufsgruppen ablehnend: Quintanilla Navarro, Los acuerdos de empresa, S. 100, 101.

301 García Jiménez, Los acuerdos de empresa, S. 218–221. Nach García Murcia, Los acuerdos de empresa, S. 133, 134 sind Vereinbarungen der Unternehmensgruppen möglich, sofern die Kollektivvereinbarung nach ihrem Sinn und Zweck nicht auf das Unternehmen beschränkt bleibt (wie z.B. Art. 82.3 Arbeitnehmerstatut). Kritisch hierzu Goerlich Peset, in: Albiol Montesinos, Convenios colectivos y acuerdos de empresa, S. 317, 337–338: Bei Unternehmensgruppen besteht insbesondere bei den Einheitsvertretungen kein Organ, das die gesamte Unternehmensgruppe abdecken könnte.

302 García Jiménez, Los acuerdos de empresa, S. 226; García Murcia, Los acuerdos de empresa, S. 139; Goerlich Peset, in: Albiol Montesinos, Convenios colectivos y acuerdos de empresa, S. 317, 326–328.

in diesem Kapitel besprochenen Vereinbarungen der Unternehmensebene.[303] Die in dieser Arbeit zu erörternden Legitimationsvoraussetzungen und Wirkungen der Vereinbarungen auf Unternehmensebene können daher nicht auf die außergesetzlichen Vereinbarungen übertragen werden.

cc. Rechtsnatur der Kollektivvereinbarungen auf Unternehmensebene

Uneinigkeit besteht darüber, ob es sich bei den Kollektivvereinbarungen auf Unternehmensebene um eine Form von Tarifverträgen, ein *aliud* oder eine Hybridform zu Tarifverträgen handelt.[304] Die Befürworter der ersten Ansicht ordnen die Kollektivvereinbarungen als Tarifverträge ein, beurteilen aber uneinheitlich, ob die Einordnung als statutarischer oder außerstatutarischer Tarifvertrag sachgerecht ist: Einige ordnen die im Arbeitnehmerstatut geregelten, subsidiären Kollektivvereinbarungen bei Erfüllung aller Verfahrens- und Formvorgaben des Arbeitnehmerstatuts entsprechend ihrer ersetzenden Funktion als statutarische Tarifverträge ein.[305] Andere kategorisieren die Vereinbarungen generell als außerstatutarische Tarifverträge, weil sie wegen weniger gesetzlicher Vorgaben eine ähnliche Informalität wie jene aufweisen.[306] Nach *Lahera Forteza* sollen statutarische sowie außerstatutarische Tarifverträge und Kollektivvereinbarungen einheitlich als Kollektivverträge mit realer Wirkung (*contrato colectivo con eficacia real*) einzustufen sein.[307] Hier kommt wiederum zum Ausdruck, dass *Laheras* Ansicht auf einem völlig

303 García Jiménez, Los acuerdos de empresa, S. 226; García Murcia, Los acuerdos de empresa, S. 139; a.A. Goerlich Peset, in: Albiol Montesinos, Convenios colectivos y acuerdos de empresa, S. 317, 328–329, der die gesetzlich normierten und die nicht gesetzlich normierten Vereinbarungen auf Unternehmensebene unter einem Regelungsregime zusammenfasst und lediglich die modifizierenden Vereinbarungen aufgrund ihrer besonderen Wirkungen separat regeln möchte.

304 Ausführliche Übersicht des Streitstands unter Molero Manglano, Derecho sindical, S. 584 und García Jiménez, Los acuerdos de empresa, S. 158–160.

305 Palomeque López/Àlvarez de la Rosa, Derecho del trabajo, S. 197; Sala Franco, Actualidad laboral 2013, Nr. 12, 1, 5.

306 So Molero Manglano, Derecho sindical, S. 586–588; Casas Baamonde, Relaciones laborales 1991, Nr. 20/21, 126, 144.

307 Lahera Forteza, Relaciones laborales 2008, Nr. 1, 1, 9.

anderen Grundverständnis der Tarifautonomie beruht als das der mehrheitlichen Ansicht.[308]

Die Befürworter der zweiten Ansicht sehen die Kollektivvereinbarungen aufgrund besonderer Funktionen, fehlender gesetzlicher Vorgaben im Titel III des Arbeitnehmerstatuts, weniger Verfahrens- und Formvorgaben, ihrer daraus resultierenden Informalität und ihrer Subsidiarität im Vergleich zu statutarischen Tarifverträgen als *aliud* zu Tarifverträgen an.[309] Im Unterschied zu Tarifverträgen beschränkten die Kollektivvereinbarungen ihre Inhalte auf konkrete Materien und fänden ihren Ursprung nicht im Recht auf Selbstorganisation, sondern im Recht auf Teilhabe und Mitbestimmung der Arbeitnehmer im Unternehmen.[310]

Eine vermittelnde Position stuft die Vereinbarungen als statutarische Tarifverträge, die sich außerhalb des Dritten Titels des Arbeitnehmerstatuts befinden, ein.[311] Die Vereinbarungen unterfielen nicht den Verfahrens- und Formvorschriften der Art. 82 ff. Arbeitnehmerstatut. Im Unterschied zu den im Arbeitnehmerstatut überhaupt nicht genannten, außerstatutarischen Tarifverträgen sei ihre Existenz jedoch in Normen des Arbeitnehmerstatuts (z.B. Art. 22.1, 24.1, 29.1 UAbs. 3, 34.2 UAbs. 1, 34.3 UAbs. 2, Art. 41.2, 67.1 UAbs. 5 S. 3, 82.3 UAbs. 2 Arbeitnehmerstatut) angelegt.

dd. Das Verhältnis zwischen den Kollektivvereinbarungen auf Unternehmensebene und den Tarifverträgen

Nach einer Literaturansicht sei der Wortlaut „*convenios colectivos*" in Art. 3.1 lit. b Arbeitnehmerstatut extensiv auszulegen und beziehe *in genere* alle Vereinbarungen ein, die aus der Tarifautonomie entstehen.[312] Kollektivvereinbarungen

308 Vgl. hierzu bereits in Kapitel 1 B.I.4.c.

309 García Murcia, Los acuerdos de empresa, S. 111; García Jiménez, Los acuerdos de empresa, S. 161–169; Quintanilla Navarro, Los acuerdos de empresa, S. 53–60; Rega Rodríguez, in: García Murcia, El sistema de fuentes de la relación laboral, S. 177, 183, 184, 198; Alfonso Mellado/Pedrajas Moreno/Sala Franco, Relaciones laborales 1995, Nr. 4, 1390, 1394.

310 Rega Rodríguez, in: García Murcia, El sistema de fuentes de la relación laboral, S. 177, 184.

311 Bodas Martín, La eficacia jurídica de los acuerdos de empresa, Stand: 30.07.2010.

312 García Murcia, Los acuerdos de empresa, S. 192; a.A. STS 6598/2008, 03.11.2008, das die Kollektivvereinbarungen nicht als Quelle nach Art. 3.1 lit. b Arbeitnehmerstatut, sondern eher als solche gem. Art. 3.1 lit. c Arbeitnehmerstatut einordnet.

seien demnach ebenfalls als Rechtsquelle des Arbeitsrechts einzuordnen. Mit Blick auf ihre substituierende oder ergänzende und nur in Ausnahmefällen modifizierende Funktion gegenüber dem statutarischen Tarifvertrag sei die Kollektivvereinbarung jenem gegenüber nachrangig anwendbar. Dieser Anwendungsvorrang bestehe unabhängig davon, ob die Kollektivvereinbarung eine günstigere Regelung als der statutarische Tarifvertrag enthalte. Da die genannten Funktionen nur gewahrt werden, sofern die Vereinbarung an die Stelle des statutarischen Tarifvertrags trete und nicht durch sonstige Vereinbarungen verdrängt werden könne, sei die Kollektivvereinbarung wiederum grundsätzlich gegenüber dem außerstatutarischen Tarifvertrag vorrangig anwendbar.[313] Je nach Einzelfall könne der außerstatutarische Tarifvertrag aber ausnahmsweise vorgehen, sofern die Materie sinnvollerweise für eine beschränkte Personengruppe geregelt werden könne.[314]

ee. *Einstufung der Kollektivvereinbarungen aus deutscher Sicht*

Auch wenn die Vereinbarungen der Unternehmensebene insbesondere aufgrund ihres räumlichen Anwendungsbereichs Parallelen zu den deutschen Betriebsvereinbarungen aufweisen, unterscheiden sie sich doch maßgeblich in Funktion, dem Verhältnis zum Tarifvertrag und den möglichen Beteiligten bei Abschluss der Vereinbarungen. Sie sind daher nicht mit jenen gleichzusetzen. Die spanischen Kollektivvereinbarungen stehen hierarchisch auf einer Stufe mit Tarifverträgen und haben im Verhältnis zu diesen eine subsidiäre, ergänzende oder modifizierende Funktion. Gewerkschaften und Einheitsvertretungen werden zur Vereinbarung der Kollektivvereinbarungen befugt. Da sich deren Tätigkeitsbereiche überschneiden und sich die Vorschriften von Tarifverträgen und Kollektivvereinbarung ähneln, wird eine fehlende Rechtsquellenklarheit keine Unwirksamkeit der Vereinbarung nach sich ziehen.

---

313 García Murcia, Los acuerdos de empresa, S. 204–210, 237; Terradillos Ormaechea, Documentación laboral 2017, Nr. 109, 143, 145; a.A. García Jiménez, Los acuerdos de empresa, S. 339, nach dessen Ansicht Kollektivvereinbarungen in Form einer konstitutiven Unterordnung („*subordinación constitutiva*") beiden Tarifvertragsarten unterstehen. Aufgrund der grundsätzlichen Erga-Omnes-Wirkung von Kollektivvereinbarungen im Unterschied zur mitgliederbezogenen Wirkung der außerstatutarischen Tarifverträge sind diese aber vorrangig anwendbar.

314 García Murcia, Los acuerdos de empresa, S. 210.

f. Zwischenfazit

Die Kollektivvereinbarungen zeichnen durch ein hohes Maß an Informalität aus. Eine konkrete Systematisierung und präzise Darstellung des Verfahrens bis zum Abschluss einer Kollektivvereinbarung gelingt aufgrund weiter Gestaltungsspielräume, die der Gesetzgeber den Akteuren lässt, nur schwer.

Die Wirkung der Vereinbarungen zur Beendigung von kollektiven Konflikten und der Rahmenvereinbarungen entspricht der von statutarischen und außerstatutarischen Tarifverträgen. Auf diese Form der Kollektivvereinbarungen wird die Arbeit im Folgenden daher nicht mehr im Besonderen eingehen. Im Mittelpunkt der nachfolgenden Ausführungen werden die Kollektivvereinbarungen der Unternehmensebene, insbesondere die modifizierenden Vereinbarungen, stehen. Deren Legitimationsvoraussetzungen und Wirkungen werden neben den entsprechenden Vorschriften zu statutarischen und außerstatutarischen Tarifverträgen erläutert, um Unterschiede und Gemeinsamkeiten hervorzuheben.

3. Zwischenergebnis

Das spanische Tarifsystem kennt mit den statutarischen Tarifverträgen, den außerstatutarischen Tarifverträgen und den Kollektivvereinbarungen drei Formen kollektiver Vereinbarungen. Dabei ist die Abgrenzung von Tarifverträgen und Kollektivvereinbarungen der Unternehmensebene besonders bedeutsam. Hierarchisch stehen alle kollektiven Vereinbarungen auf einer Stufe, der statutarische Tarifvertrag genießt aber grundsätzlich Anwendungsvorrang vor den Kollektivvereinbarungen der Unternehmensebene und wird nur ausnahmsweise durch sie modifiziert. Kollektivvereinbarungen der Unternehmensebene wiederum gehen grundsätzlich den außerstatutarischen Tarifverträgen vor.

Die Kollektivvereinbarungen der Unternehmensebene sollen durch ihre Informalität zu einer Flexibilisierung des spanischen Tarifsystems beitragen und trotz der Erga-Omnes-Wirkung statutarischer Tarifverträge eine flexible Anpassung der Tarifbedingungen an Krisen oder Änderungen auf Ebene des Unternehmens und den darunterliegenden Ebenen ermöglichen. Mit welchen Maßnahmen diese Flexibilisierung konkret umgesetzt wird, wird im Folgenden auch zu untersuchen sein.

III. Die Normsetzungsbefugnis der Tarifvertragsparteien

1. Zur Diskussion um eine Normsetzungsbefugnis der Tarifvertragsparteien

Insgesamt sind in der spanischen Literatur wenige Ausführungen zur Dogmatik der Legitimation, welche die Tarifvertragsparteien zur Normsetzung gegenüber den Arbeitnehmern und Arbeitgebern berechtigt, zu finden. Die spanische Dogmatik differenziert nicht zwischen der Legitimation für vorteilhafte und nachteilige Wirkungen oder der Legitimation für organisierte Arbeitnehmer bzw. Arbeitgeber und der Legitimation für Nicht- und Andersorganisierte.[315] Dass insbesondere die Legitimation nachteiliger Wirkungen gegenüber Nicht- und Andersorganisierten diskutiert werden muss und einer besonderen Rechtfertigung bedarf, liegt auf der Hand. Es wird aber nicht klargestellt, ob sich eine Legitimation gegenüber organisierten Arbeitnehmern und Arbeitgebern möglicherweise bereits aus ihrer Gewerkschaftsmitgliedschaft oder dem Beitrittsakt zum Verband ergeben könnte, sodass eine nähere Untersuchung der Legitimation ausschließlich für Nicht- und Andersorganisierte notwendig wäre. Auch zur Rechtfertigung vorteilhafter Regelungen, die in Tarifverträgen zugunsten von Arbeitnehmern bzw. Arbeitgebern normiert werden, werden keine differenzierten Ausführungen gemacht oder eine Legitimation über einen Vertrag zugunsten Dritter, wie im deutschen Recht über § 328 BGB,[316] diskutiert.[317] Hintergrund könnte das anfangs genannte grundlegend andere Verständnis der Tarifautonomie und der Funktion von Verbänden in Spanien sein. Die Spanische Verfassung gibt gerade nicht vor, dass zwischen organisierten und nicht- bzw. andersorganisierten Arbeitnehmern und Arbeitgebern differenziert werden muss.[318] Ob die Wirkung gegenüber organisierten Arbeitnehmern und Arbeitgebern in Spanien doppelt legitimiert ist und sich daneben aus dem Beitrittsakt ergeben kann, hat zudem lediglich praktische Relevanz, wenn sich aus der

---

315 Vgl. zur differenzierten Dogmatik in Deutschland: Höpfner, Die Tarifgeltung im Arbeitsverhältnis, S. 456–461.

316 Zum deutschen Recht: Richardi, Kollektivgewalt und Individualwille bei der Gestaltung des Arbeitsverhältnisses, S. 237; Höpfner, Die Tarifgeltung im Arbeitsverhältnis, S. 457; Zöllner, RdA 1962, 453, 454, 459.

317 Vgl. auch die Andeutungen zum spanischen Recht von Rojas Miño, La eficacia jurídica de los convenios colectivos, S. 157.

318 Vgl. in Kapitel 1 B.I.2.c, Kapitel 1 B.I.2.d und Kapitel 1 B.I.4.b.bb.

nachfolgend untersuchten Legitimation über das Kriterium der Repräsentativität Legitimationslücken ergeben würden.

Das folgende Kapitel erläutert im Schwerpunkt die Legitimationserfordernisse statutarischer Tarifverträge und stellt sie den Legitimationserfordernissen von außerstatutarischen Tarifverträgen sowie Kollektivvereinbarungen auf Unternehmensebene gegenüber. Hierbei wird jeweils zwischen den Anforderungen an die Tarifvertragsparteien und dem einzuhaltenden Verfahren unterschieden.

2. Die Legitimations- und Verfahrenserfordernisse des statutarischen Tarifvertrags

Art. 82 ff. Arbeitnehmerstatut normieren die Legitimations- und Verfahrensvoraussetzungen zum Abschluss statutarischer Tarifverträge. Da die statutarischen Tarifverträge gem. Art. 82.3 Arbeitnehmerstatut erga omnes wirken und die Wirkung gegenüber Nicht- und Andersorganisierten einer besonderen Rechtfertigung bedarf, werden diese Erfordernisse ausführlich ausgestaltet.

Wer Partei eines abzuschließenden Tarifvertrags ist, beurteilt sich danach, ob der Tarifvertrag die Ebene auf bzw. unter oder über dem Unternehmen betrifft. Auf bzw. unter der Unternehmensebene handeln auf Arbeitnehmerseite Einheitsvertretungen oder alternativ Gewerkschaftssektionen, auf Arbeitgeberseite der Arbeitgeber selbst. Über der Unternehmensebene handeln Gewerkschaften und Arbeitgeberverbände unter Ausschluss der Einheitsvertretungen. Sonderregelungen bestehen für den Abschluss von Berufsgruppentarifverträgen sowie Tarifverträgen für Unternehmensgruppen und verbundene Unternehmen.

Die Verhandlungskommission, in der die Arbeitnehmer- und Arbeitgeberseite den Tarifvertrag verhandeln, setzt sich auf Arbeitnehmerseite bei Handeln der Einheitsvertretungen allein aus dessen Mitgliedern zusammen. Handeln die Gewerkschaftssektionen oder die Gewerkschaften, setzt sich die Kommission auf Arbeitnehmerseite regelmäßig aus mehreren Gewerkschaftssektionen bzw. Gewerkschaften zusammen. Da Art. 87 ff. Arbeitnehmerstatut fordern, dass die Kommission einen bestimmten Prozentsatz an betroffenen Arbeitnehmern repräsentieren muss, um legitimiert handeln zu können, einzelne Sektionen bzw. Gewerkschaften diesen Prozentsatz für sich genommen, aber regelmäßig nicht erreichen, schließen sie sich mit anderen Sektionen bzw. Gewerkschaften zusammen.

Zentraler Anknüpfungspunkt für die Legitimation von Tarifvertragsparteien ist damit die Repräsentativität, deren Konstruktion und Ausgestaltung im Folgenden detailliert untersucht werden. Das Organgesetz über die Gewerkschaftsfreiheit ergänzt die Repräsentativitätserfordernisse des Arbeitnehmerstatuts für die Arbeitnehmerseite, nicht aber für die Arbeitgeberseite.[319]

a. Das Kriterium der Repräsentativität

aa. Der Begriff der Repräsentativität

Das spanische Tarifrecht unterscheidet zwischen den Begriffen Repräsentation (*representación*) und Repräsentativität (*representatividad*)[320]: Die Repräsentation beschreibt als Oberbegriff die Vertretung nach allgemeinen Vertretungsregeln auf Arbeitnehmerseite durch Gewerkschaften und Einheitsvertretungen und auf Arbeitgeberseite durch Arbeitgeberverbände ohne besondere zusätzliche Anforderungen. Die Repräsentativität beschreibt dagegen eine qualifizierte Form der Vertretung, die den Gewerkschaften und Arbeitgeberverbänden zugewiesen wird, wenn sie die Anforderungen des Art. 87 Arbeitnehmerstatut, Art. 6, 7 Organgesetz über die Gewerkschaftsfreiheit erfüllen. Im Rahmen des Repräsentativitätsprinzips handelt der Verband nicht in Vertretung seiner Mitglieder, sondern verkörpert unmittelbar die Arbeitnehmer- bzw. Arbeitgeberinteressen (*autotutela*). Die Repräsentativität befähigt den Verband *ex lege*, in die Rechtskreise der Arbeitnehmer bzw. Arbeitgeber einzugreifen und in diesen zu agieren.[321] Alleiniger Anknüpfungspunkt für die Bemessung der Repräsentativität sind die Wahlen zu den Einheitsvertretungen. Voraussetzung der Repräsentativität ist, dass die Verbände entsprechend dem Wahlergebnis einen konkret festgelegten Prozentsatz an Mitgliedern in den Einheitsvertretungen, gemeinsam für den privaten und öffentlichen Sektor berechnet,[322] vertreten. Die Legitimation kraft Repräsentativität gewährleistet, dass die Tarifvertragsparteien den Willen der Gesamtheit repräsentieren

---

[319] Roqueta Buj, Revista española de derecho del trabajo 2020, Nr. 229, 43, 45–46.

[320] Palomeque López/Àlvarez de la Rosa, Derecho del trabajo, S. 334; Alonso García, in: Ministerio de Sanidad y Seguridad Social, I Congreso nacional, S. 35, 39.

[321] STC 57/1989, 16.03.1989; STC 12/1983, 22.02.1983; SAN 4606/2021, 03.11.2021; SAN 1163/2017, 15.03.2017; SAN 4679/2015, 11.12.2015.

[322] Lahera Forteza, Papeles de economía española 2018, Nr. 156, 18, 25 kritisiert, dass sich die Repräsentativität für den privaten und öffentlichen Sektor gemeinsam bemisst.

und durch die Koppelung an die Wahlen zu den Einheitsvertretungen eine ausreichende Rückbindung an die einzelnen Arbeitnehmer und Arbeitgeber besteht.[323] Die Trias Wahlergebnis – Repräsentativität – Befugnis zur Verhandlung von statutarischen Tarifverträgen[324] bilden damit zentrale Elemente des spanischen Tarifsystems und sind eng miteinander verknüpft.

Die Verfassung selbst regelt die Voraussetzungen der Repräsentativität nicht, sodass der einfache Gesetzgeber frei über deren Voraussetzungen und Wirkungen entscheiden darf. Das Spanische Verfassungsgericht betont aber, dass der einfache Gesetzgeber repräsentativen Verbänden nicht zu weitgehende Rechte zuweisen dürfe.[325]

Jeder als repräsentativ eingestufte Verband ist berechtigt, an Tarifverhandlungen statutarischer Tarifverträge mitzuwirken, Art. 6.3 lit. b Organgesetz über die Gewerkschaftsfreiheit. Wird er von den Verhandlungen ausgeschlossen, verletzt das Art. 28, 37.1 Spanische Verfassung und führt zur Unwirksamkeit des entsprechenden Tarifvertrags.[326] Verhandelt ein Verband trotz Fehlens der erforderlichen Repräsentativität, kann der Tarifvertrag entweder in einen außerstatutarischen Tarifvertrag umgedeutet (z.B. bei Nichterreichen der notwendigen Quoren) oder für nichtig erklärt werden (z.B., wenn der festgelegte, tarifliche Anwendungsbereich über den Bereich hinausgeht, für den der Verband legitimiert ist).[327] Grundsätzlich vermutet die ordentliche Rechtsprechung, dass diejenigen, die an Tarifverhandlungen teilnehmen und Tarifverträge abschließen, über eine ausreichende Repräsentativität verfügen. Rügt eine Partei die fehlende Legitimation der anderen Partei, hat sie nach ständiger Rechtsprechung das Vorliegen ihrer eigenen Repräsentativität sowie das Fehlen der Repräsentativität auf Seiten der Gegenpartei zu beweisen.[328]

Er schlägt vor, dass die Repräsentativität der beiden Bereiche getrennt voneinander ermittelt und berechnet werden sollte.

323 STC 98/1985, 29.07.1985; STC 73/1984, 27.06.1984; STS 5736/2014, 27.10.2014; Valdés Dal-Ré, Relaciones laborales 1994, Nr. 1, 54.

324 Lahera Forteza, Derecho de relaciones laborales 2016, Nr. 1, 57, 58.

325 STC 65/1982, 10.11.1982; STC 53/1982, 22.07.1982.

326 STC 208/1993, 28.06.1993.

327 STS 5736/2014, 27.10.2014; Melián Chinea, El sistema de negociación colectiva y sus reglas de articulación, S. 97.

328 STS 4323/2019, 20.12.2019; STS 3297/2018, 19.07.2018; STS 739/2018, 07.02.2018; STS 5740/2014, 25.11.2014; STS 7765/2010, 29.11.2010; STS 8230/2009, 03.12.2009; STS 4145/2006, 20.06.2006; STS 9464/2002, 21.03.2002; STS 387/2001, 25.01.2001.

bb. Keine Verletzung der Gewerkschaftsfreiheit und -pluralität durch das Kriterium der Repräsentativität

Nach verfassungsgerichtlicher Rechtsprechung verletzt die einfachgesetzliche Unterscheidung zwischen repräsentativen und nicht-repräsentativen Gewerkschaften die Gewerkschaftsfreiheit gem. Art. 28.1 Spanische Verfassung nicht. Nicht-repräsentative Vereinigungen sind zwar gem. Art. 82.3, 87 Arbeitnehmerstatut nicht legitimiert, statutarische Tarifverträge mit Erga-Omnes-Wirkung zu vereinbaren.

Nach Ansicht des Verfassungsgerichts würden nicht-repräsentative Gewerkschaften nicht daran gehindert, ihre Rechte auszuüben. Ihnen würden keine Handlungsmöglichkeiten genommen. Sie hätten stets die Möglichkeit, durch Teilnahme an den Wahlen selbst Mehrheitsverhältnisse zu erlangen und repräsentativ zu werden.[329] Den repräsentativen Gewerkschaften würden zwar erweiterte Rechte zugewiesen. Den nicht-repräsentativen Gewerkschaften würden aber keine Rechte vorenthalten, die zur Wahrnehmung der Aufgaben aus Art. 7 Spanische Verfassung unbedingt erforderlich seien. Sie könnten weiterhin in effektiver Weise Tarifverhandlungen, z.B. in Form der außerstatutarischen Tarifverträge, führen und ihre Rechte sowie die Rechte der vertretenen Arbeitnehmer geltend machen.[330] Der Kernbereich der Rechte aus Art. 7, 28 Spanische Verfassung bleibe vollumfänglich erhalten. Ergänzend, und über den indisponiblen Kernbereich hinausgehend, weise der einfache Gesetzgeber einer bestimmten Tarifvertragsform als Zusatz die Erga-Omnes-Wirkung zu. Zu einer effektiven Gewährleistung dieses Rechts gem. Art. 9.2 Spanische Verfassung sei er dabei befugt, Verbände unterschiedlich zu behandeln, sofern die Unterscheidung, wie im Rahmen der Repräsentativität, auf objektiven und sachlichen Kriterien beruhe.[331] Objektives Kriterium der Repräsentativität sei das Wahlergebnis in den Wahlen zu den Einheitsvertretungen, in dem die Arbeitnehmer ihren Willen zum Ausdruck bringen.[332]

---

329 STC 75/1992, 14.05.1992; ähnlich auch STC 263/1994, 03.10.1994; STC 98/1985, 29.07.1985; STC 12/1983, 22.02.1983; STC 4/1983, 28.01.1983.

330 STC 188/1995, 18.12.1995; STC 263/1994, 03.10.1994; STC 98/1985, 29.07.1985.

331 STC 183/1992, 16.11.1992; STC 32/1990, 26.02.1990; STC 7/1990, 18.01.1990; STC 98/1985, 29.07.1985; STC 65/1982, 10.11.1982; STC 53/1982, 22.07.1982; mit einem Überblick über die Doktrin des Verfassungsgerichts auch Ramírez Martínez, Relaciones laborales 2011, Nr. 8, 1, 3 ff.

332 STC 188/1995, 18.12.1995.

Eine Verletzung des Art. 28.1 Spanische Verfassung könne erst angenommen werden, wenn die Gewerkschaftsfreiheit in willkürlicher, ungerechtfertigter Weise oder in Widerspruch zu Gesetzen eingeschränkt werde.[333]

Der verfassungsrechtlich in Art. 28.1 Spanische Verfassung gewährleistete Gewerkschaftspluralismus führe dazu, dass der Gesetzgeber zum Zwecke einer effektiven Gewährleistung des verfassungsrechtlich geschützten Rechts zu entscheiden habe, welcher Verband die Arbeitnehmer- und Arbeitgeberinteressen vertrete. Eine Ausübung der Gewerkschaftsfreiheit durch alle Gewerkschaften in gleicher Weise wäre nicht effektiv. Das Kriterium der Repräsentativität im Rahmen von Tarifverhandlungen diene dazu, das Recht der Verbände auf Verteidigung der Arbeitnehmerrechte in effektiver Weise zu gewährleisten.[334]

Die Zuweisung spezieller Rechte und finanzieller Unterstützungen sei notwendig, damit die repräsentativen Gewerkschaften ihre besonderen Funktionen ausüben können.[335] Durch die Repräsentativität solle einer Zersplitterung in kleine Gewerkschaften, die eine Durchsetzung der verfassungsrechtlichen Aufgaben erschweren würde, entgegengewirkt werden.[336] Zugunsten der effektiven Interessenvertretung müssten Gewerkschaften und Arbeitgeberverbände, die zwar die Kriterien der Repräsentation, aber nicht diejenigen der Repräsentativität erfüllen, darauf verzichten, als zusätzliches Recht statutarische Tarifverträge vereinbaren zu können. Das Recht zum Abschluss außerstatutarischer Tarifverträge bleibe aber allen Verbänden erhalten. Bei einer absoluten Durchsetzung einer Gleichbehandlung aller Gewerkschaften ohne besondere Erfordernisse an die Repräsentativität wäre ein effektives Erreichen der in Art. 7 Spanische Verfassung genannten Ziele nicht möglich.[337] Die Privilegierung repräsentativer Verbände sei insoweit vergleichbar mit einer tariflichen Erweiterung *ex post* als Allgemeinverbindlicherklärung, bei der ebenfalls einzelne Tarifverträge im Vergleich zu anderen privilegiert würden.[338] Im Übrigen seien die erweiterten Rechte der Art. 6.3

---

333 STC 188/1995, 18.12.1995 m.w.N.

334 STC 65/1982, 10.11.1982.

335 STC 75/1992, 14.05.1992.

336 STC 98/1985, 29.07.1985; Cazorla Prieto, in: Garrido Falla, Comentarios a la Constitución, S. 118, 119.

337 STC 188/1995, 18.12.1995.

338 Sagardoy Bengoechea, La eficacia de los convenios colectivos, S. 16.

lit. a–g Organgesetz über die Gewerkschaftsfreiheit[339] – unabhängig von der Erga-Omnes-Wirkung – nicht exklusiv den repräsentativen Vertretern zugewiesen, sodass den repräsentativen Gewerkschaften hier keine Monopolstellung zukomme.[340] Den nicht-repräsentativen Verbänden könnten auf freiwilliger Basis dieselben Rechte gewährt werden, z.B. indem ihnen entsprechend Art. 6.3 lit. f Organgesetz über die Gewerkschaftsfreiheit die Nutzung öffentlichen Eigentums erlaubt werde.[341]

Nach Ansicht der Literatur werde über die Erfordernisse einer Repräsentativität von Verbänden sichergestellt, dass die Interessen der gesamten Branche kontinuierlich und im Verhältnis der Verbände untereinander solidarisch vertreten werden.[342] In diesem Sinne werde den Verbänden die inhaltliche Regelung der Arbeitsbedingungen durch Tarifvertrag überlassen, durch staatliche Ausweitung gem. Art. 82.3 Arbeitnehmerstatut die Wirkungsbreite aber vergrößert.[343] Das Kriterium der Repräsentativität gewährleiste damit eine effektive Ausübung der Gewerkschaftstätigkeit mit den geringstmöglichen Einschränkungen für den Gewerkschaftspluralismus.[344]

cc. Kritik Laheras am geltenden System

Lahera Forteza kritisiert die starke Institutionalisierung der Gewerkschaften[345]: Die politische Tätigkeit der Gewerkschaften rücke zulasten der gewerkschaftlichen Vertretung stark in den Vordergrund und gehe mit einer Vertretung allgemeiner Interessen, statt der Vertretung kollektiver Arbeitnehmerinteressen einher. Folge dessen sei eine starke Entfremdung zwischen Arbeitnehmer und Gewerkschaft. Gerade mit Blick auf den stetig sinkenden Organisationsgrad sei die Trias-Verknüpfung Wahlergebnis – Repräsentativität – Befugnis zur Verhandlung von statutarischen Tarifverträgen fiktiv. Obwohl die Mehrheit der Arbeitnehmer nicht gewerkschaftlich organisiert sei,[346] möchte das System über die Wahlen zu den Einheitsvertretungen als

339 Vgl. in Kapitel 1 B.I.3.a.bb(2)(a).
340 STC 98/1985, 29.07.1985.
341 STC 98/1985, 29.07.1985.
342 Rodríguez-Piñero, Eficacia general del convenio colectivo, S. 67, 68, 202.
343 Rodríguez-Piñero, Eficacia general del convenio colectivo, S. 113.
344 Palomeque López/Àlvarez de la Rosa, Derecho del trabajo, S. 334.
345 Lahera Forteza, Papeles de economía española 2018, Nr. 156, 18, 23.
346 Vgl. zum Organisationsgrad in Kapitel 1 A.II.

alleiniges Anknüpfungskriterium einen Weg zu einer gewerkschaftlichen Vertretung sicherstellen. Das etablierte Tarifvertragssystem mache Arbeitnehmer zu Wählern und nicht zu Vertretenen.

b. Die dreifachen Legitimationsvoraussetzungen als Anforderungen des statutarischen Tarifvertrags

aa. Definition der Legitimationsebenen und der drei Legitimationsbegriffe

Das Arbeitnehmerstatut unterscheidet zwischen drei Legitimationsbegriffen, für die die Tarifvertragsparteien unterschiedliche Voraussetzungen erfüllen müssen: die Anfangslegitimation (*legitimación inicial* oder *simple*), die volle Legitimation (*legitimación plena, interviniente, deliberante* oder *complementaria*) und die Verhandlungslegitimation (*legitimación negociadora* oder *decisoria*),[347] welche im Folgenden erläutert werden. Zweck der drei Legitimationsvoraussetzungen ist, die Verhandlungskommission, welche den Tarifvertrag verhandelt und abschließt, proportional entsprechend den Wahlergebnissen mit legitimierten Verbänden zu besetzen. Es soll sichergestellt werden, dass zu jedem Zeitpunkt der Verhandlungen und im Zeitpunkt des Tarifabschlusses eine ausreichende Rückkoppelung an die betroffenen Arbeitnehmer und Arbeitgeber des konkreten tariflichen Anwendungsbereichs besteht. Maßgeblicher Zeitpunkt für die Berechnung der Legitimationserfordernisse ist der Beginn der Tarifverhandlungen, also der Zeitpunkt der Zusammensetzung der Verhandlungskommission (*mesa negociadora*).[348] Nach Zusammensetzung

---

347 STS 910/2016, 23.02.2016; STS 5740/2014, 25.11.2014; STS 1273/2010, 01.03.2010; STS 8230/2009, 03.12.2009; STS 6926/2001, 19.09.2001; STS 33/1993, 18.01.1993; De Castro Marín, La prioridad aplicativa del convenio de empresa del art. 84.2 Arbeitnehmerstatut, S. 17; Cruz Villalón, Derecho de relaciones laborales 2019, Nr. 2, 147, 160, 161; teilweise nimmt die Literatur lediglich zwei Legitimationsvoraussetzungen (*inicial* und *plena*) an und sieht die Verhandlungslegitimation eher als Verfahrens- denn als Legitimationserfordernis an, vgl. Palomo Vélez, El modelo español de representación de los trabajadores en la empresa, S. 359, 360; Nores Torres/Rodríguez Pastor, in: Pérez de los Cobos/Goerlich Peset, El régimen jurídico de la negociación colectiva en España, S. 111, 142; Solans Latre, El ejercicio de la legitimación para negociar convenios colectivos, S. 16, 19; Sala Franco, Derecho Sindical, S. 206; Molina Navarrete, Revista de Trabajo y Seguridad Social 2011, Nr. 340, 5, 69.

348 St. Rspr.: STS 2347/2023, 23.05.2023; STS 3297/2018, 19.07.2018; STS 1248/2016, 18.02.2016; STS 512/2010, 21.01.2010; STS 8347/2009, 23.11.2009; STS 6855/2006,

der Verhandlungskommission stattfindende Wahlen zu den Einheitsvertretungen haben damit keinen Einfluss mehr auf die Berechnung der Repräsentativitätskriterien.[349] Bei den Art. 87 ff. Arbeitnehmerstatut, welche die Legitimationserfordernisse normieren, handelt sich um zwingendes Gesetzesrecht (*derecho necesario absoluto*).[350] Die Legitimationsvorschriften der Art. 87 ff. Arbeitnehmerstatut enthalten teilweise weite Formulierungen und, daraus resultierend, viele Interpretationsmöglichkeiten, über die Rechtsprechung und Literatur diskutieren, sodass deren Anwendung zu erheblicher Rechtsunsicherheit führt.[351]

Je nach Ebene des zu vereinbarenden statutarischen Tarifvertrags normiert das Arbeitnehmerstatut unterschiedliche Legitimationserfordernisse. Art. 87.1–3 Arbeitnehmerstatut unterscheidet zwischen der Unternehmensebene und den darunter liegenden Ebenen, wie Betrieben oder Betriebsteilen, einerseits und der Ebene über der Unternehmensebene, beispielsweise für den Abschluss von Branchentarifverträgen, andererseits. In ersterer Fallgruppe sind für die Legitimation der Einheitsvertretungen und Gewerkschaftssektionen die Wahlen zu den Einheitsvertretungen maßgeblicher Anknüpfungspunkt. Ausgehend von den prozentualen Wahlergebnissen werden die Sitze in der Verhandlungskommission proportional mithilfe des Dreisatzes berechnet. Besonderheiten bestehen bei Tarifverträgen für einzelne Berufsgruppen, Unternehmen mit mehreren Betrieben, aber einer gemeinsamen Einheitsvertretung und Unternehmensgruppen sowie verbundenen Unternehmen, auf die im Folgenden ebenfalls eingegangen wird. Da der Arbeitgeber auf dieser Ebene selbst tätig wird, werden seine Legitimationserfordernisse nur kurz behandelt. Die Legitimation für Tarifverträge über der Unternehmensebene basiert auf Seiten der Arbeitnehmer ebenfalls auf den Wahlen zu den Einheitsvertretungen. Die Verbände müssen entweder gesamtstaatlich, auf Ebene der Autonomen Gemeinschaften oder in dem konkreten tariflichen Anwendungsbereich einen Mindestprozentsatz erreichen. Die Sitze in der Verhandlungskommission werden ebenfalls proportional

10.10.2006; STS 12945/1993, 23.11.1993.

349 STS 3726/2017, 03.10.2017.

350 St. Rspr.: STC 73/1984, 27.06.1984; STS 5126/2015, 28.09.2015; STS 3930/1999, 04.06.1999; SAN 560/2016, 03.03.2016.

351 De Nieves Nieto, Trabajo y Derecho 2015, Nr. 4, 1, 13.

mithilfe des Dreisatzes berechnet. Arbeitgeberverbände müssen grundsätzlich einen Mindestprozentsatz an Arbeitgebern vertreten, welche wiederum einen Mindestprozentsatz an betroffenen Arbeitnehmern beschäftigen. Ausnahmen dieses Grundsatzes sowie die Problematik der Nachweisbarkeit der Repräsentativität auf Arbeitgeberseite werden im Folgenden problematisiert.

In der Praxis werden regelmäßig deutlich mehr Tarifverträge in der ersten Kategorie vereinbart, die wenigen Tarifverträge über der Unternehmensebene erfassen aber weitaus mehr Arbeitnehmer. Im Jahr 2022 galten 2.971 Unternehmenstarifverträge für insgesamt 709.993 Arbeitnehmer und lediglich 979 Tarifverträge über der Unternehmensebene, aber mit 10.927.281 erfassten Arbeitnehmern.[352]

(1) Definition der Anfangslegitimation

Die Anfangslegitimation beschreibt unabhängig vom konkreten Tarifvertrag und in Anlehnung an Art. 87 Arbeitnehmerstatut, Art. 37.1 Spanische Verfassung und Art. 6, 7.1 Organgesetz über die Gewerkschaftsfreiheit das grundsätzliche Recht der Arbeitnehmer- oder Arbeitgebervertreter, statutarische Tarifverträge aushandeln zu können und Teil der Verhandlungskommission zu sein.[353]

(2) Definition der vollen Legitimation

Die volle Legitimation in Art. 88.1 Arbeitnehmerstatut definiert die rechtmäßige Zusammensetzung der Verhandlungskommission entsprechend der Repräsentativitätskriterien in Art. 87 Arbeitnehmerstatut.[354] Hintergrund der Regelung ist, dass ein anfangslegitimierter Verband nach Vorstellung des Gesetzgebers allein die erforderliche Repräsentativität im Einzelfall nicht

---

352 Estadística de convenios colectivos de trabajo, Tabelle CCT-II.1, https://view.officeapps.live.com/op/view.aspx?src=https%3A%2F%2Fwww.mites.gob.es%2Festadisticas%2Fcct%2Fcct22pro%2Fcct_2022_av.xls&wdOrigin=BROWSELINK (zuletzt abgerufen am 01.03.2026).

353 St. Rspr.: STS 910/2016, 23.02.2016; STS 5740/2014, 25.11.2014; STS 8230/2009, 03.12.2009; STS 6926/2001, 19.09.2001.

354 St. Rspr.: STS 2347/2023, 23.05.2023; STS 910/2016, 23.02.2016; STS 5740/2014, 25.11.2014; STS 1273/2010, 01.03.2010; vgl. auch Cruz Villalón, Derecho de relaciones laborales 2019, Nr. 2, 147, 161.

erreichen kann, sodass er sich notwendigerweise bei Zusammensetzung der Verhandlungskommission mit anderen anfangslegitimierten Verbänden zusammenschließen muss.[355] Bei der Zusammensetzung soll sichergestellt werden, dass die Vertreter der anfangslegitimierten Subjekte, die in die Verhandlungskommission entsandt werden, eine ausreichende Verankerung in dem betreffenden Bereich aufweisen.[356]

Gem. Art. 88.4 Arbeitnehmerstatut darf die Anzahl der Mitglieder pro Partei bei Branchentarifverträgen 15 und in sonstigen Fällen 13 nicht übersteigen. Eine Reduzierung der Anzahl oder eine ungleiche Verteilung zwischen Arbeitnehmer- und Arbeitgeberseite wird aber als grundsätzlich zulässig angesehen.[357] Die Zusammensetzung der Mitglieder findet gem. Art. 88.1 Arbeitnehmerstatut proportional entsprechend der Repräsentativität statt.[358] Die Parteien können zusätzlich gem. Art. 88.3, 88.5 Arbeitnehmerstatut einen Präsidenten sowie einen Sekretär mit Rede-, aber ohne Stimmrecht[359] benennen. Den gewählten Mitgliedern der Verhandlungskommission stehen alle Befugnisse zu, die zu einer effektiven Ausübung ihres Amtes erforderlich sind,[360] beispielsweise auch die Freistellung für die Zeit, die für die Tätigkeiten in der Verhandlungskommission erforderlich ist, Art. 9.2 Organgesetz über die Gewerkschaftsfreiheit.

Wird eine anfangslegitimierte Gewerkschaft oder ihre Sektion bei der Zusammensetzung der Verhandlungskommission ausgeschlossen, obwohl

---

355 Cruz Villalón, Compendio de derecho del trabajo, S. 581.

356 De Nieves Nieto, Trabajo y Derecho 2015, Nr. 4, 1, 5–6.

357 STSJ Madrid 9254/2012, 20.07.2012: eine Reduzierung der Anzahl verletzt nur Art. 28.1 Spanische Verfassung, wenn diese Entscheidung gegen Gesetze verstößt, eindeutig willkürlich und ungerechtfertigt ist; Palomeque López/Àlvarez de la Rosa, Derecho del trabajo, S. 216.

358 Formel für die Berechnung der jeweiligen Sitze unter Beachtung der Proportionalität: a : 13 bzw. 15 = b : c, wobei a die Gesamtzahl der Mitglieder in den konkreten Einheitsvertretungen darstellt; 13 bzw. 15 entspricht der Anzahl der zu besetzenden Positionen; b entspricht dem Quotienten; c entspricht der Anzahl der Mitglieder der jeweiligen Kandidatur, vgl. Lahera Forteza, Manual de negociación colectiva, S. 61, 62.

359 Wird der Präsident aus der Mitte der Mitglieder gewählt, steht ihm aber ein Stimmrecht zu, Palomeque López/Àlvarez de la Rosa, Derecho del trabajo, S. 218.

360 STS 7089/2008, 27.11.2008.

sie alle Voraussetzungen erfüllt und einen entsprechenden Wunsch zur Teilnahme an den Verhandlungen äußert, ist Art. 28.1 Spanische Verfassung nach Ansicht der Rechtsprechung verletzt, die Verhandlungskommission nicht in rechtmäßiger Weise zusammengesetzt und der Tarifvertrag nichtig.[361] Dieses Recht auf Teilnahme an Tarifverhandlungen führt aber der Rechtsprechung nach nicht so weit, dass den Verbänden das Recht zusteht, in die Verhandlungskommission berufen zu werden, ohne diesen Platz einzufordern.[362]

(3) Definition der Verhandlungslegitimation

Die Verhandlungslegitimation beschreibt die notwendigen Mehrheitserfordernisse innerhalb der Verhandlungskommission zum schlussendlichen Abschluss des Tarifvertrags, Art. 89.3 Arbeitnehmerstatut.[363]

bb. Anfangslegitimation

(1) Unternehmensebene sowie die darunter liegenden Ebenen

Auf der Unternehmensebene sowie den darunter liegenden Ebenen richtet sich die Anfangslegitimation[364] nach Art. 87.1, 87.3 lit. a Arbeitnehmerstatut. Tarifverträge unter der Unternehmensebene sind beispielsweise Betriebstarifverträge, Tarifverträge einer selbständigen Produktionseinheit oder Berufstarifverträge.[365] Zu Tarifverträgen auf der Unternehmensebene zählen neben Tarifverträgen für einzelne Unternehmen auch solche für Unternehmensgruppen, Art. 87.1 UAbs. 3 Arbeitnehmerstatut.

---

361 STC 184/1991, 30.09.1991; STC 187/1987, 24.11.1987; STC 73/1984, 27.06.1984; STS 5011/2012, 28.06.2012.

362 Nach STS 5736/2014, 27.10.2014; STS 5276/1998, 22.09.1998 und SAN 1735/2013, 25.04.2013 beinhaltet dieses Recht kein Recht, aufgefordert zu werden, Teil der Verhandlungskommission zu sein, sodass der Verband stets seinen Wunsch, Teil der Verhandlungskommission zu sein, selbst äußern muss. Legitimierte Verbände können der Verhandlungskommission auch freiwillig fernbleiben.

363 St. Rspr.: STS 2347/2023, 23.05.2023; STS 910/2016, 23.02.2016; STS 5740/2014, 25.11.2014; STS 1273/2010, 01.03.2010; vgl. auch Cruz Villalón, Derecho de relaciones laborales 2019, Nr. 2, 147, 161.

364 Vgl. zur Definition bereits in Kapitel 1 B.III.2.b.aa(1).

365 Molero Manglano, Derecho sindical, S. 491; Olarte Encabo, Temas laborales 2013, Nr. 120, 483, 498.

(a) Anfangslegitimation auf Arbeitnehmerseite

Auf Arbeitnehmerseite sind gem. Art. 87.1 Arbeitnehmerstatut alternativ[366] die Einheitsvertretungen und die Gewerkschaftssektionen nach den nachfolgenden Voraussetzungen anfangslegitimiert.

(aa) Die Einheitsvertretungen

Art. 87.1 UAbs. 1 Arbeitnehmerstatut legitimiert die Personaldelegierten und das Betriebskomitee zur Vereinbarung statutarischer Tarifverträge auf und unter der Unternehmensebene. Die Einheitsvertretungen nehmen die betrieblichen Angelegenheiten der Arbeitnehmer wahr[367] und vertreten gebündelt die betrieblichen Interessen aller Arbeitnehmer im Betrieb bzw. Unternehmen,[368] Art. 62.1 S. 1, 63.1 Arbeitnehmerstatut. Ihre Legitimation, einen Tarifvertag mit Wirkung für die gesamte Belegschaft zu verhandeln, wird daher unmittelbar daraus abgeleitet, dass sie von der Belegschaft bei den Wahlen zu den Einheitsvertretungen gewählt werden.[369]

Im öffentlichen Sektor sind die Einheitsvertretungen gem. Art. 33 Gesetz über das Beamtenstatut im Unterschied zu den Einheitsvertretungen im privaten Sektor nicht zu Tarifverhandlungen befugt.

(bb) Anfangslegitimation der gewerkschaftlichen Vertretung

(aaa) Berechtigung der Gewerkschaftssektionen zu Tarifverhandlungen

Gem. Art. 8.2 lit. b Organgesetz über die Gewerkschaftsfreiheit, Art. 87.1 Arbeitnehmerstatut sind Gewerkschaftssektionen zu Tarifverhandlungen berechtigt, wenn sie den repräsentativsten Gewerkschaften angehören, Art. 8.2 lit. b Alt. 1 Organgesetz über die Gewerkschaftsfreiheit, oder in den entsprechenden Einheitsvertretungen vertreten sind, Art. 8.2 lit. b Alt. 2

---

366 Vgl. in Kapitel 1 B.I.3.a.bb(2)(b).

367 STC 189/1993, 14.06.1993.

368 Vgl. Art. 63.1 Arbeitnehmerstatut; Lahera Forteza, Manual de negociación colectiva, S. 60; Molero Manglano, Derecho sindical, S. 327; Palomeque López/Àlvarez de la Rosa, Derecho del trabajo, S. 358; Canalda Criado, Temas laborales 2020, Nr. 152, 139, 151.

369 Canalda Criado, Temas laborales 2020, Nr. 152, 139, 151.

Organgesetz über die Gewerkschaftsfreiheit. Alle übrigen Gewerkschaftssektionen sind nicht zu Tarifverhandlungen berechtigt. Für die zweite Alternative macht das Gesetz keine Vorgaben dazu, wie viele gewerkschaftliche Mitglieder Teil der Einheitsvertretung sein müssen, damit die Gewerkschaftssektion in der Einheitsvertretung vertreten ist. In Auslegung des offenen Wortlauts von Art. 8.2 lit. b Organgesetz über die Gewerkschaftsfreiheit sollen dessen Voraussetzungen bereits dann erfüllt sein, wenn nur ein Mitglied der Einheitsvertretung der tarifvertragschließenden Gewerkschaft angehört.[370] Da bei den Wahlen zu den Einheitsvertretungen gem. Art. 71.2 lit. b Arbeitnehmerstatut ein Mindestquorum von 5 % erreicht werden muss,[371] muss eine nicht-repräsentative Gewerkschaft bei den Wahlen mindestens 5 % erreichen, um diese Voraussetzung zu erfüllen und mindestens durch eines ihrer Gewerkschaftsmitglieder in der Einheitsvertretung vertreten zu werden.

In beiden genannten Fällen wird durch Mehrheitserfordernisse in den Einheitsvertretungen oder die Rückkoppelung an die Repräsentativität der Gewerkschaften durch demokratische Elemente eine ausreichende Legitimation gewährleistet.[372] In der Literatur wird aber kritisiert, dass die Verknüpfung der Legitimation von Gewerkschaftssektionen mit der Repräsentativität ohne das zusätzliche Erfordernis einer Verfestigung im betroffenen Unternehmen gem. Art. 8.2 lit. b Alt. 1 Organgesetz über die Gewerkschaftsfreiheit aber dazu führen könne, dass Gewerkschaftssektionen repräsentativer Gewerkschaften ohne Verbindung zu den betroffenen Arbeitnehmern und deren Unternehmen Tarifverträge mit Erga-Omnes-Wirkung abschließen können.[373] Gleichzeitig bleibt aber nach einer anderen Literaturmeinung zu berücksichtigen, dass auch nicht-repräsentative Gewerkschaften über die Gewerkschaftssektionen gem. Art. 8.2 lit. b Alt. 2 Organgesetz über die Gewerkschaftsfreiheit die Möglichkeit erhalten, Tarifverträge mit Erga-Omnes-Wirkung abzuschließen, wenn ein Mitglied der Einheitsvertretungen Mitglied ihrer Gewerkschaft ist.[374]

---

370 Baylos Grau, Sindicalismo y derecho sindical, S. 74; Solans Latre, El ejercicio de la legitimación para negociar convenios colectivos, S. 70.

371 Vgl. STS 5592/2015, 26.11.2015; vgl. auch in Kapitel 1 B.I.3.a.aa(2)(a)(bb).

372 Lahera Forteza, Manual de negociación colectiva, S. 60.

373 Solans Latre, El ejercicio de la legitimación para negociar convenios colectivos, S. 70; Nieto Rojas, Lan Harremanak 2019, Nr. 41, 188, 193.

374 Ojeda Avilés, Compendio de derecho sindical, S. 208.

(bbb) Keine unmittelbare Verhandlung durch Gewerkschaften

Auch wenn Gewerkschaftssektionen organisatorisch den Gewerkschaften zuzuordnen sind und das Tätigwerden der Gewerkschaften einerseits oder der Sektionen andererseits der Rechtsprechung nach lediglich eine Frage der internen Organisation ist,[375] sind die Gewerkschaften nach mehrheitlicher Ansicht unmittelbar nicht anfangslegitimiert, statutarische Tarifverträge auf oder unter der Unternehmensebene zu vereinbaren.[376] Durch das Königliche Gesetzesdekret 7/2011[377] wurde der Wortlaut des Art. 87.1 Arbeitnehmerstatut dahingehend geändert, dass nun nicht mehr allgemein gewerkschaftliche Vertreter (*representaciones sindicales*), sondern explizit Gewerkschaftssektionen (*secciones sindicales*) legitimiert sind, Tarifverträge auf und unter der Unternehmensebene zu vereinbaren. Nach früherer Ansicht sollte der weite Wortlaut vor der Gesetzesänderung alle gewerkschaftlichen Vertretungen, und damit auch Gewerkschaften, erfassen, sofern sie die erforderliche Repräsentativität aufwiesen[378]: Die zugrunde liegende Argumentation beruhte darauf, dass es keinen Unterschied machen könne, ob die Gewerkschaften mittelbar durch die Gewerkschaftssektionen oder unmittelbar selbst verhandeln. Die Rechte der Gewerkschaftssektionen leiteten sich gerade aus den Rechten der Gewerkschaften und ihrer Gewerkschaftsfreiheit gem. Art. 28.1 Spanische Verfassung ab. Es wäre daher nicht konsequent, wenn die Gewerkschaftssektionen erweiterte Rechte im Vergleich zu den Gewerkschaften erhielten. Der Gewerkschaft sollte nicht allein die Möglichkeit zustehen, in einem Unternehmen mit einer Vielzahl von Gewerkschaftssektionen den aufwendigeren

---

375 Vgl. in Kapitel 1 B.I.3.a.aa(1)(b)(aa).

376 Sala Franco, Derecho sindical, S. 212; Olarte Encabo, Temas laborales 2013, Nr. 120, 483, 496; bereits früh auch STS 2619/1996, 30.04.1996; SAN 8186/1999, 16.04.1999; a.A. Gárate Castro, in: Rodríguez-Piñero y Bravo-Ferrer/Valdés Dal-Ré, La reforma laboral de 2012 en materia de negociación colectiva, S. 107, 133, der keinen eindeutigen Willen des Gesetzgebers erkennt, die Legitimation von Gewerkschaften durch die von Gewerkschaftssektionen zu ersetzen, und Sicre Gilabert, La negociación colectiva, S. 19 sowie Bodas Martín, in: Ministerio de Empleo y Seguridad Social, Legitimación Negocial, S. 83, 93, 94, die sich dabei aber auf die Rechtsprechung vor der Reform 2012 beziehen, vgl. STS 5705/2004, 16.09.2004; STS 1521/2000, 28.02.2000.

377 Real Decreto-ley 7/2011, de 10 de junio, de medidas urgentes para la reforma de la negociación colectiva (BOE n. 139, de 11.06.2011).

378 STS 284/2005, 25.01.2005; STS 5705/2004, 16.09.2004; STS 1521/2000, 28.02.2000; STS 2619/1996, 30.04.1996; STSJ Murcia 1932/2004, 23.12.2004.

Weg über die vielen Sektionen zu wählen, wenn sie auf einfachere Weise unmittelbar ohne aufgeteilte Verhandlungen je Sektion selbst Tarifverträge verhandeln könnte.

Die Gesetzesänderung von 2011, mit der nun die unmittelbare Verhandlung von Gewerkschaften auf und unter der Unternehmensebene ausgeschlossen ist, sollte eine erhöhte interne Flexibilität und Verhandlungen, die näher an das Unternehmen geknüpft sind, gewährleisten.[379] Außerdem war es laut Gesetzesbegründung bereits unter dem vorherigen, weiten Gesetzeswortlaut in der Praxis üblich, dass nicht Gewerkschaften, sondern Gewerkschaftssektionen Verhandlungen auf und unter der Unternehmensebene geführt hatten, sodass sich der neue Gesetzeswortlaut diesen Entwicklungen anpasste.[380]

Ausnahmen bestehen für den Öffentlichen Sektor. Gem. Art. 33 Gesetz über das Beamtenstatut sind nicht die Einheitsvertretungen, sondern ausschließlich die repräsentativen Gewerkschaften zu Tarifverhandlungen legitimiert. Insbesondere die Anfangslegitimation gem. Art. 33 Gesetz über das Beamtenstatut entspricht derjenigen für den privaten Sektor über der Unternehmensebene. Dieser verweist einerseits in die geltenden Vorschriften des Organgesetzes über die Gewerkschaftsfreiheit und legitimiert andererseits die repräsentativen Gewerkschaften auf gesamtstaatlicher Ebene und Ebene der Autonomen Gemeinschaften sowie die einfach repräsentativen Gewerkschaften, die mindestens ein Ergebnis von 10 % in den Wahlen zu den Einheitsvertretungen des entsprechenden Bereichs erreicht haben. Es kann daher auf die entsprechenden Ausführungen zur Legitimation über der Unternehmensebene verwiesen werden.[381]

(cc) Legitimation bei Unternehmen mit mehreren Betrieben

Wurde in Unternehmen mit mehreren Betrieben ein gemeinsames Betriebskomitee (*comité de empresa conjunta*) gem. Art. 63.2 Arbeitnehmerstatut gebildet, das eine gemeinsame Einheitsvertretung für Betriebe mit je zehn oder

---

379 Real Decreto-ley 7/2011, de 10 de junio, de medidas urgentes para la reforma de la negociación colectiva (BOE n. 139, de 11.06.2011), Punkt IV.

380 Real Decreto-ley 7/2011, de 10 de junio, de medidas urgentes para la reforma de la negociación colectiva (BOE n. 139, de 11.06.2011), Punkt V.

381 Ausführlich zur Anfangslegitimation über der Unternehmensebene in Kapitel 1 B.III.2.b.bb(2).

mehr, aber weniger als 50 Beschäftigten umfasst,[382] ist dieses gem. Art. 87.1 UAbs. 1 i.V.m. Art. 63.2 Arbeitnehmerstatut zu Tarifverhandlungen berechtigt.[383]

Für Unternehmen mit mehreren Betrieben ist das betriebsübergreifende Komitee (*comité intercentros*) gem. Art. 87.1 UAbs. 1 i.V.m. Art. 63.3 Arbeitnehmerstatut zu Tarifverhandlungen befugt, sofern dessen Bildung tarifvertraglich festgelegt wurde und das Komitee zu Tarifverhandlungen befugt ist.[384] Da das betriebsübergreifende Komitee gem. Art. 63.3 UAbs. 3 Arbeitnehmerstatut ausschließlich zur Ausübung derjenigen Kompetenzen berechtigt ist, die ihm durch den Tarifvertrag ausdrücklich zugewiesen sind, muss ihm die Kompetenz zu Tarifverhandlungen und deren Abschluss ausdrücklich durch Tarifvertrag übertragen werden. Die ordentliche Rechtsprechung legt den Wortlaut extensiv aus und vermutet widerleglich, dass das betriebsübergreifende Komitee, dessen elementare Aufgabe grundsätzlich die Tarifverhandlung ist, diese Aufgabe tarifvertraglich zugeteilt bekommen hat.[385] In der Literatur wird diese Rechtsprechung kritisiert, da der Wortlaut des Art. 63.3 Arbeitnehmerstatut eine explizite Zuweisung der Befugnisse fordere und keine Vermutung von Befugnissen und Kompetenzen normiere. Ohne ausdrückliche Zuweisung bestünde die Gefahr, dass das Komitee sich weitere Befugnisse anmaße und über die zugedachten Kompetenzen hinausgehend agiere.[386] Es sei aber für eine wirksame Befugnisübertragung ausreichend, wenn dem betriebsübergreifenden Komitee die generellen Aufgaben der Personaldelegierten bzw. des Betriebskomitees zur Wahrnehmung der Pflichten auf Unternehmensebene übertragen würden und dabei nicht explizit auf die Befugnis zu Tarifverhandlungen Bezug genommen werde.[387]

Mit Bildung des betriebsübergreifenden Komitees übertragen die einzelnen Einheitsvertretungen der Betriebe nicht vollumfänglich ihre Befugnisse zu Tarifverhandlungen auf das geschaffene Organ, sodass sie und die

---

382 Zu den Voraussetzungen deren Bildung bereits in Kapitel 1 B.I.3.a.aa(2)(a)(dd)(aaa).

383 Solans Latre, El ejercicio de la legitimación para negociar convenios colectivos, S. 63; Olarte Encabo, Temas laborales 2013, Nr. 120, 483, 498.

384 Solans Latre, El ejercicio de la legitimación para negociar convenios colectivos, S. 63; zu den Voraussetzungen deren Bildung bereits in Kapitel 1 B.I.3.a.aa(2)(a)(dd)(bbb).

385 STS 6278/2000, 25.07.2000.

386 Solans Latre, El ejercicio de la legitimación para negociar convenios colectivos, S. 65.

387 Solans Latre, El ejercicio de la legitimación para negociar convenios colectivos, S. 65.

Gewerkschaftssektionen nach einhelliger Auffassung neben dem betriebsübergreifenden Komitee zu Verhandlungen berechtigt bleiben.[388] Verfügt aber einer der Betriebe über keine Einheitsvertretung, können die übrigen Vertretungen keinen Tarifvertrag, der diesen Betrieb einschließt, vereinbaren.[389]

(dd) Die Anfangslegitimation bei Berufsgruppentarifverträgen

Bezieht sich der Tarifvertrag auf eine konkrete Berufsgruppe (*convenio colectivo de franja*), sind die Gewerkschaftssektionen gem. Art. 87.1 UAbs. 4 Arbeitnehmerstatut zum Tarifabschluss legitimiert. Weitere Anforderungen an die Anfangslegitimation der Gewerkschaftssektion normiert Art. 87.1 UAbs. 4 Arbeitnehmerstatut nicht. Da sich Art. 87.1 UAbs. 4 Arbeitnehmerstatut innerhalb des Art. 87.1 Arbeitnehmerstatut befindet, werden in systematischer Auslegung auch die allgemeinen Grundsätze des Art. 87.1 UAbs. 1 Arbeitnehmerstatut i.V.m. Art. 8.2 Organgesetz über die Gewerkschaftsfreiheit zur Konkretisierung herangezogen.[390] Entsprechend den obigen Ausführungen zur Anfangslegitimation von Gewerkschaftssektionen ist erforderlich, dass auch die Gewerkschaftssektionen nach Art. 87.1 UAbs. 4 Arbeitnehmerstatut einer repräsentativen Gewerkschaft angehören oder in der Einheitsvertretung vertreten sind. Die Gewerkschaftssektionen müssen keine Mindestanzahl an ihren zugehörigen Gewerkschaftsmitgliedern in dem betreffenden Bereich aufweisen.[391] Nach überwiegender Ansicht sind Gewerkschaften unmittelbar aufgrund des ausdrücklichen, wörtlichen Bezugs auf Gewerkschaftssektionen nicht zur Verhandlung von Berufsgruppentarifverträgen anfangslegitimiert.[392]

---

388 STS 6854/1993, 14.10.1993; SAN 1369/2002, 05.03.2002; Melián Chinea, El sistema de negociación colectiva y sus reglas de articulación, S. 131, 132; Nores Torres/Rodríguez Pastor, in: Pérez de los Cobos/Goerlich Peset, El régimen jurídico de la negociación colectiva en España, S. 111, 122.

389 Melián Chinea, El sistema de negociación colectiva y sus reglas de articulación, S. 132.

390 SAN 8186/1999, 16.04.1999; Gárate Castro, in: Rodríguez-Piñero y Bravo-Ferrer/Valdés Dal-Ré, La reforma laboral de 2012 en materia de negociación colectiva, S. 107, 129; Solans Latre, El ejercicio de la legitimación para negociar convenios colectivos, S. 119.

391 Gárate Castro, in: Rodríguez-Piñero y Bravo-Ferrer/Valdés Dal-Ré, La reforma laboral de 2012 en materia de negociación colectiva, S. 107, 130.

392 Bodas Martín, in: Ministerio de Empleo y Seguridad Social, Legitimación Negocial, S. 83, 98 mit Verweis auf SAN 8186/1999, 16.04.1999. Dieses Urteil bezieht sich zwar

Obwohl die Einheitsvertretungen nicht ausdrücklich im Wortlaut des Art. 87.1 UAbs. 4 Arbeitnehmerstatut genannt werden, wird deren Anfangslegitimation aus einer systematischen Auslegung des Art. 87.1 Arbeitnehmerstatut abgeleitet.[393] Innerhalb der Systematik des Art. 87.1 Arbeitnehmerstatut wird der Unterabsatz 1, der sowohl Einheitsvertretungen als auch gewerkschaftliche Vertretungen anfangslegitimiert, als Grundsatz eingestuft, von dem dann Unterabsatz 3 für Unternehmensgruppen und Unterabsatz 4 für Berufstarifverträge Ausnahmen normieren. Wenn nun Art. 87.1 UAbs. 4 Arbeitnehmerstatut in Form einer *lex specialis*-Regelung für Berufsgruppentarifverträge besondere, exklusive Bestimmungen zu Gewerkschaftssektionen enthält, gelten im Übrigen die *lex generalis*-Vorgaben für die Einheitsvertretungen weiter. Auch die teleologische Auslegung des Art. 87.1 Arbeitnehmerstatut wird als Argument für diese weite Interpretation herangezogen: Folge einer engen Wortlautauslegung mit der ausschließlichen Legitimation von Gewerkschaftssektionen wäre nämlich, dass nur der Abschluss außerstatutarischer Tarifverträge möglich bliebe, sofern keine Gewerkschaftssektionen

---

auf die frühere Rechtslage, nach der der Wortlaut des Art. 87.1 UAbs. 2 Arbeitnehmerstatut a.F. weit gefasst die Gewerkschaftsvertreter (*representaciones sindicales*) anfangs legitimierte. Wenn aber schon nach dem dortigen weiten Wortlaut die Gewerkschaften unmittelbar nicht anfangs legitimiert waren, dann sollten sie in einem Erst-Recht-Schluss unter der jetzigen Rechtslage mit ausdrücklicher Beschränkung auf Gewerkschaftssektionen (*secciones sindicales*) in Art. 87.1 UAbs. 4 Arbeitnehmerstatut nicht inbegriffen sein. Die Rechtsprechung ist aber uneinheitlich, sodass STS 1521/2000, 28.02.2000 entgegen dem erstgenannten Urteil eine unmittelbare Anfangslegitimation von Gewerkschaften annimmt.

393 Gárate Castro, in: Rodríguez-Piñero y Bravo-Ferrer/Valdés Dal-Ré, La reforma laboral de 2012 en materia de negociación colectiva, S. 107, 131; Molina Navarrete, Revista de Trabajo y Seguridad Social 2011, Nr. 340, 5, 69; siehe bereits zur alten Rechtslage vor Real Decreto-ley 7/2011 Nores Torres/Rodríguez Pastor, in: Pérez de los Cobos/Goerlich Peset, El régimen jurídico de la negociación colectiva en España, S. 111, 135–137 und Solans Latre, El ejercicio de la legitimación para negociar convenios colectivos, S. 52–55, die ebenfalls eine Anfangslegitimation der Einheitsvertretungen für Berufsgruppentarifverträge annehmen und diese u.a. in einem Erst-Recht-Schluss begründen. Wenn Einheitsvertretungen schon für die gesamte Belegschaft zu Tarifverhandlungen berechtigt sind, dann erst recht zu Tarifverhandlungen für bestimmte Berufsgruppen. Auch die Rechtsprechung nahm zur früheren Rechtslage an, dass Einheitsvertretungen anfangslegitimiert sind, vgl. STS 2823/1998, 04.05.1998, SAN 8186/1999, 16.04.1999; a.A. Olarte Encabo, Temas laborales 2013, Nr. 120, 483, 500, 501, die durch diese Auslegung ein Übergehen des Willens des Gesetzgebers andeutet.

vorhanden wären oder diese nicht die notwendigen Mehrheiten unterhielten.[394]

Soll der Anwendungsbereich des Berufsgruppentarifvertrags funktional über die Unternehmensebene hinausgehen, sind entsprechend den Anforderungen an Branchentarifverträge repräsentative Gewerkschaften und Arbeitgeberverbände anfangslegitimiert.[395]

(ee) Legitimation bei Unternehmensgruppen und verbundenen Unternehmen

Gem. Art. 87.1 UAbs. 3 Arbeitnehmerstatut gelten für die Vereinbarungen von Tarifverträgen für Unternehmensgruppen sowie für verbundene Unternehmen die Legitimationsvoraussetzungen zu Branchentarifverträgen in Art. 87.2 Arbeitnehmerstatut. Es kann daher auf die dortigen Ausführungen verwiesen werden.[396] Die Erörterung erfolgt dennoch innerhalb des Abschnitts zur Anfangslegitimation auf Unternehmensebene und den darunterliegenden Ebenen, da die Unternehmensgruppen und verbundenen Unternehmen innerhalb des Art. 87.1 Arbeitnehmerstatut systematisch dieser Ebene zugewiesen werden.

Gem. Art. 87.1 UAbs. 3 Arbeitnehmerstatut sind verbundene Unternehmen solche, die aus organisatorischen oder produktionstechnischen Gründen miteinander verknüpft und namentlich identifiziert sind. Der materielle Bezug auf die Produktion oder Organisation soll deutlich machen, dass z.B. Reinigungs- oder Sicherheitsunternehmen nicht dieser Definition unterfallen.[397] Der Begriff der Unternehmensgruppe wird sowohl nach der handels- als auch nach der arbeitsrechtlichen Definition bestimmt.[398] Nach der handelsrecht-

---

394 Gárate Castro, in: Rodríguez-Piñero y Bravo-Ferrer/Valdés Dal-Ré, La reforma laboral de 2012 en materia de negociación colectiva, S. 107, 131.

395 Sala Franco, Derecho sindical, S. 213; vgl. in Kapitel 1 B.III.2.b.bb(2).

396 Vgl. dazu in Kapitel 1 B.III.2.b.bb(2). Aufgrund dieses Verweises wird diese Legitimation auch oftmals als gekreuzte Legitimation („*legitimación cruzada*“) bezeichnet, vgl. Molina Navarrete, Revista de Trabajo y Seguridad Social 2011, Nr. 340, 5, 69. Nach Art. 87.4 Arbeitnehmerstatut legitimierte Verbände sind nicht zum Abschluss von Tarifverträgen für Unternehmensgruppen und verbundene Unternehmen legitimiert, vgl. STS 4130/2016, 06.07.2016.

397 Nieto Rojas, Trabajo y Derecho 2018, Nr. 37, 1, 4–5.

398 Del Rey Guanter, in: Ministerio de Empleo y Seguridad Social, Estructura de la negociación colectiva, S. 67, 76; Casas Baamonde, Derecho de relaciones laborales

lichen Definition in Art. 42.1 Handelsgesetzbuch *(Código de Comercio)*[399] liegt eine Unternehmensgruppe vor, wenn ein Unternehmen direkt oder indirekt die Kontrolle über ein oder mehrere andere Unternehmen ausübt oder ausüben kann. Eine Unternehmensgruppe im arbeitsrechtlichen Sinne wird nicht legaldefiniert. Die Rechtsprechung beurteilt anhand verschiedener Kriterien, ob eine Unternehmensgruppe vorliegt, z.B. bei einheitlicher Unternehmensführung und Organisation, einheitlichem Auftreten der Gruppe nach außen, Vermengung der Vermögenswerte und Finanzbewegungen untereinander, Aufgabenausführung von Arbeitnehmern eines Unternehmens für das andere und ggf. einer gesamtschuldnerischen Haftung.[400] Im Gegensatz zur Anfangslegitimation für einzelne Unternehmen und die Ebenen darunter besteht hier aufgrund der meist komplizierten Organisationsstrukturen der Unternehmen ein Gewerkschaftsmonopol,[401] Einheitsvertretungen sind nicht zu Verhandlungen berechtigt, Art. 87.1 UAbs. 3 Arbeitnehmerstatut.

Nach einer Literaturmeinung sollen zudem die Gewerkschaftssektionen anfangslegitimiert sein, sofern sie über das Unternehmen hinausgehend Arbeitnehmer repräsentieren, entsprechende Mehrheiten vereinen und die Gewerkschaftssatzung sie hierzu befähigt.[402] Diese Ansicht steht aber in Widerspruch zur bereits dargestellten Auslegung von Art. 87.1 UAbs. 1 Arbeitnehmerstatut. Nach Art. 87.2 Arbeitnehmerstatut sind allein Gewerkschaften anfangslegitimiert. Schließt man eine unmittelbare Verhandlung von Gewerkschaften auf und unter der Unternehmensebene aufgrund des Wortlauts von Art. 87.1 UAbs. 1 Arbeitnehmerstatut aus, müssen dieselben Auslegungsgrundsätze auch für Art. 87.1 UAbs. 3, 87.2 Arbeitnehmerstatut herangezogen werden. Bezieht sich der Wortlaut in Art. 87.1 UAbs. 3, 87.2 Arbeitnehmerstatut allein auf Gewerkschaften, kann keine Legitimation der Gewerkschaftssektionen mit dem Argument angenommen werden, dass ein Handeln durch Gewerkschaftssektionen oder durch die Gewerkschaften

---

2017, Nr. 5, 377, 389.

399 Real Decreto de 22 de agosto de 1885 por el que se publica el Código de Comercio (Gaceta de Madrid, n. 289, de 16.10.1885), zuletzt geändert durch Art. 35 Ley 11/2023, de 8 de mayo (BOE n. 110, de 09.05.2023).

400 STS 2601/2018, 20.06.2018; STS 5215/2015, 20.10.2015; STS 16455/1991, 31.01.1991.

401 Molina Navarrete, Revista de Trabajo y Seguridad Social 2011, Nr. 340, 5, 70.

402 Bodas Martín, in: Ministerio de Empleo y Seguridad Social, Legitimación Negocial, S. 83, 95, 96.

eine alleinige Frage der internen Gewerkschaftsorganisation sei.[403] Legt man den Wortlaut der Art. 87.1 UAbs. 3, 87.2 Arbeitnehmerstatut eng aus, müssen Gewerkschaftssektionen daher ausgeschlossen sein.

Art. 87.1 UAbs. 3 Arbeitnehmerstatut, eingeführt durch das Königliche Gesetzesdekret 7/2011, trägt den Neuerungen in den spanischen Unternehmensstrukturen Rechnung, da die Produktion im Sinne einer Dezentralisierung auf verschiedene Sparten verteilt oder an zumeist kleine oder mittlere Unternehmen ausgelagert wird und Arbeitnehmer durch diese Entwicklung keinen verschlechterten Arbeitsbedingungen ausgesetzt werden sollen.[404]

(b) Anfangslegitimation auf Arbeitgeberseite

Auf Arbeitgeberseite sind gem. Art. 87.3 lit. a, b Arbeitnehmerstatut der Arbeitgeber selbst oder seine Vertretung anfangslegitimiert, statutarische Tarifverträge auf Unternehmensebene und den darunterliegenden Ebenen zu vereinbaren. Möglich ist, dass der Arbeitgeber den Arbeitgeberverband, dem er angehört, über die zivilrechtlichen Grundsätze der Stellvertretung bevollmächtigt, in seinem Namen den Tarifvertrag auszuhandeln. Handelt der Arbeitgeber dagegen selbst und beschränkt der Arbeitgeberverband ihn in seinem Tun – z.B. indem er ihm gegenüber Tarifverhandlungen auf Unternehmensebene verbietet – hat das aber keine Auswirkungen im Außenverhältnis, sondern lediglich im Innenverhältnis zwischen Arbeitgeber und Arbeitgeberverband.[405]

(2) Über der Unternehmensebene

Die Anfangslegitimation für Tarifverträge über der Unternehmensebene, wie z.B. Branchen- oder Flächentarifverträge, orientiert sich an der Repräsentativität der Gewerkschaften und Arbeitgeberverbände, Art. 87.1 UAbs. 3, Art. 87.2–4 Arbeitnehmerstatut.

---

403 Vgl. in Kapitel 1 B.I.3.a.aa(1)(b)(aa).

404 Real Decreto-ley 7/2011, de 10 de junio, de medidas urgentes para la reforma de la negociación colectiva (BOE n. 139, de 11.06.2011), Punkte IV und V; vgl. auch die ausführlichen Erläuterungen von Nieto Rojas, Trabajo y Derecho 2018, Nr. 37, 1 ff.

405 Sala Franco, Derecho sindical, S. 211.

(a) Legitimation auf Arbeitnehmerseite

(aa) Gewerkschaftsmonopol über der Unternehmensebene

Über der Unternehmensebene sind gem. Art. 87.2 Arbeitnehmerstatut auf Arbeitnehmerseite ausschließlich repräsentative gewerkschaftliche Vertretungen anfangslegitimiert (*exclusividad sindical*). Die Rechtsprechung begründet diese von der Betriebs- und Unternehmensebene abweichende Anfangslegitimation mit der normativen und Erga-Omnes-Wirkung, die über das Unternehmen hinausgeht[406]: Aufgrund des verschiedenen Umfangs der Tarifgebundenheit bei Unternehmens- und Betriebstarifverträgen einerseits und Tarifverträgen über der Unternehmensebene andererseits sei es gerechtfertigt, bei letzteren ein Gewerkschaftsmonopol zu normieren, insbesondere unter Berücksichtigung der Gesamtrepräsentationsfunktion von Gewerkschaften. Die historische Entwicklung habe dazu geführt, dass die Legitimation eng mit institutionell organisierten Interessen verknüpft sei. Entsprechend ihrer Funktionen beschränke sich die Legitimation der Einheitsvertretungen auf das Unternehmen bzw. den Betrieb, während sich die der Gewerkschaften als generelle Interessenvertreter der Arbeitnehmer auf alle Ebenen beziehe.

(bb) Repräsentativste Gewerkschaften auf gesamtstaatlicher Ebene

Gem. Art. 87.2 lit. a Arbeitnehmerstatut, Art. 6.2 lit. a Organgesetz über die Gewerkschaftsfreiheit sind diejenigen Gewerkschaften auf gesamtstaatlicher Ebene repräsentativ, die 10 % oder mehr der Gesamtzahl der Personaldelegierten, der Betriebskomitees und der entsprechenden Organe im Öffentlichen Dienst in dem betreffenden Bereich vertreten (*sindicato más representativo a nivel estatal*). Bei der Berechnung des Mindestprozentsatzes werden nur solche Mitglieder der Einheitsvertretungen zu dem Mindestergebnis gezählt, die auch im Wahlverfahren als Kandidaten der Gewerkschaft aufgestellt wurden. Unabhängige Kandidaten, die nach ihrer Wahl der Gewerkschaft beitreten, können dem Mindestergebnis nicht hinzugerechnet werden.[407] Weiter muss die einzelne Gewerkschaft das genannte Mindestergebnis individuell erreichen. Durch einen Zusammenschluss mehrerer Gewerkschaften, die erst

---

[406] STC 37/1983, 11.05.1983; STC 4/1983, 28.01.1983; STS 6187/2013, 22.10.2013; STS 1180/2010, 09.02.2010.

[407] STS 6244/1997, 21.10.1997; STS 6590/1994, 17.10.1994.

gemeinsam mindestens 10 % erreichen, wird das Erfordernis der Anfangslegitimation nicht erfüllt.[408]

Nach dem Wortlaut von Art. 6.3 Organgesetz über die Gewerkschaftsfreiheit sind die auf gesamtstaatlicher Ebene repräsentativen Gewerkschaften auf allen territorialen und funktionalen Ebenen berechtigt, Arbeitnehmerinteressen institutionell gegenüber dem Staat zu vertreten (lit. a) und Tarifverhandlungen über statutarische Tarifverträge zu führen (lit. b).

Aktuell sind die *Unión General de Trabajadores* und die *Comisiones Obreras* die repräsentativsten Gewerkschaften auf gesamtstaatlicher Ebene.[409] 2015 vereinten sie 69 %[410] und 2018 68,6 %[411] der Mitglieder in Einheitsvertretungen auf sich.

(cc) Repräsentativste Gewerkschaften auf Ebene der Autonomen Gemeinschaften

Auf Ebene der Autonomen Gemeinschaften sind diejenigen Gewerkschaften am repräsentativsten, die mindestens 15 % der Personaldelegierten, der Betriebskomitees und der entsprechenden Organe im Öffentlichen Dienst vertreten, sofern sie eine Mindestanzahl von 1.500 Vertretern erreichen und nicht mit Gewerkschaftsorganisationen auf gesamtstaatlicher Ebene verbunden sind, Art. 87.2 lit. b Arbeitnehmerstatut, Art. 7.1 lit. a Organgesetz über die Gewerkschaftsfreiheit (*sindicato más representativo a nivel de Comunidad Autónoma*). Diese repräsentativen Gewerkschaften auf Ebene der Autonomen Gemeinschaften sind gem. Art. 87.4 Arbeitnehmerstatut, Art. 7.1 Organgesetz über die Gewerkschaftsfreiheit zum Abschluss statutarischer Tarifverträge auf gesamtstaatlicher Ebene legitimiert.

ELA-STV (*Sindicato Solidaridad de Trabajadores Vascos*, 40,2 %) und LAB (*Languile Abertzaleen Batzordeak*, 19 %) im Baskenland und CIG (*Confederación Intersindical Gallega*, 28 %) in Galizien erfüllen aktuell die Voraussetzungen

---

408 Solans Latre, El ejercicio de la legitimación para negociar convenios colectivos, S. 158, 163, 164.

409 Vgl. Sala Franco, Derecho sindical, S. 208; Alfonso Mellado, in: Goerlich Peset, Derecho del trabajo, S. 601; Lahera Forteza, Manual de negociación colectiva, S. 48; Baylos Grau, Sindicalismo y derecho sindical, S. 37.

410 Alfonso Mellado, in: Goerlich Peset, Derecho del trabajo, S. 601; Jódar/Alós/Beneyto/Vidal, Cuadernos de relaciones laborales 2018, Bd. 36 Nr. 1, 15, 19.

411 Baylos Grau, Sindicalismo y derecho sindical, S. 37.

der repräsentativsten Gewerkschaften auf Ebene der Autonomen Gemeinschaften.[412] Da in Navarra sowohl ELA-STV mit 22,7 % als auch LAB mit 15,2 % ebenfalls die Prozentmarke erfüllten, aber keine 1.500 Vertreter vereinten, sind sie dort aber keine repräsentativen Gewerkschaften.[413]

(dd) Repräsentativste Gewerkschaften durch Ausstrahlungswirkung

Eine Gewerkschaft, die isoliert nicht die Voraussetzungen einer repräsentativen Gewerkschaft erfüllt, kann gem. Art. 87.2 lit. a, b Arbeitnehmerstatut, Art. 6.2 lit. b, 7.1 lit. b Organgesetz über die Gewerkschaftsfreiheit repräsentativ werden, indem sie einer bereits repräsentativen Gewerkschaft beitritt, sich mit ihr verbündet oder angliedert (*sindicato más representativo por irradiación*). Das gilt nach Art. 87.2 lit. a Arbeitnehmerstatut sowohl für repräsentative Gewerkschaften auf gesamtstaatlicher Ebene als auch nach littera b auf Ebene der Autonomen Gemeinschaften. Der Anschluss kleiner Gewerkschaften an die repräsentativen Verbände soll zu einer Stärkung der großen Verbände, die branchenübergreifend die Vertretung der allgemeinen Arbeitnehmerinteressen sicherstellen, beitragen und eine Dezentralisierung oder Aufsplitterung in kleine Gewerkschaften vermeiden.[414] Ein Zusammenschluss mehrerer kleiner Gewerkschaften, die dann gemeinsam ein aufaddiertes Ergebnis von mindestens 10 % erreichen, ist nach Ansicht des Verfassungsgerichts aber nicht möglich, da für die Repräsentativität kraft Ausstrahlungswirkung stets die Angliederung an eine bereits repräsentative Gewerkschaft erforderlich ist.[415]

Der konkrete Wirkungsbereich der angegliederten Gewerkschaft ist eigenständig und unabhängig von dem der repräsentativen Gewerkschaft, sodass der angegliederte Verband als repräsentativ für den Bereich gilt, den er vertritt.[416] Er kann aber nicht Tarifverträge für den Bereich abschließen, für den der Hauptverband, dem er sich angliedert, legitimiert ist.

---

412 Stand: 01.01.2018, Baylos Grau, Sindicalismo y derecho sindical, S. 38.

413 Stand: 01.01.2018, Baylos Grau, Sindicalismo y derecho sindical, S. 38.

414 STC 98/1985, 29.07.1985.

415 STC 57/1989, 16.03.1989.

416 Art. 87.2 lit. b Arbeitnehmerstatut: in ihren entsprechenden Bereichen („*en sus respectivos ámbitos*"); STC 98/1985, 29.07.1985; Borrajo Dacruz, Introducción al derecho del trabajo, S. 229.

(ee) Einfache repräsentative Gewerkschaften

Auch Gewerkschaften, die in einem konkreten, funktionalen und geografisch abgegrenzten Bereich mindestens 10 % der Mitglieder in Einheitsvertretungen vertreten (*sindicato simplemente representativo, relativamente representativo* oder *suficientemente representativo*), sind gem. Art. 87.2 lit. c Arbeitnehmerstatut, Art. 7.2 Organgesetz über die Gewerkschaftsfreiheit repräsentativ. Für den Bereich der Öffentlichen Verwaltung ist beispielsweise die *Central Sindical Independiente y de Funcionarios* eine einfach repräsentative Gewerkschaft.[417] Für den Bereich des professionellen Fußballs ist die Gewerkschaft *Asociación de Futbolistas Españoles* repräsentativ.[418]

(ff) Die tatsächliche Verankerung als nicht ausreichendes Kriterium der Repräsentativität

Die frühere Rechtsprechung hatte neben den genannten Kriterien die Figur der Repräsentativität kraft Implementierung *(representatividad por implantación)* entwickelt, nach der eine Gewerkschaft ebenfalls in einem konkreten, abgegrenzten Bereich repräsentativ war, wenn sie in jenem nach ihrer tatsächlichen Mitgliederzahl über eine ausreichende Präsenz und Verankerung verfügte.[419] Begründet wurde dies damit, dass die Gewerkschaften gem. Art. 7, 28.1 Spanische Verfassung zu Tarifverhandlungen im Rahmen ihrer Gesamtrepräsentationsfunktion befugt seien, wenn sie in dem betreffenden Bereich die erforderliche Präsenz aufwiesen. Es müsse eine ausreichend verankerte Verbindung zwischen dem Bereich, der durch den Tarifvertrag erfasst werden sollte, und der Gewerkschaft bestehen. Zweck der Repräsentativität sei daher stets eine tatsächliche Verankerung der Gewerkschaft in dem Bereich.[420] Sei eine Gewerkschaft repräsentativ i.S.d. Arbeitnehmerstatuts, liege eine ausreichende Verankerung vor. Umgekehrt aber erfülle nicht jede Gewerkschaft mit ausreichender Verankerung die Erfordernisse der Repräsentativität.[421] Wenn die Repräsentativität mithilfe des gesetzlich festgelegten Kriteriums der Wahlen zu den Einheitsvertretungen nicht überprüft werden könne, könne die Überprüfung auch in einer Form erfolgen, die den Zweck

---

[417] www.csif.es/es/articulo/nacional/general/38700 (zuletzt abgerufen am 01.03.2026).
[418] SAN 4019/2023, 25.07.2023.
[419] STC 37/1983, 11.05.1983; STC 70/1982, 29.11.1982; STS 12153/1986, 16.01.1986.
[420] STC 37/1983, 11.05.1983; STC 70/1982, 29.11.1982.
[421] STC 37/1983, 11.05.1983.

einer die tatsächlichen Mehrheitsverhältnisse widerspiegelnden Vertretung gewährleiste.[422] Da, mit Vorliegen einer ausreichenden Verankerung, der Telos der Repräsentativität unabhängig von der Nachweismethode erfüllt sei, stelle es eine Verletzung der Gewerkschaftsfreiheit gem. Art. 28.1 Spanische Verfassung dar, wenn eine verankerte Gewerkschaft von Verhandlungen ausgeschlossen werde.[423]

Nach Verabschiedung des Organgesetzes über die Gewerkschaftsfreiheit 1985 war die Rechtsprechung des Verfassungsgerichts überholt. 1999 lehnte das *Tribunal Supremo* eine Repräsentativität kraft Implementierung ab.[424] Obwohl der dort streitgegenständliche Verband 95 % der betroffenen Arbeitnehmer vertrat, wurde er nicht als repräsentativ eingestuft, da im Vorfeld keine Wahlen zu den Einheitsvertretungen stattgefunden hatten, die eine ausreichende Repräsentativität belegten. Weil diese aber das im Arbeitnehmerstatut festgelegte Kriterium seien und es sich um zwingendes Gesetzesrecht handele, könne die Repräsentativität nicht mittels anderer Kriterien ermittelt und durch diese ersetzt werden.

Den nicht-repräsentativen Gewerkschaften mit hoher Verankerung bleibt daher nur die Möglichkeit, beschränkt für ihre Mitglieder Tarifverhandlungen zu führen und außerstatutarische Tarifverträge zu vereinbaren. Die Gewerkschaft *Confederación Nacional del Trabajo* beispielsweise verweist in ihrem Internetauftritt darauf, die Wahlen zu den Einheitsvertretungen als anarchosyndikalistische Gewerkschaft zu boykottieren.[425] Ihre Befugnisse erhält die Gewerkschaft unmittelbar durch Vertretung ihrer Mitglieder, deren Interessen sie dann bündelt und vertritt.[426]

(b) Legitimation auf Arbeitgeberseite

(aa) Repräsentative Arbeitgeberverbände auf gesamtstaatlicher Ebene und Ebene der Autonomen Gemeinschaften

Auf Arbeitgeberseite sind gem. Art. 87.3 UAbs. 1 lit. c Alt. 1 Arbeitnehmerstatut diejenigen Arbeitgeberverbände zum Abschluss von Tarifverträgen über der Unternehmensebene befugt, die innerhalb des geografischen und

---

422 STS 12153/1986, 16.01.1986.

423 STC 37/1983, 11.05.1983.

424 STS 3930/1999, 04.06.1999.

425 www.cnt.es/que-es-cnt/#elecciones (zuletzt abgerufen am 01.03.2026).

426 www.cnt.es/que-es-cnt/#representativo (zuletzt abgerufen am 01.03.2026).

funktionalen Anwendungsbereichs des Tarifvertrags 10 % der Arbeitgeber vertreten, sofern diese Arbeitgeber wiederum mindestens 10 % der tarifvertraglich erfassten Arbeitnehmer beschäftigen. Auch Arbeitgeberverbände, die in dem entsprechenden tariflichen Anwendungsbereich unabhängig von der Anzahl der vertretenen Arbeitgeber 15 % der beschäftigten Arbeitnehmer erfassen, sind gem. Art. 87.3 UAbs. 1 lit. c Alt. 2 Arbeitnehmerstatut anfangslegitimiert. Mit diesen gesetzlichen Regelungen werden einerseits solche Verbände berücksichtigt, deren Mitglieder einzelne Unternehmen mit einer großen Belegschaftsgröße sind, andererseits auch Verbände, deren Mitglieder viele kleine oder mittlere Unternehmen mit einer kleinen Belegschaftsgröße sind.[427]

Existiert kein Arbeitgeberverband, der die genannten Voraussetzungen erfüllt, ist ein Arbeitgeberverband auf gesamtstaatlicher Ebene legitimiert, wenn auf gesamtstaatlicher Ebene 10 % der betreffenden Arbeitgeber vertreten oder 10 % der betreffenden Arbeitnehmer beschäftigt werden, Art. 87.3 lit. c UAbs. 2 Alt. 1 Arbeitnehmerstatut. Auf Ebene der Autonomen Gemeinschaften sind entsprechend je 15 % erforderlich, Art. 87.3 lit. c UAbs. 2 Alt. 2 Arbeitnehmerstatut.

Arbeitgeberverbände der Autonomen Gemeinschaften sind ausnahmsweise zum Abschluss von gesamtstaatlich geltenden Tarifverträgen legitimiert, wenn sie in einer Autonomen Gemeinschaft mindestens 15 % der betroffenen Unternehmen und Arbeitnehmer erfassen und nicht mit Arbeitgeberverbänden auf gesamtstaatlicher Ebene verbunden sind, Art. 87.4 Arbeitnehmerstatut i.V.m. disposición adicional 6.

Der Arbeitgeberverband *Confederación Española de Organizaciones Empresariales*[428] und die in sie eingegliederte *Confederación Española de la Pequeña y Mediana Empresa*[429] sind als repräsentative Verbände für den Abschluss von Tarifverträgen über der Unternehmensebene anfangslegitimiert.

---

[427] STS 659/1993, 15.02.1993; Roqueta Buj, Revista española de derecho del trabajo 2020, Nr. 229, 43, 49.

[428] www.ceoe.es/es/conocenos/la-confederacion/que-hacemos (zuletzt abgerufen am 01.03.2026); Roqueta Buj, Revista española de derecho del trabajo 2020, Nr. 229, 43, 46.

[429] https://cepyme.es/quienes-somos/ (zuletzt abgerufen am 01.03.2026); Roqueta Buj, Revista española de derecho del trabajo 2020, Nr. 229, 43, 46.

Repräsentative Arbeitgeberverbände der Autonomen Gemeinschaften gibt es derzeit nicht.[430]

(bb) Problematik um die Nachweisbarkeit der Repräsentativität von Arbeitgeberverbänden

Die Repräsentativität von Arbeitgeberverbänden kann in der Praxis schwer nachgewiesen werden, da keine nachprüfbaren, öffentlichen Aufzeichnungen oder Archive zur Anzahl der vom Tarifvertrag betroffenen Arbeitgeber und Arbeitnehmer existieren.[431] Die Rechtsprechung löst dieses Problem, indem sie widerleglich vermutet, dass der Arbeitgeberverband das erforderliche Quorum aufweist, wenn er als Verhandlungspartner von der verhandelnden Arbeitnehmervertretung anerkannt wurde. Möchte eine Partei diese Vermutung widerlegen, hat sie, nicht der betroffene Arbeitgeberverband, nach Ansicht der Rechtsprechung das Nichtvorliegen des Quorums zu beweisen.[432]

Gegen diese Rechtsprechung wird argumentiert, dass die widerlegliche Vermutung in keiner Weise im Gesetzeswortlaut angelegt sei.[433] Auch wenn kein strenger Beweis notwendig sei und eine hinreichende Überzeugung (*convicción suficiente*) der fehlenden Arbeitgeber-Repräsentativität ausreichen solle,[434] könne eine Gewerkschaft diesen Beweis in der Praxis nur sehr schwer erbringen, sodass die widerlegliche Vermutung faktisch zu der Fiktion einer ausreichenden Legitimation von Arbeitgeberverbänden führe.[435] Im Sinne der Transparenz wäre ein Register, das die relevanten Daten, insbesondere

---

430 Roqueta Buj, Revista española de derecho del trabajo 2020, Nr. 229, 43, 64.

431 Roqueta Buj, Revista española de derecho del trabajo 2020, Nr. 229, 43, 58–59; Lahera Forteza, Derecho de relaciones laborales 2019, Nr. 10, 964, 967, 968; Cruz Villalón, Derecho de relaciones laborales 2019, Nr. 2, 147, 155; Cruz Villalón, Anuario de la Facultad de Derecho de la Universidad Autónoma de Madrid 2004, Nr. 8, 137, 171, 172.

432 STS 4323/2019, 20.12.2019; STS 3297/2018, 19.07.2018; STS 739/2018, 07.02.2018; STS 5740/2014, 25.11.2014; STS 7765/2010, 29.11.2010; STS 8230/2009, 03.12.2009; STS 4145/2006, 20.06.2006; STS 9464/2002, 21.03.2002; STS 387/2001, 25.01.2001; vgl. bereits in Kapitel 1 B.III.2.a.aa.

433 Lahera Forteza, Relaciones laborales 2005, Nr. 1, 673, 677.

434 Lahera Forteza, Relaciones laborales 2005, Nr. 1, 673, 677.

435 Vgl. Lahera Forteza, La reforma de la negociación colectiva, S. 52, 53; Lahera Forteza, Derecho de relaciones laborales 2019, Nr. 10, 964, 968; Cruz Villalón, Derecho de relaciones laborales 2019, Nr. 2, 147, 156; kritisch auch Moll Noguera, in: Roqueta Buj, Reforma y contrarreforma: nuevos retos del derecho del trabajo, S. 231, 240–242.

zu Arbeitgebern, aufliste, sachdienlich, um die Legitimationsvorschriften rechtssicher anzuwenden und deren Erfüllung nachzuprüfen.[436] Die derzeitige Regelung jedenfalls weise erhebliche Demokratiedefizite auf, da sie zwar einerseits einen Stillstand von Tarifverhandlungen aufgrund von Anzweiflungen der Legitimation auf Arbeitgeberseite verhindere, andererseits aber eine fehlende Legitimation der Arbeitgeberseite aufgrund der Beweislastregelungen nicht aufgedeckt werden könne.[437] Im Übrigen seien die verhandelnden Gewerkschaften in der Praxis gar nicht daran interessiert, die Legitimation des Arbeitgeberverbandes anzuzweifeln, da sie meist die Verhandlungen weiterführen und keine Regelungslücken für die Arbeitnehmer riskieren möchten.[438] Das betreffe insbesondere die Situation, in der lediglich ein Arbeitgeberverband in dem betreffenden Bereich existiere, der für sich in Anspruch nehme, repräsentativ zu sein.[439]

Zwar kann auch die Arbeitsbehörde gem. Art. 90.5 Arbeitnehmerstatut, Art. 163, 164 Gesetz über die Sozialgerichtsbarkeit[440] eine fehlende Repräsentativität gerichtlich rügen, woraufhin der Arbeitgeberverband Auskünfte erteilen muss. Da diese Auskünfte nicht auf ihre Richtigkeit und Vollständigkeit hin überprüft werden können, löst auch dieser Anspruch die dargestellte Problematik nicht.[441] Die rechtstechnische Konstruktion, Arbeitgeberverbände zur Ausübung privater Rechtsetzung insbesondere für Nicht- und Andersorganisierte zu ermächtigen, hat aus diesen Gründen Legitimationslücken.

(cc) Beispiel zur Vermutung der Repräsentativität und dem Nachweis einer ausreichenden Legitimation auf Arbeitgeberseite

Am 07.11.2017 schlossen der Arbeitgeberverband für die Metallindustrie FEMCA und die Gewerkschaften UGT und CC.OO. einen statutarischen Tarifvertrag für kleine und mittlere Unternehmen der Metallindustrie in

436 So auch Lahera Forteza, Derecho de relaciones laborales 2019, Nr. 10, 964, 973, 974.

437 Duque González, Derecho de relaciones laborales 2020, Nr. 3, 252, 263, 264.

438 Cruz Villalón, Derecho de relaciones laborales 2019, Nr. 2, 147, 155.

439 Cruz Villalón, Derecho de relaciones laborales 2019, Nr. 2, 147, 155.

440 Ley 36/2011, de 10 de octubre, reguladora de la jurisdicción social (BOE n. 245, de 11.10.2011), zuletzt geändert durch Art. 104 Real Decreto-ley 6/2023, de 19 de diciembre (BOE n. 303, de 20.12.2023).

441 Lahera Forteza, Derecho de relaciones laborales 2019, Nr. 10, 964, 968.

der Provinz Cádiz für die Jahre 2017 bis 2020.[442] Die Arbeitgeberverbände ASORECA und ACOAUTO, welche den Bereich der Reparatur und des Handels mit Kraftfahrzeugen und Motorrädern in der Provinz Cádiz umfassten, gingen gegen diesen Tarifvertrag vor, weil FEMCA ihrer Ansicht nach nicht über eine ausreichende Repräsentativität verfügte und sie selbst Teil der Verhandlungskommission hätten sein sollen.

FEMCA war von seinen Verhandlungspartnern UGT und CC.OO. als repräsentativ anerkannt worden und verhandelte Tarifverträge seit mindestens 1980. Es bestand damit die Vermutung der Repräsentativität, welche ASORECA und ACOAUTO nicht widerlegen konnten. ACOAUTO und ASORECA konnten auch ihre eigene Repräsentativität nicht darlegen und beweisen: Beide Arbeitgeberverbände legten selbst erstellte Nachweise vor und belegten ihre Mitgliederzahlen mit Steuerzahlungen der Unternehmen, welchen das Gericht allerdings geringe Beweiskraft zum Nachweis der Repräsentativität beimaß. Nachgewiesen konnten auf Seiten von ACOAUTO 304 Unternehmen im Juli 2020 mit ca. 2.000 beschäftigten Arbeitnehmern, was aber lediglich 9,8 % der betroffenen Unternehmen und 6,2 % der betroffenen Arbeitnehmer ausmachte. ASORECA repräsentierte mit 19 Unternehmen und mehr als 1.500 beschäftigten Arbeitnehmern 0,6 % der Arbeitgeber und 4,7 % der Arbeitnehmer. Beide erreichten damit die Erfordernisse der Anfangslegitimation nicht.

(3) *Zwischenfazit*

Das Arbeitnehmerstatut und das Organgesetz über die Gewerkschaftsfreiheit legen differenzierte Regelungen zur Anfangslegitimation der Tarifvertragsparteien fest und differenzieren dabei je nach konkreter Unternehmensstruktur und Ebene, auf der der Tarifvertrag vereinbart wird, sowie nach Akteur, der an den Tarifverhandlungen beteiligt ist. Zur Anfangslegitimation der Arbeitgeber und der Einheitsvertretungen auf und unter der Unternehmensebene enthält das Arbeitnehmerstatut wenige Normen, da jene naturgemäß berechtigt sind, die Arbeitnehmer- bzw. Arbeitgeberinteressen in diesem Bereich zu vertreten. Gewerkschaftssektionen sind anfangslegitimiert, wenn sie den repräsentativsten Gewerkschaften angehören oder in den entsprechenden Einheitsvertretungen vertreten sind.

---

442 Beispiel angelehnt an STS 4323/2019, 20.12.2019.

Über der Unternehmensebene besteht ein Gewerkschaftsmonopol. Die Anfangslegitimation richtet sich nach dem Kriterium der Repräsentativität. Gewerkschaften sind auf gesamtstaatlicher Ebene repräsentativ, wenn sie 10 % oder mehr der Gesamtzahl der Personaldelegierten, der Betriebskomitees und der entsprechenden Organe im Öffentlichen Dienst in dem betreffenden Bereich vertreten. Auf Ebene der Autonomen Gemeinschaften sind sie repräsentativ, wenn sie mindestens 15 % der Personaldelegierten, der Betriebskomitees und der entsprechenden Organe im Öffentlichen Dienst vertreten, sofern sie eine Mindestanzahl von 1.500 Vertretern erreichen. Einfache Repräsentativität erreichend die Gewerkschaften, sofern sie in einem konkreten, funktionalen und geografisch abgegrenzten Bereich mindestens 10 % der Mitglieder in Einheitsvertretungen vertreten. Durch Beitritt, Verbünden oder Angliedern an eine bereits repräsentative Gewerkschaft kann eine Gewerkschaft ebenfalls repräsentativ werden.

Auf Arbeitgeberseite müssen Arbeitgeberverbände als Doppelvoraussetzung innerhalb des geografischen und funktionalen Anwendungsbereichs des Tarifvertrags 10 % der Arbeitgeber vertreten, sofern diese Arbeitgeber wiederum mindestens 10 % der tarifvertraglich erfassten Arbeitnehmer beschäftigen. Alternativ ist ausreichend, wenn die Arbeitgeberverbände in dem entsprechenden tariflichen Anwendungsbereich mindestens 15 % der beschäftigten Arbeitnehmer erfassen. Existiert kein Arbeitgeberverband, der die Voraussetzungen erfüllt, ist ausreichend, wenn alternativ auf gesamtstaatlicher Ebene 10 % der betreffenden Arbeitgeber vertreten oder 10 % der betreffenden Arbeitnehmer beschäftigt werden. Auf Ebene der Autonomen Gemeinschaften sind hier entsprechend 15 % erforderlich. Arbeitgeberverbände der Autonomen Gemeinschaften sind ausnahmsweise zum Abschluss von gesamtstaatlich geltenden Tarifverträgen legitimiert, wenn sie in einer Autonomen Gemeinschaft mindestens 15 % der betroffenen Unternehmen und Arbeitnehmer erfassen.

Einige Normen zur Anfangslegitimation enthalten einen sehr weiten oder lückenhaften Wortlaut, sodass eine Auslegung durch Literatur und Rechtsprechung notwendig wird. Beispielhaft kann hier nochmals Art. 87.1 UAbs. 4 Arbeitnehmerstatut genannt werden, nach dem die Einheitsvertretungen über eine systematische Auslegung der Vorschrift auch bei Berufsgruppentarifverträgen anfangslegitimiert sein sollen. Auch bei Art. 8.2 lit. b Organgesetz über die Gewerkschaftsfreiheit ist eine Auslegung notwendig, um zu ermitteln, bei welcher Mindestanzahl von Mitgliedern eine Gewerkschaftssektion in den Einheitsvertretungen vertreten ist. Trotz der vielen gesetzlichen Regelungen führt der weite, teils lückenhafte Wortlaut der Normen zu Rechtsunsicherheiten. Außerdem ergeben sich Legitimationslücken, wenn eine ausreichende Legitimation des Arbeitgeberverbands für Tarifverhandlungen über der Unternehmensebene widerleglich vermutet wird, sofern der Verband als Verhandlungspartner von der verhandelnden Arbeitnehmervertretung anerkannt wurde. Inwieweit die Rechtsunsicherheiten und die Legitimationslücken die Erga-Omnes-Wirkung beeinflussen, wird im Folgenden zu analysieren sein.

cc. Volle Legitimation

Die volle Legitimation gem. Art. 88 Arbeitnehmerstatut beschreibt die rechtmäßige Zusammensetzung der Verhandlungskommission, in der über das Zustandekommen eines statutarischen Tarifvertrags verhandelt wird.[443]

(1) Unternehmensebene sowie die darunter liegenden Ebenen

(a) Legitimation auf Arbeitnehmerseite

(aa) Die volle Legitimation der Einheitsvertretungen

Betrifft der Tarifvertrag die Unternehmensebene oder Ebenen darunter, wählen auf Arbeitnehmerseite die Einheitsvertretungen diejenigen Mitglieder, die Teil der Verhandlungskommission werden sollen, unter Beachtung der Proportionalität aus, Art. 88.1 Arbeitnehmerstatut. Weitere Anforderungen normiert das Arbeitnehmerstatut nicht, da die Einheitsvertretungen naturgemäß über eine ausreichende Verankerung im Betrieb bzw. Unternehmen verfügen. Die weitergehenden Anforderungen des Art. 88.2 Arbeitnehmerstatut finden lediglich für Gewerkschaften und Arbeitgeberverbände Anwendung.[444]

Ein Beispiel für die Erfüllung der Legitimationsebenen im Rahmen eines Unternehmenstarifvertrags stellen die Verhandlungen zwischen Norteña de Bebidas Gaseoas Norbega S.L., einem spanischen Getränkehersteller, und den

---

443 Vgl. zur Definition bereits in Kapitel 1 B.III.2.b.aa(2).

444 García-Perrote Escartín, Manual de derecho del trabajo, S. 949; De Nieves Nieto, Trabajo y Derecho 2015, Nr. 4, 1, 5–6.

Einheitsvertretungen dar.[445] Das Unternehmen hatte sechs Betriebe, wobei vier der Betriebe durch je einen Personaldelegierten der Gewerkschaft UGT, ein Betrieb durch einen Personaldelegierten der Gewerkschaft USO und ein Betrieb durch ein Betriebskomitee repräsentiert wurden. Das Betriebskomitee bestand aus 13 Mitgliedern, davon acht von ELA-STV, vier von UGT und ein Mitglied von LAB. Die Personaldelegierten und das Betriebskomitee sind kraft Natur der Sache anfangslegitimiert. Bei der Zusammensetzung der Verhandlungskommission aus insgesamt 13 Mitgliedern je Seite waren die fünf Personaldelegierten zwingend einzubeziehen, da sie die fünf Betriebe repräsentierten. Für den Betrieb mit dem Betriebskomitee erfolgte die Auswahl derjenigen, welche Mitglieder der Verhandlungskommission werden sollten, entsprechend der Proportionalität. ELA-STV hatte 8/13 der Sitze im Betriebskomitee, erhielt damit auch 8/13 der acht übrigen Sitze in der Verhandlungskommission, mithin 4,92, aufgerundet fünf. UGT hatte 4/13 der Sitze im Betriebskomitee, was entsprechend heruntergerechnet auf die Sitze in der Verhandlungskommission 2,46, also zwei entsprach. LAB hatte 1/13 der Sitze im Betriebskomitee und erhielt in der Verhandlungskommission 0,62, aufgerundet einen Sitz. Zusammengefasst bestand die Verhandlungskommission aus fünf Mitgliedern von ELA-STV, sechs Mitgliedern von UGT sowie je einem Mitglied von LAB und USO.

(bb) Die volle Legitimation der Gewerkschaftssektionen

(aaa) Die Erfordernisse der vollen Legitimation bei Gewerkschaftssektionen

Um voll legitimiert zu handeln, müssen die Gewerkschaftssektionen gem. Art. 87.1 UAbs. 1 Arbeitnehmerstatut die Mehrheit der Mitglieder in den Einheitsvertretungen repräsentieren.[446] Der Gesetzeswortlaut lässt insoweit offen, ob die einfache oder die absolute Mehrheit erforderlich ist. Zwar spricht der Gesetzeswortlaut in Art. 88.2 UAbs. 1 Arbeitnehmerstatut ausdrücklich vom

---

445 Beispiel angelehnt an STS 3712/2024, 25.06.2024.

446 Auch wenn die Regelung des Art. 87.1 UAbs. 1 Arbeitnehmerstatut systematisch unter den Vorgaben zur Anfangslegitimation verortet ist, so ist sie doch inhaltlich wegen ihren Vorgaben zur Verhandlungskommission der vollen Legitimation zuzuordnen, vgl. STS 33/1993, 18.01.1993; Gárate Castro, in: Rodríguez-Piñero y Bravo-Ferrer/ Valdés Dal-Ré, La reforma laboral de 2012 en materia de negociación colectiva, S. 107, 120; Sicre Gilabert, La negociación colectiva, S. 20.

Erfordernis einer absoluten Mehrheit, sodass im Umkehrschluss bei Fehlen einer solch ausdrücklichen Regelung für Art. 87.1 UAbs. 1 Arbeitnehmerstatut auf das Erfordernis einer einfachen Mehrheit geschlossen werden könnte.[447] Teleologisch müssen die Legitimationserfordernisse aber in einer lückenlosen rechtstechnischen Konstruktion der Erga-Omnes-Wirkung sicherstellen, dass die Mehrheit der vertretenen Arbeitnehmer repräsentiert ist, sodass eine absolute Mehrheit diesem Zweck mehr entspricht.[448] Angesichts des offenen Wortlauts und der teleologischen Argumente wird innerhalb des Art. 87.1 UAbs. 1 Arbeitnehmerstatut daher eine absolute Mehrheit gefordert.[449] Es besteht die Möglichkeit, dass die Verhandlungskommission nicht nur aus einer, sondern aus mehreren Gewerkschaftssektionen, deren Gewerkschaften ein Wahlergebnis von jeweils mindestens 5 % erreicht haben, proportional zu ihren Wahlergebnissen zusammengesetzt wird.[450]

Handelt es sich um ein Unternehmen mit mehreren Betrieben, die jeweils eigene Einheitsvertretungen gebildet haben, ist das Mehrheitserfordernis erfüllt, wenn die Sektionen in der festgelegten Verhandlungseinheit die Mitglieder der Einheitsvertretungen insgesamt mehrheitlich vertreten, eine Mehrheit in jeder einzelnen der Einheitsvertretungen wird nicht gefordert.[451] Im Unterschied zur Anfangs- und vollen Legitimation der Einheitsvertretungen wird für die Legitimation der Sektionen keine Verankerung in jedem einzelnen Betrieb gefordert. Diese Auslegung wird mit der organisatorischen Zuordnung der Sektionen zu den Gewerkschaften begründet. Die im Vergleich zur Einheitsvertretung erweiterte Repräsentationsbefugnis der Sektion könne verfassungsrechtlich aus der institutionellen Vertretung und

---

447 Solans Latre, El ejercicio de la legitimación para negociar convenios colectivos, S. 109.

448 Solans Latre, El ejercicio de la legitimación para negociar convenios colectivos, S. 109.

449 Gárate Castro, in: Rodríguez-Piñero y Bravo-Ferrer/Valdés Dal-Ré, La reforma laboral de 2012 en materia de negociación colectiva, S. 107, 120; Solans Latre, El ejercicio de la legitimación para negociar convenios colectivos, S. 109; Olarte Encabo, Temas laborales 2013, Nr. 120, 483, 497.

450 STS 5592/2015, 26.11.2015.

451 Gárate Castro, in: Rodríguez-Piñero y Bravo-Ferrer/Valdés Dal-Ré, La reforma laboral de 2012 en materia de negociación colectiva, S. 107, 120; Solans Latre, El ejercicio de la legitimación para negociar convenios colectivos, S. 109, 110.

Gesamtrepräsentationsfunktion der Gewerkschaften gem. Art. 7 Spanische Verfassung abgeleitet werden.[452]

Beispielsweise hat das Sicherheitsunternehmen Alcor Seguridad S.L. einen Unternehmenstarifvertrag mit Gewerkschaftssektionen geschlossen.[453] Die 17 Mitglieder der Einheitsvertretung waren aufgeteilt in neun Mitglieder der USO, drei der UGT, zwei der CC.OO., zwei der IC und einen der CSIF. Am 23.02.2012 wurde eine Gewerkschaftssektion der USO gegründet, am 26.03.2012 eine der UGT. Am 21.06.2013 schlossen sich die Gewerkschaftssektionen von USO und UGT zur Bildung der Verhandlungskommission zusammen. Da beide Sektionen mit mindestens einem Mitglied in der Einheitsvertretung vertreten waren, erfüllten sie die Voraussetzungen der Anfangslegitimation. USO und UGT vertraten gemeinsam 12 der 17 Mitglieder in der Einheitsvertretung und damit die absolute Mehrheit, sodass auch volle Legitimation vorlag.

(bbb) Priorisierung der Tarifverhandlungen von Gewerkschaftssektionen gegenüber solcher der Einheitsvertretungen

Gem. Art. 87.1 UAbs. 2 Arbeitnehmerstatut sind die Gewerkschaftssektionen gegenüber den Einheitsvertretungen vorrangig zu Tarifverhandlungen berechtigt, sofern sie die genannten Mehrheitserfordernisse erfüllen und eine entsprechende interne Vereinbarung treffen, vorrangig Tarifverhandlungen führen zu wollen.[454] Mangels konkreter gesetzlicher Vorgaben zum Verfahren dieser internen Vereinbarung wird in der Literatur vorgeschlagen, dass die für die Vereinbarung erforderliche Mehrheit im Rahmen der Abstimmung nicht über die Stimmen der Mitglieder in den Gewerkschaftssektionen, sondern prozentual über die Wahlergebnisse und die repräsentierten Arbeitnehmer berechnet werden soll.[455]

---

452 Bodas Martín, in: Ministerio de Empleo y Seguridad Social, Legitimación Negocial, S. 83, 92, 93; Solans Latre, El ejercicio de la legitimación para negociar convenios colectivos, S. 110, 111: handeln dagegen die Sektionen der einzelnen Betriebe, nicht des Unternehmens, muss wiederum in jedem Betrieb eine Sektion existieren, um sie in den Tarifvertrag einbeziehen zu können. Vgl. zur Gesamtrepräsentationsfunktion in Kapitel 1 B.I.2.d und institutionellen Vertretung in Kapitel 1 B.I.2.c.

453 Beispiel angelehnt an STS 4945/2016, 27.09.2016.

454 Vgl. hierzu bereits in Kapitel 1 B.I.3.a.bb(2)(b).

455 De Nieves Nieto, Trabajo y Derecho 2015, Nr. 4, 1, 4, 5.

Streitig ist zudem der Zeitpunkt, in dem die Gewerkschaftssektionen letztmöglich ihren prioritären Verhandlungswillen vorbringen können, sofern die Einheitsvertretung und der Arbeitgeber bereits zuvor Tarifverhandlungen initiiert hatten. Nach einer Ansicht soll jederzeit während der Verhandlungen bis unmittelbar vor Unterzeichnung des Tarifvertrags ein prioritäres Eintreten der Sektionen möglich sein.[456] Das bringe zum Ausdruck, dass Einheitsvertretungen als gesetzliche, subsidiäre Arbeitnehmervertretungen den Gewerkschaftssektionen in ihrer Tätigkeit nachgeordnet seien. Eine zweite Ansicht begrenzt den Zeitraum mit Verweis auf Treu und Glauben und möchte das Dazwischentreten der Sektionen lediglich bis unmittelbar vor der Zusammensetzung der Verhandlungskommission erlauben.[457] Nach der Zusammensetzung können die Gewerkschaftssektionen erst wieder in Verhandlungen eintreten, wenn die vormals geführten Verhandlungen zwischen Arbeitgeber und den Einheitsvertretung gescheitert seien. Auf diese Weise werde sichergestellt, dass bereits fortgeschrittene Tarifverhandlungen nicht mehr durch das Dazwischentreten der Sektionen verworfen und mit großer Mühe von vorn begonnen werden müssen.

(cc) Die volle Legitimation bei Berufsgruppentarifverträgen

Bezieht sich der Tarifvertrag auf eine konkrete Berufsgruppe (*convenio colectivo de franja*), werden diejenigen Gewerkschaftssektionen gem. Art. 87.1 UAbs. 4 Arbeitnehmerstatut zum Tarifabschluss voll legitimiert, die mehrheitlich von den betroffenen Arbeitnehmern in persönlicher, freier, direkter und geheimer Wahl bestimmt wurden. Auch hier lässt der Gesetzeswortlaut die konkret erforderliche Form der Mehrheit offen. Angesichts des Zwecks, mithilfe der Erfordernisse der Art. 87, 88, 89 Arbeitnehmerstatut eine Legitimation der Vertreter zum Abschluss statutarischer Tarifverträge mit Erga-Omnes-Wirkung sicherzustellen, kann aber nur die absolute Mehrheit nach Ansicht der spanischen Literatur eine lückenlose rechtstechnische Konstruktion der Legitimation gewährleisten.[458]

---

456 Olarte Encabo, Temas laborales 2013, Nr. 120, 483, 497.

457 Gárate Castro, in: Rodríguez-Piñero y Bravo-Ferrer/Valdés Dal-Ré, La reforma laboral de 2012 en materia de negociación colectiva, S. 107, 126, 127; De Nieves Nieto, Trabajo y Derecho 2015, Nr. 4, 1, 5.

458 Melián Chinea, El sistema de negociación colectiva y sus reglas de articulación, S. 139; Palomeque López/Àlvarez de la Rosa, Derecho del trabajo, S. 214; Gárate

Auch wenn die Vorschrift des Art. 87.1 UAbs. 4 Arbeitnehmerstatut systematisch im Rahmen der Anfangslegitimation verortet ist, handelt es sich, entsprechend den Mehrheitserfordernissen der sonstigen Legitimationsebenen, bei dem Mehrheitserfordernis entgegen der Systematik um eines der vollen Legitimation.[459]

Beispielsweise verhandelte ein Unternehmen, welches an verschiedenen Standorten Flughäfen betreibt, 2014 mit der Arbeitnehmerseite über einen Tarifvertrag für die bei ihm angestellten Fluglotsen.[460] Für die Ermittlung der vollen Legitimation war bei Berufsgruppen eine separate Wahl durchzuführen. Allein auf die Wahlen zu den Einheitsvertretungen gestützt konnte die volle Legitimation für eine Berufsgruppe nicht ermittelt werden, da dort alle Arbeitnehmer eines Unternehmens bzw. Betriebs wahlberechtigt waren, dieser Tarifvertrag allerdings nur eine bestimmte Arbeitnehmergruppe erfassen sollte. Zu den separat durchzuführenden Wahlen waren allein die betroffenen 2.297 Fluglotsen wahlberechtigt. Von den 1.874 gültig abgegebenen Stimmen erhielten die Gewerkschaften USCA 1.760, SPICA 99 und OCCA 15. Für die hieraus folgende Berechnung der Sitze in der Verhandlungskommission war nun entscheidend, wie eine hypothetische Einheitsvertretung basierend auf diesen Wahlergebnissen zusammengesetzt sein würde. Dabei waren nur die gültigen Stimmen unter Ausschluss der nicht oder ungültig abgegebenen Stimmen zu berücksichtigen. Da OCCA unter 5 % der gültigen Stimmen erhalten hat, wurde sie entsprechend Art. 71.2 lit. b Arbeitnehmerstatut bei der Zusammensetzung der Verhandlungskommission nicht berücksichtigt. USCA erhielt 1.760/1.874 der Stimmen, damit 1.760/1.874 der 13 Sitze, was abgerundet 12 Sitzen entspricht. SPICA erhielt 99/1.874 der Stimmen, damit 99/1.874 der 13 Sitze, aufgerundet also einen Sitz. Entgegen dem etwas unklaren Wortlaut bestimmt Art. 87.1 UAbs. 4 Arbeitnehmerstatut nicht, dass nur eine Sektion, welche mehrheitlich gewählt wurde, allein verhandelt. Vielmehr bestimmt sich auch hier die Zusammensetzung der

Castro, in: Rodríguez-Piñero y Bravo-Ferrer/Valdés Dal-Ré, La reforma laboral de 2012 en materia de negociación colectiva, S. 107, 129, 130; Solans Latre, El ejercicio de la legitimación para negociar convenios colectivos, S. 124; Olarte Encabo, Temas laborales 2013, n. 120, 483, 500.

459 Solans Latre, El ejercicio de la legitimación para negociar convenios colectivos, S. 118.

460 Beispiel angelehnt an STS 5592/2015, 26.11.2015.

Verhandlungskommission nach der Proportionalität – einem Grundsatz, der auch bei den zuvor genannten Konstellationen Anwendung findet.

(b) Legitimation auf Arbeitgeberseite

Da der einzelne Arbeitgeber auf der Unternehmensebene und den darunter liegenden Ebenen zu Verhandlungen anfangslegitimiert ist, werden bei der vollen Legitimation keine weitergehenden Anforderungen normiert.[461] Der Arbeitgeber verfügt naturgemäß über eine Verankerung im Unternehmen bzw. Betrieb.

(2) Über der Unternehmensebene

(a) Legitimation auf Arbeitnehmer- und Arbeitgeberseite

Über der Unternehmensebene sind alle anfangslegitimierten Verbände berechtigt, Teil der Verhandlungskommission zu werden. Die Verhandlungskommission ist gem. Art. 88.2 UAbs. 1 Arbeitnehmerstatut ordnungsgemäß gebildet, wenn Gewerkschaften die absolute Mehrheit der Mitglieder in den Einheitsvertretungen repräsentieren und Arbeitgeberverbände Arbeitgeber vertreten, die die Mehrheit der von dem auszuhandelnden Tarifvertrag erfassten Arbeitnehmer beschäftigen.

Gem. Art. 88.2 UAbs. 2 Arbeitnehmerstatut sind in Branchen ohne repräsentative Gewerkschaften ausnahmsweise die repräsentativsten Gewerkschaften auf gesamtstaatlicher Ebene oder der Autonomen Gemeinschaften zur Zusammenstellung der Verhandlungskommission berechtigt. Entsprechende Kompetenzen werden gem. Art. 88.2 UAbs. 3 i.V.m. 87.3 lit. c UAbs. 2 Arbeitnehmerstatut den repräsentativsten Arbeitgeberverbänden auf gesamtstaatlicher Ebene und auf Ebene der Autonomen Gemeinschaften in Branchen ohne repräsentative Arbeitgeberverbände zugewiesen. Abweichend von den obigen Ausführungen wird bei der Zusammensetzung der Verhandlungskommission auf Arbeitgeberseite aber in diesem Fall nicht gefordert, dass der Verband Arbeitgeber vertritt, die wiederum die Mehrheit der vom Tarifvertrag erfassten Arbeitnehmer beschäftigen. Denn in dieser Sonderkonstellation erlangt der Arbeitgeberverband seine Anfangslegitimation alternativ entweder über die Vertretung einer ausreichenden Anzahl an Arbeitgebern oder über eine ausreichende Abdeckung der von den Arbeitgebern erfassten

[461] Vgl. Sicre Gilabert, La negociación colectiva, S. 19.

Arbeitnehmer, Art. 87.3 lit. c UAbs. 2 Arbeitnehmerstatut.[462] Wenn das Gesetz für die Anfangslegitimation nicht zwingend vorsieht, dass eine bestimmte Anzahl von Arbeitnehmern abgedeckt werden muss, sollte dies nach einer Ansicht in der spanischen Literatur auch in den Erfordernissen der vollen Legitimation berücksichtigt werden.[463] In diesen Sonderfällen wird die Verhandlungskommission gem. Art. 88.2 UAbs. 4 Arbeitnehmerstatut proportional entsprechend der Repräsentativität der Verbände in den konkreten geografischen Gebieten zusammengesetzt.

(b) Berechnungsbeispiel zu einem gesamtstaatlich geltenden Branchentarifvertrag

Der gesamtstaatlich geltende Branchentarifvertrag für Unternehmen und Arbeitnehmer des Gesundheitstransports von kranken und verletzten Personen wurde 2020 vereinbart.[464] Im Zeitpunkt der Zusammensetzung der Verhandlungskommission wurden die Arbeitnehmer der Branche durch 1.067 Vertreter in den Einheitsvertretungen repräsentiert, davon waren 477 der UGT (44,7 %), 287 den CC.OO. (26,9 %), 119 der USO (11,2 %) und weitere 184 verschiedenen Gewerkschaften zuzuordnen.

UGT, CC.OO. und USO waren in diesem Beispiel anfangslegitimiert. Die Anfangslegitimation von UGT und CC.OO. ergab sich sowohl aus ihrer Stellung als repräsentativste Gewerkschaften auf gesamtstaatlicher Ebene als auch dem Erreichen der 10 % in der konkreten Branche, für die der Tarifvertrag abgeschlossen wurde. USO war anfangslegitimiert, weil sie mit 11,2 % ebenfalls die 10 % in der konkreten Branche überschritt. Die übrigen 184 Vertreter anderer Gewerkschaften erreichten das Quorum nicht und waren bei der weiteren Berechnung daher nicht zu berücksichtigen.

Auf der nächsten Stufe der Zusammensetzung der Verhandlungskommission hatten sich die Parteien nicht auf die Höchstzahl an Mitgliedern von 15, sondern auf sechs Mitglieder je Seite verständigt. Entsprechend ihrer genannten prozentualen Wahlergebnisse wurden die sechs Sitze zwischen den Gewerkschaften nach dem Dreisatz aufgeteilt. Die UGT, welche 44,7 % in den Wahlen erreicht hat, erhielt 2,7, aufgerundet also drei der sechs Sitze,

---

462 Dazu bereits in Kapitel 1 B.III.2.b.bb(2)(b)(aa).

463 Lahera Forteza, Derecho de relaciones laborales 2019, Nr. 10, 964, 967.

464 Beispiel angelehnt an STS 1629/2024, 12.03.2024.

die CC.OO mit 26,9 % 1,6, aufgerundet zwei Sitze und die USO mit 11,2 % 0,7, aufgerundet einen Sitz. Gemeinsam waren sie voll legitimiert, da sie die absolute Mehrheit der Mitglieder in den Einheitsvertretungen repräsentierten. Die Gewerkschaften erreichten jeweils für sich allein allerdings nicht die absolute Mehrheit, sodass sie nur gemeinsam agieren konnten. Würden beispielsweise die anderen beiden anfangslegitimierten Gewerkschaften keine Tarifverhandlungen führen wollen, hätte die verhandlungswillige Gewerkschaft keine Möglichkeit, einen statutarischen Tarifvertrag abzuschließen.

(3) Zwischenfazit

Das Erfordernis der vollen Legitimation stellt sicher, dass die Tarifvertragsparteien in dem betreffenden Bereich, den der Tarifvertrag erfassen soll, ausreichend verankert sind. Auf und unter der Unternehmensebene verfügen der Arbeitgeber und die Einheitsvertretungen naturgemäß über eine ausreichende Verankerung, sodass hier keine gesonderten Regelungen zur vollen Legitimation erforderlich werden. Gewerkschaftssektionen werden voll legitimiert, sofern sie die Mehrheit der Mitglieder in den Einheitsvertretungen repräsentieren. Die Regelungen in Art. 87.1 UAbs. 1 und UAbs. 2 Arbeitnehmerstatut haben, ähnlich wie einige Normen der Anfangslegitimation, einen sehr offenen Wortlaut. Die konkrete Form des Mehrheitserfordernisses und die Modalitäten, unter denen Gewerkschaftssektionen gegenüber Einheitsvertretungen vorrangig zu Tarifverhandlungen berechtigt sind, werden aus dem Gesetzeswortlaut nicht deutlich und können erst durch Auslegung ermittelt werden. Auch bei Berufsgruppentarifverträgen wird bei der vollen Legitimation der Gewerkschaftssektionen aufgrund des offenen Wortlauts in Art. 87.1 UAbs. 4 Arbeitnehmerstatut nicht aus dem Gesetz deutlich, welche konkreten Mehrheitserfordernisse erfüllt werden müssen.

Die Regelungen zur vollen Legitimation über der Unternehmensebene sind im Vergleich hierzu präziser formuliert. Die anfangslegitimierten Arbeitnehmervertretungen sind hier voll legitimiert, sofern sie die absolute Mehrheit der Mitglieder in den Einheitsvertretungen repräsentieren und Arbeitgeberverbände Arbeitgeber vertreten, die die Mehrheit der von dem auszuhandelnden Tarifvertrag erfassten Arbeitnehmer beschäftigen.

dd. Verhandlungslegitimation

Die Verhandlungslegitimation beschreibt die notwendige Abschlussmehrheit, die für die schlussendliche Vereinbarung des Tarifvertrags erforderlich ist.[465] Gem. Art. 89.3 Arbeitnehmerstatut ist eine mehrheitliche Zustimmung jeder der Vertretungen erforderlich. Es handelt sich um zwingendes Recht, sodass beispielsweise die Vereinbarung eines qualifizierten Mehrheitserfordernisses der Rechtsprechung nach unzulässig ist.[466] Der Wortlaut ist offen und konkretisiert nicht, was unter dem Begriff der Mehrheit zu verstehen ist. Nach Interpretation der Rechtsprechung ist nicht die Anzahl der Stimmen in der Verhandlungskommission maßgeblich. Vielmehr bestimme sich die Mehrheitsentscheidung proportional entsprechend der durch die Gewerkschaft repräsentierten Arbeitnehmer bzw. durch die von den Mitgliedern des Arbeitgeberverbands repräsentierten Arbeitnehmer.[467] Die Gesamtheit, anhand derer sich die Mehrheit bemisst, sei die im Zeitpunkt der Zusammensetzung der Verhandlungskommission festgelegte Konstruktion.[468] Änderungen nach Zusammensetzung der Verhandlungskommission, beispielsweise, wenn ein Teil der Arbeitnehmervertretung von der Verhandlungskommission

---

465 Vgl. zur Definition bereits in Kapitel 1 B.III.2.b.aa(3).

466 STS 5126/2015, 28.09.2015.

467 H.M.: STS 3589/2017, 27.09.2017; STS 1248/2016, 18.02.2016; STS 1273/2010, 01.03.2010; STS 3790/2008, 03.06.2008; STS 809/2006, 17.01.2006; STS 12945/1993, 23.11.1993; in einem obiter dictum auch STC 137/1991, 20.06.1991. Nach einer a.A. bestimmte sich die Mehrheit anhand der Anzahl der Stimmen: STS 1889/2020, 11.06.2020; STS 7324/2002, 05.11.2002; STS 7557/2001, 04.10.2001; Lahera Forteza, in: Rodríguez-Piñero y Bravo-Ferrer/Valdés Dal-Ré, La reforma laboral de 2012 en materia de negociación colectiva, S. 159, 196–201. In dem Sondervotum in STS 12945/1993, 23.11.1993 von Martín Valverde, dem sich auch Varela Autrán anschließt, spricht sich dieser auch für eine Berechnung anhand der Anzahl der Stimmen aus. Der Wortlaut des Art. 89.3 Arbeitnehmerstatut spreche für diese Auslegung, da eine prozentuale Berechnung im Wortlaut angelegt sein müsste. Außerdem sei die Proportionalität bereits durch die volle Legitimation, die eine proportionale Zusammensetzung der Verhandlungskommission fordert, sichergestellt. Lahera Forteza, Manual de negociación colectiva, S. 62 schlägt vor, aus Gründen der Rechtssicherheit beide Zählmethoden kumulativ zur Anwendung zu bringen, d.h. es müssen mindestens 8 der 15 Mitglieder zustimmen und von diesen Stimmen mindestens 50 % der betroffenen Arbeitnehmer bzw. Arbeitgeber erfasst sein.

468 STS 1889/2020, 11.06.2020; STS 9141/2012, 11.12.2012; STS 1273/2010, 01.03.2010; STS 512/2010, 21.01.2010; STS 6855/2006, 10.10.2006; STS 3184/1996, 25.05.1996; STS 1584/1994, 09.03.1994; STS 12945/1993, 23.11.1993.

zurücktrete,[469] seien für das Mehrheitserfordernis unbeachtlich. Die übrig gebliebene Arbeitnehmervertretung würde damit nicht zu einer neuen Gesamtheit. Sofern sie nicht die Mehrheit der anfänglichen Zusammensetzung auf sich vereine, könne sie keinen statutarischen Tarifvertrag mehr vereinbaren.

Ausnahmen sollen nach einer Literaturmeinung wiederum bestehen, sofern es an repräsentativen Verbänden des konkreten Bereichs mangelt, sodass die repräsentativsten Verbände auf gesamtstaatlicher Ebene gem. Art. 87.3 lit. c UAbs. 2 Arbeitnehmerstatut agieren.[470] Das Mehrheitserfordernis richte sich hier mangels Bezug der Repräsentativität auf den konkreten Bereich nicht nach der Proportionalität, sondern nach der Anzahl der Stimmen in der Verhandlungskommission, sodass eine Mehrheit bei acht von 15 Stimmen erreicht sei.

ee. *Zwischenfazit*

Der spanische Gesetzgeber hat in den Art. 87, 88, 89 Arbeitnehmerstatut differenzierte Regelungen zu den drei Legitimationsformen der Anfangslegitimation, vollen Legitimation und Verhandlungslegitimation getroffen, um die Rechtsetzung durch die Tarifvertragsparteien gegenüber den Tarifgebundenen zu legitimieren. Der Wortlaut in Art. 87, 88, 89 Arbeitnehmerstatut ist an einigen Stellen allerdings offen formuliert und auslegungsbedürftig. Rechtsprechung und Literatur haben diese Auslegung teils uneinheitlich vorgenommen, was zu Rechtsunsicherheit führt. Eine lückenlose Legitimation der Arbeitnehmer- und Arbeitgebervertreter, die für eine Erga-Omnes-Wirkung statutarischer Tarifverträge erforderlich ist, kann so nicht vollständig sichergestellt werden.

c. *Weitere Verfahrenserfordernisse des statutarischen Tarifvertrags*

Neben den dreifachen Legitimationsvoraussetzungen normiert das Arbeitnehmerstatut weitere Anforderungen an die tarifvertraglichen Mindestinhalte und weiter einzuhaltende Verfahrensschritte in Art. 85.3, Art. 89, Art. 90 Arbeitnehmerstatut. Hiermit wird einerseits sichergestellt, dass die Verhandlungen im Sinne der generellen Arbeitnehmer- und Arbeitgeberinteressen

---

469 STS 12945/1993, 23.11.1993.

470 Lahera Forteza, Derecho de relaciones laborales 2019, Nr. 10, 964, 967.

erfolgen, andererseits wird die rechtstechnische Konstruktion der Erga-Omnes-Wirkung mit weiteren Verfahrenserfordernissen verfestigt. Die Vorgaben schützen insbesondere Nicht- und Andersorganisierte, die von einem Vertrag mit gesetzesähnlicher Wirkung erfasst werden.[471] In der Literatur wird diese Anforderung, für die der Tarifvertrag im Gegenzug die Erga-Omnes-Wirkung enthält, aber als relativ niedrig bewertet, zumal der Gesetzgeber weit strengere Anforderungen hätte festsetzen können, z.B. konkrete, inhaltliche Mindestbedingungen oder erweiterte behördliche Prüfmöglichkeiten.[472]

aa. Zu vereinbarende Mindestinhalte

Gem. Art. 85.3 Arbeitnehmerstatut müssen Tarifverträge bestimmte Mindestinhalte regeln, um als statutarisch eingestuft zu werden. Schweigt der Tarifvertrag über eine der aufgelisteten Materien, kann er nicht als statutarisch eingestuft werden.[473] Zu den Mindestinhalten gehören die Bezeichnung der vertragschließenden Parteien (lit. a), die Festlegung des persönlichen, funktionalen, räumlichen und zeitlichen Geltungsbereichs (lit. b), Verfahren zur Beilegung von Unstimmigkeiten, die sich bei der Nichtanwendung von Arbeitsbedingungen gem. Art. 82.3 Arbeitnehmerstatut[474] ergeben (lit. c), Form und Bedingungen, insbesondere Fristen, einer Kündigung des Tarifvertrags (lit. d) sowie die Ernennung eines paritätischen Ausschusses, der die Verhandlungsparteien vertritt und sich mit den im Gesetz und allen sonstigen ihm zugeordneten Fragen befasst (lit. e). Der paritätische Ausschuss ist insbesondere gem. Art. 91.1 Arbeitnehmerstatut für Fragen der Interpretation und Anwendung des Tarifvertrags zuständig sowie gem. Art. 82.3 UAbs. 7 Arbeitnehmerstatut für die Anwendung der Ausstiegsklausel, sofern die Parteien sie hinzuziehen. Weiter erforderlich ist die Festlegung der Verfahren und Fristen für das Tätigwerden des paritätischen Ausschusses (lit. e). In Unternehmen mit mehr als 250 Arbeitnehmern besteht zusätzlich gem. Art. 85.2 UAbs. 2 Arbeitnehmerstatut die Pflicht, Gleichstellungspläne zu verhandeln. Auffallend ist, dass der Gesetzgeber in Art. 85.3 Arbeitnehmerstatut keine inhaltlichen Mindeststandards vorgibt. Die Tarifverträge müssen

---

471 Sala Franco, Los convenios colectivos extraestatutarios, S. 19.
472 Sala Franco, Los convenios colectivos extraestatutarios, S. 21.
473 Blasco Pellicer, Actualidad laboral 2013, Nr. 10, 1, 3.
474 Vgl. in Kapitel 3 D.III.

Ausführungen zu den genannten Mindestinhalten normieren; wie genau diese aber ausgestaltet sind, bleibt den Tarifvertragsparteien überlassen.[475]

bb. Besondere Verfahrensschritte

Zusätzlich schreibt das Arbeitnehmerstatut besondere Verfahrensvoraussetzungen und -schritte vor, damit der Tarifvertrag als statutarisch eingeordnet wird, Art. 89, 90 Arbeitnehmerstatut.

Eine Partei initiiert die Tarifverhandlungen, indem sie der anderen Partei die Verhandlungsgegenstände und den tarifvertraglichen Anwendungsbereich unter Darlegung ihrer Legitimation schriftlich mitteilt, Art. 89.1 UAbs. 1 Arbeitnehmerstatut. Gem. Art. 89.1 UAbs. 2, UAbs. 3 Arbeitnehmerstatut besteht dann grundsätzlich eine Verhandlungspflicht, stets unter Beachtung von Treu und Glauben, der sich die andere Partei lediglich in Ausnahmefällen entziehen kann.[476] Diese Pflicht umfasst aber nach einhelliger Auffassung keine Verpflichtung, schlussendlich einen Tarifvertrag abzuschließen.[477] Innerhalb eines Monats ab Zugang der Kommunikation muss die Verhandlungskommission gebildet und ein Verhandlungskonzept erstellt werden, Art. 89.2 Arbeitnehmerstatut. Nach erfolgreicher Verhandlung unter Einhaltung der genannten Erfordernisse

---

475 Vgl. auch Sala Franco, Los convenios colectivos extraestatutarios, S. 21.

476 Z.B. bei gesetzlich oder tarifvertraglich festgelegten Gründen oder wenn ein noch wirksamer Tarifvertrag für diesen Anwendungsbereich besteht, es sei denn die auszuhandelnde Vereinbarung wäre gem. Art. 83, 84 Arbeitnehmerstatut vorrangig anwendbar, Art. 89.1 UAbs. 2 Arbeitnehmerstatut; begrenzt wird die Verhandlungspflicht durch sachliche Erwägungen: In zeitlicher Hinsicht besteht die Pflicht von der Kündigung des ursprünglichen Tarifvertrags an bis zur Vereinbarung eines neuen Tarifvertrags. Auch wenn die Gegenpartei bereits an Verhandlungen einer anderen Verhandlungseinheit beteiligt ist, kann ihr keine Verhandlungspflicht mit der Auferlegung, die Verhandlungseinheit zu ändern, einseitig aufgezwungen werden. Die Pflicht besteht außerdem nicht, wenn die initiierende Partei keine ausreichende Anfangslegitimation aufweist, STS 6599/2008, 05.11.2008; STS 2514/2002, 10.04.2002; Sala Franco, in: Goerlich Peset, Derecho del trabajo, S. 665; Lahera Forteza, Manual de negociación colectiva, S. 76; Palomeque López/Àlvarez de la Rosa, Derecho del trabajo, S. 215; insgesamt wird die Verhandlungspflicht restriktiv ausgelegt, vgl. Ramírez Martínez/García Ortega, in: Pérez de los Cobos/Goerlich Peset, El régimen jurídico de la negociación colectiva en España, S. 283, 284.

477 STS 7488/2010, 14.12.2010; Monereo Pérez/Molina Navarrete/Moreno Vida/Vila Tierno, Manual de derecho del trabajo, S. 246.

ist der Tarifvertrag schriftlich abzuschließen, Art. 90.1 Arbeitnehmerstatut. Wird das Schriftformerfordernis verletzt, ist der Tarifvertrag gem. Art. 90.1 Arbeitnehmerstatut nichtig.

cc. *Zum Erfordernis der Registrierung, Archivierung und Veröffentlichung*

Innerhalb von 15 Tagen nach Unterzeichnung des Tarifvertrags erfolgt die Übergabe an die Arbeitsbehörde, die den Tarifvertrag in das zentral geführte Register des Ministeriums für Arbeit, Soziales und Migration oder des entsprechenden Organs auf Ebene der Autonomen Gemeinschaften aufnimmt, Art. 90.2 Arbeitnehmerstatut, Art. 3 Gesetzesdekret 713/2010,[478] und archiviert. Die anschließende Veröffentlichung im jeweiligen Amtsblatt (Bundesgesetzblatt *(Boletín Oficial del Estado)*, Amtsblatt der Autonomen Gemeinschaften *(Boletín Oficial de la Comunidad Autónoma)* oder Amtsblatt der Provinz *(Boletín de la Provincia)*) erfolgt innerhalb von 20 Tagen nach Registrierung, Art. 90.3 Arbeitnehmerstatut, Gesetzesdekret 713/2010.

Fehlt die in Art. 90.2 und Art. 90.3 Arbeitnehmerstatut geforderte Registrierung, Archivierung und Veröffentlichung, hat das nach Ansicht von Literatur und Rechtsprechung nicht die Nichtigkeit des Tarifvertrags zur Folge.[479] Dieser gesetzgeberische Wille wird auch aus dem Wortlaut des Art. 90 Arbeitnehmerstatut abgeleitet: Die Nichtigkeitsfolge wird ausschließlich für die Nichtwahrung des Schriftformerfordernisses in Art. 90.1 Arbeitnehmerstatut angeordnet, nicht aber bei Verletzung der Art. 90.2 und Art. 90.3 Arbeitnehmerstatut.[480] Teleologisch dienen die Registrierung und Veröffentlichung der Rechtsprechung nach dem Zweck, einerseits staatliche Stellen über den Tarifvertrag und dessen Inhalt zu informieren und auf diese Weise dessen mögliche Rechtswidrigkeit gerichtlich überprüfen zu können.[481] Andererseits müssen insbesondere nicht- und

---

478 Real Decreto 713/2010, de 28 de mayo, sobre registro y depósito de convenios y acuerdos colectivos de trabajo (BOE n. 143, de 12.06.2010).

479 STC 18/1982, 04.05.1982; SAN 45/2014, 23.01.2014; STSJ Cataluña 2744/2012, 07.03.2012; STSJ Cataluña 14294/2007, 18.12.2007; STSJ Cataluña 5810/1999, 14.06.1999; Martínez Moreno, Eficacia temporal de los convenios colectivos, S. 21; Alonso García, Curso de derecho del trabajo, S. 260.

480 Martínez Moreno, Eficacia temporal de los convenios colectivos, S. 21.

481 SAN 45/2014, 23.01.2014; STSJ Asturias 2718/2003, 06.06.2003; STSJ Cataluña 5810/1999, 14.06.1999.

andersorganisierte Arbeitnehmer und Arbeitgeber zu Zwecken der Rechtssicherheit die Möglichkeit der Kenntnisnahme haben. Art. 90.2 und Art. 90.3 Arbeitnehmerstatut bezwecken damit, die Kenntnisnahme aller Beteiligten zu ermöglichen, sind aber nach dieser Auslegung kein konstitutives Wirksamkeitserfordernis, zumal die Kenntnisnahme in der Praxis insbesondere auf Unternehmensebene auch ohne Veröffentlichung im Amtsblatt denkbar ist.[482] Bedenkt man zusätzlich, dass die Kompetenzen der Verbände als eine originäre, nicht vom Staat delegierte Macht zur Regelung der Arbeitsbedingungen anerkannt werden,[483] ist es nach Ansicht der Rechtsprechung nicht sachgerecht, die Wirksamkeit des Tarifvertrags von staatlichem Handeln abhängig zu machen.[484]

Nach Veröffentlichung des statutarischen Tarifvertrags besteht eine widerlegliche Vermutung, dass der Tarifvertrag wirksam ist (*presunción de validez*).[485] Zur Widerlegung ist derjenige beweispflichtig, der das Nichtvorliegen der Tatsache behauptet. Bringt beispielsweise eine Tarifvertragspartei vor, dass ihr Vertragspartner nicht die nötige Repräsentativität aufweist, so hat sie auch deren mangelnde Repräsentativität zu beweisen.[486]

d. Zwischenfazit

Der statutarische Tarifvertrag enthält ausführlich formulierte, gesetzliche Regelungen zur Legitimation der Tarifvertragsparteien, dem einzuhaltenden Verfahren und der Form. Eine Verletzung der Vorgaben führt im Regelfall zur Umwandlung des statutarischen Tarifvertrags in einen außerstatutarischen Tarifvertrag und nur im Ausnahmefall zur Nichtigkeit, z.B. bei Nichteinhaltung der Schriftform in Art. 90.1 Arbeitnehmerstatut.

Für die weitere Untersuchung der Gestaltung des Arbeitsvertrags durch statutarischen Tarifvertrag wird relevant sein, dass Rechtsprechung und

---

482 SAN 45/2014, 23.01.2014; STSJ Asturias 2718/2003, 06.06.2003; STSJ Cataluña 5810/1999, 14.06.1999.

483 Vgl. in Kapitel 1 B.I.4.b.

484 STSJ Asturias, 2718/2003, 06.06.2003.

485 STS 4189/2021, 11.11.2021; STS 4241/2020, 11.12.2020; STS 3297/2018, 19.07.2018; STS 5740/2014, 25.11.2014; STS 1273/2010, 01.03.2010; STS 1978/2006, 03.04.2006; STS 3541/2000, 27.04.2000; Monereo Pérez/Molina Navarrete/Moreno Vida/Vila Tierno, Manual de derecho del trabajo, S. 259.

486 STS 3042/2014, 24.06.2014; STS 7765/2010, 29.11.2010; STS 7790/2009, 11.11.2009; STS 842/2005, 14.02.2005; STS 9464/2002, 21.03.2002; STS 387/2001, 25.01.2001; STS 925/1996, 14.02.1996; STS 4718/1994, 17.06.1994.

Literatur die Veröffentlichung im jeweiligen Amtsblatt nicht als konstitutives Wirksamkeitserfordernis eines statutarischen Tarifvertrags einstufen. Vor Veröffentlichung ist der Tarifvertrag kein rechtliches Nullum, sondern bereits wirksam. Diese Einstufung hat Auswirkungen darauf, in welchem Zeitpunkt der Beginn der normativen Wirkung festzumachen ist und welche Wirkung der statutarische Tarifvertrag zeitlich vor dem Beginn der normativen Wirkung hat.

3. Die Legitimations- und Verfahrenserfordernisse des außerstatutarischen Tarifvertrags

a. Legitimierte Tarifvertragsparteien des außerstatutarischen Tarifvertrags

Das Arbeitnehmerstatut normiert für den außerstatutarischen Tarifvertrag keine Legitimationserfordernisse,[487] sodass sich dessen Rahmenbedingungen unmittelbar aus dem Verfassungstext ableiten. Der Ausgangspunkt zur Festlegung der legitimierten Tarifvertragsparteien wird in Art. 37.1 Spanische Verfassung gesehen, welcher grundsätzlich alle Arbeitnehmer- und Arbeitgebervertretungen zu Tarifverhandlungen berechtigt. Alle und damit auch nicht-repräsentative Gewerkschaften werden zum Abschluss außerstatutarischer Tarifverträge berechtigt, weil ihre umfänglichen Rechte aus der Gewerkschaftsfreiheit gem. Art. 28.1 Spanische Verfassung sie als Tarifvertragsparteien legitimieren.[488] Die Gewerkschaften können entweder unmittelbar oder mittelbar über ihre Gewerkschaftssektionen agieren.[489] Ob neben den Gewerkschaften auch die einfachgesetzlich konstruierten Einheitsvertretungen Tarifvertragsparteien des außerstatutarischen Tarifvertrags sein können, wird uneinheitlich bewertet.

Eine Ansicht geht davon aus, dass die Einheitsvertretungen nicht legitimiert sind, außerstatutarische Tarifverträge zu vereinbaren, sodass auf Arbeitnehmerseite ausschließlich Gewerkschaften bzw. ihre Gewerkschaftssektionen

---

[487] Vgl. in Kapitel 1 B.II.1.c.

[488] STS 3454/2002, 16.05.2002.

[489] Mejías García, in: Comisión Ejecutiva Confederal de UGT, Representación y libertad sindical. La LOLS y la sección sindical en la pequeña y mediana empresa, S. 67, 110, 111.

außerstatutarische Tarifverträge verhandeln und abschließen können.[490] Nach dieser Ansicht lege das Arbeitnehmerstatut in abschließender Weise die Kompetenzen der Einheitsvertretungen fest und berechtige sie dort ausschließlich zum Abschluss von statutarischen Tarifverträgen auf Unternehmensebene sowie den Ebenen darunter, Art. 87.1 Arbeitnehmerstatut. Einfachgesetzlich werde das Mandat des Art. 37.1 Spanische Verfassung für die Einheitsvertretungen vollumfänglich und abschließend umgesetzt, sodass sich aus der Verfassung für sie keine weitergehenden Kompetenzen ergeben. Ausnahmsweise solle aber ein statutarischer Tarifvertrag einer Einheitsvertretung, der die Verfahrensvorgaben aus Art. 82 ff. Arbeitnehmerstatut verletzt habe, in einen außerstatutarischen Tarifvertrag umgedeutet werden können.[491] Sonstige Fälle von außerstatutarischen Tarifverträgen der Einheitsvertretungen, insbesondere solche nach freier Wahl der Einheitsvertretung, seien aber auch unter Berücksichtigung ihrer generellen Repräsentationsfunktion gegenüber der gesamten Belegschaft nicht möglich.[492]

Nach mehrheitlicher Ansicht sind sowohl die Einheitsvertretungen als auch die gewerkschaftlichen Vertretungen zum Abschluss außerstatutarischer Tarifverträge legitimiert.[493] Werden Einheitsvertretungen tätig, müssen sie aber die gesetzlichen Vorgaben zur Entscheidungsfindung ihres Organs beachten. Da Art. 65.1 Arbeitnehmerstatut eine mehrheitliche Entscheidung fordere, könne nicht ein Teil der Einheitsvertretung, der lediglich eine Minderheit auf sich vereine, einen außerstatutarischen Tarifvertrag wirksam vereinbaren.[494]

---

490 Palomeque López/Àlvarez de la Rosa, Derecho del trabajo, S. 195; Palomo Vélez, El modelo español de representación de los trabajadores en la empresa, S. 374; Santiago Redondo, Revista española de derecho del trabajo 1997, Nr. 85, 731, 751–755.

491 Palomo Vélez, El modelo español de representación de los trabajadores en la empresa, S. 374; García Murcia, Actualidad laboral 1992, Nr. 24, 413, 420.

492 Palomo Vélez, El modelo español de representación de los trabajadores en la empresa, S. 374.

493 STS 8514/2006, 12.12.2006; STS 1055/2003, 18.02.2003; Rojas Miño, La eficacia jurídica de los convenios colectivos, S. 150, 151; Sala Franco, Actualidad laboral 2013, Nr. 12, 1, 2; Apilluelo Martín, Actualidad laboral 1995, Nr. 9, 133, 140, 141.

494 Fernández Domínguez, in: Ministerio de Trabajo y Asuntos Sociales, La eficacia de los convenios colectivos, S. 735, 749, 750, 762; Sala Franco, Actualidad laboral 2013, Nr. 12, 1, 2. In STS 392/1997, 24.01.1997 wurde aber für zulässig erachtet, dass die Verhandlungen mit der Einheitsvertretung geführt werden und der außerstatutarische

Der Arbeitgeber kann seinen Tarifvertragspartner nach Ansicht der Rechtsprechung frei wählen, sodass im Unterschied zum statutarischen Tarifvertrag keine Verletzung des Art. 28.1 Spanische Verfassung vorliegt, wenn einzelne Gewerkschaften nicht an den Verhandlungen beteiligt werden.[495]

b. Vorgaben zum Verfahren

Um außerstatutarische Tarifverträge zu verhandeln und abzuschließen, müssen nicht die Vorschriften der Art. 82 ff. Arbeitnehmerstatut, sondern die allgemeinen vertraglichen Vorschriften des Spanischen Zivilgesetzbuchs erfüllt werden.[496] Eine Umgehungsgefahr der Art. 82 ff. Arbeitnehmerstatut besteht aber nach Ansicht der Rechtsprechung nicht, da auch nach Abschluss des formlosen, außerstatutarischen Tarifvertrags weiterhin die Möglichkeit zum Abschluss statutarischer oder weiterer außerstatutarischer Tarifverträge besteht.[497] Das allgemeine Vertragsrecht des Spanischen Zivilgesetzbuchs normiert keine besonderen Legitimationserfordernisse zum Verfahren.[498] Es wird keine Verhandlungspflicht angenommen.[499] Der Tarifvertrag muss mehrheitlich von Seiten der Arbeitnehmer- und Arbeitgebervertreter angenommen werden.[500] Auf freiwilliger Basis kann der außerstatutarische Tarifvertrag bei der zuständigen Behörde registriert werden, Disposición Adicional RD 713/2010.[501]

4. Die Legitimations- und Verfahrenserfordernisse der subsidiären Kollektivvereinbarungen

Das Arbeitnehmerstatut normiert im Vergleich zu den statutarischen Tarifverträgen wenige Legitimations- und Verfahrensanforderungen für die Kollektivvereinbarungen. Je nach Art der Vereinbarung sind unterschiedliche

---

Tarifvertrag dann mit einer Gewerkschaft geschlossen wird, sollte kein mehrheitlicher Beschluss in der Einheitsvertretung zustande kommen. Der Minderheitsbeschluss kann aber nicht als Beschluss der Einheitsvertretung angesehen werden; ähnlich auch STS 8514/2006, 12.12.2006.

495 STC 121/2001, 04.06.2001; STS 8488/2009, 16.12.2009; STS 6566/2007, 18.09.2007.

496 STS 8514/2006, 12.12.2006; STS 1055/2003, 18.02.2003.

497 STS 8514/2006, 12.12.2006; STS 5446/2003, 11.09.2003; STS 2832/1991, 30.05.1991.

498 STS 8514/2006, 12.12.2006; STS 5719/2003, 25.09.2003; STS 1055/2003, 18.02.2003; STS 4055/1999, 08.06.1999.

499 STS 1151/2005, 24.02.2005; STS 5939/1999, 30.09.1999; STS 7201/1996, 14.12.1996.

500 STS 8514/2006, 12.12.2006; STS 1055/2003, 18.02.2003.

501 Vgl. Ojeda Avilés, Compendio de derecho sindical, S. 456.

Subjekte zur Verhandlung und zum Abschluss legitimiert. Verfahrens- oder Formvorschriften existieren je nach Art der Kollektivvereinbarung ebenfalls nur teilweise. Der folgende Abschnitt betrachtet schwerpunktmäßig die Legitimationserfordernisse subsidiärer Kollektivvereinbarungen der Unternehmensebene. Die modifizierenden Kollektivvereinbarungen gem. Art. 41.2, 82.3 UAbs. 2 Arbeitnehmerstatut sind aufgrund ihrer besonderen Funktion gesondert zu untersuchen. Jede der modifizierenden Vereinbarungen unterliegt im Unterschied zu den subsidiären Kollektivvereinbarungen weiteren besonderen Voraussetzungen, auf die in Kapitel 3 explizit eingegangen wird.[502] Wegen ihrer modifizierenden Funktion werden diese Vereinbarungen im Verhältnis zur Wirkung der statutarischen und außerstatutarischen Tarifverträge analysiert.

a. Legitimierte Parteien von Kollektivvereinbarungen

Der Gesetzestext legitimiert in einer etwas unscharfen Formulierung das Unternehmen und die Arbeitnehmervertretungen (*acuerdo entre la empresa y los representantes de los trabajadores*)[503] zur Vereinbarung von subsidiären Kollektivvereinbarungen der Unternehmensebene. Allein aus dem Wortlaut wird nicht klar, welche konkreten Arbeitnehmervertretungen unter welchen Voraussetzungen zur Vereinbarung der Kollektivvereinbarungen legitimiert sind. Da die Kollektivvereinbarungen der Unternehmensebene teleologisch einen statutarischen Tarifvertrag ersetzen,[504] sind in Auslegung des Gesetzeswortlauts dieselben Parteien zu ihrem Abschluss legitimiert wie zum Abschluss eines statutarischen Tarifvertrags auf oder unter der Unternehmensebene,[505] also sowohl die Einheitsvertretungen als auch die Gewerkschaftssektionen.[506]

---

502 Vgl. zu Art. 41 in Kapitel 3 D.II und zu Art. 82.3 UAbs. 2 Arbeitnehmerstatut in Kapitel 3 D.III.

503 Z.B. in Art. 22.1, 24.1, 29.1 UAbs. 3, 34.2 UAbs. 1, 34.3 UAbs. 2, 67.1 UAbs. 5 S. 3 Arbeitnehmerstatut.

504 Vgl. in Kapitel 1 B.II.2.e.bb(1).

505 SAN 2015/2005, 19.04.2005; Sala Franco, in: Goerlich Peset, Derecho del trabajo, S. 681; Palomeque López/Álvarez de la Rosa, Derecho del trabajo, S. 200, 201; Rega Rodríguez, in: García Murcia, El sistema de fuentes de la relación laboral, S. 177, 200; Escudero Rodríguez, in: Valdés Dal-Ré, La reforma del mercado laboral, S. 37, 53; García Murcia, Los acuerdos de empresa, S. 150; García Jiménez, Los acuerdos de empresa, S. 183; García Murcia, Temas laborales 2004, Nr. 76, 85, 104.

506 Vgl. in Kapitel 1 B.III.2.b.bb(1)(a).

Ob auch Minderheiten, die die erforderlichen Mehrheiten gem. Art. 87, 88, 89 Arbeitnehmerstatut nicht erreichen, Kollektivvereinbarungen der Unternehmensebene abschließen können, wird uneinheitlich beurteilt.[507] Da die Minderheiten nicht die gesamte Belegschaft des Unternehmens bzw. Betriebs repräsentieren, würde sich ihre Legitimation auf die Personengruppe begrenzen, die die Minderheit repräsentiert. Konsequenz einer Legitimation von Minderheiten wäre, dass auch Kollektivvereinbarungen mit auf Mitglieder beschränkter Wirkung wirksam vereinbart werden könnten. Die Materien, die gesetzlich durch Kollektivvereinbarung geregelt werden dürfen, sind aber grundsätzlich solche, die notwendiger- oder sinnvollerweise einheitlich im Betrieb oder Unternehmen zu regeln sind.[508] Kollektivvereinbarungen mit nur auf Mitglieder beschränkter Wirkung können diese Materien nicht sinnvoll regeln.[509] Die praktische Relevanz des Streitstands ist daher gering.

b. Vorgaben zum Verfahren

Gem. Art. 40.2 UAbs. 7 S. 2, 41.4 UAbs. 7 S. 2, 51.2 UAbs. 10 Arbeitnehmerstatut erfordert der Abschluss der Kollektivvereinbarung eine mehrheitliche Entscheidung. Für die übrigen Kollektivvereinbarungen normiert das Arbeitnehmerstatut keine Abschlussvoraussetzungen. In systematischer Auslegung werden daher die Mehrheitserfordernisse auf alle Kollektivvereinbarungen des Arbeitnehmerstatuts übertragen. Verhandeln die Einheitsvertretungen, liegt ein wirksamer Beschluss des Kollegialorgans vor, sofern die Mitglieder

---

507 Gegen eine Legitimation von Minderheiten zum Abschluss subsidiärer Kollektivvereinbarungen: García Jiménez, Los acuerdos de empresa, S. 298–300; Alfonso Mellado/Pedrajas Moreno/Sala Franco, Relaciones laborales 1995, Nr. 4, 1390, 1393; Bodas Martín, La eficacia jurídica de los acuerdos de empresa, Stand: 30.07.2010. Für eine Legitimation von Minderheiten: García Murcia, Los acuerdos de empresa, S. 130, 131; Rega Rodríguez, in: García Murcia, El sistema de fuentes de la relación laboral, S. 177, 196. Nach Lahera Forteza, Normas laborales y contratos colectivos, S. 217 ist eine Vereinbarung von Minderheiten nur von Gewerkschaftssektionen, nicht aber von den Einheitsvertretungen möglich. Ausnahmsweise war in STS 8514/2006, 12.12.2006 auch eine Einheitsvertretung ohne die erforderliche Mehrheit zum Abschluss einer Kollektivvereinbarung befugt. Das stellt aber nicht den Regelfall dar, vgl. Ministerio de Empleo y Seguridad Social, Guía de la negociación colectiva 2018, S. 74.

508 García Murcia, Los acuerdos de empresa, S. 131.

509 García Murcia, Los acuerdos de empresa, S. 131.

gem. Art. 65.1 Arbeitnehmerstatut mehrheitlich zustimmen.[510] Verhandeln die Gewerkschaftssektionen, müssen diese entsprechend Art. 87.1 Arbeitnehmerstatut die Mehrheit der Mitglieder in den Einheitsvertretungen repräsentieren.[511] Im Übrigen wird gefordert, dass die Verhandlungen in gutem Glauben zu führen sind.[512] Lediglich Art. 40.2, 41.4, 51.2 Arbeitnehmerstatut ordnen ausnahmsweise eine Verhandlungspflicht an.[513]

Die Verfahrens- oder Formvorschriften der Art. 82 ff. Arbeitnehmerstatut gelten nicht für subsidiäre Kollektivvereinbarungen der Unternehmensebene.[514] Art. 2.1 lit. h Gesetzesdekret 713/2010[515] normiert aber eine Pflicht zur Archivierung und Registrierung für alle Vereinbarungen, denen gesetzlich die Wirkung von statutarischen Tarifverträgen zuerkannt wurde oder deren tarifvertragliche Wirkung sich aus den Bestimmungen des Tarifvertrags selbst ableitet.

IV. Zusammenfassung

Rechtliche Rahmenbedingungen zur Gestaltung des Arbeitsvertrags durch Tarifvertrag werden durch die Verfassung und durch einfachgesetzliche

---

510 Goerlich Peset, in: Albiol Montesinos, Convenios colectivos y acuerdos de empresa, S. 317, 334; Escudero Rodríguez, in: Valdés Dal-Ré, La reforma del mercado laboral, S. 37, 54.

511 Goerlich Peset, in: Albiol Montesinos, Convenios colectivos y acuerdos de empresa, S. 317, 334; Escudero Rodríguez, in: Valdés Dal-Ré, La reforma del mercado laboral, S. 37, 54.

512 Rega Rodríguez, in: García Murcia, El sistema de fuentes de la relación laboral, S. 177, 201; Quintanilla Navarro, Los acuerdos de empresa, S. 99.

513 Zur Ausgestaltung der dortigen Verhandlungspflicht: García Murcia, Los acuerdos de empresa, S. 155; García Jiménez, Los acuerdos de empresa, S. 233, 234. A.A. Quintanilla Navarro, Los acuerdos de empresa, S. 99, der entsprechend Art. 89.1 UAbs. 2 Arbeitnehmerstatut eine Verhandlungspflicht für alle Kollektivvereinbarungen der Unternehmensebene annimmt, sofern nach Art. 87.1 Arbeitnehmerstatut legitimierte Subjekte handeln.

514 Lahera Forteza, Normas laborales y contratos colectivos, S. 217; Sala Franco, in: Goerlich Peset, Derecho del trabajo, S. 681.

515 Real Decreto 713/2010, de 28 de mayo, sobre registro y depósito de convenios y acuerdos colectivos de trabajo (BOE n. 143, de 12.06.2010), zuletzt geändert durch Disposicicón Final 1^{era} Real Decreto 901/2020, de 13 de octubre (BOE n. 272, de 14.10.2020).

Regelungen im Arbeitnehmerstatut, dem Organgesetz über die Gewerkschaftsfreiheit und dem Spanischen Zivilgesetzbuch normiert.

Mit Art. 7, 22, 28, 37, 129.2 Spanische Verfassung hat der spanische Verfassungsgesetzgeber die verfassungsrechtlichen Gewährleistungen und Rechte weitaus ausführlicher formuliert als der deutsche Verfassungsgesetzgeber in Art. 9 Abs. 3 GG. Insbesondere die verfassungsrechtliche Aufgabe zur Verteidigung und Förderung wirtschaftlicher und sozialer Interessen gem. Art. 7 Spanische Verfassung und das aus historischen Gründen ausdrücklich gewährte Recht auf Tarifverhandlungen gem. Art. 37.1 Spanische Verfassung sind nochmals hervorzuheben. Über die Auslegung des Art. 7 Spanische Verfassung wird Gewerkschaften und Arbeitgeberverbänden eine Sonderstellung zuteil. Sie haben eine originäre, außerstaatliche, soziale Rechtsetzungsmacht und üben eine Gesamtrepräsentations- sowie eine institutionelle Vertretungsfunktion aus. Art. 37.1 Spanische Verfassung beschränkt das Recht auf Tarifverhandlungen auf Arbeitnehmerseite nicht auf Gewerkschaften, sodass die einfachgesetzlich geschaffenen Einheitsvertretungen ebenfalls an Tarifverhandlungen auf und unter der Unternehmensebene beteiligt werden können. Das unterschiedliche verfassungsrechtliche Schutzniveau der Arbeitnehmervertretungen – von Gewerkschaften über Art. 28 Spanische Verfassung, von Einheitsvertretungen lediglich indirekt über Art. 129.2 Spanische Verfassung – führt aber zu bislang nicht klar gelösten Abgrenzungsproblemen. Da sich die Einheitsvertretungen hin zu einer Vergewerkschaftlichung entwickeln, kommt es vermehrt dazu, dass Mitglieder der Einheitsvertretung gleichzeitig Gewerkschaftsmitglieder sind. Bei welcher Tätigkeit diese Personen dem Schutz von Art. 28 Spanische Verfassung unterliegen, ist nicht klar ersichtlich. *Lahera Forteza* befürwortet daher eine dem deutschen System ähnliche Trennung[516]: Die Einheitsvertretung soll demnach, wie der deutsche Betriebsrat, nicht mehr zu Tarifverhandlungen berechtigt sein und es soll ein

---

516 Lahera Forteza, La reforma de la negociación colectiva, S. 170–173; Lahera Forteza, Papeles de economía española 2018, Nr. 156, 18, 24. Ähnlich auch Monereo Pérez, Revista Crítica de Relaciones de Trabajo. Laborum 2023, Nr. 9, 209, 316. Vgl. auch Duque González, Lan Harremanak 2021, Nr. 45, 14, 37, 39, der fordert, dass die Gewerkschaften weitergehend priorisiert werden sollten, um eine Verhandlungsparität zwischen Arbeitgebern und Arbeitnehmern herzustellen, um die spanische Rechtsordnung mit anderen Rechtsordnungen in Einklang zu bringen, die Einheitsvertretungen

Gewerkschaftsmonopol im Tarifrecht festgelegt werden. Ob sich künftige Reformen in diese Richtung entwickeln, bleibt abzuwarten.

Ungewöhnlich ist ebenfalls die aus Art. 37.1 Spanische Verfassung abgeleitete Dualität der statutarischen und der außerstatutarischen Tarifvertragsformen: Die statutarischen Tarifverträge wirken erga omnes und unterliegen den Vorgaben der Art. 82 ff. Arbeitnehmerstatut. Die Tarifvertragsparteien müssen zu deren Verhandlung und Abschluss die Repräsentativitätserfordernisse der Art. 87, 88, 89 Arbeitnehmerstatut erfüllen. Wirkung und Verfahrensvorschriften der außerstatutarischen Tarifverträge werden dagegen aus der Verfassung und dem allgemeinen Zivilrecht abgeleitet. Die Wirkung des außerstatutarischen Tarifvertrags ist allein mitgliederbezogen. Im Vergleich beider Formen zeigt sich, dass die statutarischen Tarifverträge aufgrund ihrer weitreichenden Erga-Omnes-Wirkung strengen Repräsentativitäts-, Verfahrens- und Abschlusserfordernissen unterliegen. Das Tarifvertragssystem basiert auf einer demokratischen Legitimation und der Gesetzgeber interveniert in erheblichem Umfang bei der Ausgestaltung der Tarifverhandlungen. Da die tarifvertragliche Wirkung für Nicht- und Andersorganisierte einer besonderen Rechtfertigung und einer lückenlosen Legitimation bedarf, verwundert, dass die Literatur die Konstruktion der Legitimation nicht ausführlicher diskutiert und Legitimationslücken nicht umfassender kritisiert. Für die außerstatutarischen Tarifverträge hat der einfache Gesetzgeber dagegen keine ausdrücklichen Regelungen getroffen. Literatur und Rechtsprechung haben verschiedene Ansichten zu deren verfassungsrechtlicher Zulässigkeit, den Legitimationserfordernissen und den tarifvertraglichen Wirkungen entwickelt. Im Bereich der Kollektivvereinbarungen der Unternehmensebene fällt es aufgrund der diversen Funktionen (subsidiär, ergänzend, modifizierend) schwer, einheitliche Regelungen zu abstrahieren. Der Gesetzgeber hat zu subsidiären Kollektivvereinbarungen wenige Vorschriften normiert, sie weisen eine hohe Informalität auf. Zu den modifizierenden Vereinbarungen in Art. 41 Arbeitnehmerstatut und Art. 83 Arbeitnehmerstatut hat der Gesetzgeber dagegen ausführliche Regelungen festgelegt.

---

von Tarifverhandlungen ausschließen, und um dem IAO-Übereinkommen Nr. 154 zu entsprechen.

C. Ergebnis

Sowohl in tatsächlicher als auch in rechtlicher Hinsicht basiert das spanische Tarifsystem auf Ausgangspunkten, die stark von den deutschen Strukturen abweichen. In tatsächlicher Hinsicht sind aus deutscher Sicht die spanische Gewerkschaftslandschaft und die historisch bedingte, starke, staatliche Regulierung hervorzuheben. In rechtlicher Hinsicht sind das abweichende Verständnis der Tarifautonomie als originäre, außerstaatliche, soziale Rechtsetzungsmacht und die Gesamtrepräsentations- und institutionelle Vertretungsfunktion der Verbände zu unterstreichen. Weiter ist auffällig, dass das die mehrheitliche Ansicht in der spanischen Literatur und Rechtsprechung zwei Tarifvertragsformen nicht nur als zulässig, sondern als notwendig einstuft, um die Gewerkschaftsfreiheit der nicht-repräsentativen Verbände zu gewährleisten. Mit der Möglichkeit, Tarifverhandlungen alternativ durch Einheitsvertretungen oder Gewerkschaftssektionen zu führen, weist das spanische Tarifsystem einen weiteren wesentlichen Unterschied zum deutschen System auf.

Die in Kapitel 1 untersuchte verfassungsrechtliche Basis der Erga-Omnes-Wirkung statutarischer Tarifverträge stellt den wesentlichen Ausgangspunkt dafür dar, dass eine einfachgesetzliche Ausgestaltung des Art. 82.3 Arbeitnehmerstatut, wie sie im folgenden Kapitel 2 erläutert wird, rechtlich möglich ist. Gleichzeitig haben die bisherigen Ausführungen gezeigt, dass Literatur und Rechtsprechung die weitreichenden Konsequenzen der normierten Erga-Omnes-Wirkung für das spanische Tarifsystem erkennen und mithilfe von Maßnahmen zur Flexibilisierung Anpassungen der Tarifklauseln an konkrete Unternehmenssituationen zulassen.

Die Tarifbindung

Gegenüberstellung der Erga-Omnes-Wirkung von statutarischen Tarifverträgen, der mitgliederbezogenen Wirkung von außerstatutarischen Tarifverträgen und der Wirkung von Kollektivvereinbarungen

Das folgende Kapitel erläutert den Umfang der Tarifbindung von Arbeitgebern und Arbeitnehmern bei statutarischen und außerstatutarischen Tarifverträgen als Voraussetzung der Anwendung eines Tarifvertrags. Nach einem kurzen Überblick zu den historischen Grundlagen (unter A.) steht die Erga-Omnes-Wirkung des statutarischen Tarifvertrags im Zentrum der Ausführungen (unter B.). Die Arbeit untersucht umfassend deren Umfang und Ausnahmen sowie rechtliche und soziale Auswirkungen einer Tarifbindung für organisierte, nicht- und andersorganisierte Arbeitnehmer und Arbeitgeber. In einer Gegenüberstellung hierzu wird in einem zweiten Unterkapitel die auf Mitglieder beschränkte Wirkung der praktisch weniger genutzten außerstatutarischen Tarifverträge analysiert (unter C.). Ein drittes Unterkapitel arbeitet sodann die Unterschiede zwischen der Tarifbindung an Tarifverträge und der Bindung an Kollektivvereinbarungen der Unternehmensebene heraus (unter D.).

A. Die historische Entwicklung

Die heute in Art. 82.3 Arbeitnehmerstatut normierte Erga-Omnes-Wirkung hat sich historisch von einer auf Mitglieder beschränkten Wirkung hin zu einer Erga-Omnes-Wirkung entwickelt. Zunächst beschränkte Art. 5 des Gesetzes über Tarifverträge (*Ley de Convenios Colectivos Sindicales 1958*) vom 24.04.1958 die Wirkung auf die vertragschließenden Parteien und deren

Mitglieder.[517] Zur Zeit des Franquismus waren aber alle Arbeitnehmer und Arbeitgeber Mitglieder des Einheitssyndikats,[518] sodass die Tarifverträge faktisch erga omnes wirkten. Das nachfolgende Gesetz 18/1973 über Tarifverträge (*Ley de Convenios Colectivos Sindicales de Trabajo 1973*) vom 19.12.1973 ordnete eine Erga-Omnes-Wirkung für alle Arbeitnehmer und Arbeitgeber im festgelegten tariflichen Anwendungsbereich an.[519] In der Transition vom Franquismus zur parlamentarischen Monarchie wurde das Gesetz 18/1973 durch Art. 27 des Königlichen Gesetzesdekrets 17/1977 über Arbeitsbedingungen (*Real Decreto-ley sobre relaciones laborales*) vom 04.03.1977 dahingehend geändert, dass die Wirkung des Tarifvertrags auf diejenigen Arbeitnehmer und Arbeitgeber beschränkt bleiben sollte, die repräsentiert werden.[520] Am 10.07.1979 schlossen die Gewerkschaft *Unión General de Trabajadores* und der Arbeitgeberverband *Confederación Española de Organizaciones Empresariales* eine Rahmenvereinbarung (*Acuerdo Básico Interconfederal*), nach der sie von der im Königlichen Gesetzesdekret 17/1977 festgelegten mitgliederbezogenen Wirkung abweichen und das vorherige System mit der Möglichkeit einer tarifvertraglichen Erga-Omnes-Wirkung weiterhin zur Anwendung bringen wollten.[521] Dieses Abkommen übernahm der Gesetzgeber und fügte es in die

517 Art. 5 Ley de Convenios Colectivos Sindicales 1958: „*Los convenios colectivos sindicales obligan exclusivamente a las partes que los establecieron.*"

518 Ley de 26 de enero 1940 sobre Unidad sindical (BOE n. 31, de 31.01.1940) und Ley de Bases de la Organización Sindical de 6 de diciembre 1940 (BOE n. 342, de 07.12.1940). Vgl. auch die Erläuterungen in Giménez Martínez, Revista Mexicana de Historia del Derecho 2015, Nr. 31, 223 ff.; Sánchez Recio, Pasado y memoria: Revista de historia contemporánea 2002, Nr. 1, 19, 21 ff., 28 ff., 32 ff.

519 Art. 6 Ley de Convenios Colectivos Sindicales de Trabajo 1973: „*Los Convenios Colectivos tienen fuerza normativa y obligarán a la totalidad de los empresarios, trabajadores y técnicos comprendidos en el ámbito de los mismos por el plazo pactado.*"

520 Art. 27 Real Decreto-ley 17/1977: „*Los convenios colectivos tienen fuerza normativa y obligan, por todo el tiempto de su vigencia, y con exclusión de cualquier otro, a la totalidad de los empresarios y trabajadores representados comprendidos dentro de su ámbito de aplicación*"; vgl. Sagardoy Bengoechea, La eficacia de los convenios colectivos, S. 14.

521 Punkt IX des Acuerdo Básico Interconfederal (BOE, n. 21, de 24.01.1980, S. 1822, 1826). Vgl. zur Prägung der Rechtswirklichkeit des kollektiven Arbeitsrechts durch Gewerkschaften und Arbeitgeber bzw. Arbeitgeberverbände in Deutschland Krebber, in: Bu, Recht und Rechtswirklichkeit in Deutschland und China, S. 181, 182 f.

Regelungen des neuen Arbeitnehmerstatuts von 1980 ein, sodass der Tarifvertrag wieder eine Erga-Omnes-Wirkung erlangte.[522]

Von Arbeitgebern und Arbeitnehmern war eine Vereinheitlichung zur vereinfachten, uniformen Anwendung der Arbeitsbedingungen sowie aus Wettbewerbsgründen gewollt. Es sollte vermieden werden, dass der Arbeitgeber bevorzugt nicht einer Gewerkschaft zugehörige Arbeitnehmer einstellte, um Lohnkosten einzusparen und nicht zur Zahlung des höheren Tariflohns verpflichtet zu sein.[523] Auch der Staat beurteilte eine Ausweitung der Wirkungsbreite als vorteilhaft, um Gewerkschaften und deren Mitglieder, gleichzeitig aber auch die nicht- und andersorganisierten Arbeitnehmer zu schützen.[524]

B. Die Erga-Omnes-Wirkung des statutarischen Tarifvertrags

Im folgenden Kapitel wird nach einer kurzen begrifflichen Einordnung der Erga-Omnes-Wirkung untersucht, ob den Tarifvertragsparteien Dispositionsbefugnisse über die Erga-Omnes-Wirkung zustehen. Da die Erga-Omnes-Wirkung durch den festgelegten tariflichen Anwendungsbereich begrenzt wird, werden mögliche Wechselwirkungen zwischen der Erga-Omnes-Wirkung und dem tariflichen Anwendungsbereich analysiert. In diesem Rahmen untersucht dieses Kapitel, inwieweit sich Differenzierungsklauseln im spanischen Tarifsystem etabliert haben. Behördliche und gesetzliche Ausweitungen sowie Ausnahmen zur Erga-Omnes-Wirkung werden erläutert. Zum Schluss werden die rechtlichen und sozialen Auswirkungen der Erga-Omnes-Wirkung dargestellt.

I. Die Definition der Erga-Omnes-Wirkung

Art. 82.3 Arbeitnehmerstatut bestimmt, dass die statutarischen Tarifverträge für alle Arbeitgeber und Arbeitnehmer, die dem Anwendungsbereich unterfallen, für die gesamte Dauer der tarifvertraglichen Gültigkeit verbindlich sind. Der Wortlaut des Art. 82.3 Arbeitnehmerstatut fordert als Voraussetzung

[522] Duque González, Derecho de relaciones laborales 2020, Nr. 3, 252, 263.
[523] Rodríguez-Piñero, Eficacia general del convenio colectivo, S. 28, 30.
[524] Rodríguez-Piñero, Eficacia general del convenio colectivo, S. 34.

der Tarifgebundenheit keine Mitgliedschaft in einem Arbeitgeberverband oder einer Gewerkschaft.

1. Ausweitung ex ante

Die in Art. 82.3 Arbeitnehmerstatut normierte Regelung weitet die normativen Tarifvertragsklauseln des statutarischen Tarifvertrags *ex ante*[525] ohne jegliche administrative oder staatliche Intervention auf alle organisierten und nichtorganisierten Arbeitnehmer und Arbeitgeber des Anwendungsbereichs aus (*eficacia personal general* oder *erga omnes*[526]). Bestehen Zweifel, ob die Voraussetzungen des Arbeitnehmerstatuts erfüllt wurden und damit überhaupt ein statutarischer Tarifvertrag nach den Voraussetzungen der Art. 82 ff. Arbeitnehmerstatut vorliegt, muss der Tarifvertrag nach Ansicht in der Literatur dennoch veröffentlicht werden, sodass die anfängliche Erga-Omnes-Wirkung nicht verhindert werden kann.[527] Lediglich Art. 90.5 Arbeitnehmerstatut bestimmt, dass die Arbeitsbehörde die Angelegenheit von Amts wegen an die zuständige Gerichtsbarkeit zu verweisen hat, wenn sie der Ansicht ist, dass der Tarifvertrag gegen geltendes Recht verstößt oder die Interessen Dritter ernsthaft beeinträchtigt.[528] Gem. Art. 90.5 Arbeitnehmerstatut entscheidet hier dann die Judikative, nicht aber die Exekutive über mögliche Mängel. Abweichend von der gesetzlichen Idee in Art. 90.5

---

525 Alonso García, in: Ministerio de Sanidad y Seguridad Social, I Congreso nacional, S. 35, 38, 41; Duque González, La fuerza vinculante del convenio colectivo, S. 713, 860, 862; Montoya Melgar, Derecho del trabajo, S. 173; Duque González, Derecho de relaciones laborales 2020, Nr. 3, 252, 261; Valdés Dal-Ré, Relaciones laborales 1990, Nr. 1, 268, 272–274; Valdés Dal-Ré, Revista de política social 1979, Nr. 121, 469, 498.

526 Vgl. Sala Franco, Los convenios colectivos extraestatutarios, S. 18. Monereo Pérez/Molina Navarrete/Moreno Vida, Manual de derecho sindical, S. 246 und Valdés Dal-Ré, Relaciones laborales 1990, Nr. 1, 268, 273 betonen diese Besonderheit der Erga-Omnes-Wirkung im Vergleich zu den Rechtsordnungen anderer Länder.

527 Duque González, La fuerza vinculante del convenio colectivo, S. 715; Lahera Forteza, Manual de negociación colectiva, S. 82; Monereo Pérez/Molina Navarrete/Moreno Vida, Manual de derecho sindical, S. 235–237; Duque González, Derecho de relaciones laborales 2020, Nr. 3, 252, 262.

528 In STC 235/1988, 05.12.1988 bezeichnet das Verfassungsgericht die vorherige Kontrollmöglichkeit gem. Art. 90.5 Arbeitnehmerstatut als Ausnahme der grundsätzlichen Pflicht zur Registrierung und Veröffentlichung gem. Art. 90,2 und 90.3 Arbeitnehmerstatut; STS 462/1994, 02.02.1994 spricht von einer prophylaktischen Zwecksetzung der vorherigen Kontrolle.

Arbeitnehmerstatut kommuniziert die Arbeitsbehörde in der Praxis bei Zweifeln meist unmittelbar mit den Tarifvertragsparteien, sodass jene die Mängel beseitigen können.[529]

Die Erga-Omnes-Wirkung des Art. 82.3 Arbeitnehmerstatut wird lediglich auf den normativen Teil bezogen. Der schuldrechtliche Teil des Tarifvertrags wirkt weiterhin *inter partes* zwischen den tarifvertragschließenden Parteien.[530]

2. Von der Erga-Omnes-Wirkung erfasste Arbeitnehmer und Arbeitgeber

a. Organisierte, nicht- und andersorganisierte Arbeitnehmer und Arbeitgeber

Die einfachgesetzlich normierte Erga-Omnes-Wirkung unterscheidet nicht zwischen organisierten Arbeitnehmern und Arbeitgebern, die Mitglieder der tarifvertragschließenden Parteien sind, solchen, die Mitglieder anderer Gewerkschaften oder Arbeitgeberverbände sind, und solchen, die überhaupt keiner Gewerkschaft bzw. keinem Arbeitgeberverband angehören. Die Erga-Omnes-Wirkung umfasst nach einhelliger Auffassung sowohl Mitglieder der Tarifvertragsparteien als auch Nicht- und Andersorganisierte in der jeweils durch die Tarifvertragsparteien festgelegten Verhandlungseinheit.[531] Der Tarifvertrag wirkt unterschiedslos *ex lege* für Mitglieder der Verbände und Nicht- und Andersorganisierte, ohne eine der Gruppen im Vergleich zur anderen zu bevorzugen.[532]

b. Vergangene, gegenwärtige und zukünftige Arbeitsverhältnisse

Arbeitnehmer sind gem. Art. 82.3 Arbeitnehmerstatut tarifgebunden, sofern sie zu irgendeinem Zeitpunkt während der Wirksamkeit des Tarifvertrags

---

529 Monereo Pérez/Molina Navarrete/Moreno Vida, Manual de derecho sindical, S. 237.

530 Duque González, La fuerza vinculante del convenio colectivo, S. 708; Monereo Pérez/Molina Navarrete/Moreno Vida, Manual de derecho sindical, S. 224; Ojeda Avilés, Derecho sindical, S. 789; Díaz Aznarte, Temas laborales 2014, Nr. 123, 13, 15.

531 STC 98/1985, 29.07.1985; STC 73/1984, 27.06.1984; Alonso García, in: Ministerio de Sanidad y Seguridad Social, I Congreso nacional, S. 35, 38; Monereo Pérez/Molina Navarrete/Moreno Vida/Vila Tierno, Manual de derecho del trabajo, S. 232; Palomeque López/Álvarez de la Rosa, Derecho del trabajo, S. 197.

532 Duque González, Derecho de relaciones laborales 2020, Nr. 3, 252, 262.

innerhalb der Verhandlungseinheit beschäftigt wurden.[533] Alle vergangenen,[534] gegenwärtigen und während der tariflichen Laufzeit künftig beginnende Arbeitsverhältnisse werden erfasst, sofern sie Teil der festgesetzten Verhandlungseinheit sind.[535] Der Rechtsprechung nach werden beispielsweise Rentner gem. Art. 82.3 Arbeitnehmerstatut tarifgebunden, sofern sie Empfänger von tariflichen Zusatzleistungen sind und eine klare Verknüpfung zu dem betroffenen Unternehmen besteht.[536]

3. Dispositionsbefugnisse der Tarifvertragsparteien über die Erga-Omnes-Wirkung

Fraglich ist, ob die Tarifvertragsparteien, die einen statutarischen Tarifvertrag abschließen, über dessen Erga-Omnes-Wirkung disponieren können. Die Erga-Omnes-Wirkung greift intensiver in den Rechtskreis von Dritten ein als eine auf Personengruppen beschränkte Wirkung. Insofern könnte im Wege eines Erst-Recht-Schlusses angenommen werden, dass eine auf Personengruppen beschränkte Wirkung den Rechtskreis Dritter weniger tangiert und damit erst recht zulässig sein muss, wenn schon intensivere Eingriffe rechtmäßig sind. Literatur und Rechtsprechung sind sich insoweit uneinig.

a. Die Disposition über die Erga-Omnes-Wirkung als Teil der Tarifautonomie

Die Befürworter einer Disponibilität der Erga-Omnes-Wirkung begründen diese damit, dass die Tarifautonomie nicht vollständig hinter der

---

533 Vicente Palacio, in: García Ninet, Derecho del trabajo, S. 145.

534 Vergangene Arbeitsverhältnisse, die zum Zeitpunkt der Unterzeichnung des Tarifvertrags nicht mehr bestehen, können erfasst werden, wenn die Tarifvertragsparteien eine Rückwirkung vereinbaren und die betreffenden Arbeitsverhältnisse in diesem Zeitraum bestanden, vgl. STS 4709/1999, 01.07.1999; STS 7450/1996, 20.12.1996; STS 7578/1995, 26.07.1995.

535 STS 5067/2003, 16.07.2003; STS 7578/1995, 26.07.1995; Vicente Palacio, in: García Ninet, Derecho del trabajo, S. 145; Borrajo Dacruz, Introducción al derecho del trabajo, S. 333; Ojeda Avilés, Compendio de derecho sindical, S. 353; Martín Valverde, in: Ministerio de Trabajo y Seguridad Social, El contenido de los Convenios Colectivos, S. 37, 44.

536 ATS 3417/1999, 01.06.1999; STS 7450/1996, 20.12.1996; STS 7578/1995, 26.07.1995; STS 4192/1995, 14.07.1995.

einfachgesetzlich festgelegten Erga-Omnes-Wirkung zurücktreten könne[537]: Art. 83.1 Arbeitnehmerstatut berechtige die Tarifvertragsparteien ausdrücklich, den tarifvertraglichen Anwendungsbereich selbst zu bestimmen.[538] Die Annahme einer zwingenden Regelung würde zudem dazu führen, dass Gewerkschaften, die die Anforderungen der Repräsentativität erfüllten, keine Tarifverträge außerhalb des Arbeitnehmerstatuts abschließen dürften. Das würde ihre Autonomie unverhältnismäßig einschränken.[539]

Gegen diese Theorie spricht aber, dass die Regelungen zur Festlegung des tariflichen Anwendungsbereichs nicht ohne weiteres auf die Wirkung übertragen werden können.

b. Art. 82.3 Arbeitnehmerstatut als zwingendes Recht

Dagegen urteilte die Rechtsprechung, dass eine Verhandlungseinheit, die ausschließlich organisierte Arbeitgeber in den tariflichen Anwendungsbereich einbezieht, wegen Verstoßes gegen die Erga-Omnes-Wirkung unzulässig sei.[540] Ein Verstoß gegen die Erga-Omnes-Wirkung wurde zudem für eine tarifliche Regelung angenommen, nach der diejenigen Arbeitnehmer von dem Anwendungsbereich eines statutarischen Tarifvertrags ausgeschlossen wurden, die zeitlich vor dessen Wirksamkeit einem außerstatutarischen Tarifvertrag beigetreten waren.[541] Die Verknüpfung der tariflichen Wirkung mit der Tarifautonomie widerspreche der Einstufung des statutarischen Tarifvertrags als Rechtsquelle gem. Art. 3.1 lit. b Arbeitnehmerstatut.[542]

Auch nach Teilen der Literatur ergebe sich aus der fast öffentlich-rechtlichen und gesetzesähnlichen Ausgestaltung der Tarifverträge, dass sich die Verbände ihrer Gesamtrepräsentationsfunktion nicht entziehen dürfen.[543] Weiter

---

537 Alarcón Caracuel, in: Alarcón Caracuel/Del Rey Guanter, La reforma de la negociación colectiva, S. 51, 83 ff.; Casas Baamonde, Relaciones laborales 1997, Nr. 1, 31, 34–37. Lahera Forteza, La reforma de la negociación colectiva, S. 187–189 fordert eine gesetzliche Regelung, die die Disponibilität der Erga-Omnes-Wirkung normiert.

538 Casas Baamonde, Relaciones laborales 1997, Nr. 1, 31, 34–35.

539 Casas Baamonde, Relaciones laborales 1997, Nr. 1, 31, 35.

540 STS 6037/1993, 20.09.1993; gegen eine Disponibilität auch STC 136/1987, 22.07.1987.

541 STS 2450/2007, 14.03.2007.

542 STS 2450/2007, 14.03.2007.

543 Goerlich Peset, in: Comisión Ejecutiva Confederal de UGT, Representación y libertad sindical. Límites a la libertad sindical negativa, la mayor representación sindical y su necesaria revisión, S. 119, 123, 131.

unterstreiche die Indisponibilität der Legitimationsvorschriften in Art. 87 Arbeitnehmerstatut,[544] dass dieser Bereich der Disposition der Parteien aus Gründen der Rechtssicherheit entzogen sei. Im Verhältnis von Gesetzen und Tarifverträgen solle das Gesetz die Rahmenbedingungen zu einer effektiven Ausübung insbesondere des Art. 37.1 Spanische Verfassung schaffen und könne nicht dispositiv ausgestaltet sein, da dies dem Sinn und Zweck der Gesetze zuwiderlaufe.[545]

Auch *Lahera Forteza* sieht die Regelung des Art. 82.3 Arbeitnehmerstatut als zwingend und nicht disponibel an.[546] Die Verbände haben nach seiner Ansicht das Recht und die gleichzeitige Verpflichtung, die Interessen aller Arbeitnehmer zu vertreten, Arbeitsbedingungen einheitlich zu regeln und Tarifverträge mit Erga-Omnes-Wirkung abzuschließen.[547] Das manifestiere sich beispielsweise in dem Recht gem. Art. 87 Arbeitnehmerstatut, als repräsentativer Verband Tarifverhandlungen zu führen, einhergehend mit einer Verhandlungspflicht gem. Art. 89.1 UAbs. 3 Arbeitnehmerstatut, der sich die Parteien grundsätzlich nicht entziehen dürfen.[548] Da es sich bei der Erga-Omnes-Wirkung um ein Recht und zugleich um eine Verpflichtung handele, könne die Erga-Omnes-Wirkung nur zwingend ausgestaltet sein. Die Tarifvertragsparteien würden ihre zugewiesenen Pflichten bei einem lediglich begrenzt für konkrete Personengruppen wirkenden Tarifvertrag verletzen. Gewerkschaften verträten im Rahmen einer gesetzlich zugewiesenen Ermächtigung die Interessen aller Arbeitnehmer. Eine Disponibilität würde diese effektive Interessendurchsetzung gefährden.[549] Eigene Interessen der Verbände, und damit auch das Interesse an einer von der Erga-Omnes-Wirkung abweichenden Wirkung des Tarifvertrags, träten bei der Wahrnehmung der fremden Interessen der vertretenen Arbeitnehmer und Arbeitgeber in den Hintergrund.[550] Trotz Indisponibilität des Art. 82.3 Arbeitnehmerstatut

---

544 Vgl. unter Fn. 350.
545 De la Villa Gil/López Cumbre, Los principios del derecho del trabajo, S. 360.
546 Lahera Forteza, in: Ministerio de Trabajo y Asuntos Sociales, La eficacia de los convenios colectivos, S. 397, 406–408; Lahera Forteza, La reforma de la negociación colectiva, S. 82–85.
547 Lahera Forteza, La reforma de la negociación colectiva, S. 80.
548 Lahera Forteza, La reforma de la negociación colectiva, S. 80, 81.
549 Lahera Forteza, La reforma de la negociación colectiva, S. 82.
550 Lahera Forteza, La reforma de la negociación colectiva, S. 82–83.

weichten aber Konstruktionen wie der Anwendungsvorrang von Unternehmenstarifverträgen gem. Art. 84.2 Arbeitnehmerstatut[551] und die Ausstiegsklausel gem. Art. 82.3 Arbeitnehmerstatut[552] die Erga-Omnes-Wirkung und die Einordnung des statutarischen Tarifvertrags als Rechtsnorm auf.[553]

4. Zwischenergebnis

Die Erga-Omnes-Wirkung statutarischer Tarifverträge erfasst organisierte, nicht- und andersorganisierte Arbeitnehmer und Arbeitgeber des festgelegten Anwendungsbereichs. Erfasst sind vergangene, gegenwärtige und während der tariflichen Laufzeit künftig beginnende Arbeitsverhältnisse. Die Wirkung tritt *ex lege* und *ex ante* ein, sodass keine weitere Intervention des Staates notwendig ist, damit der Tarifvertrag erga omnes wirkt. Über den Fortbestand der Erga-Omnes-Wirkung entscheidet nicht die Exekutive, sondern die Judikative nach einem Verfahren gem. Art. 90.5 Arbeitnehmerstatut. Nach mehrheitlicher Ansicht handelt es sich bei Art. 82.3 Arbeitnehmerstatut um zwingendes Recht. Da die Erga-Omnes-Wirkung und der tarifvertraglich festzusetzende Anwendungsbereich eng miteinander verknüpft sind, werden die Dispositionsbefugnisse der Tarifvertragsparteien, den tariflichen Anwendungsbereich festzusetzen, durch die Indisponibilität des Art. 82.3 Arbeitnehmerstatut beschränkt. Mit der weitreichenden, indisponiblen Erga-Omnes-Wirkung geht zudem einher, dass Unternehmen an möglicherweise für sie existenzgefährdende Tarifklauseln gebunden werden. Um Unternehmen zu schützen, hat der spanische Gesetzgeber Ausnahmen normiert, die die Erga-Omnes-Wirkung aufweichen, z.B. den Anwendungsvorrang von Unternehmenstarifverträgen gem. Art. 84.2 Arbeitnehmerstatut und die Ausstiegsklausel gem. Art. 82.3 Arbeitnehmerstatut. Diese Ausnahmen sind im Folgenden zu untersuchen.

551 Vgl. in Kapitel 2 B.V.1.b.
552 Vgl. in Kapitel 3 D.III.
553 So Lahera Forteza, La reforma de la negociación colectiva, S. 84, 85.

II. Auswirkungen der gesetzlichen Erga-Omnes-Wirkung für die Festsetzung des persönlichen Anwendungsbereichs

1. Die Festsetzung der Verhandlungseinheit

a. Der Begriff der Verhandlungseinheit

Der Tarifvertrag wirkt erga omnes für den Anwendungsbereich, den die Parteien gem. Art. 83.1, Art. 82.3 Arbeitnehmerstatut festlegen.[554] Der Anwendungsbereich orientiert sich an der Festsetzung der Verhandlungseinheit (*unidad de negociación*[555]) und kann grundsätzlich durch die Parteien als Ausdruck der verfassungsrechtlich gewährleisteten Tarifautonomie[556] frei gewählt werden.[557] Die Festlegung der Verhandlungseinheit ist für die Tarifvertragsparteien gleichzeitig als notwendiger Mindestinhalt eines statutarischen Tarifvertrags gem. Art. 85.3 lit. b Arbeitnehmerstatut verpflichtend.[558]

Die Verhandlungseinheit wird verfassungsrechtlich durch Art. 37.1 Spanische Verfassung geschützt.[559] Insbesondere mit Blick auf Konkurrenzsituationen wird sie in ihrem Bestand permanent über den einzelnen Tarifvertrag hinausgehend gesichert, indem während der Laufzeit des Tarifvertrags nicht einzelne Bereiche abgespalten und anderweitig geregelt werden dürfen.[560] Erst, wenn es an eigenen Möglichkeiten zu Tarifverhandlungen im

---

554 Palomeque López/Álvarez de la Rosa, Derecho del trabajo, S. 196.

555 Teilweise wird der Begriff auch gleichgesetzt mit dem *ámbito de aplicación*. García Fernández, Unidad de negociación del convenio colectivo, capacidad convencional y representación profesional en el derecho positivo español, S. 17 sieht die Gleichsetzung beider Begrifflichkeiten aber kritisch: die *unidad de negociación* beschreibe den konkreten Bereich, in dem sich die Tarifverhandlungen entwickeln, während der *ámbito de aplicación* die Resultate der Tarifverhandlungen, also den tariflichen Geltungsbereich betreffe, sodass sich beide Bereiche nicht notwendigerweise decken.

556 Cruz Villalòn, in: Cruz Villalón, La negociación colectiva como instrumento de gestión del cambio, S. 15, 20.

557 STC 17/1986, 04.02.1986; Vicente Palacio, in: García Ninet, Derecho del trabajo, S. 145; Melián Chinea, El sistema de negociación colectiva y sus reglas de articulación, S. 87; Perán Quesada, Revista General de Derecho del Trabajo y de la Seguridad Social 2013, Nr. 33, 127, 132.

558 Die Übertragung der Entscheidungskompetenz über den tariflichen Anwendungsbereich auf den paritätischen Ausschuss ist nicht zulässig, vgl. Vicente Palacio, in: García Ninet, Derecho del trabajo, S. 146.

559 Goerlich Peset, Actualidad laboral 2013, Nr. 11, 1341, 1342.

560 STS 5819/2015, 30.12.2015; Vicente Palacio, in: García Ninet, Derecho del trabajo, S. 161; Goerlich Peset, Actualidad laboral 2013, Nr. 11, 1341, 1353 ff.

funktionalen Anwendungsbereich mangelt oder wenn die entsprechenden repräsentativen Verbände der neuen Verhandlungskommission beigetreten sind, ist ein Wechsel der Verhandlungseinheit möglich.[561]

b. Das Prinzip der Korrespondenz

Obwohl der Wortlaut der Art. 83.1, Art. 82.3 Arbeitnehmerstatut sehr weitgehend ist, werden die Parteien dennoch an Kriterien zur Festlegung der Verhandlungseinheit gebunden: Die Verhandlungseinheit kann nach einhelliger Auffassung ausschließlich den funktionalen und geografischen Bereich erfassen, für den die tarifvertragschließenden Parteien auch im Rahmen ihrer Repräsentativität legitimiert sind (Prinzip der Korrespondenz, *principio de correspondencia*).[562] So kann beispielsweise eine Einheitsvertretung eines Betriebs der Rechtsprechung nach keinen Tarifvertrag aushandeln, der über den eigenen Betrieb hinaus auch für andere Betriebe des Unternehmens gelten soll, unabhängig davon, ob in diesem anderen Betrieb eine eigene Einheitsvertretung existiert oder nicht.[563] Nach einem anderen Beispiel aus der Literatur darf eine Vertretung, die beispielsweise Arbeitnehmer einer Provinz repräsentiert, keinen Tarifvertrag für Arbeitnehmer einer anderen Provinz, der übergeordneten Autonomen Gemeinschaft oder mit gesamtstaatlichem Anwendungsbereich vereinbaren.[564]

Die Korrespondenz wird als notwendig angesehen, um eine ausreichende legitimatorische Rückbindung an die Arbeitnehmer und Arbeitgeber, für die

---

561 STS 41/2020, 08.01.2020.

562 Vgl. Art. 89.1 Arbeitnehmerstatut; st. Rspr.: STS 751/2021, 03.03.2021; STS 1175/2020, 17.03.2020; STS 743/2018, 13.02.2018; STS 2181/2017, 03.05.2017; STS 535/2017, 25.01.2017; STS 1248/2016, 18.02.2016; STS 3286/2015, 10.06.2015; STS 2266/2012, 07.03.2012; STS 2450/2007, 14.03.2007; STS 5724/2006, 21.09.2006; STS 5900/1996, 28.10.1996; STS 4833/1994, 23.06.1994; STS 6037/1993, 20.09.1993; Palomo Balda, in: Cruz Villalón/Menéndez Calvo/Nogueira Guastavino, Representación y representatividad colectiva en las relaciones laborales, S. 477, 480, 481; De Castro Marín, La prioridad aplicativa del convenio de empresa del art. 84.2 Arbeitnehmerstatut, S. 16–18; Solans Latre, El ejercicio de la legitimación para negociar convenios colectivos, S. 25–28.

563 STS 2266/2012, 07.03.2012.

564 Solans Latre, El ejercicio de la legitimación para negociar convenios colectivos, S. 27.

der Tarifvertrag erga omnes wirken soll, zu konstruieren.[565] Wird das Prinzip der Korrespondenz nicht beachtet, führt dies nach Ansicht der Rechtsprechung zur Nichtigkeit *ex tunc* des gesamten Tarifvertrags. Der Anwendungsbereich könne nicht geltungserhaltend auf den zulässigen Bereich, für den die Parteien legitimiert sind, reduziert werden, da nicht ohne weiteres von einem entsprechenden Willen der Tarifvertragsparteien ausgegangen werden könne, den Tarifvertrag in dem reduzierten Anwendungsbereich gelten zu lassen.[566]

In funktionaler Hinsicht werden die Parteien bei der Festlegung des Industriezweigs oder der Berufsgruppen, für die der Tarifvertrag gelten soll, an die jeweils repräsentierten Arbeitnehmer und Arbeitgeber gebunden. Die Parteien können festlegen, ob der Tarifvertag unternehmensübergreifend für die gesamte Branche oder einen Konzern, für ein einzelnes Unternehmen oder unter der Unternehmensebene für einzelne Betriebe, Abteilungen oder Berufsgruppen[567] gelten soll.[568] Geografisch kann der Tarifvertrag, entsprechend der Arbeitnehmer bzw. Arbeitgeber, die repräsentiert werden,

---

565 Palomo Balda, in: Cruz Villalón/Menéndez Calvo/Nogueira Guastavino, Representación y representatividad colectiva en las relaciones laborales, S. 477, 481; beispielsweise wurde in STS 3286/2015, 10.06.2015 ein Unternehmenstarifvertrag wegen Verletzung des Prinzips der Korrespondenz für nichtig erklärt, der bei Abschluss für den einzig vorhandenen Betrieb galt, nachträglich zu gründende Betriebe aber einbezog, indem der Anwendungsbereich auf die gesamte staatliche Ebene festgelegt wurde. Die Arbeitnehmer der künftig erst existierenden Betriebe erhielten nämlich keine Möglichkeit, an den Wahlen der Einheitsvertretungen teilzunehmen, sodass in dieser Hinsicht keine ausreichende Legitimation vorläge; ein anderes Beispiel nennt Palomo Balda, in: Cruz Villalón/Menéndez Calvo/Nogueira Guastavino, Representación y representatividad colectiva en las relaciones laborales, S. 477, 486, 487: in einem Unternehmen mit mehreren Betrieben, die nicht alle über Einheitsvertretungen verfügen, dürfen die Einheitsvertretungen keine Tarifverträge abschließen, die diejenigen Betriebe ohne Einheitsvertretungen einbeziehen, ähnlich auch STS 5645/2015, 21.12.2015; STS 2266/2012, 07.03.2012.

566 STS 2888/2017, 28.06.2017; STS 2266/2012, 07.03.2012; SAN 2301/2016, 16.06.2016 m.w.N.; SAN 3996/2015, 25.11.2015; SAN 46/2014, 27.01.2014.

567 Historisch bedingt orientieren Tarifverträge sich mehrheitlich an Industriezweigen und Unternehmen, nicht an Berufen oder Berufsgruppen, vgl. Palomeque López/Álvarez de la Rosa, Derecho del trabajo, S. 210.

568 STS 6037/1993, 20.09.1993; Vicente Palacio, in: García Ninet, Derecho del trabajo, S. 156, 157; Palomeque López/Álvarez de la Rosa, Derecho del trabajo, S. 211, 212; García Fernández, Unidad de negociación del convenio colectivo, capacidad convencional y representación profesional en el derecho positivo español, S. 18.

beispielsweise gesamtstaatlich, auf Ebene der Autonomen Gemeinschaften, für einzelne Provinzen oder Gemeinden gelten.[569]

c. *Die Kriterien der Angemessenheit und Homogenität bei der Festsetzung der Verhandlungseinheit*

Neben dem Prinzip der Korrespondenz wird die Festsetzung der Verhandlungseinheit durch weitere Aspekte definiert.[570] Durch die Kriterien der Angemessenheit und Homogenität soll sichergestellt werden, dass der Bereich nicht willkürlich, fiktiv oder in missbräuchlicher Weise zur Umgehung der Tarifvertragsnormen gem. Art. 82 ff. Arbeitnehmerstatut, sondern objektiv, klar und beständig festgelegt wird.[571] Es sollen diejenigen Bereiche zu Verhandlungseinheiten zusammengefasst werden, bei denen ein gemeinsames Interesse erkennbar ist und Arbeitsbedingungen aufgrund vergleichbarer Interessenlage ähnlich geregelt werden können.[572] Auch das Konkurrenzverbot gem. Art. 84.1 Arbeitnehmerstatut mit seiner Ausnahme des Anwendungsvorrangs von Unternehmenstarifverträgen[573] und die Verhandlungsstrukturen, die durch Rahmenvereinbarungen festgelegt werden,[574] haben Einfluss auf die Festsetzung der Verhandlungseinheit.

569 Palomeque López/Álvarez de la Rosa, Derecho del trabajo, S. 212.

570 Vgl. STS 41/2020, 08.01.2020 und González Hermosilla, in: Ministerio de Empleo y Seguridad Social, Legitimación Negocial, S. 53, 62–68, während Cruz Villalón, in: Cruz Villalón, La negociación colectiva como instrumento de gestión del cambio, S. 15, 20, 21 die Festsetzung der Verhandlungseinheit wegen ihres unmittelbaren verfassungsrechtlichen Schutzes nur aufgrund verfassungsimmanenter Schranken einschränken will. Demnach stellen lediglich die Diskriminierung und das Prinzip der Korrespondenz Grenzen bei der Festsetzung der Verhandlungseinheit dar.

571 STS 41/2020, 08.01.2020; STS 1289/2011, 24.02.2011; STS 4145/2006, 20.06.2006; STS 3666/2005, 08.06.2005; STS 6864/1996, 02.12.1996; STS 7592/1995, 19.12.1995; in STS 6037/1993, 20.09.1993 wurde auch die Begrenzung des Anwendungsbereichs allein auf organisierte Arbeitgeber kritisiert.

572 In 6520/2010, 04.11.2010 hat die Rechtsprechung den Eisenbahnsektor und die Tätigkeit von Subunternehmen im Bereich der Reinigung als verschiedene Bereiche angesehen. In STS 3028/2006, 03.05.2006 wurde keine Homogenität für zwei Bereiche der Bildung (*Enseñanza Privada* und *Enseñanza no reglada*) festgestellt, sodass ein gemeinsamer Tarifvertrag nicht möglich war.

573 Hierzu in Kapitel 2 B.V.1.

574 Hierzu in Kapitel 1 B.II.2.c.

2. Der Ausschluss von Personengruppen aus dem tarifvertraglichen Anwendungsbereich

Die Festsetzung der Verhandlungseinheit ist eng verknüpft der Gleichheit vor dem Gesetz gem. Art. 14 Spanische Verfassung und dem Prinzip der Nichtdiskriminierung in Art. 17 Arbeitnehmerstatut sowie Art. 4.2 lit. c Arbeitnehmerstatut und Art. 12 Organgesetz über die Gewerkschaftsfreiheit. Einzelne Personen oder Personengruppen können daher nach Ansicht in Literatur und Rechtsprechung nicht ohne Weiteres vom tariflichen Anwendungsbereich ausgeschlossen werden.[575]

Der Rechtsprechung nach besteht aber keine absolute Pflicht, alle Arbeitnehmer und Arbeitgeber der festgelegten Verhandlungseinheit in den tariflichen Anwendungsbereich einzubeziehen. Arbeitnehmergruppen mit ausreichender Verhandlungsstärke seien berechtigt, eigene Arbeitsbedingungen zu verhandeln und zu vereinbaren, wenn dies nach ihrer Ansicht und unter Berücksichtigung der besonderen Merkmale ihrer Gruppe oder weiterer Umstände der beste Weg zur Verteidigung ihrer Interessen sei.[576] Lägen objektive, sachliche Gründe vor, könnten bestimmte Personengruppen vom tarifvertraglichen Anwendungsbereich ausgeschlossen werden.[577] Das betreffe beispielsweise die Gruppe der leitenden Angestellten[578] oder

---

575 STC 27/2004, 04.03.2004; STC 119/2002, 20.05.2002; STC 136/1987, 22.07.1987; STC 52/1987, 07.05.1987; STS 2450/2007, 14.03.2007; Melián Chinea, El sistema de negociación colectiva y sus reglas de articulación, S. 92, 93; Goerlich Peset, Actualidad laboral 2013, Nr. 11, 1341, 1345.

576 STC 136/1987, 22.07.1987; STS 2450/2007, 14.03.2007; STS 3333/2004, 17.05.2004; STS 6162/2003, 09.10.2003; vgl. auch SAN 978/2018, 15.03.2018 und STS 3399/2009, 05.05.2009.

577 Zur Rechtfertigung einer Ungleichbehandlung von Gleichem bei Vorliegen objektiver, sachlicher Gründe, vgl. STC 5/2007, 15.01.2007 und STC 34/2004, 08.03.2004 m.w.N.

578 STS 4945/2009, 16.06.2009; im Übrigen gilt für sie das Real Decreto 1382/1985, de 1 de agosto, por el que se regula la relación laboral de carácter especial del personal de alta dirección, sodass sie in ausreichender Weise geschützt werden, ähnlich STS 1543/2015, 16.03.2015; zum Ausschluss des leitenden Personals sowie von Abteilungsleitern: SAN 978/2018, 15.03.2018. Im Übrigen unterliegt die Gruppe der leitenden Angestellten Sonderregelungen, vgl. Art. 2.1 lit. a Arbeitnehmerstatut, Real Decreto 1382/1985, de 1 de agosto (BOE n. 192, de 12.08.1985), zuletzt geändert durch Disposición final 1[era] Real Decreto 451/2012, de 5 de marzo (BOE n. 56, de 06.03.2012).

Arbeitnehmer, die separat als Berufsgruppe vertreten werden.[579] Beispielsweise stufte das *Tribunal Supremo* auch den Ausschluss von Religionslehrern aus dem tariflichen Anwendungsbereich als zulässig ein, da deren Berufsgruppe durch eine spezifische Gewerkschaft ausreichend repräsentiert wurde. Sie unterlagen besonderen, spezifischen Vereinbarungen, getroffen zwischen Regierung und Bischofskommission. Außerdem wiesen deren Arbeitsverhältnisse wesentliche Unterschiede zu den sonstigen, von dem Tarifvertrag erfassten Arbeitsverhältnissen auf.[580]

Ein Ausschluss von schutzbedürftigen Arbeitnehmern oder Arbeitnehmergruppen ohne objektive, sachliche Begründung verletzt der Rechtsprechung nach den Gleichheitsgrundsatz gem. Art. 14 Spanische Verfassung und ist nicht zulässig.[581] Das betrifft solche Arbeitnehmergruppen, die über keine

---

579 Melián Chinea, El sistema de negociación colectiva y sus reglas de articulación, S. 93; z.B. ein Berufstarifvertrag für Wartungstechniker, vgl. STS 3333/2004, 17.05.2004: Hier ergibt sich die Rechtfertigung der personellen Ungleichbehandlung bereits aus der Natur des Berufstarifvertrags, der besonderen Regelungen für die spezifische Berufsgruppe und der beschränkten Legitimation der Gewerkschaft allein für diese Gruppe unter Berücksichtigung des Prinzips der Korrespondenz.

580 STS 6668/2003, 28.10.2003 und STS 6162/2003, 09.10.2003. Vgl. Auch die Urteilsbesprechung zu STS 6162/2003, 09.10.2003 in Garrido Palacios, Justicia & Trabajo 2023, Nr. 2, 139, 150, 151.

581 Beispiele: In STS 2450/2007, 14.03.2007 erkannte das Gericht keine ausreichenden objektiven, sachlichen Gründe für den Ausschluss von Arbeitnehmern, die von einem zuvor abgeschlossenen, außerstatutarischen Tarifvertrag erfasst waren. Auch der Ausschluss von befristet Beschäftigten ist gem. Art. 15.6, 17.1 Arbeitnehmerstatut und nach STS 3783/2022, 18.10.2022; STS 9086/2011, 07.12.2011; STS 3399/2009, 05.05.2009 unwirksam. Ähnliches gilt für den Ausschluss Teilzeitbeschäftigter, Art. 12.4 lit. d Arbeitnehmerstatut. In STS 4087/2022, 31.10.2022 wurde im öffentlichen Sektor der tarifvertragliche Ausschluss von Arbeitnehmern, die im Rahmen von extern subventionierten Programmen und Modellen zur Beschäftigungsförderung, Ausbildung und/oder Eingliederung in den Arbeitsmarkt beschäftigt wurden, als Verletzung der Gleichheit gem. Art. 14 Spanische Verfassung mangels Vorliegen objektiver, sachlicher Gründe für eine Ungleichbehandlung eingestuft. Nach STS 4702/1994, 17.06.1994 müssen zwar Arbeitnehmern des Auswärtigen Amtes, die außerhalb von Spanien beschäftigt sind, gem. Art. 1.4 Arbeitnehmerstatut dieselben wirtschaftlichen Rechte wie im Inland Beschäftigten zugewiesen werden. Gewährt der Arbeitgeber aber diese wirtschaftlichen Rechte, sind die Arbeitnehmer nicht in ihrer Gleichheit verletzt, wenn sie von dem Anwendungsbereich eines Tarifvertrags ausgeschlossen werden. Der Ausschluss ist wegen der spezifischen Bedingungen in dem Land, in dem die Arbeit erbracht wird, gerechtfertigt. In STS 2054/2007, 17.01.2007

eigene Verhandlungsmacht verfügen und gegen ihren Willen vom tariflichen Anwendungsbereich ausgeschlossen wurden.[582]

3. Der Ausschluss von Personengruppen bei einzelnen Klauseln, insbesondere die Zulässigkeit von Differenzierungsklauseln

a. *Unterscheidung aufgrund der gewerkschaftlichen Organisation*

Auch für den Ausschluss von Personengruppen innerhalb einzelner Klauseln sind der Gleichheitsgrundsatz und das Verbot der Diskriminierung gem. Art. 14 Spanische Verfassung, Art. 4.2 lit. c, 17 Arbeitnehmerstatut, Art. 12 Organgesetz über die Gewerkschaftsfreiheit zu beachten. Ungleichbehandlungen, die Personengruppen aufgrund ihrer fehlenden gewerkschaftlichen Organisation diskriminieren,[583] und „Closed-shop"-Klauseln[584] werden als unzulässig eingestuft. Differenzierungsklauseln (*cláusulas de ventajas reservadas* oder *cláusulas de seguridad sindical*) werden als zulässig beurteilt, sofern sie angemessene, auf objektiven Erwägungen beruhende Kriterien zur Unterscheidung festlegen.[585] Hauptsächlich betreffen diese Differenzierungen Rechte der Mitglieder von Gewerkschaften zur gewerkschaftlichen Betätigung, zu gewerkschaftlichen Schulungen oder zum Informationsaustausch im Betrieb bzw. Unternehmen,[586] nicht aber Arbeitsbedingungen.

---

wurde der Ausschluss von Beschäftigten, die eine ähnliche Position wie das leitende Personal ausüben, sowie von Beschäftigten, die mit besonders vertrauenswürdigen Funktionen beauftragt sind, als unzulässig eingestuft. Der Arbeitgeber könne hier unzulässigerweise unilateral festlegen, welche Arbeitnehmer vom tariflichen Anwendungsbereich erfasst sind. Außerdem könne nicht jeder Arbeitnehmer, der eine ähnliche Funktion wie das leitende Personal ausübt, nur wegen der Übernahme von Verantwortung ausgeschlossen werden. Erforderlich und entscheidend für den Ausschluss sei nämlich, dass Leitungsfunktionen ausgeübt würden.

582 STC 136/1987, 22.07.1987; STS 2450/2007, 14.03.2007; STS 3333/2004, 17.05.2004; STS 6162/2003, 09.10.2003. Vgl. auch STS 3399/2009, 05.05.2009.

583 Sala Franco, Derecho sindical, S. 48; Goerlich Peset, in: Comisión Ejecutiva Confederal de UGT, Representación y libertad sindical. Límites a la libertad sindical negativa, la mayor representación sindical y su necesaria revisión, S. 119, 123; Goerlich Peset, Derecho de relaciones laborales 2015, Nr. 7, 731, 733.

584 Ferradans Caramés, Derecho & Sociedad 2016, Nr. 46, 267, 269.

585 Sala Franco, Derecho sindical, S. 48.

586 Ferradans Caramés, Derecho & Sociedad 2016, Nr. 46, 267, 270. Eine Tarifvertragsklausel, die die Mitglieder repräsentativer Gewerkschaften jährlich 20 Stunden bezahlt freistellt, damit diese an Versammlungen ihrer Gewerkschaftsdelegierten

Aus deutscher Sicht ist auffällig, dass die spanische Literatur und Rechtsprechung keine weitergehenden Diskussionen über Differenzierungsklauseln, insbesondere bei der Regelung der Arbeitsbedingungen, geführt haben. Unterscheidungen in einfache und qualifizierte Differenzierungsklauseln und Spannungsklauseln werden nicht vorgenommen. *Zachert* erklärt die fehlende Diskussion der Thematik im spanischen Recht mit der „fehlenden Tradition und Bereitschaft der Gewerkschaften selbst, diese Möglichkeit zu erproben".[587]

b. Unterscheidung nach Eintrittsdatum der Arbeitnehmer

Differenzierungen zwischen Arbeitnehmern, orientiert am Beginn ihres Arbeitsverhältnisses und ohne sachliche Rechtfertigung, sind nach der Rechtsprechung wegen Verletzung des Gleichheitssatzes unzulässig.[588] Zulässig sei aber, Rechte, die die länger beschäftigten Arbeitnehmer in dem vorherigen Tarifvertrag gewährt bekommen hatten, ausdrücklich als Rechte *ad personam* i.S.d. Art. 86.5 Arbeitnehmerstatut beizubehalten, während der neue

mit je max. 20 Minuten teilnehmen, ist wegen Verstoßes gegen Art. 17.1 Arbeitnehmerstatut, Art. 12 Organgesetz über die Gewerkschaftsfreiheit nichtig, vgl. STS 7692/1995, 18.01.1995. Auch eine Klausel, nach der die Mitglieder der Gewerkschaften, die im betriebsübergreifenden Komitee vertreten sind, während der Arbeitszeit an Versammlungen mit max. 20 Minuten, insgesamt 12 Stunden jährlich, teilnehmen können, ist wegen Verstoßes gegen Art. 17.1 Arbeitnehmerstatut, Art. 12 Organgesetz über die Gewerkschaftsfreiheit nichtig. Es liegt kein sachlicher Grund für Differenzierungen zwischen den im Komitee vertretenen und den nicht vertretenen Gewerkschaften vor, vgl. STS 6299/1999, 11.10.1999. Zulässig ist dagegen eine Klausel, die Mitgliedern jeder Gewerkschaft, die in der Einheitsvertretung des Unternehmens vertreten ist, ermöglicht, während der Arbeitszeit an Versammlungen mit max. 30 Minuten, insgesamt 10 Stunden jährlich, teilzunehmen. Objektives Kriterium der Differenzierung sei hier der bessere Informationsaustausch und die Entwicklung der gewerkschaftlichen Tätigkeit im Unternehmen, vgl. STS 1278/2006, 16.02.2006. Zulässig ist ebenfalls eine Klausel, die die Mitglieder von Gewerkschaftssektionen, die mindestens 10 % der Belegschaft repräsentieren, insgesamt 5 Tage jährlich unbezahlt freistellte, damit diese an gewerkschaftlichen Weiterbildungen teilnehmen konnten, STS 5387/1994, 13.07.1994.

587 Rechtsvergleichend zum spanischen Recht: Zachert, Die Wirkung des Tarifvertrages in der Krise, S. 82.

588 Z.B. bei der Höhe der Dienstalterszulage: STS 7385/2009, 17.11.2009 oder abgestuften Gehaltstabellen: STS 6586/2008, 04.11.2008.

Tarifvertrag die Rechte aller Arbeitnehmer unabhängig von ihrem Eintrittsdatum verschlechtere.[589]

4. Zwischenergebnis

Die Erga-Omnes-Wirkung beeinflusst die Festsetzung der Verhandlungseinheit maßgeblich. Nach dem Prinzip der Korrespondenz dürfen die Tarifvertragsparteien aufgrund der Notwendigkeit einer lückenlosen Legitimation nur für diejenigen Arbeitnehmer und Arbeitgeber tarifliche Regelungen treffen, die sie funktional und geografisch repräsentieren. Mithilfe der weiteren Kriterien der Angemessenheit und Homogenität wird sichergestellt, dass die Verhandlungseinheit nicht willkürlich, fiktiv oder missbräuchlich festgesetzt wird. Bei der Festsetzung der Verhandlungseinheit haben die Tarifvertragsparteien zudem die Gleichheit vor dem Gesetz gem. Art. 14 Spanische Verfassung und das Prinzip der Nichtdiskriminierung in Art. 17 Arbeitnehmerstatut sowie Art. 4.2 lit. c Arbeitnehmerstatut und Art. 12 Organgesetz über die Gewerkschaftsfreiheit zu beachten. Der Ausschluss von Personengruppen aus dem tariflichen Anwendungsbereich wird nur bei Vorliegen einer sachlichen Rechtfertigung als zulässig eingestuft. Vulnerable Personengruppen, die über keine eigene Verhandlungsmacht verfügen, können nicht ausgeschlossen werden, da diese durch die Erga-Omnes-Wirkung besonders geschützt werden sollen.

Die Differenzierungsklauseln im spanischen Recht sind nicht mit solchen aus dem deutschen Recht vergleichbar. Die spanischen Differenzierungsklauseln beschränken sich auf die Zuweisung gewerkschaftlicher Rechte an Mitglieder, werden aber nicht auf die Regelung von Arbeitsbedingungen ausgeweitet. Anreize zum Gewerkschaftsbeitritt sind aufgrund der restriktiven Handhabung von Differenzierungsklauseln an dieser Stelle nicht erkennbar.

III. Behördliche Ausweitung durch Allgemeinverbindlicherklärung

Art. 92.2 Arbeitnehmerstatut ermöglicht die behördliche Ausweitung des Anwendungsbereichs des Tarifvertrags auf bislang nicht erfasste Arbeitnehmer- und Arbeitgebergruppen, Branchen oder Teilbranchen. Neben dem erga omnes wirkenden Tarifvertrag bleibt Raum für die Allgemeinverbindlicherklärung, weil der erga omnes wirkende Tarifvertrag für seinen festgelegten

[589] STS 3807/2010, 14.06.2010.

personellen Anwendungsbereich wirkt und die Allgemeinverbindlicherklärung darüber hinausgehend die Wirkung auf branchenfremde Bereiche ausweitet. Voraussetzung ist, dass in dem Bereich die Vereinbarung eines Tarifvertrags nicht möglich ist, weil keine legitimierten Tarifvertragsparteien existieren. Die Ausweitung erfolgt gem. Art. 92.2 UAbs. 3 Arbeitnehmerstatut auf Antrag einer nach Art. 87.2, 3 Arbeitnehmerstatut legitimierten Partei und ergeht gem. Art. 92.2 UAbs. 1 Arbeitnehmerstatut durch behördliche Entscheidung des Ministeriums für Arbeit und soziale Sicherung oder des entsprechenden Organs auf Ebene der Autonomen Gemeinschaften. Diese Konstruktion ist der deutschen Allgemeinverbindlicherklärung entfernt ähnlich – mit dem zentralen Unterschied, dass der Tarifvertrag über Art. 92.2 Arbeitnehmerstatut branchenfremd Wirkung entfaltet.[590] Auf sie wird im Folgenden nicht weiter eingegangen, da die tarifliche Wirkungsbreite hier durch ein zusätzliches staatliches Tätigwerden über die in Art. 82.3 Arbeitnehmerstatut normierte Erga-Omnes-Wirkung hinausgehend erweitert wird.

IV. Gesetzliche Ausweitung der Erga-Omnes-Wirkung bei Betriebsübergang

Gem. Art. 44.4 Arbeitnehmerstatut werden die Wirkungen des Tarifvertrags nach Betriebsübergang über den funktionalen Bereich und die Erga-Omnes-Wirkung hinaus ausgeweitet.[591] Gem. Art. 44.4 Arbeitnehmerstatut finden die vor Betriebsübergang bei dem Veräußerer geltenden Arbeitsbedingungen, die durch Tarifvertrag geregelt wurden, auch nach Betriebsübergang zwischen dem Arbeitnehmer und dem neuen Erwerber Anwendung. Die Regelung des Art. 44.4 Arbeitnehmerstatut setzt die Richtlinie 2001/23/EG,[592] insbesondere des Art. 3.3 der Richtlinie, um und ähnelt daher der deutschen Regelung in § 613a Abs. 1 S. 2 BGB.

---

590 Rechtsvergleichend zu dieser besonderen Form der Tariferstreckung Rebhahn, DRdA 2001, 103, 116, 117.

591 Roldán Martínez, Revista General de Derecho del Trabajo y de la Seguridad Social 2016, Nr. 42, 70, 79; Del Rey Guanter/Martínez Fons/Serrano Olivares, Revista del ministerio de trabajo y asuntos sociales 2005, Nr. 58, 1, 22.

592 Richtlinie 2001/23/EG des Rates vom 12. März 2001 zur Angleichung der Rechtsvorschriften der Mitgliedstaaten über die Wahrung von Ansprüchen der Arbeitnehmer beim Übergang von Unternehmen, Betrieben oder Unternehmens- oder Betriebsteilen.

1. Fortgeltung des vor Betriebsübergang geltenden Tarifvertrags

Grundsätzlich wird gem. Art. 44.1 UAbs. 1 Arbeitnehmerstatut der bei Betriebsübergang geltende Tarifvertrag nach Übergang weiterhin angewendet, sofern keine abweichende Vereinbarung getroffen wurde. Der Rechtsprechung nach ist entscheidend, dass der Tarifvertrag vor Betriebsübergang unterzeichnet wurde; ob die Veröffentlichung im Amtsblatt nach Übergang erfolgt, ist danach irrelevant.[593] Nach Ansicht in der Rechtsprechung kommt der Tarifvertrag auch nach Betriebsübergang in seiner Gesamtheit zur Anwendung,[594] es sei denn, es handelt sich um spezifische, auf das Verhältnis zwischen Arbeitnehmer und den bisherigen Arbeitgeber zugeschnittene Klauseln.[595] Auch wenn im Zeitpunkt des Betriebsübergangs aufgrund wirtschaftlicher Probleme ein reduzierter Lohn mit dem Zedenten vereinbart war und der Erwerber sich nicht in einer vergleichbaren, negativen wirtschaftlichen Situation befindet, finden die Vereinbarungen über den verringerten Lohn Anwendung.[596]

Gem. Art. 44.4 UAbs. 1 Arbeitnehmerstatut sind abweichende Vereinbarungen von der genannten tariflichen Fortgeltung zwischen der Arbeitnehmervertretung und dem neuen Arbeitgeber möglich, sofern diese in ihrer Gesamtheit für die Arbeitnehmer günstiger sind.[597] Die vorherigen Arbeitnehmervertreter bleiben weiterhin zur Vertretung der Arbeitnehmer berechtigt, wenn das übergegangene Unternehmen, der Betrieb oder Betriebsteil seine Eigenständigkeit erhält, Art. 44.5 Arbeitnehmerstatut, oder der Erwerber das Mandat der vorherigen Arbeitnehmervertreter weiterhin anerkennt. Andernfalls sollen in Orientierung an die Legitimationsvoraussetzungen zu Berufsgruppentarifverträgen aus Art. 87.1 UAbs. 4 Arbeitnehmerstatut

---

593 STS 6688/2002, 11.10.2002.

594 STS 5788/2014, 17.11.2014; STS 3092/2000, 12.04.2000; SAN 2459/2013, 07.06.2013.

595 STS 9145/2002, 11.07.2002. Del Rey Guanter/Martínez Fons/Serrano Olivares, Revista del ministerio de trabajo y asuntos sociales 2005, Nr. 58, 1, 24 bemängeln die Rechtsunsicherheiten, die aus einer unklaren Differenzierung zwischen spezifischen Vereinbarungen und solchen, die generell sind und deshalb auch bei dem Erwerber zur Anwendung kommen, resultieren können.

596 Roldán Martínez, Revista General de Derecho del Trabajo y de la Seguridad Social 2016, Nr. 42, 70, 86, 87.

597 Roldán Martínez, Revista General de Derecho del Trabajo y de la Seguridad Social 2016, Nr. 42, 70, 103; Del Rey Guanter/Martínez Fons/Serrano Olivares, Revista del ministerio de trabajo y asuntos sociales 2005, Nr. 58, 1, 27.

die von der Arbeitnehmergruppe mehrheitlich gewählten Gewerkschaftssektionen ab Betriebsübergang legitimiert sein.[598]

2. Ende der Fortgeltung

Die Anwendung der Tarifvertragsinhalte endet gem. Art. 44.4 UAbs. 2 Arbeitnehmerstatut, wenn der bislang geltende Tarifvertrag ausläuft oder ein neuer Tarifvertrag für die Verhandlungseinheit in Kraft tritt.

a. Auslaufen des bislang geltenden Tarifvertrags

In welchem Zeitpunkt ein Auslaufen des Tarifvertrags i.S.d. Art. 44.4 UAbs. 2 Alt. 1 Arbeitnehmerstatut vorliegt, wird nicht einheitlich bewertet. Während der ordentlichen Laufzeit oder der darauffolgenden automatischen jährlichen Verlängerung des Tarifvertrags gem. Art. 86.2 Arbeitnehmerstatut wird übereinstimmend kein Auslaufen des Tarifvertrags angenommen, sodass die Tarifvertragsinhalte nach Betriebsübergang weiterhin Anwendung finden.[599] Nach der dispositiven Regelung des Art. 86.2 Arbeitnehmerstatut wird der Tarifvertrag nach Ende der vereinbarten Tarifvertragslaufzeit automatisch um je ein Jahr verlängert, sofern keine Kündigung erfolgt.

Streitig ist aber, ob auch die Rechte und Pflichten eines im Zeitpunkt des Betriebsübergangs nachwirkenden Tarifvertrags weiterhin anwendbar sind. Eine Mindermeinung sieht den Nachwirkungszeitraum nicht mehr als Teil der Laufzeit des Tarifvertrags an, sodass der Tarifvertrag mit Beginn der Nachwirkung i.S.d. Art. 44.4 UAbs. 2 Alt. 1 Arbeitnehmerstatut ausläuft und nicht mehr anwendbar ist.[600] Art. 44.4 UAbs. 2 Alt. 1 Arbeitnehmerstatut beziehe sich auf einen vollständig wirksamen Tarifvertrag. Ein nachwirkender Tarifvertrag sei nicht mehr vollständig in Kraft, da die Friedenspflicht entfalle.[601] Aus teleologischer Sicht verhindere die Nachwirkung insbesondere

598 Roldán Martínez, Revista General de Derecho del Trabajo y de la Seguridad Social 2016, Nr. 42, 70, 104–106.

599 Ferradans Caramés, Revista española de derecho del trabajo 2017, Nr. 198, 77, 92; Del Rey Guanter/Martínez Fons/Serrano Olivares, Revista del ministerio de trabajo y asuntos sociales 2005, Nr. 58, 1, 22.

600 Del Rey Guanter/Martínez Fons/Serrano Olivares, Revista del ministerio de trabajo y asuntos sociales 2005, Nr. 58, 1, 21–22.

601 Del Rey Guanter/Martínez Fons/Serrano Olivares, Revista del ministerio de trabajo y asuntos sociales 2005, Nr. 58, 1, 21.

Regelungslücken nach Ende der vereinbarten Laufzeit.[602] Dieser Schutzgedanke könne aber nicht auf die Situation eines Betriebsübergangs übertragen werden, bei dem bei Anwendung eines neuen Tarifvertrags der geänderten Verhandlungseinheit grundsätzlich keine Regelungslücken zu erwarten seien.

Die Rechtsprechung bejaht dagegen die Anwendung des nachwirkenden Tarifvertrags auch nach Betriebsübergang.[603] Der Tarifvertrag sei in diesem Zeitpunkt weiterhin wirksam und entfalte seine normative und Erga-Omnes-Wirkung,[604] sodass der Tatbestand des Auslaufens noch nicht erfüllt sei.

b. Ersetzung des vorherigen Tarifvertrags durch einen neuen Tarifvertrag

Gem. Art. 44.4 UAbs. 2 Alt. 2 Arbeitnehmerstatut findet der vorherige Tarifvertrag nach Betriebsübergang keine Anwendung mehr, wenn ein neuer Tarifvertrag für die Verhandlungseinheit in Kraft tritt. Ein neuer statutarischer Tarifvertrag[605] oder eine Kollektivvereinbarung mit den Wirkungen des statutarischen Tarifvertrags[606] werden als neuer Tarifvertrag i.S.d. Art. 44.4

---

602 Del Rey Guanter/Martínez Fons/Serrano Olivares, Revista del ministerio de trabajo y asuntos sociales 2005, Nr. 58, 1, 21–22.

603 STS 4840/2015, 06.10.2015; STS 2902/2012, 12.03.2012; STS 2467/2010, 12.04.2010; STS 6555/2006, 18.09.2006; STS 2111/2002, 22.03.2002.

604 Vgl. in Kapitel 3 A.I.2.d.bb.

605 Del Rey Guanter/Martínez Fons/Serrano Olivares, Revista del ministerio de trabajo y asuntos sociales 2005, Nr. 58, 1, 20. Roldán Martínez, Revista General de Derecho del Trabajo y de la Seguridad Social 2016, Nr. 42, 70, 81–83 zählt beispielhaft Vereinbarungen i.S.d. Art. 86.3 UAbs. 2 Arbeitnehmerstatut zur Regelung des Nachwirkungszeitraumes, einen bestehenden Tarifvertrag modifizierende Vereinbarungen gem. Art. 86.1 UAbs. 2 Arbeitnehmerstatut, Verlängerungen von Tarifverträgen, Vereinbarungen nach Art. 83.2 oder 3 Arbeitnehmerstatut, Vereinbarungen zum kollektiven Beitritt, aber auch Schiedssprüche mit der Wirkung statutarischer Tarifverträge (z.B. Art. 86.4 UAbs. 2, 91.2 UAbs. 1, 91.4 Arbeitnehmerstatut) auf.

606 Roldán Martínez, Revista General de Derecho del Trabajo y de la Seguridad Social 2016, Nr. 42, 70, 84–85: Erfasst sind z.B. subsidiäre Kollektivvereinbarungen, die statutarische Tarifverträge ersetzen, Vereinbarungen zur Beendigung von Arbeitskämpfen gem. Art. 8.2 Real Decreto-Ley 17/1977, Vereinbarungen auf Unternehmensebene, die einen kollektiven Konflikt beenden oder auch Kollektivvereinbarungen, die alternativ zu einem statutarischen Tarifvertrag vereinbart werden können (z.B. Art. 31 Arbeitnehmerstatut). Nach Del Rey Guanter/Martínez Fons/Serrano Olivares, Revista del ministerio de trabajo y asuntos sociales 2005, Nr. 58, 1, 20–21 sind alle Kollektivvereinbarungen des Titels III des Arbeitnehmerstatuts, Art. 40, 41, 51 des

UAbs. 2 Alt. 2 Arbeitnehmerstatut eingestuft, ein außerstatutarischer Tarifvertrag dagegen nicht.[607] Auch ein neuer Tarifvertrag des Erwerbers kann aber der Rechtsprechung nach keine Rückwirkungsklauseln für die übergegangenen Arbeitnehmer enthalten, da es sich hier um eine unzulässige, echte Rückwirkung (*retroactividad de grado máximo*) handele.[608]

3. Zwischenergebnis

Bei Betriebsübergang findet der bislang geltende Tarifvertrag weiterhin Anwendung, sofern dieser vor Betriebsübergang unterzeichnet wurde. Der Tarifvertrag wirkt auch nach Betriebsübergang normativ ohne Erfordernis einer Inkorporation in die Individualarbeitsverhältnisse, während die Erga-Omnes-Wirkung funktional aufgrund der gesetzlichen Regelung in Art. 44.4 Arbeitnehmerstatut erweitert wird. Aus dem Streitstand zum Auslaufen des bislang geltenden Tarifvertrags i.S.d. Art. 44.4 UAbs. 2 Alt. 1 Arbeitnehmerstatut wird deutlich, dass der nachwirkende statutarische Tarifvertrag im spanischen Recht weiterhin normativ wirkt.

V. Ausnahmen der Erga-Omnes-Wirkung

Das folgende Unterkapitel erläutert Ausnahmen der Erga-Omnes-Wirkung und betrachtet dabei insbesondere die Ausgestaltung und den Sinn und Zweck der Ausnahmeregelungen sowie deren Rechtfertigung unter der Annahme, dass die Erga-Omnes-Wirkung nicht disponibel ist. Ausnahmen der Erga-Omnes-Wirkung sind der partielle Anwendungsvorrang von Unternehmenstarifverträgen gegenüber Branchentarifverträgen und Tarifverträgen unter der Unternehmensebene sowie der räumliche Anwendungsvorrang von Tarifverträgen der Autonomen Gemeinschaft oder Provinz gegenüber einem gesamtstaatlich geltenden Tarifvertrag.

Titels I des Arbeitnehmerstatut und alle sonstigen Kollektivvereinbarungen mit normativer Wirkung erfasst.

607 STS 2467/2010, 12.04.2010; Roldán Martínez, Revista General de Derecho del Trabajo y de la Seguridad Social 2016, Nr. 42, 70, 81.

608 STS 1780/2023, 25.04.2023; ähnlich auch STS 3388/2021, 14.09.2021 und STS 425/2019, 31.01.2019.

1. Anwendungsvorrang des Unternehmenstarifvertrags gegenüber sonstigen Tarifverträgen als Ausnahme der Erga-Omnes-Wirkung

a. *Der Grundsatz des Konkurrenzverbots*

Grundsätzlich wird derjenige statutarische Tarifvertrag für alle Arbeitnehmer des Unternehmens einheitlich angewendet, dessen funktionaler Anwendungsbereich die Haupttätigkeit des Unternehmens (*actividad preponderante* oder *principal*) umfasst.[609] Nur ausnahmsweise kommen der Rechtsprechung nach in einem Unternehmen mehrere Tarifverträge nebeneinander zur Anwendung, sofern die Tätigkeiten nebeneinanderstehen und klar voneinander abgegrenzt werden können, z.B. bei Mischunternehmen *(empresas multiservicios)*.[610]

Art. 84.1 Arbeitnehmerstatut stellt die dispositive[611] Grundregel eines Konkurrenzverbotes zwischen sich widersprechenden, statutarischen[612] Tarifverträgen unterschiedlicher Ebenen auf. Das gilt sowohl bei verbessernden als auch bei verschlechternden Bedingungen.[613] Die Anwendungsbereiche der konkurrierenden Tarifverträge dürfen nicht identisch sein, müssen aber Arbeitsbedingungen für denselben funktionalen und räumlichen Anwendungsbereich regeln, damit eine Konkurrenzsituation entsteht.[614] Ein Beispiel hierfür stellen ein Tarifvertrag eines Betriebsteils und ein Branchentarifvertrag dar, die beide den Betriebsteil in ihren Anwendungsbereich einbeziehen, oder ein Berufsgruppentarifvertrag und ein Branchentarifvertrag, die dieselben Arbeitnehmer erfassen.[615] Handelt es sich um sich widersprechende,

---

609 St. Rspr.: STS 4056/2023, 10.10.2023; STS 1273/2022, 23.03.2022; STS 301/2021, 21.01.2021; STS 2209/2017, 25.04.2017; STS 478/2009, 20.01.2009; STS 6797/2003, 31.10.2003.

610 STS 1957/2020, 11.06.2020; STS 1539/2015, 17.03.2015.

611 Vgl. Art. 84.1 Arbeitnehmerstatut: „[…] *salvo pacto en contrario* […]."

612 Eine Konkurrenzsituation mit außerstatutarischen Tarifverträgen wird nicht von Art. 84.1 Arbeitnehmerstatut erfasst, vgl. STS 6620/1994, 17.10.1994; STSJ Andalucía 8721/2010, 21.04.2010.

613 Vicente Palacio, in: García Ninet, Derecho del trabajo, S. 163.

614 STS 2347/2023, 23.05.2023. STS 1511/2008, 05.03.2008 legte für die Übereinstimmung der funktionalen Anwendungsbereiche enge Grenzen fest. Ein funktionaler Anwendungsbereich, der eine Abfertigung am Flughafen für die eigenen Dienste umfasse, sei nicht übereinstimmend mit einer Abfertigung für eigene Dienste und Dienste Dritter.

615 Vgl. zu möglichen Konkurrenzsituationen Cairós Barreto, La articulación y concurrencia de convenios colectivos, S. 41.

statutarische Tarifverträge derselben Ebene, deren Anwendungsbereiche nicht nur partiell, sondern gänzlich übereinstimmen, wird Art. 84.1 Arbeitnehmerstatut nicht angewendet. Dieser Fall wird als Modifizierung bestehender Tarifverträge innerhalb derselben Verhandlungseinheit eingestuft, sodass Art. 89.1 und Art. 86.5 Arbeitnehmerstatut zu beachten sind[616]: Bei noch wirksamen Tarifverträgen identischer Anwendungsbereiche besteht keine Verhandlungspflicht gem. Art. 89.1 Arbeitnehmerstatut. Der bestehende Tarifvertrag kann jederzeit durch die nach Art. 87, 88 Arbeitnehmerstatut legitimierten Subjekte modifiziert werden, Art. 86.1 UAbs. 2 Arbeitnehmerstatut.[617] Gem. Art. 86.5 Arbeitnehmerstatut ersetzt dann der zeitlich später vereinbarte Tarifvertrag den vorherigen in seiner Gesamtheit, es sei denn, es werden einzelne Regelungen ausdrücklich beibehalten.

Gem. Art. 84.1 Arbeitnehmerstatut ist der zeitlich frühere[618] Tarifvertrag vorrangig anwendbar und verdrängt den zeitlich nachfolgenden. Sowohl sich nicht widersprechende Regelungen[619] als auch Abweichungen, die ausdrücklich zugelassen werden,[620] werden nicht von dem Konkurrenzverbot erfasst. Der nachfolgende Tarifvertrag, der unter Verletzung des Konkurrenzverbots vereinbart wurde, wird nicht als nichtig eingestuft, kommt aber nicht zur

616 Cairós Barreto, La articulación y concurrencia de convenios colectivos, S. 40, 45–46; Gorelli Hernández, Derecho & Sociedad 2011, Nr. 37, 71, 73.

617 Vgl. hierzu in Kapitel 3 A.I.2.c.aa.

618 Streitig ist der maßgebliche Anknüpfungspunkt, zum Streitstand López Aniorte, Concurrencia de convenios y atomización de la negociación colectiva, S. 42–45 und Rojas Miño, La eficacia jurídica de los convenios colectivos, S. 112, 113: Nach e.A. ist der Zeitpunkt der Registrierung maßgeblich, nach a.A. der Zeitpunkt der Veröffentlichung, vgl. Navarro Nieto, La estructura de la negociación colectiva, S. 43, 44 mit Verweis auf STSJ Madrid 6729/2006, 17.05.2006 und STSJ País Vasco 704/2006, 07.02.2006. Nach einer weiteren Ansicht ist der Zeitpunkt maßgeblich, in dem der Tarifvertrag von den Parteien unterzeichnet wird, vgl. Molero Manglano, Derecho sindical, S. 496; Goerlich Peset, Actualidad laboral 2013, Nr. 11, 1341, 1355 mit Verweis auf STS 5160/2009, 12.06.2009. López Terrada, Labos 2022, Nr. 3, 77, 92, 93 möchte den Zeitpunkt der Beantragung zur Registrierung als Anknüpfungspunkt heranziehen.

619 STSJ Madrid 6570/2015, 18.05.2015.

620 Beispielsweise könnte sich eine solche tarifliche Regelung am Günstigkeitsprinzip orientieren und Abweichungen zugunsten der Arbeitnehmer zulassen, vgl. Vicente Palacio, in: García Ninet, Derecho del trabajo, S. 164.

Anwendung.[621] Das Konkurrenzverbot betrifft nach einhelliger Auffassung die ordentliche Laufzeit des Tarifvertrags, mögliche vereinbarte Verlängerungen nach Ende der Laufzeit, nicht aber die Nachwirkung gem. Art. 86.3 und Art. 86.4 Arbeitnehmerstatut.[622] Streitig ist, ob das Konkurrenzverbot in der Zeit der gesetzlichen, automatischen und jährlichen Verlängerung gem. Art. 86.2 Arbeitnehmerstatut gilt: Ein Ausschluss des Konkurrenzverbots für den Zeitraum nach Art. 86.2 Arbeitnehmerstatut wird damit begründet, dass jener nicht Teil der ursprünglich vereinbarten Tarifvertragslaufzeit war, sondern die zeitliche Geltung aufgrund Gesetzes jeweils um ein Jahr verlängert werde.[623] Art. 86.2 Arbeitnehmerstatut und Art. 86.3 und 4 Arbeitnehmerstatut bezwecken die Vermeidung von tariflichen Regelungslücken. Dagegen solle nicht vermieden werden, dass diese Lücken durch einen neuen Tarifvertrag mit abweichendem Anwendungsbereich geschlossen werden.[624] Der Rechtsprechung nach könne sich das Konkurrenzverbot ausnahmsweise auf den Nachwirkungszeitraum erstrecken, wenn die Verhandlungseinheit erhalten bleiben solle und bereits ein neuer Tarifvertrag verhandelt werde.[625]

b. Die Regelung des Art. 84.2 Arbeitnehmerstatut

aa. Wortlaut, Telos und Systematik der Norm

Als Ausnahme des Grundsatzes gem. Art. 84.1 Arbeitnehmerstatut und Form einer gesetzlichen Öffnungsklausel[626] wurde der partielle Anwendungsvorrang von statutarischen Unternehmenstarifverträgen gem. Art. 84.2 Arbeitnehmerstatut

---

621 STS 300/2022, 27.01.2022; STS 3749/2021, 05.10.2021; STS 2825/2006, 24.04.2006; STS 7920/2005, 21.12.2005; STS 3666/2005, 08.06.2005; STS 406/2004, 28.01.2004; STS 5423/2002, 17.07.2002; STS 6212/2001, 16.07.2001; STS 2456/2000, 27.03.2000; STS 6769/1999, 28.10.1999; Gorelli Hernández, Derecho & Sociedad 2011, Nr. 37, 71, 73.

622 STS 300/2022, 27.01.2022; STS 3749/2021, 05.10.2021; STS 8406/2012, 10.12.2012; STS 3333/2004, 17.05.2004; STS 543/2004, 02.02.2004; SAN 2506/2001, 24.04.2001; Mercader Uguina, Labos 2022, Nr. 3 Extra, 111, 122.

623 Cairós Barreto, La articulación y concurrencia de convenios colectivos, S. 38; Sicre Gilabert, La negociación colectiva, S. 57 mit Verweis auf STS 8406/2012, 10.12.2012. A.A. López Terrada, Labos 2022, Nr. 3, 77, 93.

624 Cairós Barreto, La articulación y concurrencia de convenios colectivos, S. 38.

625 STS 524/1997, 29.01.1997.

626 STS 4385/2016, 22.09.2016; Rojas Miño, La eficacia jurídica de los convenios colectivos, S. 101 bezeichnet Art. 84.2 Arbeitnehmerstatut als gesetzliche Dispositivierung eines übergeordneten Tarifvertrags für die Unternehmensebene.

mit dem Königlichen Gesetzesdekret 7/2011[627] eingeführt und mit dem Gesetz 3/2012[628] ausgestaltet. Die Regelungen eines Unternehmenstarifvertrags, der jederzeit während der Geltungsdauer eines vorher vereinbarten Tarifvertrags vereinbart werden kann, haben in den in Art. 84.2 UAbs. 1 lit. a–f Arbeitnehmerstatut aufgezählten Materien Vorrang vor den Tarifverträgen jeder geografischen Ebene, z.B. der gesamtstaatlichen, regionalen oder geografisch darunter liegenden Ebene. Der Vorrang gilt gegenüber übergeordneten Branchentarifverträgen und gegenüber Tarifverträgen unter der Unternehmensebene.[629] Dogmatisch wird Art. 84.2 Arbeitnehmerstatut als Ausnahme des Günstigkeitsprinzips in Art. 3.3 Arbeitnehmerstatut eingestuft, denn Art. 84.2 Arbeitnehmerstatut ermöglicht nicht nur günstigere, sondern auch nachteilige Abweichungen insbesondere von übergeordneten Branchentarifverträgen.[630]

Durch den Anwendungsvorrang gem. Art. 84.2 Arbeitnehmerstatut soll eine erhöhte interne Flexibilität im Unternehmen erreicht werden, da Interessenvertreter im Unternehmen spezifischer auf die besonderen unternehmerischen und örtlichen Gegebenheiten reagieren können.[631] Die Regelung ist gem. Art. 84.2 UAbs. 3 Arbeitnehmerstatut für Tarifverträge und Kollektivvereinbarungen i.S.d. Art. 83.2 Arbeitnehmerstatut indisponibel.[632] Die

---

627 Real Decreto-ley 7/2011, de 10 de junio, de medidas urgentes para la reforma de la negociación colectiva (BOE n. 139, de 11.06.2011).

628 Ley 3/2012, de 6 de julio, de medidas urgentes para la reforma del mercado laboral (BOE n. 162, 07.07.2012), zuletzt geändert durch Disposición derogatoria única Real Decreto-ley 1/2023, de 10 de enero (BOE n. 9, 11.01.2023). Mit STC 119/2014, 16.07.2014 und STC 8/2015, 22.01.2015 wurde dessen Verfassungsmäßigkeit bestätigt. Insbesondere da es sich um einen Anwendungs-, aber keinen Geltungsvorrang handele und die in Art. 84.2 Arbeitnehmerstatut aufgelisteten Materien nicht von der Regelungsbefugnis im Rahmen von Branchentarifverträgen ausgenommen seien, sei die Norm verfassungsgemäß.

629 Vgl. in Kapitel 2 B.V.1.b.bb(2).

630 Vgl. Casas Baamonde, Derecho de relaciones laborales 2017, Nr. 5, 377, 381; zum Günstigkeitsprinzip des Art. 3.3 Arbeitnehmerstatut in Kapitel 3 E.I.

631 STC 119/2014, 16.07.2014; Monereo Pérez/Molina Navarrete/Moreno Vida/Vila Tierno, Manual de derecho del trabajo, S. 221; Casas Baamonde, in: Observatorio de la negociación colectiva, Los convenios de empresa de nueva creación tras la reforma laboral de 2012, S. 13, 15.

632 Bei ihrer Einführung 2011 war die Norm noch als disponibel ausgestaltet gewesen. Die Indisponibilität wurde erst mit der Reform 2012 eingeführt, Perán Quesada, Revista General de Derecho del Trabajo y de la Seguridad Social 2013, Nr. 33, 127, 136.

Tarifvertragsparteien des Unternehmenstarifvertrags bzw. Tarifvertrags für Unternehmensgruppen oder verbundene Unternehmen bleiben aber nach einer Ansicht in der Literatur zur Disposition befugt.[633]

Zwar löst das deutsche Tarifvertragsrecht die Fälle der Tarifkonkurrenz, in denen mehrere, sich widersprechende Tarifverträge auf ein Individualarbeitsverhältnis einwirken, über den Grundsatz der Spezialität bzw. Sachnähe: Anwendbar ist derjenige Tarifvertrag, „der dem Betrieb räumlich, betrieblich, fachlich und persönlich am nächsten steht und deshalb den Erfordernissen und Eigenarten des Betriebs am besten gerecht wird".[634] Damit gelangt sie zu ähnlichen Lösungen wie die spanische Rechtsordnung. Der deutsche Grundsatz der Spezialität nimmt jedoch Tarifverträge unter der Unternehmensebene nicht von seiner Anwendung aus. Er beschränkt die Konkurrenzregelungen nicht auf konkrete Regelungsgegenstände, sodass Tarifverträge nach der deutschen Regelung in ihrer Gesamtheit vorrangig anwendbar sind. Bei der folgenden Betrachtung des spanischen Art. 84.2 Arbeitnehmerstatut wird daher ein besonderer Schwerpunkt auf dessen materielle Beschränkungen sowie die Begrenzung allein auf Unternehmenstarifverträge sowie Tarifverträge für Unternehmensgruppen und verbundene Unternehmen, nicht aber darunterliegende Ebenen, gelegt.

Junker sieht den spanischen Unternehmenstarifvertrag als Hybrid zwischen Betriebsvereinbarung und Tarifvertrag[635]: Einerseits könne der Tarifvertrag durch die Einheitsvertretungen oder gewählte Gewerkschaftssektionen abgeschlossen werden. Im Unterschied zur deutschen Priorisierung des Tarifvertrags gegenüber der Betriebsvereinbarung in § 77 Abs. 3 BetrVG und § 87 BetrVG erlaube die spanische Rechtsordnung in Art. 84.2 Arbeitnehmerstatut, dass Unternehmenstarifverträge und damit auch solche, die von

---

633 Gómez Gordillo, in: Cruz Villalón, La negociación colectiva como instrumento de gestión del cambio, S. 53, 58.

634 Zur Spezialität im deutschen Recht: St. Rspr.: BAG, Urt. v. 18.10.2006 – 10 AZR 576/05 – juris, Rn. 31; BAG, Urt. v. 04.12.2002 – 10 AZR 113/02 – juris, Rn. 33; BAG, Urt. v. 25.07.2001 – 10 AZR 599/00 – juris, Rn. 68; BAG, Urt. v. 05.09.1990 – 4 AZR 59/90 – juris, Rn. 17; BAG, Urt. v. 24.01.1990 – 4 AZR 561/89 – juris, Rn. 23. Vgl. auch Franzen, in: Erfurter Kommentar, § 4a TVG, Rn. 31; Krebber, in: Dornbusch/Fischermeier/Löwisch, AR-Kommentar, § 4a TVG, Rn. 8.

635 Zu dieser rechtsvergleichenden Betrachtung: Junker, RdA-Beilage 2009, 4, 7.

Einheitsvertretungen vereinbart wurden, im Sinne einer Spezialität Vorrang vor gewerkschaftlich vereinbarten Branchentarifverträgen haben.

bb. Definition des vorrangig anzuwendenden Tarifvertrags
(1) Unternehmen, Unternehmensgruppen und verbundene Unternehmen

Art. 84.2 Arbeitnehmerstatut ordnet den Anwendungsvorrang konkret für Unternehmenstarifverträge an, der Anwendungsbereich der Norm umfasst aber nach dem Wortlaut in Art. 84.2 UAbs. 2 Arbeitnehmerstatut auch Tarifverträge für Unternehmensgruppen oder verbundene Unternehmen.[636] Das Gesetz trifft keine Regelung zum Verhältnis der Unternehmenstarifverträge einerseits und der Tarifverträge für Unternehmensgruppen oder verbundene Unternehmen andererseits. In systematischer Auslegung wird daher das Regel-Ausnahme-Verhältnis von Art. 84.1 und Art. 84.2 Arbeitnehmerstatut herangezogen. Da die Ausnahmevorschrift des Art. 84.2 Arbeitnehmerstatut keine entsprechende Regelung zum Verhältnis der beiden Tarifverträge enthält und für beide einen Anwendungsvorrang gegenüber den sonstigen Tarifverträgen normiert, wird mangels anderweitiger gesetzlicher Regelung wiederum der Grundsatz des Konkurrenzverbots in Art. 84.1 Arbeitnehmerstatut angewendet.[637]

---

636 Zur Definition von Unternehmensgruppen und verbundenen Unternehmen bereits in Kapitel 1 B.III.2.b.bb(1)(a)(ee).

637 Cruz Villalòn, in: Cruz Villalón, La negociación colectiva como instrumento de gestión del cambio, S. 15, 32; Nieto Rojas, Trabajo y Derecho 2018, Nr. 37, 1, 9–10 mit Verweis auf STS 4385/2016, 22.09.2016; López Terrada/Todolí Signes, Derecho de relaciones laborales 2015, Nr. 7, 743, 752. Nach a.A. von Del Rey Guanter, in: Ministerio de Empleo y Seguridad Social, Estructura de la negociación colectiva, S. 67, 75 geht der Unternehmenstarifvertrag dem Tarifvertrag für Unternehmensgruppen bzw. verbundene Unternehmen vor, da Art. 84.2 Arbeitnehmerstatut den Anwendungsvorrang von Unternehmenstarifverträgen anordne und die Ausnahmeregelung zwar auf Unternehmensgruppen bzw. verbundene Unternehmen ausweite. Mit der grundsätzlichen Bezugnahme auf den Unternehmenstarifvertrag mache der Gesetzgeber aber dessen Priorität gegenüber den Tarifverträgen von Unternehmensgruppen bzw. verbundenen Unternehmen deutlich. Auch Gorelli Hernández, La negociación colectiva de empresa, S. 149, 150 erkennt den Vorrang von Unternehmenstarifverträgen gegenüber Tarifverträgen von Unternehmensgruppen bzw. verbundenen Unternehmen als nicht abwegig an, auch wenn er sich nicht abschließend zu dem Streitstand äußert.

(2) Ausschluss der Vorrangwirkung für Tarifverträge unter der Unternehmensebene

Darüber hinaus ist fraglich, ob der Anwendungsvorrang des Art. 84.2 Arbeitnehmerstatut ausschließlich die Ebene des Unternehmens oder auch die darunter liegenden Ebenen erfasst. Bis zur Klärung der Frage im Jahr 2016 wurde diese Frage uneinheitlich beurteilt. Eine starke Literaturmeinung legte den Begriff der Unternehmenstarifverträge extensiv aus und erfasste alle Tarifverträge auf und unter der Unternehmensebene von der Vorrangwirkung, da nach ihrer Ansicht eine Unterscheidung nicht sinnvoll wäre.[638] Der Betrieb stelle gerade im Vergleich zum Unternehmen die relevantere Ebene dar, um arbeitnehmernah Arbeitsbedingungen orientiert an den konkreten Bedürfnissen zu vereinbaren.[639] Außerdem zeigten auch systematisch die sonstigen Vorschriften des Arbeitnehmerstatuts, dass die Vorgaben zu Tarifverträgen auf und unter der Unternehmensebene grundsätzlich denselben Regelungen unterliegen und als einheitliches Regelungskonstrukt betrachtet werden (z.B. Art. 87.1 Arbeitnehmerstatut).[640] Teilweise wurden die Begriffe Betrieb und Unternehmen durch den einfachen Gesetzgeber uneinheitlich verwendet, sodass allein der Wortlaut keine Anhaltspunkte für die konkrete Auslegung biete.[641] Auch teleologische Argumente sprächen für eine erweiterte Auslegung, da ein Anwendungsvorrang auch von Tarifverträgen unter der Unternehmensebene die Flexibilität des Systems weiter stärken würde und der Anwendungsvorrang von Unternehmenstarifverträgen gegenüber Tarifverträgen auf darunter liegenden Ebenen dem Telos zuwiderlaufe.[642]

Seit dem Urteil des *Tribunal Supremo* vom 22.09.2016 wird der Wortlaut des Art. 84.2 Arbeitnehmerstatut aber, auch mit Blick auf den Charakter als Ausnahmeregelung, restriktiv ausgelegt, sodass nur Tarifverträge auf Unternehmensebene, nicht aber die darunter liegenden Ebenen von dem

---

638 Mercader Uguina, in: García-Perrote Escartín/Mercader Uguina, Cláusulas de vanguardia y problemas prácticos de la negociación colectiva actual, S. 79, 113; Muñoz Ruiz, Trabajo y Derecho 2015, Nr. 9, 1 ff.; Ojeda Avilés, Revista General de Derecho del Trabajo y de la Seguridad Social 2013, Nr. 34, 496, 508–510.

639 Mercader Uguina, in: García-Perrote Escartín/Mercader Uguina, Cláusulas de vanguardia y problemas prácticos de la negociación colectiva actual, S. 79, 113.

640 Muñoz Ruiz, Trabajo y Derecho 2015, Nr. 9, 1, 5.

641 Muñoz Ruiz, Trabajo y Derecho 2015, Nr. 9, 1, 5.

642 Muñoz Ruiz, Trabajo y Derecho 2015, Nr. 9, 1, 6–7; Ojeda Avilés, Revista General de Derecho del Trabajo y de la Seguridad Social 2013, Nr. 34, 496, 510.

Anwendungsvorrang erfasst werden.[643] Auch Berufsgruppentarifverträge erfasst Art. 84.2 Arbeitnehmerstatut nach der restriktiven Auslegung nicht.[644] Hätte der Gesetzgeber ebenfalls Tarifverträge unter der Unternehmensebene in die Vorrangwirkung einbeziehen wollen, hätte er nach dieser Ansicht den Anwendungsbereich nicht explizit in Art. 84.2 UAbs. 2 Arbeitnehmerstatut auf Unternehmensgruppen und verbundene Unternehmen ausgeweitet, ohne sich dabei zu solchen für Betriebe, Betriebsteile, u.s.w. zu äußern.[645] Auch die aufgelisteten Materien des Art. 84.2 UAbs. 1 lit. a–f Arbeitnehmerstatut, insbesondere littera c zur Eingruppierung, seien auf das Unternehmen zugeschnitten, nicht aber auf darunter liegende Ebenen.[646] Im Übrigen soll durch die restriktive Auslegung sichergestellt werden, dass alle Arbeitnehmer eines Unternehmens im Sinne der Gleichheit denselben Arbeitsbedingungen unterliegen und nicht je Betrieb differenziert werde.[647]

cc. Materielle Begrenzung des Anwendungsvorrangs

In konkreten Materien ist der später vereinbarte Unternehmenstarifvertrag gegenüber Branchentarifverträgen jeden geografischen Geltungsbereichs und Tarifverträgen unter der Unternehmensebene vorrangig anwendbar

---

643 STS 4385/2016, 22.09.2016, vgl. auch STS 615/2022, 08.02.2022; STS 563/2018, 08.02.2018; STS 2098/2017, 09.05.2017; STSJ Madrid 6570/2015, 18.05.2015; Casas Baamonde, in: Observatorio de la negociación colectiva, Los convenios de empresa de nueva creación tras la reforma laboral de 2012, S. 13, 59, 60; Cruz Villalón, La incidencia de la reforma laboral de 2012 sobre la estructura de la negociación colectiva, S. 125; Del Rey Guanter, in: Ministerio de Empleo y Seguridad Social, Estructura de la negociación colectiva, S. 67, 75; Gómez Gordillo, in: Cruz Villalón, La negociación colectiva como instrumento de gestión del cambio, S. 53, 59, 60; Gorelli Hernández, La negociación colectiva de empresa, S. 149; Fernández Villazón, Revista General de Derecho del Trabajo y de la Seguridad Social 2018, Nr. 51, 166, 180, 181. A.A. aber auch nach dem Urteil noch De Castro Marín, La prioridad aplicativa del convenio de empresa del art. 84.2 Arbeitnehmerstatut, S. 47–49, der für die genannte extensive Auslegung plädiert.

644 STS 3199/2017, 13.07.2017.

645 STS 615/2022, 08.02.2022; STS 4385/2016, 22.09.2016; Gómez Gordillo, in: Cruz Villalón, La negociación colectiva como instrumento de gestión del cambio, S. 53, 60; Gorelli Hernández, La negociación colectiva de empresa, S. 149.

646 STS 615/2022, 08.02.2022; STS 4385/2016, 22.09.2016.

647 Casas Baamonde, in: Observatorio de la negociación colectiva, Los convenios de empresa de nueva creación tras la reforma laboral de 2012, S. 13, 59.

und durchbricht die Erga-Omnes-Wirkung. Art. 84.2 UAbs. 1 lit. a–f Arbeitnehmerstatut listet die Materien auf,[648] die eine Sachnähe zu der Unternehmensebene aufweisen und eine bessere Anpassung der Arbeitsbeziehungen an das wirtschaftliche und produktive Umfeld im Unternehmen bezwecken sollen.[649] Für die übrigen Regelungsgegenstände bleibt es bei dem in Art. 84.1 Arbeitnehmerstatut normierten Konkurrenzverbot und dem Grundsatz *prior in tempore*.[650] Der Anwendungsvorrang betrifft die Vergütung von Überstunden und Schichtarbeit (lit. a), die Lage und Verteilung der Arbeitszeit, Schichtdienstregelungen und die jährliche Urlaubsplanung (lit. b),[651] die Anpassung des Eingruppierungssystems an das Unternehmen (lit. c),[652] die Anpassung derjenigen Vertragsbedingungen, die das Arbeitnehmerstatut den Unternehmenstarifverträgen zuweist (lit. d),[653] Maßnahmen zur Förderung der Mitverantwortung und der Vereinbarkeit von Beruf, Familie und Privatleben (lit. e) und alle anderen in Tarifverträgen nach Art. 83.2 Arbeitnehmerstatut vorgesehenen Regelungen, beispielsweise zum Verfahren der

648 Ausführlich zu den einzelnen erfassten Materien: Cruz Villalòn, in: Cruz Villalón, La negociación colectiva como instrumento de gestión del cambio, S. 15, 34–37; Gómez Gordillo, in: Cruz Villalón, La negociación colectiva como instrumento de gestión del cambio, S. 53, 65–75 und Gorelli Hernández, La negociación colectiva de empresa, S. 153–159.

649 Real Decreto-ley 7/2011, de 10 de junio, de medidas urgentes para la reforma de la negociación colectiva (BOE n. 139, de 11.06.2011), Punkt V.

650 Mercader Uguina, in: García-Perrote Escartín/Mercader Uguina, Cláusulas de vanguardia y problemas prácticos de la negociación colectiva actual, S. 79, 85; Cruz Villalòn, in: Cruz Villalón, La negociación colectiva como instrumento de gestión del cambio, S. 15, 33; Cruz Villalón, Compendio de derecho del trabajo, S. 600.

651 Nicht erfasst ist die Anzahl der Urlaubstage, vgl. SAN 2925/2017, 13.07.2017.

652 Der Umfang ist beschränkt auf die Anpassung und umfasst nicht die Aufstellung eines neuen, abweichenden Eingruppierungssystems, vgl. Gorelli Hernández, La negociación colectiva de empresa, S. 155; Fernández Villazón, Revista General de Derecho del Trabajo y de la Seguridad Social 2018, Nr. 51, 166, 187.

653 Erfasst sind solche Gesetze, die die Regelung und Ausgestaltung generell durch Tarifverhandlungen regeln (z.B. Art. 16.3 UAbs. 1 S. 1, 34.2 UAbs. 1 S. 1, 35.1 S. 2 Arbeitnehmerstatut) nicht aber solche, die die Befugnis explizit dem Branchentarifvertrag zuweisen (z.B. Art. 11.3 lit. c, 11.4 lit. e Arbeitnehmerstatut), vgl. Gorelli Hernández, La negociación colectiva de empresa, S. 156–158; Sáez Lara, Temas laborales 2022, Nr. 161, 335, 351, 352; Fernández Villazón, Revista General de Derecho del Trabajo y de la Seguridad Social 2018, Nr. 51, 166, 187, 188.

Tarifverhandlungen oder Konkurrenzen zwischen Tarifverträgen (lit. f).[654] Nicht mehr erfasst sind seit dem Königlichen Gesetzesdekret 32/2021 dagegen die Lohnregelungen.[655] Gem. Art. 84.2 UAbs. 1 lit. f Arbeitnehmerstatut können Tarifverträge i.S.d. Art. 83.2 Arbeitnehmerstatut die nicht abschließende Aufzählung der Materien erweitern.[656]

Konsequenz ist also, dass partiell zwei Tarifverträge kumulativ auf das Arbeitsverhältnis einwirken können und ein mehrschichtiges Regelungskonglomerat entstehen kann. Tarifvertragliche Klauseln, beispielsweise von kollidierenden Unternehmens- und Branchentarifverträgen, müssen daraufhin überprüft werden, ob ihr Regelungsgegenstand Teil des Katalogs in Art. 84.2 UAbs. 1 lit. a–f Arbeitnehmerstatut ist, um Rückschlüsse auf die Anwendbarkeit der Klausel zu ziehen.[657] Es wird kritisiert, dass dies im Einzelfall zu Rechtsunsicherheit führen kann.[658]

dd. Zeitraum der Verdrängungswirkung
(1) Konstellation 1: Zeitlich nach einem anderen Tarifvertrag vereinbarter Unternehmenstarifvertrag

Während der Geltungsdauer eines Tarifvertrags kann gem. Art. 84.2 Arbeitnehmerstatut zu jedem Zeitpunkt ein Unternehmenstarifvertrag vereinbart

---

654 Die Erweiterung über lit. f ermöglicht, dass beispielsweise auch dem Unternehmenstarifvertrag in seiner Gesamtheit ein Anwendungsvorrang eingeräumt wird, vgl. Gorelli Hernández, La negociación colectiva de empresa, S. 159.

655 Art. 84.2 UAbs. 1 lit. a Arbeitnehmerstatut a.F.; Real Decreto-ley 32/2021, de 28 de diciembre, de medidas urgentes para la reforma laboral, la garantía de la estabilidad en el empleo y la transformación del mercado de trabajo (BOE n. 313, de 30.12.2021). Indem u.a. das Grundgehalt aus der Auflistung der von dem Anwendungsvorrang erfassten Materien in Art. 84.2 Arbeitnehmerstatut herausgenommen wurde, sind nun die deutlich höher festgesetzten Grundgehälter der übergeordneten Tarifverträge anwendbar, vgl. zu den deutlichen Unterschieden zwischen den Lohnfestsetzungen von Unternehmenstarifverträgen und ihnen übergeordneten Tarifverträgen: Servicio de Estudios UGT, Análisis del Real Decreto-Ley 32/2021, de 28 de diciembre, S. 10, 11.

656 Möglich bleibt, den Anwendungsvorrang auszuweiten und beispielsweise über Art. 84.2 Arbeitnehmerstatut hinausgehend alle Klauseln des Unternehmenstarifvertrags vorrangig anzuwenden, die im Vergleich zum übergeordneten Tarifvertrag günstiger sind, vgl. SAN 4638/2014, 01.12.2014.

657 Vgl. STS 1771/2016, 01.04.2016: técnica del *„espigueo"* (Ährenlese).

658 Vgl. SAN 4638/2014, 01.12.2014, bestätigt durch STS 1771/2016, 01.04.2016.

werden. Von der Verdrängungswirkung wird die Laufzeit des Tarifvertrags umfasst,[659] grundsätzlich aber nicht deren automatische jährliche Verlängerung gem. Art. 86.2 Arbeitnehmerstatut[660] und Nachwirkung.[661] Ausnahmsweise wird auch den Zeitraum der Nachwirkung eingeschlossen, wenn bereits eine Erwartung von Neuverhandlungen besteht und die betrieblichen Vertreter einen neuen Tarifvertrag aushandeln möchten.[662]

(2) Konstellation 2: Zeitlich vor einem anderen Tarifvertrag vereinbarter Unternehmenstarifvertrag

Im umgekehrten Fall, in dem ein Unternehmenstarifvertrag zeitlich vor einem anderen Tarifvertrag vereinbart wird, wird nicht die Ausnahmeregelung, sondern der dispositive Grundsatz des Art. 84.1 Arbeitnehmerstatut angewendet. Der zeitlich frühere Tarifvertrag, in diesem Fall also der Unternehmenstarifvertrag, geht danach im Unterschied zur Ausnahmeregelung nicht nur für einzelne Materien, sondern in seiner Gesamtheit vor.[663]

c. Problematische Aspekte des absoluten Anwendungsvorrangs

Der grundsätzliche Anwendungsvorrang in Art. 84.2 Arbeitnehmerstatut wird in der Literatur unter zwei Gesichtspunkten kritisch betrachtet.

Erstens eröffnet der Anwendungsvorrang die Möglichkeit, dass auf Unternehmensebene nachteilig zulasten der Arbeitnehmer von günstigeren Bedingungen des verdrängten Tarifvertrags abgewichen werden kann. Arbeitnehmervertreter

---

659 STS 1771/2016, 01.04.2016; Casas Baamonde, Derecho de relaciones laborales 2017, Nr. 5, 377, 382.

660 STS 543/2004, 02.02.2004. Vgl. in Kapitel 2 B.V.1.a.

661 Casas Baamonde, in: Observatorio de la negociación colectiva, Los convenios de empresa de nueva creación tras la reforma laboral de 2012, S. 13, 49, 50; Casas Baamonde, Derecho de relaciones laborales 2017, Nr. 5, 377, 387. Vgl. in Kapitel 2 B.V.1.a.

662 Casas Baamonde, in: Observatorio de la negociación colectiva, Los convenios de empresa de nueva creación tras la reforma laboral de 2012, S. 13, 50 und López Terrada, Revista General de Derecho del Trabajo y de la Seguridad Social 2018, Nr. 48, 70, 90 mit Verweis auf STS 5819/2015, 30.12.2015; Gómez Gordillo, in: Cruz Villalón, La negociación colectiva como instrumento de gestión del cambio, S. 53, 62; Casas Baamonde, Derecho de relaciones laborales 2017, Nr. 5, 377, 387.

663 Gorelli Hernández, La negociación colectiva de empresa, S. 142, 143, 146; Casas Baamonde, Derecho de relaciones laborales 2017, Nr. 5, 377; Ojeda Avilés, Revista General de Derecho del Trabajo y de la Seguridad Social 2013, Nr. 34, 496, 512, 513.

im Unternehmen haben in der Regel keine derart starke Durchsetzungskraft, dass sie günstigere Bedingungen aushandeln können als die repräsentativen, großen Verbände in Branchentarifverträgen, die grundsätzlich aufgrund ihres größeren Wirkungskreises stärkere Druckmittel zur Verfügung haben.[664] Die Rechtsprechung bejaht zwar die grundsätzliche Möglichkeit einer Verschlechterung durch den vorrangig anzuwendenden Unternehmenstarifvertrag.[665] Die Grenze des Rechtsmissbrauchs sei aber dort erreicht, wo der Anwendungsvorrang dazu missbraucht werde, die Nichteinhaltung, insbesondere also die Verschlechterung von Klauseln des verdrängten Tarifvertrags durch die Regelung des Art. 84.2 Arbeitnehmerstatut zu legalisieren.

Zweitens kann der Anwendungsvorrang auf Arbeitnehmerseite dazu führen, dass ein von Gewerkschaften ausgehandelter Branchentarifvertrag zugunsten eines von Einheitsvertretungen vereinbarten Unternehmenstarifvertrags verdrängt wird, sodass die gewerkschaftliche Vertretung hinter der Einheitsvertretung zurücktritt.[666] Neben dem besonderen verfassungsrechtlichen Schutz von Gewerkschaften über Art. 28.1 Spanische Verfassung priorisiert das Übereinkommen Nr. 154 der Internationalen Arbeitsorganisation über die Förderung von Kollektivverhandlungen von 1981, von Spanien ratifiziert am 11.09.1985,[667] gewerkschaftliche Vertretungen[668] und steht damit in Widerspruch zu einer solchen Anwendung des Art. 84.2 Arbeitnehmerstatut. Da aber Art. 87.1 UAbs. 2 Arbeitnehmerstatut im Rahmen der Legitimation Gewerkschaftssektionen gegenüber den Einheitsvertretungen priorisiert und der Anwendungsvorrang lediglich Unternehmenstarifverträge, nicht aber Betriebstarifverträge, bei denen grundsätzlich die Einheitsvertretungen aktiv sind, priorisiert, sieht das Verfassungsgericht auch in Art. 84.2 Arbeitnehmerstatut ausreichende Möglichkeiten für Gewerkschaften, im Bereich der Tarifverhandlungen nicht verdrängt zu werden.[669] Gewerkschaften müsse in

---

664 Vgl. Lahera Forteza, La reforma de la negociación colectiva, S. 190–191.

665 STS 1068/2015, 18.02.2015.

666 Zu dieser Kritik: Duque González, Derecho de relaciones laborales 2020, Nr. 3, 252, 270, 273.

667 https://normlex.ilo.org/dyn/nrmlx_es/f?p=1000:11200:0::NO:11200:P11200_COUNTRY_ID:102847 (zuletzt abgerufen am 01.03.2026).

668 International Labour Office, Promoting collective bargaining, S. 6, 14.

669 STC 119/2014, 16.07.2014.

diesem Sinne kein absoluter Vorrang gegenüber Einheitsvertretungen eingeräumt werden.

In dem Urteil des Verfassungsgerichts vom 16.07.2014 vertraten indessen drei Richter ein abweichendes Sondervotum: Gewerkschaften genössen verfassungsrechtlich einen besonderen Schutz über Art. 28.1 Spanische Verfassung, der gerade Einheitsvertretungen nicht zuteilwerde. Art. 84.2 Arbeitnehmerstatut verletze diese verfassungsrechtlich geschützten Rechte der Gewerkschaften, indem er einen absoluten, indisponiblen Anwendungsvorrang normiere. Vielmehr entspräche es Art. 28.1 Spanische Verfassung, die Regelung disponibel auszugestalten, um Gewerkschaften im Rahmen der Branchentarifverträge nicht wesentlicher Rechte zu berauben. Gem. Art. 82.3 i.V.m. Art. 87.2 Arbeitnehmerstatut werde den repräsentativsten Gewerkschaften das Recht verbunden mit der Pflicht zuteil, Tarifverträge mit Erga-Omnes-Wirkung zu vereinbaren. Der absolute Anwendungsvorrang weiche dieses Recht bzw. diese Pflicht in zu hohem Maße auf. Auch im Sinne des Arbeitnehmerschutzes hätte Art. 84.2 Arbeitnehmerstatut die Möglichkeit einer Verschlechterung durch den dann vorrangig anzuwendenden Unternehmenstarifvertrag verbieten sollen.

2. Räumlicher Anwendungsvorrang von Tarifverträgen in Autonomen Gemeinschaften und Provinzen gegenüber gesamtstaatlich geltenden Tarifverträgen

Unter den Voraussetzungen der Art. 84.3–5 Arbeitnehmerstatut wirkt ein gesamtstaatlich geltender Tarifvertrag nicht erga omnes. Gem. Art. 84.3 Arbeitnehmerstatut werden Tarifverträge auf Ebene der Autonomen Gemeinschaften vorrangig angewendet, wenn sie die für die Bildung der Verhandlungskommission notwendigen Mehrheitserfordernisse erhalten und ihre Regelung gegenüber der des übergeordneten Tarifvertrags günstiger ist. Auch Tarifverträge der Provinzebene können gem. Art. 84.4 Arbeitnehmerstatut gegenüber gesamtstaatlichen Tarifverträgen vorrangig angewendet werden, sofern dies in Rahmenvereinbarungen der Autonomen Gemeinschaft i.S.d. Art. 83.2 Arbeitnehmerstatut vorgesehen ist und die Regelung günstiger ist als die des übergeordneten Tarifvertrags. Da die Regelung mit königlichem Gesetzesdekret 2/2024 vom 21. Mai erlassen wurde, haben Rechtsprechung und Literatur noch nicht abschließend den Maßstab dieses Günstigkeitsvergleichs definiert. Erste Literaturstimmen möchten allerdings einen Gesamtvergleich vornehmen.[670]

Ausdrücklich ausgenommen von dem Anwendungsvorrang werden nach Art. 84.5 Arbeitnehmerstatut Materien der Probezeit, der Einstellungsmodalitäten, der beruflichen Eingruppierung, der jährlichen Höchstarbeitszeiten, der Disziplinarverfahren und der Mindestnormen im Bereich des Arbeitsschutzes und der geografischen Versetzung. Aufgrund der Formulierung als Verbot und Einordnung als Kompetenz-, statt als Konkurrenzregelung ist Rechtsfolge einer Verletzung des Art. 84.5 Arbeitnehmerstatut die Nichtigkeit der Tarifvertragsregelung, unabhängig davon, ob der übergeordnete Tarifvertrag die Materie regelt oder nicht.[671] Der Gesetzgeber schließt in Art. 84.5 Arbeitnehmerstatut ausdrücklich Materien von der Vorrangwirkung aus, während Art. 84.2 Arbeitnehmerstatut im Gegensatz hierzu ausdrücklich die Materien auflistet, die von dem Anwendungsvorrang erfasst sind.[672]

---

670 Torrontegui Ayo, Cambios relevantes en materia de concurrencia de convenios. Offenlassend, aber ebenfalls in Richtung eines Gesamtvergleichs tendierend: Lahera Forteza, Nuevas reglas de concurrencia entre convenios colectivos tras el Decreto-ley 2/2024, S. 2.

671 Vgl. zur ähnlich formulierten Vorgängerregelung des Art. 84 UAbs. 3 Arbeitnehmerstatut a.F. vor der Änderung durch Real Decreto-ley 7/2011 und 2/2024, die ebenfalls als Verbot formuliert war und bei Verletzung zur Nichtigkeit der Klausel führen sollte: STS 7725/2007, 19.07.2007; STS 7646/2005, 07.11.2005; STS 406/2004, 28.01.2004. Die Literatur kritisierte die Rechtsfolge der Nichtigkeit, da es sich bei der Vorschrift um eine Konkurrenz- und eine Kompetenzregelung handelte. Bei einer reinen Kompetenzregelung sei die Nichtigkeitsfolge möglich, bei der Hybridform des Art. 84. UAbs. 3 Arbeitnehmerstatut a.F. nicht. Die Nichtigkeit als Rechtsfolge sollte zudem allein bei einer Verletzung von absolutem, zwingendem Gesetzesrecht in Betracht kommen, vgl. Navarro Nieto, La estructura de la negociación colectiva, S. 54, 60, 66, 67. Auch nach der Reform durch Real Decreto-ley 7/2011 wird weiterhin auf diesen Streitstand Bezug genommen, Cairós Barreto, La articulación y concurrencia de convenios colectivos, S. 62, 63 sieht aber nun in Art. 84.4 Arbeitnehmerstatut eine Kompetenzregelung und nicht mehr einen Hybrid zwischen Kompetenz- und Konkurrenzregelung, sodass er entsprechend der früheren Rechtsprechung auch von einer Nichtigkeit bei Verletzung des Art. 84.4 Arbeitnehmerstatut ausgeht. A.A. Cruz Villalón, Compendio de derecho del trabajo, S. 601, der eine Konkurrenzregelung annimmt.

672 Gorelli Hernández, Derecho & Sociedad 2011, Nr. 37, 71, 78.

3. Zwischenergebnis

Der partielle, absolute und indisponible Anwendungsvorrang von Unternehmenstarifverträgen und Tarifverträgen von Unternehmensgruppen und verbundenen Unternehmen gegenüber sonstigen Tarifverträgen weicht die Erga-Omnes-Wirkung der sonstigen, verdrängten Tarifverträge auf. Je nach konkreter Materie muss überprüft werden, welche Regelung der konkurrierenden Tarifverträge anwendbar ist, sodass partiell mehrere Tarifverträge gleichzeitig zur Anwendung kommen können. Der absolute und indisponible Anwendungsvorrang bewirkt, dass Tarifverträge, die von Einheitsvertretungen ausgehandelt wurden, im Einzelfall gegenüber Tarifverträgen der Gewerkschaften vorrangig anwendbar sind. Während das Verfassungsgericht der Ansicht ist, dass die Vorrangstellung von Gewerkschaften ausreichend über die bereits erörterte Vorrangregelung in Art. 87.1 UAbs. 2 Arbeitnehmerstatut gesichert ist, nehmen andere Stimmen an, dass Art. 84.2 Arbeitnehmerstatut die Gewerkschaftsfreiheit gem. Art. 28.1 Spanische Verfassung verletze. Unter Berücksichtigung des Telos von Art. 84.2 Arbeitnehmerstatut verwundert zudem aus deutscher Sicht, dass der Anwendungsvorrang nicht auch unter dem Unternehmen liegende Ebenen erfasst.

Der Anwendungsvorrang regionaler Tarifverträge vor gesamtstaatlich geltenden Tarifverträgen wurde seit der Neuregelung im Mai 2024 um das Kriterium der Günstigkeit ergänzt. Wie dieser Günstigkeitsvergleich zwischen regionalem und gesamtstaatlich geltendem Tarifvertrag durchzuführen ist, ist nicht abschließend geklärt. Verletzt ein regionaler Tarifvertrag die Kompetenzregelung des Art. 84.5 Arbeitnehmerstatut, hat das die Nichtigkeit der regionalen Regelung zur Folge.

VI. Rechtliche und soziale Auswirkungen der Erga-Omnes-Wirkung

Die Erga-Omnes-Wirkung statutarischer Tarifverträge hat weitreichende rechtliche und soziale Auswirkungen, die im Folgenden untersucht werden.

Literatur[673] und Rechtsprechung[674] erkennen die Erga-Omnes-Wirkung statutarischer Tarifverträge nach Diskussionen in den 80er und 90er Jahren heute mehrheitlich an. Dennoch fügen sich einige Elemente der Erga-Omnes-Wirkung nicht vollumfänglich in das Gesamtsystem des spanischen Tarifrechts ein, sodass die Rechtskonstruktion im Folgenden sowohl unter verfassungsrechtlichen als auch unter einfachgesetzlichen und sozialen Aspekten kritisch betrachtet wird.

1. Verletzung der negativen Gewerkschaftsfreiheit von Arbeitnehmern

Die Erga-Omnes-Wirkung könnte die negative Gewerkschaftsfreiheit der Arbeitnehmer gem. Art. 28.1 S. 4 Spanische Verfassung verletzen[675]: Als Argument für eine Verletzung der negativen Gewerkschaftsfreiheit wird vorgebracht, dass nichtorganisierte Arbeitnehmer, die sich bewusst gegen einen Gewerkschaftsbeitritt entschieden haben, bzw. Andersorganisierte, die einer anderen Gewerkschaft beigetreten sind, die Bindung an den statutarischen Tarifvertrag nicht vermeiden könnten. Faktisch führe das zu einer Form der Zwangsmitgliedschaft, da die Arbeitnehmer zwar nicht zu einem Gewerkschaftsbeitritt gezwungen würden, aber allen Wirkungen einer Gewerkschaftsmitgliedschaft, mit Ausnahme der Kostentragung von Mitgliedsbeiträgen, ausgesetzt seien.[676] Durch die Normierung einer Erga-Omnes-Wirkung sei ein System geschaffen worden, nach dem die Vertretenen zwingend und unmittelbar, vergleichbar mit einer politischen Organisation oder Einheitsgewerkschaft, über repräsentative Verbände vertreten

---

673 Sala Franco, in: Goerlich Peset, Derecho del trabajo, S. 655, 656; Sala Franco, Derecho sindical, S. 256, 257; Palomeque López, Derecho sindical, S. 198; Sagardoy Bengoechea, La eficacia de los convenios colectivos, S. 15, 17; Durán López, Relaciones laborales 1990, Nr. 15/16, 121, 132; Valdés Dal-Ré, Relaciones laborales 1990, Nr. 1, 268, 275.

674 St. Rspr.: STC 130/2021, 21.06.2021; STC 8/2015, 22.01.2015; STC 108/1989, 08.06.1989; STC 73/1984, 27.06.1984; STC 4/1983, 28.01.1983; STS 6187/2013, 22.10.2013; STS 5747/2010, 21.10.2010; STS 4394/2009, 28.05.2009.

675 So Rodríguez-Piñero, Eficacia general del convenio colectivo, S. 49; García-Perrote Escartín, Ley y Autonomía Colectiva, S. 9; Valdés Dal-Ré, Revista de política social 1979, Nr. 121, 469, 497.

676 Alonso García, in: Ministerio de Sanidad y Seguridad Social, I Congreso nacional, S. 35, 39; Duque González, Lan Harremanak 2021, Nr. 45, 14, 27.

werden.[677] Das Spanische Verfassungsgericht aber verweist darauf, dass die Verbände aufgrund ihrer institutionellen Vertretung befugt seien, auf einer übergewerkschaftlichen, sozialen Ebene für alle Arbeitnehmer zu handeln.[678] Als generelle Interessen-, nicht Willensvertreter, vertreten sie unabhängig von der konkreten Gewerkschaft und deren individuellen Leitbildern die allgemeinen Interessen aller.

2. Fehlende Rechtsschutzmöglichkeit der nicht- und andersorganisierten Arbeitnehmer und Arbeitgeber

Gem. Art. 165.1 lit. a Gesetz über die Sozialgerichtsbarkeit sind die Arbeitnehmer- und Arbeitgebervertretungen, die Staatsanwaltschaft, die allgemeine Staatsverwaltung sowie die Verwaltung der Autonomen Gemeinschaften legitimiert, um gegen einen möglicherweise rechtswidrigen Tarifvertrag in seiner Gesamtheit vorzugehen. Auch Dritte können bei einer ernsthaften Verletzung ihrer Rechte gegen den Tarifvertrag vorgehen, Art. 165.1 lit. b S. 1 Gesetz über die Sozialgerichtsbarkeit. Organisierte, nicht- und andersorganisierte Arbeitnehmer und Arbeitgeber, die von einem statutarischen Tarifvertrag mit Erga-Omnes-Wirkung erfasst werden, stuft die spanische Rechtsprechung aber gerade nicht als Dritte ein.[679] Abgeleitet wird dies aus Art. 165.1 lit. b S. 2 Gesetz über die Sozialgerichtsbarkeit, der ausdrücklich bestimmt, dass Arbeitnehmer und Arbeitgeber, die vom Anwendungsbereich des Tarifvertrags erfasst sind, nicht als Dritte gelten.

Das wird in der Literatur unter zwei Gesichtspunkten kritisiert. Erstens hätten Nicht- und Andersorganisierte wenige Einflussmöglichkeiten, den Inhalt des Tarifvertrags mitzugestalten. Sie übten ihren Einfluss allein durch die Wahlen zu den Einheitsvertretungen aus. Durch den Ausschluss in Art. 165.1 lit. b S. 1 Gesetz über die Sozialgerichtsbarkeit fehlten ihnen die Rechtsschutzmöglichkeiten, *ex post* gegen den Tarifvertrag vorzugehen.[680] Zweitens

[677] Duque González, Lan Harremanak 2021, Nr. 45, 14, 27.

[678] STC 12/1983, 22.02.1983; STC 4/1983, 28.01.1983; vgl. zur institutionellen Vertretungsfunktion in Kapitel 1 B.I.2.c.

[679] Das frühere Tribunal Central de Trabajo (vgl. Urt. v. 21.07.1988; 08.05.1984; 13.10.1981; 01.07.1981) beurteilte das noch anders und wies denjenigen Rechtsschutzmöglichkeiten zu, die keine Einflussnahmemöglichkeiten während den Tarifverhandlungen hatten. Das hat sich aber durch STC 81/1990, 04.05.1990 geändert.

[680] Vgl. Duque González, La fuerza vinculante del convenio colectivo, S. 715.

würden Arbeitnehmern, die bei einem Arbeitsplatzwechsel erst nachträglich in den tarifvertraglichen Anwendungsbereich einbezogen werden und damit als zukünftig Betroffene überhaupt keinen Einfluss auf dessen Gestaltung nehmen konnten, ihre Rechtsschutzmöglichkeiten genommen. Vor dem Arbeitsplatzwechsel werden sie als Dritte i.S.d. Art. 165.1 lit. b S. 1 Gesetz über die Sozialgerichtsbarkeit eingestuft, danach aber gerade nicht, sodass sie nach dem Arbeitsplatzwechsel nicht mehr aktivlegitimiert seien, gerichtlich gegen den Tarifvertrag vorzugehen.[681]

Nach Ansicht des Verfassungsgerichts seien die in dem Tarifvertrag erarbeiteten Regelungen aber Ausdruck der allgemeinen, absoluten und unteilbaren Arbeitnehmer- und Arbeitgeberinteressen.[682] Diese Interessen könne ausschließlich das Kollektiv im Sinne einer effektiven Ausübung dessen Kompetenzen, nicht aber der Einzelne repräsentieren. Die Aktivlegitimation für eine Klage gegen den gesamten Tarifvertrag könne vor diesem Hintergrund nicht dem Einzelnen zustehen. Anderes gelte, sofern der Einzelne geltend mache, durch eine konkrete Regelung des Tarifvertrags in seinen Rechten verletzt zu sein, beispielsweise bei einer Verletzung des Art. 28.1 Spanische Verfassung in speziellen Verfahren nach Art. 13 Organgesetz über die Gewerkschaftsfreiheit oder Art. 177 Gesetz über die Sozialgerichtsbarkeit. Wäre hier ausschließlich das Kollektiv aktivlegitimiert, würden dem Individuum mit seiner Einbeziehung in den Tarifvertrag Möglichkeiten zur Verteidigung seiner individuellen Interessen genommen und das Recht auf effektiven Rechtsschutz gem. Art. 24.1 Spanische Verfassung wäre verletzt. Die derzeitige Regelung um die Rechtschutzmöglichkeiten der nicht- und andersorganisierten Arbeitnehmer und Arbeitgeber stuft das Verfassungsgericht daher als zulässig ein.

3. Legitimationslücken bei der Erfassung vergangener und künftiger Arbeitsverhältnisse

Die Erga-Omnes-Wirkung erfasst sowohl vergangene als auch gegenwärtige und künftige Arbeitsverhältnisse,[683] enthält aber nach einem Sonder-

---

681 Monereo Pérez/Molina Navarrete/Moreno Vida, Manual de derecho sindical, S. 236.

682 STC 81/1990, 04.05.1990, ähnlich STC 157/2002, 16.09.2002; STC 56/2000, 28.02.2000; STC 10/1996, 29.01.1996; STS 8857/2002, 26.12.2002.

683 Vgl. in Kapitel 2 B.I.2.b.

votum des Urteils des *Tribunal Supremo* vom 16.07.2003 keine ausreichende Legitimation der Verbände als rechtstechnische Konstruktion der privaten Rechtsetzung für diesen weiten Bereich.[684] Die Erfassung gegenwärtiger Arbeitsverhältnisse legitimiert sich über die Wahlen zu den Einheitsvertretungen. Gerade bei vergangenen Arbeitsverhältnissen könne aber nicht auf die Wahlen zurückgegriffen werden, da Arbeitnehmer im Ruhestand nicht mehr wahlberechtigt seien und ihr Mandat nicht widerrufen könnten. Würden Arbeitnehmern beispielsweise noch während des bestehenden Arbeitsverhältnisses Rentenzulagen tarifvertraglich zugesichert, die Zulagen aber nach Beendigung des Arbeitsverhältnisses durch einen statutarischen Tarifvertrag modifiziert, insbesondere verschlechtert, sei die Legitimation für derartige Änderungen lückenhaft.[685]

Dennoch nimmt die mehrheitliche Rechtsprechung an, dass die Verbände zur Gewährung von Vorteilen für Rentner berechtigt sind und mit dieser Berechtigung auch die Befugnis zur Abänderung und Verschlechterung der Vorteile einhergeht.[686] Art. 82.4 Arbeitnehmerstatut bestimmt, orientiert an dem Grundsatz *lex posterior derogat legi priori*, dass der spätere Tarifvertrag

---

684 Sondervotum in STS 5067/2003, 16.07.2003.

685 Sondervotum in STS 5067/2003, 16.07.2003.

686 STS 3283/2000, 17.04.2000; STS 7450/1996, 20.12.1996. Nach STS 5152/2003, 18.07.2003 und STS 5067/2003, 16.07.2003 ist eine Modifizierung von Rechten vergangener Arbeitsverhältnisse möglich, insbesondere wenn das betroffene Unternehmen wirtschaftliche Schwierigkeiten hat, im Falle einer Verschlechterung Kompensationen gewährt und Arbeitnehmer gegenwärtiger Arbeitsverhältnisse vergleichbar behandelt werden. Auch in STS 402/2000, 25.01.2000 wurde eine verschlechternde Änderung zulasten von Arbeitnehmern im Ruhestand als zulässig eingestuft. Die Arbeitnehmer, beschäftigt bei der Bahn RENFE, hatten vor Renteneintritt ein Ticket erhalten, mit dem sie und ihre Familien zeitlich unbegrenzt auch nach Renteneintritt kostenlos Bahn fahren durften. Nach ihrem Renteneintritt wurde die Regelung tarifvertraglich geändert, sodass die Rentner für dieses Ticket eine Zuzahlung leisten mussten. Das sei nach Ansicht des Gerichts rechtmäßig, sofern die Rentner nicht diskriminiert und im Verhältnis zu den aktiven Arbeitnehmern nicht unverhältnismäßig belastet würden. In SAN 965/2019, 26.03.2019 wurde als rechtmäßig erachtet, dass eine Tarifvertragsklausel, die Arbeitnehmern Zulagen über den Renteneintritt hinaus gewährte, wegen zeitlichen Auslaufens des gesamten Tarifvertrags nicht mehr angewendet wurde. Rentner hatten damit keinen Anspruch mehr auf die Zuschläge. Anders aber das Sondervotum von Emilia Ruíz-Jarabo Quemada, die von einer Vertraglichung der Ansprüche nach Übergang in den Ruhestand ausging, sodass weiterhin auch nach Auslaufen des Tarifvertrags Anspruch auf Zuschläge besteht.

über Rechte aus früheren Tarifverträgen disponieren kann und diesen gegenüber dann vorrangig anwendbar ist.

Auch für die Erfassung künftiger Arbeitsverhältnisse bestehen Legitimationslücken. Eintretende Arbeitnehmer haben keine Möglichkeit, auf den Inhalt bereits geltender Tarifverträge oder die Tarifvertragsparteien einzuwirken. Sie können erst an den nachfolgenden Wahlen zu den Einheitsvertretungen teilnehmen. Zwischen Beginn des Arbeitsverhältnisses und Zeitpunkt der ersten Wahlmöglichkeit besteht keine ausreichende Legitimation der Tarifvertragsparteien zur Rechtsetzung gegenüber dem eintretenden Arbeitnehmer. Es fällt auf, dass diese Legitimationslücke im spanischen Recht nicht diskutiert wird.

4. Anreizwirkung zum Verbandsbeitritt

Es wird kritisiert, dass aufgrund der Erga-Omnes-Wirkung statutarischer Tarifverträge für Arbeitnehmer und Arbeitgeber keine Anreize zum Gewerkschaftsbeitritt bestünden.[687] Auch ohne Zahlung des Mitgliedschaftsbeitrags[688] wirkt ein abgeschlossener statutarischer Tarifvertrag für alle Arbeitnehmer und Arbeitgeber des festgesetzten Anwendungsbereichs. Anreize zum Gewerkschaftsbeitritt ließen sich in der Theorie nur bei Unternehmen bzw. Betrieben ohne Einheitsvertretungen ausmachen: Dort seien die gewerkschaftlichen Vertretungen als alleinige Interessenvertreter im Vergleich weitaus präsenter und Arbeitnehmer könnten durch ihre Mitgliedschaft größeren Einfluss auf deren Tätigkeiten ausüben.[689] In der Praxis sei der Organisationsgrad aber auch in diesen Betrieben bzw. Unternehmen gering und eine Mitgliedschaft eher unüblich.[690]

---

687 Lahera Forteza, Derecho de relaciones laborales 2016, Nr. 1, 57, 59.

688 Im Unterschied zu Deutschland handelt es sich hier um einen festen, vom Bruttomonatsgehalt unabhängigen Festbetrag: Der Mitgliedsbeitrag der *Unión General de Trabajadores* lag 2024 bei 14,50 Euro, vgl. www.ugt.es/beneficios-cuotas (zuletzt abgerufen am 01.03.2026) und von *Comisiones Obreras* bei 15 Euro, vgl. https://afiliate.ccoo.es/afiliate.htm (zuletzt abgerufen am 01.03.2026).

689 Ferradans Caramés, in: Comisión Ejecutiva Confederal de UGT, Representación y libertad sindical. Límites a la libertad sindical negativa, la mayor representación sindical y su necesaria revisión, S. 141, 157.

690 Ferradans Caramés, in: Comisión Ejecutiva Confederal de UGT, Representación y libertad sindical. Límites a la libertad sindical negativa, la mayor representación sindical y su necesaria revisión, S. 141, 157.

Diskriminierungsverbote zwischen organisierten und nichtorganisierten Arbeitnehmern und Arbeitgebern, wie sie z.B. Art. 14 Spanische Verfassung, Art. 17 Arbeitnehmerstatut und Art. 4.2 lit. c Arbeitnehmerstatut normieren, verbunden mit der seltenen, unüblichen Vereinbarung von Differenzierungsklauseln[691] reduzieren Anreize zum Verbandsbeitritt zusätzlich. Insbesondere die Gleichstellungsklausel in Art. 12 Organgesetz über die Gewerkschaftsfreiheit verbietet eine ungerechtfertigte Ungleichbehandlung von organisierten und nicht organisierten Arbeitnehmern. Gem. Art. 12 Organgesetz über die Gewerkschaftsfreiheit sind Rechtsvorschriften, Tarifvertragsklauseln, individuelle Vereinbarungen und einseitige Entscheidungen des Arbeitgebers, die irgendeine Art von Diskriminierung bei der Beschäftigung oder den Arbeitsbedingungen enthalten, seien sie vorteilhaft oder nachteilig, aus Gründen des Beitritts oder Nicht-Beitritts zu einer Gewerkschaft, zu ihren Vereinbarungen oder zur Ausübung gewerkschaftlicher Tätigkeiten, nichtig und ohne Wirkung.

In Abkehr von einer Gleichstellung wird in der Literatur vorgeschlagen vor, für organisierte Arbeitnehmer ein erhöhtes Schutzniveau derart zu gestalten, dass ausschließlich diesen bestimmte Leistungen der Gewerkschaft zugutekommen.[692] Beispielhaft wird hier eine § 102 BetrVG ähnelnde, aber auf Gewerkschaftsmitglieder bezogene Regelung vorgeschlagen, bei der Gewerkschaftsdelegierte vor jeder Kündigung oder auch jeder Änderung wesentlicher Arbeitsbedingungen von Gewerkschaftsmitgliedern gehört werden sollten. Die derzeitige Regelung, nach der allen Arbeitnehmern und Arbeitgebern unabhängig von ihrer Mitgliedschaft alle Leistungen des Verbandes zugutekommen, wird nach dieser Ansicht als rechtswidrig eingestuft, da die Verbände mehrheitlich durch Mitgliedsbeiträge finanziert werden.[693]

---

691 Vgl. in Kapitel 2 B.II.3.

692 Alfonso Mellado, in: Comisión Ejecutiva Confederal de UGT, Representación y libertad sindical. Límites a la libertad sindical negativa, la mayor representación sindical y su necesaria revisión, S. 103, 115.

693 Alfonso Mellado, in: Comisión Ejecutiva Confederal de UGT, Representación y libertad sindical. Límites a la libertad sindical negativa, la mayor representación sindical y su necesaria revisión, S. 103, 115.

5. Finanzierungslücken von Gewerkschaften und Arbeitgeberverbänden

a. Staatliche Subventionierung

Zur Finanzierung und Aufrechterhaltung eines effektiven Tarifsystems subventioniert der Staat die repräsentativen Gewerkschaften, damit diese ihre institutionellen Funktionen ausüben und erga omnes wirkende Tarifverträge erarbeiten und verhandeln können.[694] Der Staat subventionierte die gewerkschaftliche Betätigung mit einem Betrag von zuletzt 17 Millionen Euro[695] jährlich, der proportional entsprechend der Repräsentativität der Verbände verteilt wurde. Zwar werden nach Angaben von *Comisiones Obreras* etwa 60 % ihrer Kosten durch gewerkschaftliche Mitgliedsbeiträge und 40 % durch staatliche Subventionen gedeckt.[696] Auch wenn die Verbände damit mehr als die Hälfte ihrer Kosten selbst abdecken, führt die Subventionierung nach einer kritischen Literaturstimme zu einer Abhängigkeit der Gewerkschaften von staatlichen Geldern und politischen Einflüssen.[697] In der Vergangenheit war Folge hiervon, dass Gewerkschaften Zugeständnisse machten und teilweise Forderungen gegenüber der Arbeitgeberseite zurückhielten, um staatliche Finanzierungen zugesichert zu bekommen.[698]

---

694 STC 75/1992, 14.05.1992; Monereo Pérez/Molina Navarrete/Moreno Vida/Vila Tierno, Manual de derecho del trabajo, S. 148.

695 Resolución de 10 de Abril de 2023 de la Subsecretaria de Trabajo y Economía Social de la convocatoria para el ejercicio 2023 de concesión de subvenciones a las organizaciones sindicales en proporción a su representatividad, por la realización de actividades de carácter sindical; Resolución de 29 de Abril de 2022 de la Subsecretaría de Trabajo y Economía Social de la convocatoria para el ejercicio 2022 de concesion de subvenciones a las organizaciones sindicales en proporción a su representatividad, por la realización de actividades de carácter sindical. Für das Jahr 2021 belief sich die Subventionierung noch auf einen Betrag von 13.883.890 Euro, vgl. Resolución de 2 de marzo de 2021 de la Subsecretaría de Trabajo y Economía Social, por la que se convoca para el ejercicio 2021 la concesión de subvenciones a las organizaciones sindicales en proporción a su representatividad, por la realización de actividades de carácter sindical.

696 Vgl. www.ccoo-servicios.es/archivos/andalucia/Falacia-10.pdf (zuletzt abgerufen am 01.03.2026).

697 Vgl. Lahera Forteza, in: Comisión Ejecutiva Confederal de UGT, Representación y libertad sindical. Límites a la libertad sindical negativa, la mayor representación sindical y su necesaria revisión, S. 191, 199.

698 Selenkewitsch, Spanisches Tarifrecht, S. 192, 193 führt hier beispielhaft den *Acuerdo Nacional para el Empleo* vom 09.06.1981 auf, bei dem die *Unión General de Trabajadores*

b. Solidaritätsbeiträge

Solidaritätsbeiträge, die unabhängig von einem Verbandsbeitritt entrichtet werden, können die Finanzierungslücken nicht schließen. Art. 11.1 Organgesetz über die Gewerkschaftsfreiheit ermöglicht tarifvertragliche Klauseln, die die Zahlung eines freiwilligen Solidaritätsbeitrags der von dem Tarifvertrag erfassten Arbeitnehmer vorsehen. Gem. Art. 11.1 S. 2 Organgesetz über die Gewerkschaftsfreiheit ist dabei der Individualwille der betroffenen Arbeitnehmer zu berücksichtigen. Es würde nach Ansicht des Verfassungsgerichts einen übermäßigen Druck auf den Arbeitnehmer ausüben, wenn die Klausel als Zustimmungsfiktion mit Widerrufsmöglichkeit formuliert würde, sodass sie eine Verpflichtung zur Zahlung normierte und diese Pflicht erst bei Widersprechen des Arbeitnehmers aufgehoben würde.[699] Daher müsse die Klausel dergestalt formuliert werden, dass der Arbeitnehmer der Zahlung eines Solidaritätsbeitrages positiv in Schriftform zuzustimmen habe. Zusätzlich sei die Klausel nur verfassungsgemäß, wenn die Gesamteinnahmen aus dem Solidaritätsbeitrag nicht über den Gesamtkosten der Tarifverhandlungen liegen.[700] Diese sehr restriktiv formulierten Voraussetzungen machen die Klausel nach Ansicht in der Literatur praxisuntauglich.[701] Die Klausel solle die Finanzierung durch Nichtorganisierte sicherstellen. Es sei aber zu erwarten, dass gerade diese eine Zahlung des Solidaritätsbeitrages ablehnen werden. Außerdem gehe mit dem Kriterium der Freiwilligkeit auch eine Widerrufsmöglichkeit nach erfolgter Zustimmung einher, sodass die Verbände ihre Finanzierung keinesfalls gesichert auf den Solidaritätsbeitrag stützen könnten.

Andere Formen, wie Solidaritätsbeiträge, die der Arbeitgeber verpflichtend an Gewerkschaften zahlen musste (*cuota empresarial por gastos del convenio*), wurden als verfassungswidrig beurteilt.[702] Auch ein Solidaritätsbeitrag, der für

---

und *Comisiones Obreras* auf Forderungen verzichteten, um im Gegenzug einen Betrag von 14,3 Millionen EUR als staatliche Subventionierung zu erhalten.

699 STC 98/1985, 29.07.1985.

700 Zur Verfassungsmäßigkeit von Art. 11.1 Organgesetz über die Gewerkschaftsfreiheit: STC 98/1985, 29.07.1985.

701 Goerlich Peset, in: Comisión Ejecutiva Confederal de UGT, Representación y libertad sindical. Límites a la libertad sindical negativa, la mayor representación sindical y su necesaria revisión, S. 119, 132.

702 Sala Franco, Derecho sindical, S. 50, der auf die Urteile des Tribunal Central de Trabajo vom 22.04.1982 verweist.

alle von einem Tarifvertrag erfassten Arbeitnehmer verpflichtend zu zahlen war (*cuota de solidaridad por negociación*), wurde wegen Verstoßes gegen die negative Gewerkschaftsfreiheit als verfassungswidrig eingestuft.[703]

6. Zwischenergebnis

Zusammenfassend sind zwei Wechselwirkung zu beobachten. Erstens verliert der statutarische Tarifvertrag zwar an Freiheit, gewinnt aber an Wirkungsbreite.[704] Der Tarifvertrag unterliegt weitreichenden Vorschriften zur Legitimation kraft Repräsentativität sowie Verfahrensvorgaben, erhält aber eine Erga-Omnes-Wirkung, die weit über die mitgliederbezogene Wirkung hinausgeht. Zweitens ist eine Verschiebung zugunsten der Tarifautonomie und zulasten der Privatautonomie erkennbar. Die Privatautonomie ordnet sich nach dem Willen des Gesetzgebers der Tarifautonomie unter und tritt hinter jener in wesentlichen Positionen zurück.[705] Die Erga-Omnes-Wirkung führt dazu, dass sich Arbeitnehmer und Arbeitgeber der tarifvertraglichen Anwendung nicht entziehen können. Zugunsten einer effektiven Interessenvertretung tritt die individuelle Vertragsfreiheit der Arbeitnehmer und Arbeitgeber zurück. Trotz Legitimationslücken, fehlender Anreize zum Gewerkschaftsbeitritt und Finanzierungslücken wird die Erga-Omnes-Wirkung des statutarischen Tarifvertrags in Rechtsprechung und Literatur weitgehend anerkannt.

---

703 Sala Franco, Derecho sindical, S. 50, der auf die Urteile des Tribunal Central de Trabajo vom 14.07.1981, 06.05.1982, 22.05.1982 verweist. Vgl. auch zu den Problemen, wenn eine Kostentragung auch durch Nicht- und Andersorganisierte festgelegt wird: Alfonso Mellado, in: Comisión Ejecutiva Confederal de UGT, Representación y libertad sindical. Límites a la libertad sindical negativa, la mayor representación sindical y su necesaria revisión, S. 103, 112, 113. Ähnlich auch SAN 2367/2006, 05.06.2006, in dem eine Klausel als rechtswidrig eingestuft wurde, die einen allgemeinen Kostenbeitrag für alle Arbeitnehmer zur Finanzierung der paritätischen Kommission festsetzte. In SAN 2825/2014, 25.06.2014 wurde eine Klausel als rechtswidrig eingestuft, die Zahlungsverpflichtungen für Arbeitnehmer in Bereichen festlegt, welche im Verantwortungsbereich des Arbeitgebers liegen oder an denen Arbeitnehmer nicht beteiligt sind.

704 Vgl. Rodríguez-Piñero, Eficacia general del convenio colectivo, S. 212.

705 Vgl. STC 208/1993, 28.06.1993; Borrajo Dacruz, Introducción al derecho del trabajo, S. 224.

VII. Zusammenfassung

Die Erga-Omnes-Wirkung des statutarischen Tarifvertrags gem. Art. 82.3 Arbeitnehmerstatut erfasst organisierte, nicht- und andersorganisierte Arbeitnehmer und Arbeitgeber sowie vergangene, gegenwärtige und künftige Arbeitsverhältnisse der festgelegten Verhandlungseinheit. Art. 82.3 Arbeitnehmerstatut ist nach mehrheitlicher Ansicht indisponibel. Die Festsetzung der Verhandlungseinheit wird stark durch die Prinzipien der Korrespondenz, der Homogenität, Angemessenheit und Nichtdiskriminierung begrenzt. Nur in engen Grenzen kann zwischen Organisierten und Nicht- sowie Andersorganisierten differenziert werden. Ein Usus, mithilfe von Differenzierungsklauseln zwischen verschiedenen Arbeitnehmer- und Arbeitgebergruppen zu differenzieren, besteht im spanischen Tarifrecht nicht.

Neben der behördlichen Ausweitung gem. Art. 92.2 Arbeitnehmerstatut wird die Erga-Omnes-Wirkung gem. Art. 44.4 Arbeitnehmerstatut bei Betriebsübergang gesetzlich ausgeweitet. Bei der Diskussion um das Ende der tariflichen Fortgeltung mit Auslaufen des Tarifvertrags hat sich gezeigt, dass der statutarische Tarifvertrag im Nachwirkungszeitraum im Unterschied zum deutschen Recht weiterhin normativ wirkt.

Der partielle, absolute und indisponible Anwendungsvorrang von Unternehmenstarifverträgen, Tarifverträgen von Unternehmensgruppen und verbundenen Unternehmen sowie der Anwendungsvorrang regionaler Tarifverträge gegenüber gesamtstaatlich geltenden Tarifverträgen ähneln in ihrem Telos der Spezialität aus dem deutschen Recht. Mit der Beschränkung auf konkrete Materien und dem fehlenden Anwendungsvorrang für Tarifverträge unter der Unternehmensebene weisen sie aber auch wesentliche Unterschiede auf. Der Grundsatz der Erga-Omnes-Wirkung verbunden mit den umfangreichen Ausnahmen in Art. 84.2–5 Arbeitnehmerstatut zeigt auf, dass das spanische Tarifsystem trotz der weitreichenden, strengen Erga-Omnes-Wirkung einen Schwerpunkt auf die Normierung von Maßnahmen zur Flexibilisierung des Systems gelegt hat.

C. Die mitgliederbezogene Wirkung von außerstatutarischen Tarifverträgen

I. Die Ausgestaltung der mitgliederbezogenen Wirkung

Der außerstatutarische Tarifvertrag unterliegt im Unterschied zu statutarischen Tarifverträgen gem. Art. 82.3 Arbeitnehmerstatut keinen spezifischen Vorschriften zur einer möglichen Erga-Omnes- oder auf Mitglieder beschränkten Wirkung, sodass die allgemeinen Vorschriften zu Verträgen im Spanischen Zivilgesetzbuch angewendet werden.[706] Gem. Art. 1257 UAbs. 1 Spanisches Zivilgesetzbuch entfalten Verträge ausschließlich zwischen denjenigen Parteien Wirkung, die sie vereinbart haben. Der außerstatutarische Tarifvertrag wirkt daher allein für die tarifvertragschließenden Parteien und deren vertretene Mitglieder, sodass Arbeitnehmer der tarifvertragschließenden Gewerkschaft angehören müssen, während der Arbeitgeber seine Tarifgebundenheit entweder als allein Handelnder oder als Mitglied eines Arbeitgeberverbands erlangt.[707] Rechtstechnisch werden die Verbände über die allgemeinen zivilrechtlichen Grundsätze der Stellvertretung privatautonom durch jeden einzelnen Arbeitnehmer bzw. Arbeitgeber ermächtigt, Art. 1259 Spanisches Zivilgesetzbuch, beispielsweise durch den Beitrittsakt zum Verband oder eine Ermächtigung *ad hoc*.[708] Diese auf Mitglieder beschränkte Wirkung ist vergleichbar mit der deutschen Konstruktion der Wirkungsbreite.

Die Wirkung des außerstatutarischen Tarifvertrags wird aufgrund ihres Mitgliederbezugs eng mit den privatautonom erhaltenen Vertretungsbefugnissen der Tarifvertragsparteien verknüpft. Der außerstatutarische Tarifvertrag

---

[706] Insb. die Art. 1091, 1254–1258 Spanisches Zivilgesetzbuch: STC 121/2001, 04.06.2001; STS 6187/2013, 22.10.2013; STS 5666/2012, 11.07.2012; STS 4711/2007, 01.06.2007; STS 1055/2003, 18.02.2003; STS 291/1999, 25.01.1999; STS 7201/1996, 14.12.1996; SAN 5183/2011, 17.11.2011.

[707] STC 121/2001, 04.06.2001; STS 6187/2013, 22.10.2013; STS 4711/2007, 01.06.2007; STS 3454/2002, 16.05.2002; STS 291/1999, 25.01.1999; STS 392/1997, 24.01.1997; STS 7201/1996, 14.12.1996; STS 6620/1994, 17.10.1994; STS 176/1994, 22.01.1994; SAN 5183/2011, 17.11.2011; Sala Franco, Los convenios colectivos extraestatutarios, S. 24, 25; Lahera Forteza, Manual de negociación colectiva, S. 40; Valdés Dal-Ré, Configuración y eficacia de los convenios colectivos extraestatutarios, S. 105.

[708] STS 176/1994, 22.01.1994; Valdés Dal-Ré, Configuración y eficacia de los convenios colectivos extraestatutarios, S. 106; García Murcia, Actualidad laboral 1992, Nr. 24, 413, 418.

kann beispielsweise keine Klauseln für Arbeitnehmer vergangener Arbeitsverhältnisse von Arbeitnehmern, die sich bereits in Ruhestand befinden,[709] festlegen. Umfasst die Vertretungsmacht der Tarifvertragsparteien die gesamte Belegschaft, so wird angenommen, dass ein außerstatutarischer Tarifvertrag unter Einhaltung der allgemeinen, zivilrechtlichen Grundsätze auch für diese gesamte Belegschaft gelten kann. Nach Beispielen aus der Literatur hat ein unwirksamer statutarischer Tarifvertrag einer Einheitsvertretung, der wegen Nichteinhaltung von Vorgaben aus Art. 82 ff. Arbeitnehmerstatut zum außerstatutarischen Tarifvertrag umgedeutet werden kann, Wirkung für die gesamte Belegschaft, da die Einheitsvertretung zur Gesamtvertretung aller befugt ist.[710] Gewerkschaftssektionen ohne die von Art. 87.1 UAbs. 2 Arbeitnehmerstatut geforderten Mehrheiten in den Einheitsvertretungen können ebenfalls auf und unter der Unternehmensebene außerstatutarische Tarifverträge vereinbaren, die für die gesamte Belegschaft wirken können, sofern die Sektionen die entsprechenden Arbeitnehmer vertreten.[711]

II. Inhaltliche Beschränkungen der mitgliederbezogenen Tarifvertragsklauseln

Aus der mitgliederbezogenen Wirkung resultiert nach der Rechtsprechung, dass die Tarifvertragsparteien ausschließlich Materien für die von ihnen repräsentierten Arbeitnehmer und Arbeitgeber regeln können[712]: Unzulässig seien danach sowohl Klauseln, die ihren Anwendungsbereich ausdrücklich

---

709 STS 4709/1999, 01.07.1999; Vicente Palacio, in: García Ninet, Derecho del trabajo, S. 145.

710 Palomo Vélez, El modelo español de representación de los trabajadores en la empresa, S. 374; Valdés Dal-Ré, Configuración y eficacia de los convenios colectivos extraestatutarios, S. 110, 111; García Murcia, Actualidad laboral 1992, Nr. 24, 413, 420. Vgl. auch Kapitel 1 B.I.3.a.aa(2). Wenn die Einheitsvertretung den Tarifvertrag nicht entsprechend ihrer Vorgaben zur Entscheidungsfindung gem. Art. 65.1 Arbeitnehmerstatut mehrheitlich beschließt, kann die Vereinbarung nicht den einheitlichen Willen der Einheitsvertretung darstellen. Der Mangel muss sich also aus einer anderen Verfahrensvorschrift ergeben, damit der Tarifvertrag als Tarifvertrag der Einheitsvertretung für die gesamte Belegschaft wirkt, vgl. bereits in Kapitel 1 B.III.3.a.

711 Mata Diestro, Lan Harremanak 2019, Nr. 41, 165, 176.

712 STC 121/2001, 04.06.2001; STS 3520/2014, 16.07.2014; STS 5666/2012, 11.07.2012; STS 8514/2006, 12.12.2006; STS 2832/1991, 30.05.1991; STSJ Comunidad Valenciana 643/2015, 17.02.2015.

auf außenstehende Arbeitnehmer und Arbeitgeber ausweiten, als auch Klauseln, die inhaltlich Arbeitsbedingungen regeln, welche ausschließlich einheitlich für die gesamte Belegschaft geregelt werden könnten. Für einige dieser Materien setze bereits der Wortlaut der betreffenden Norm des Arbeitnehmerstatuts voraus, dass diese ausschließlich durch Tarifvertrag, also durch den statutarischen Tarifvertrag, ausgestaltet werden könnten. Klauseln zur Bildung eines betriebsübergreifenden Komitees, zur Regelung von dessen Rechten, Pflichten und Funktionsweise könnten z.B. nicht durch einen außerstatutarischen Tarifvertrag, sondern gem. Art. 63.3 Arbeitnehmerstatut nur durch statutarischen Tarifvertrag geregelt werden.[713]

Solche, notwendigerweise einheitlich zu regelnde Bedingungen betreffen der Rechtsprechung nach beispielsweise die Ein- oder Umgruppierung sowie Weiter- und Fortbildungen gem. Art. 22–25 Arbeitnehmerstatut,[714] die Versetzung[715] oder auch die Organisation von arbeitsschutzrechtlichen Präventionsmaßnahmen im Unternehmen.[716] Ebenfalls aufgrund ihres generellen Bezugs auf die gesamte Belegschaft hat die Rechtsprechung die tarifliche Ausstiegsklausel gem. Art. 82.3 UAbs. 2 Arbeitnehmerstatut als unzulässigen Inhalt eines außerstatutarischen Tarifvertrags eingestuft.[717] Klauseln zur Gehaltsabrechnung gem. Art. 29.1 UAbs. 3 Arbeitnehmerstatut, zur unregelmäßigen Verteilung der Arbeitszeit während des Kalenderjahres, Art. 34.2 Arbeitnehmerstatut oder zur Änderung der täglichen Arbeitszeit von neun Stunden, Art. 34.3 UAbs. 2 Arbeitnehmerstatut[718] und zur Schichtarbeit[719] sind nach Ansicht in der Literatur ebenfalls unzulässig. Auch eine Klausel, die beispielsweise Regelungen zu von dem Arbeitgeber finanzierten Sozialeinrichtungen enthält, kann nicht auf Gewerkschaftsmitglieder beschränkt bleiben, sondern muss einheitlich für alle Arbeitnehmer gelten.[720]

---

713 STS 4711/2007, 01.06.2007.

714 Zu allen vier genannten Materien: STS 6187/2013, 22.10.2013; STS 4711/2007, 01.06.2007; allein zu Fortbildungen STS 1531/2006, 21.02.2006.

715 STS 1531/2006, 21.02.2006.

716 STS 2106/2011, 09.03.2011.

717 STS 5666/2012, 11.07.2012.

718 Zu den Beispielen: Monreal, Vigencia ordinaria de los convenios colectivos, ultraactividad y contractualización judicial de sus condiciones de trabajo, S. 117.

719 Sala Franco, in: Goerlich Peset, Derecho del trabajo, S. 679.

720 Ojeda Avilés, Derecho sindical, S. 790.

III. Faktische Ausweitung der Wirkung durch Beitritt der Arbeitnehmer zum außerstatutarischen Tarifvertrag

Trotz der im rechtlichen Ausgangspunkt auf Mitglieder beschränkten Wirkung wird der außerstatutarische Tarifvertrag in der Praxis durch individuelle oder kollektive[721] freiwillige Beitritte von Arbeitnehmern oftmals auf alle Arbeitnehmer der Branche ausgeweitet.[722] Nach der Rechtsprechung muss die Möglichkeit des Beitritts dabei weder tarifvertraglich erlaubt sein, noch kann sie tarifvertraglich ausgeschlossen werden.[723] Auch eine Regelung, nach der der Arbeitgeber den Tarifvertrag für alle Arbeitnehmer des betreffenden Bereichs anwendet, es sei denn, der einzelne Arbeitnehmer widerspricht dem ausdrücklich, hat die Rechtsprechung als rechtmäßig eingeordnet.[724]

Der Arbeitgeber kann ein Beitrittsbegehren der Arbeitnehmer nach Ansicht in der Rechtsprechung nicht ablehnen oder von Bedingungen abhängig machen.[725] Sofern die Arbeitnehmer verlangen, dass der Tarifvertragsinhalt auf ihr Arbeitsverhältnis Anwendung findet, kann der Arbeitgeber dieses Verlangen grundsätzlich nicht ablehnen.[726] Die spanische Konstruktion der Ausweitung beruht nicht auf einer privatautonom zwischen Arbeitgeber und Arbeitnehmer vereinbarten Bezugnahme.[727] Diese weitgehenden, faktisch unilateral durchsetzbaren Rechte von nicht- und andersorganisierten Arbeitnehmern, die der Arbeitgeber grundsätzlich zwingend beachten muss, stellen eine Besonderheit des spanischen Tarifsystems dar. Die individuelle Ausweitung durch Beitritt muss aber klar getrennt bleiben von der rechtlich festgelegten Wirkung aufgrund Tarifgebundenheit, die sich auf die Tarifvertragsparteien und deren Vertretene beschränkt.[728] Fundamentaler Unterschied zur Erga-Omnes-Wirkung des statutarischen Tarifvertrags bleibt

---

721 Fernández Domínguez, in: Barreiro González/Fernández Domínguez, Los convenios colectivos extraestatutarios, S. 21, 81–86.

722 STC 108/1989, 08.06.1989; STS 4260/1995, 17.07.1995; Sala Franco, Los convenios colectivos extraestatutarios, S. 25.

723 STC 108/1989, 08.06.1989; STS 4260/1995, 17.07.1995; STS 7341/1994, 14.11.1994.

724 STS 2230/1999, 30.03.1999; STS 3823/1998, 10.06.1998; STS 4260/1995, 17.07.1995.

725 STS 757/2008, 19.02.2008.

726 Vgl. Duque González, La fuerza vinculante del convenio colectivo, S. 738, der diese Besonderheit im Rechtsvergleich zu anderen Ländern betont.

727 Duque González, La fuerza vinculante del convenio colectivo, S. 881.

728 STS 7341/1994, 14.11.1994; Fernández Domínguez, in: Barreiro González/Fernández Domínguez, Los convenios colectivos extraestatutarios, S. 21, 29. Zur Notwendigkeit

zudem, dass eine Ausweitung des außerstatutarischen Tarifvertrags auf Nicht- oder Andersorganisierte nicht *ex ante* erfolgt und nicht gegen oder ohne den Willen der beizutretenden Arbeitnehmer bzw. Arbeitgeber möglich ist.[729] Der Beitritt beruht nicht auf der gesetzlichen Konstruktion der tarifvertraglichen Wirkung. Die Arbeit geht daher im Folgenden nicht weiter auf den Beitritt zu einem bestehenden außerstatutarischen Tarifvertrag ein.

IV. Vereinbarkeit der auf Mitglieder beschränkten Wirkung mit der negativen Gewerkschaftsfreiheit

Da die mitgliederbezogene Wirkung des außerstatutarischen Tarifvertrags notwendigerweise mit einer Unterscheidung zwischen organisierten und nicht- sowie andersorganisierten Arbeitnehmern und Arbeitgebern einhergeht, werden Differenzierungen zwischen beiden Gruppen als zulässig angesehen.[730] Die Rechtsprechung nimmt aufgrund der mitgliederbezogenen Wirkung keine Verletzung der negativen Gewerkschaftsfreiheit an.[731] Eine Tarifvertragsklausel, die den Mitgliedern der tarifvertragschließenden Parteien und den Verbänden, die dem Tarifvertrag beitreten, Vorteile gewährt, ist beispielsweise zulässig, da der einzelne Verband durch seinen (Nicht-)Beitritt selbst und ohne Druck bestimmen könne, ob er die tariflichen Rechte des außerstatutarischen Tarifvertrags erhält.[732] Die Zulässigkeit von Tarifvertragsklauseln, die die Mitgliedschaft in dem tarifvertragschließenden Verband als Tatbestandsmerkmal für die Gewährung der Rechte normieren und auch beitretende Arbeitnehmer von einer tariflichen Inanspruchnahme der Rechte ausschließen würden, wird wie bei statutarischen Tarifverträgen nicht erörtert.

V. Zusammenfassung

Zur Wirkung außerstatutarischer Tarifverträge existieren im Unterschied zu statutarischen Tarifverträgen keine Regelungen im Arbeitnehmerstatut, sodass auf die allgemeinen zivilrechtlichen Regelungen zurückgegriffen wird.

---

der Trennung im deutschen Recht vgl. Krebber, in: Dornbusch/Fischermeier/Löwisch, AR-Kommentar, § 3 TVG, Rn. 6, 38 ff. und Krebber, RW 2017, 65.

729 STC 108/1989, 08.06.1989.

730 Sala Franco, Derecho sindical, S. 48.

731 STC 108/1989, 08.06.1989; STS 8514/2006, 12.12.2006.

732 STSJ Cantabria 497/2014, 18.06.2014.

Der außerstatutarische Tarifvertrag wirkt danach allein mitgliederbezogen für die Arbeitnehmer, die durch die tarifvertragschließenden Verbände vertreten werden. Der Arbeitgeber kann je nach Ebene selbst handeln oder ebenfalls durch einen Verband vertreten werden. Aufgrund der mitgliederbezogenen Wirkung werden die Tarifinhalte, die ein außerstatutarischer Tarifvertrag regeln kann, auf solche Materien beschränkt, die nicht einheitlich geregelt werden müssen und deren Regelung nicht auf ausschließlich statutarische Tarifverträge begrenzt ist.

D. Die Wirkung von Kollektivvereinbarungen auf Unternehmensebene

I. Grundsatz der Erga-Omnes-Wirkung von Kollektivvereinbarungen auf Unternehmensebene

Kollektivvereinbarungen auf Unternehmensebene wird eine dem statutarischen Tarifvertrag entsprechende Erga-Omnes-Wirkung zugewiesen, sofern sie von legitimierten Subjekten i.S.d. Art. 87, 88 Arbeitnehmerstatut vereinbart wurden.[733] Die subsidiären Vereinbarungen der Unternehmensebene sollen statutarische Tarifverträge ersetzen und damit auch teleologisch dieselben Wirkungen haben wie der statutarische Tarifvertrag.[734] Verhandeln die Einheitsvertretungen oder die Gewerkschaftssektionen mit den erforderlichen Mehrheiten, vertreten sie die entsprechenden Arbeitnehmer im Unternehmen, sodass den Kollektivvereinbarungen ebenfalls eine Wirkung für das gesamte Unternehmen zugewiesen wird.[735]

733 STS 6598/2008, 03.11.2008; STS 3540/2004, 24.05.2004; STS 8908/2000, 04.12.2000; STSJ Castilla-La Mancha, 2368/2005, 27.10.2005; Palomeque López/Álvarez de la Rosa, Derecho del trabajo, S. 200, 201; Rega Rodríguez, in: García Murcia, El sistema de fuentes de la relación laboral, S. 177, 196; Lahera Forteza, Normas laborales y contratos colectivos, S. 217; García Jiménez, Los acuerdos de empresa, S. 298.

734 García Jiménez, Los acuerdos de empresa, S. 299; García Murcia, Temas laborales 2004, Nr. 76, 85, 107; Alfonso Mellado/Pedrajas Moreno/Sala Franco, Relaciones laborales 1995, Nr. 4, 1390, 1393.

735 Ministerio de Trabajo y Economía Social, Guía de la negociación colectiva 2023, S. 33; Terradillos Ormaechea, Documentación laboral 2017, Nr. 109, 143, 153.

II. Ausnahmsweise auf eine Personengruppe beschränkte Wirkung

Teilweise wird vertreten, die Kollektivvereinbarungen können auch beschränkt für eine Personengruppe wirken, sofern deren Materie nicht einheitlich im Betrieb bzw. Unternehmen geregelt werden müsse und der Telos, den der Gesetzgeber der Vereinbarung zuweist, weiterhin erfüllt werde.[736] Kollektivvereinbarungen könnten durch nicht-repräsentative Vertretungen abgeschlossen werden, deren Vereinbarungen dann lediglich mitgliederbezogene Wirkung für die vertretenen Arbeitnehmer bzw. Arbeitgeber haben.[737] Auch repräsentative Vertretungen könnten die Wirkung ihrer Kollektivvereinbarungen freiwillig auf einen Personenkreis, beispielsweise auf ihre Mitglieder, beschränken.[738] In der Praxis haben die Vereinbarungen, die nicht erga omnes wirken, aber wenig Bedeutung. Die Materien, die nach dem Arbeitnehmerstatut durch Kollektivvereinbarungen geregelt werden, sind meist solche, die einheitlich im Betrieb oder Unternehmen zu regeln sind, sodass eine auf Personengruppen beschränkte Wirkung nicht möglich ist.[739]

III. Zusammenfassung

Kollektivvereinbarungen der Unternehmensebene wirken aufgrund ihres Telos grundsätzlich erga omnes entsprechend der Erga-Omnes-Wirkung

---

736 García Murcia, Los acuerdos de empresa, S. 130, 131. Diese Möglichkeit grundsätzlich ablehnend: Goerlich Peset, in: Albiol Montesinos, Convenios colectivos y acuerdos de empresa, S. 317, 341.

737 García Murcia, Los acuerdos de empresa, S. 130, 131; Rega Rodríguez, in: García Murcia, El sistema de fuentes de la relación laboral, S. 177, 196; Lahera Forteza, Normas laborales y contratos colectivos, S. 217; a.A. García Jiménez, Los acuerdos de empresa, S. 298–300 verneint nicht die grundsätzliche Möglichkeit, Kollektivvereinbarungen mit auf Mitglieder beschränkte Wirkung zu vereinbaren. Den Abschluss durch nicht-repräsentative, nicht gem. Art. 87, 88 Arbeitnehmerstatut legitimierte Subjekte verneint er aber, da dies dem Willen des Gesetzgebers zuwiderlaufe. Einen Abschluss von subsidiären Kollektivvereinbarungen durch Minderheiten ebenfalls ablehnend: Alfonso Mellado/Pedrajas Moreno/Sala Franco, Relaciones laborales 1995, Nr. 4, 1390, 1393.

738 García Murcia, Los acuerdos de empresa, S. 130, 131; Rega Rodríguez, in: García Murcia, El sistema de fuentes de la relación laboral, S. 177, 196; García Jiménez, Los acuerdos de empresa, S. 298–300.

739 Vgl. in Kapitel 1 B.III.4.a.

statutarischer Tarifverträge. Nur ausnahmsweise kann eine auf eine Personengruppe beschränkte Wirkung von Kollektivvereinbarungen der Unternehmensebene möglich sein, wenn die zu regelnde Materie nicht einheitlich im Unternehmen oder Betrieb gelten muss.

E. Ergebnis

Die in Art. 82.3 Arbeitnehmerstatut normierte Erga-Omnes-Wirkung statutarischer Tarifverträge hat weitreichende Auswirkungen auf das gesamte spanische Tarifsystem. Die Rechtsetzung gegenüber allen Arbeitnehmern und Arbeitgebern der festgelegten Verhandlungseinheit wird als Recht, aber auch gleichzeitig als Pflicht der Tarifvertragsparteien interpretiert. Dem statutarischen Tarifvertrag kommt eine gesetzesähnliche Wirkung zu. Auch aus Gründen der Rechtssicherheit und insbesondere unter Berücksichtigung der Rechte von Nicht- und Andersorganisierten erhalten die Tarifvertragsparteien wenige Dispositionsbefugnisse bei der Ausgestaltung der maßgeblichen Rahmenbedingungen, z.B. der Repräsentativität, der notwendigen, einzuhaltenden Verfahrensschritte und der Erga-Omnes-Wirkung. Zwischen der Tarifbindung und der Festlegung des persönlichen Anwendungsbereichs innerhalb des Tarifvertrags bestehen weitreichende Wechselwirkungen: Durch die umfassende Einbeziehung organisierter, nicht- und andersorganisierter Arbeitnehmer und Arbeitgeber nimmt das Diskriminierungsverbot bei der Festlegung des tariflichen Anwendungsbereichs einen hohen Stellenwert ein.

Die verfassungsrechtliche Vereinbarkeit der Erga-Omnes-Wirkung mit den Rechten der Nicht- und Andersorganisierten wird in neuerer Literatur wenig diskutiert. Überraschend ist, dass in ähnlich geringem Umfang die Legitimationslücken erörtert werden.

Im Unterschied zur Erga-Omnes-Wirkung der statutarischen Tarifverträge beschränkt sich die Tarifbindung bei außerstatutarischen Tarifverträgen auf die organisierten Mitglieder der Tarifvertragsparteien, die die vertragschließenden Parteien über die allgemeinen, zivilrechtlichen Vertretungsregeln repräsentieren. Die inhaltlichen Beschränkungen, innerhalb der außerstatutarischen Tarifverträge keine Regelungen über Materien zu treffen, die sinnvollerweise nur einheitlich geregelt werden können, erinnert an die deutsche Unterscheidung zwischen Inhalts-, Abschluss- und Beendigungsnormen einerseits und Betriebsnormen sowie betriebsverfassungsrechtlichen Normen andererseits, § 1 Abs. 1 TVG. Trotz der mitgliederbezogenen Wirkung zeigen die umfangreichen faktischen Ausweitungen, dass auch im Rahmen außerstatutarischer Tarifverträge ein Bedürfnis nach einer einheitlichen Organisation von Arbeitsbedingungen besteht. Die Rechtsprechung fördert diese Ausweitungen durch ihre ständige Rechtsprechung, nach der ein Arbeitgeber den Beitritt des Arbeitnehmers zu einem wirksamen, außerstatutarischen Tarifvertrag grundsätzlich nicht ausschließen oder ablehnen kann.

Die im Arbeitnehmerstatut geregelten, subsidiären Kollektivvereinbarungen auf Unternehmensebene ersetzen statutarische Tarifverträge und gleichen sich in ihren Wirkungen an jene an. Das Verhältnis zwischen spanischer Kollektivvereinbarung und statutarischem Tarifvertrag im Vergleich zur deutschen Betriebsvereinbarung und dem deutschen Tarifvertrag ist damit schon ein grundlegend Anderes.

Trotz eines niedrigen gewerkschaftlichen Organisationsgrades und vielen kleinen oder mittleren Unternehmen ohne Einheitsvertretungen verfügt das spanische Tarifsystem über eine hohe Wirkungsbreite. Gleichzeitig schwächt das nicht mitgliederbezogene System die Tarifautonomie, da der statutarische Tarifvertrag unterschiedslos für Organisierte und Nicht- bzw. Andersorganisierte wirkt. Durch die umfangreichen legislativen Ausgestaltungen identifizieren sich Arbeitnehmer nicht mit der tarifvertragschließenden Gewerkschaft. Für Arbeitnehmer besteht kein Anreiz, einer Gewerkschaft beizutreten. Das gesamte System ist von einer starken Abhängigkeit der Verbände von staatlichen Institutionen und Subventionen geprägt. Das Tarifsystem in Spanien wurde stark verstaatlicht.

Die Tarifwirkung

Die Tarifvertragsmodelle einer normativen oder schuldrechtlichen Wirkung zur Einwirkung auf das Individualarbeitsverhältnis

Das folgende Kapitel erläutert die normative Wirkung (*eficacia normativa*) des statutarischen Tarifvertrags (unter A.). Die normative Wirkung wird hierzu ausführlich analysiert, insbesondere deren zeitlicher Umfang. Auch Diskussionen um eine möglicherweise notwendige Inkorporation der Tarifinhalte in den Individualarbeitsvertrag werden dargestellt. Das zweite Unterkapitel erläutert den Streitstand um eine normative oder schuldrechtliche Wirkung des außerstatutarischen Tarifvertrags und dessen Auswirkungen auf das Verhältnis zwischen statutarischem und außerstatutarischem Tarifvertrag (unter B.). Die herausgearbeiteten Wirkungen der statutarischen und außerstatutarischen Tarifverträge werden wiederum den Wirkungen von Kollektivvereinbarungen gegenübergestellt (unter C.). Weiter vergleicht die Arbeit die Ausnahmen zu den Wirkungen von statutarischen und außerstatutarischen Tarifverträgen und legt einen Schwerpunkt auf die Erläuterung gesetzlicher Öffnungsklauseln. Hierbei werden die gesetzlich festgelegte Möglichkeit zu Modifizierungen der statutarischen und außerstatutarischen Tarifinhalte (unter D.) sowie das Günstigkeitsprinzip (unter E.) untersucht.

A. Die normative Wirkung des statutarischen Tarifvertrags

Nach Ansicht des Verfassungsgerichts ergebe sich aus dem in Art. 37.1 Spanische Verfassung normierten Recht auf Tarifverhandlungen, dass der kollektive

Wille dem individuellen Willen der Tarifgebundenen vorgehen müsse.[740] Weiter könne nur ein Arbeitnehmerkollektiv sicherstellen, dass paritätische Verhandlungen mit der Arbeitgeberseite geführt würden. Die Notwendigkeit kollektiver Verhandlungen und das Ziel des Kräftegleichgewichts zwischen Arbeitnehmern und Arbeitgebern seien die Basis und der Grund für die Verbindlichkeit und die normative Wirkung der getroffenen Vereinbarung.

Art. 37.1 Spanische Verfassung garantiere die Verbindlichkeit der Tarifverträge, gebe dem einfachen Gesetzgeber aber damit kein Modell zur Umsetzung dieser bindenden Wirkung vor.[741] Ob die bindende Wirkung mit einer normativen oder schuldrechtlichen Wirkung gleichgesetzt werden kann, ist streitig.[742] Für statutarische Tarifverträge ist dieser Streit aber nicht von Bedeutung und wird an dieser Stelle nicht erörtert, da die Befürworter einer bereits verfassungsrechtlich garantierten normativen Wirkung über Art. 37.1 Spanische Verfassung und die Befürworter der schuldrechtlichen Wirkung in Art. 37.1 Spanische Verfassung über eine einfachgesetzliche Anerkennung der normativen Wirkung in Art. 3 Arbeitnehmerstatut zu demselben Ergebnis gelangen.[743] Statutarische Tarifverträge haben nach beiden Ansichten eine normative Wirkung.

Die spanische und die deutsche Definition der normativen Wirkung weisen zwar Parallelen auf. Das System der erga omnes wirkenden, statutarischen Tarifverträge beeinflusst aber ebenfalls deren normative Wirkung. Daher wird im Folgenden insbesondere der Einfluss von Art. 7, 28.1 Spanische Verfassung und Art. 82.3 Arbeitnehmerstatut auf die normative Wirkung statutarischer Tarifverträge analysiert.

I. Umfang und Wirkung des normativen Geltungsbefehls

1. Die Definition der normativen Wirkung

Der statutarische Tarifvertrag wirkt wie eine öffentlich-rechtliche Norm ohne Notwendigkeit einer Inkorporation in den Individualarbeitsvertrag oder einer individuellen Zustimmung des Arbeitnehmers auf das Arbeitsverhältnis

---

740 STC 105/1992, 01.07.1992, ähnlich auch STC 8/2015, 22.01.2015.

741 STC 8/2015, 22.01.2015.

742 Ausführlich zum Streitstand in Kapitel 3 B.

743 Vicente Palacio, in: García Ninet, Derecho del trabajo, S. 141.

ein.[744] Der statutarische Tarifvertrag ist objektives Recht und Rechtsnorm, Art. 82.3, 3.1 lit. b Arbeitnehmerstatut.[745]

Aus deutscher Sicht ist auffällig, dass die Terminologie zur konkreten Definition und Aufschlüsselung des Begriffs der normativen Wirkung nicht einheitlich, wie im deutschen Verständnis in § 4 Abs. 1 S. 1 TVG als unmittelbare und zwingende Wirkung, erfolgt. Da mit der unterschiedlichen Terminologie aber keine inhaltlichen Unterschiede einhergehen, wird die Diskussion nicht dargestellt. Die normative Wirkung wird im Folgenden in eine unmittelbare Wirkung (*efecto automático, efecto directo e inmediato*) und in eine zwingende Wirkung (*efecto imperativo*) unterteilt, deren Unterkategorien die Unverzichtbarkeit (*efecto inderogable*) und die Indisponibilität (*efecto indisponible*) bilden.[746]

---

744 STC 177/1988, 10.10.1988; STC 58/1985, 30.04.1985; Vicente Palacio, in: García Ninet, Derecho del trabajo, S. 144; Sala Franco, Los convenios colectivos extraestatutarios, S. 12, 13; Blasco Pellicer, Actualidad laboral 2013, Nr. 10, 1, 5.

745 STC 119/2002, 20.05.2002; STC 151/1994, 23.05.1994; STC 58/1985, 30.04.1985; Galiana Moreno, in: Ministerio de Trabajo y Asuntos Sociales, La eficacia de los convenios colectivos, S. 33, 39; Sala Franco, Los convenios colectivos extraestatutarios, S. 12; Alonso Olea, Las fuentes del derecho, S. 122; Alonso Olea/Casas Baamonde, Derecho del trabajo, S. 953, 954; Rojas Miño, La eficacia jurídica de los convenios colectivos, S. 81, 82; Valdés Dal-Ré, Configuración y eficacia de los convenios colectivos extraestatutarios, S. 85; Blasco Pellicer, Actualidad laboral 2013, Nr. 10, 1, 5. A.A. Correa Carrasco, La negociación colectiva como fuente del derecho del trabajo, S. 188, 195–197, der den statutarischen Tarifvertrag nicht als Rechtsnorm einordnet, ihm aber in tatsächlicher Hinsicht die Wirkungen einer Rechtsnorm zuweist. A.A. wiederum Valdés Dal-Ré, Relaciones laborales 2005, II, 95, 103; Valdés Dal-Ré, Temas laborales 2004, Nr. 76, 21, 51, 54, der den Tarifvertrag als Vertrag mit normativer Wirkung einordnet.

746 So z.B. Rojas Miño, La eficacia jurídica de los convenios colectivos, S. 84–86; ähnlich auch Palomeque López/Àlvarez de la Rosa, Derecho del trabajo, S. 195, der lediglich insofern abweicht, als dass er die Unverzichtbarkeit und Indisponibilität als eigene Kategorien neben der automatischen Wirkung einordnet. In der Terminologie leicht abweichend Lahera Forteza, Normas laborales y contratos colectivos, S. 148, 203 und Monereo Pérez, in: Cavas Martínez/Luján Alcaráz, Crisis económica, reformas laborales y protección social, S. 619, 649. Mit einer weiteren terminologischen Unterscheidung Ojeda Avilés, Derecho sindical, S. 786–789.

a. Unmittelbare Wirkung (efecto automático oder inmediato)

Der statutarische Tarifvertrag hat unmittelbare Wirkung (*efecto automático* oder *inmediato*). Er muss nicht individualvertraglich umgesetzt und in den Individualarbeitsvertrag inkorporiert werden, sondern wirkt unmittelbar auf das Arbeitsverhältnis ein. Die Wirkung besteht unabhängig von einer Zustimmung oder Ablehnung des vom Tarifvertrag erfassten Arbeitnehmers oder Arbeitgebers.[747]

b. Zwingende Wirkung (efecto imperativo)

aa. Definition der zwingenden Wirkung

Tarifvertragliche Regelungen gelten zwingend (*efecto imperativo*) und sind damit unverzichtbar (*efecto inderogable*) und indisponibel (*efecto indisponible*). Art. 3.1 lit. c Arbeitnehmerstatut schützt den Arbeitnehmer vor nachteiligen oder dem Tarifvertrag widersprechenden Individualarbeitsbedingungen. Gem. Art. 3.5 S. 1, 2 Arbeitnehmerstatut können die Arbeitnehmer weder vor noch nach dem Erwerb von Rechten rechtswirksam über jene Rechte verfügen, die tarifvertraglich als zwingend anerkannt sind. Die Unterkategorien der zwingenden Wirkung, die Unverzichtbarkeit und die Indisponibilität, werden mit jeweils divergierenden zeitlichen Anknüpfungspunkten und Schutzzwecken definiert.[748] Art. 3.5 Arbeitnehmerstatut schützt in Variante 1 (*antes*) vor Dispositionen in der Zeit vor dem Rechtserwerb und in Variante 2 (*después*) vor Dispositionen nach dem Rechtserwerb. Während die Unverzichtbarkeit gem. Art. 3.1 lit. c bereits den Rechtserwerb schützt, gewährleistet

---

747 STC 58/1985, 30.04.1985 („*aplicación de manera automática, sin precisar el auxilio de técnicas de contractualización ni necesitar el complemento de voluntades individuales*"); Ojeda Avilés, Derecho sindical, S. 786; Martín Valverde, in: Ministerio de Trabajo y Seguridad Social, El contenido de los Convenios Colectivos, S. 37, 44.

748 Ramírez Martínez, in: Goerlich Peset, Comentarios al Estatuto de los Trabajadores, S. 158, 159; Ojeda Avilés, La renuncia de derechos del trabajador, S. 68, 69, 74, 75; a.A. Rodríguez-Piñero y Bravo-Ferrer, Temas laborales 2003, Nr. 70, 23, 28, der die Begriffe nicht eigenständig definiert, sondern annimmt, dass die Unverzichtbarkeit die Indisponibilität impliziert; a.A. wiederum De la Villa Gil/López Cumbre, Los principios del derecho del trabajo, S. 113, 114, der die Unverzichtbarkeit auf Gesetze bezieht und die Indisponibilität auf zugewiesene Rechte, sodass die Indisponibilität grundsätzlich von der Unverzichtbarkeit abhängig ist; zum Streitstand des Verhältnisses von Unverzichtbarkeit und Indisponibilität Ojeda Avilés, La renuncia de derechos del trabajador, S. 67.

die Indisponibilität gem. Art. 3.5 Arbeitnehmerstatut den Fortbestand der Rechte, sobald sie entstanden sind und dem Arbeitnehmer als immaterielle Vermögenswerte zustehen.[749]

bb. Die Ausgestaltung der Unverzichtbarkeit (efecto inderogable) über einseitig zwingende Tarifnormen

Primärer Zweck der Tarifverträge ist der Arbeitnehmerschutz, sodass Art. 3.1 lit. b, lit. c Arbeitnehmerstatut einseitig zwingende Tarifregelungen i.S.v. Mindestnormen anordnet. Zweiseitig zwingende Regelungen in Tarifverträgen werden als unzulässig eingestuft.[750] Art. 3.1 lit. c Arbeitnehmerstatut verbietet eine abweichende Regelung im Individualarbeitsverhältnis, die tarifliche Bedingungen verschlechtert oder diesen widerspricht. Als widersprechende Regelung i.S.d. Art. 3.1 lit. c Arbeitnehmerstatut gilt dabei eine abweichende Vereinbarung, die tarifliche Vorgaben verschlechtert oder von zwingendem Gesetzesrecht (*derecho necesario absoluto*) abweicht.[751] Entsprechende Individualabreden werden als nichtig eingestuft, sofern die tarifvertragliche Regelung nicht ausdrücklich eine Abweichung durch Individualvereinbarung zulässt.[752]

cc. Die Indisponibilität (efecto indisponible) als zweite Komponente der zwingenden Wirkung

(1) Uneinheitliche Beurteilung zu einer grundsätzlichen Disponibilität oder einer grundsätzlichen Indisponibilität tarifvertraglicher Rechte

Gem. Art. 3.5 S. 2 Arbeitnehmerstatut sind die Rechte, die den Arbeitnehmern durch Tarifvertrag als indisponible Rechte zugewiesen sind, ihrer Dispositionsbefugnis entzogen. Sofern die tarifliche Klausel nicht dispositiv

---

[749] Art. 3.5 Var. 1 Arbeitnehmerstatut knüpft an den Zeitraum vor Rechtserwerb an, befindet sich aber systematisch innerhalb einer Vorschrift, die sich auf die Indisponibilität bezieht. Die Norm wird uneinheitlich der Unverzichtbarkeit oder der Indisponibilität zugeordnet. Der Streit hat aber keinerlei praktische Bedeutung, Ramírez Martínez, in: Goerlich Peset, Comentarios al Estatuto de los Trabajadores, S. 159.

[750] Rechtsvergleichend zum spanischen Recht: Rebhahn, NZA 2001, 763, 765.

[751] Casas Baamonde, Relaciones laborales 1991, Nr. 20/21, 126, 133; García-Perrote Escartín, Relaciones laborales 1989, Nr. 23, 256, 267.

[752] Rojas Miño, La eficacia jurídica de los convenios colectivos, S. 88; Blasco Pellicer, in: Goerlich Peset, Comentarios al Estatuto de los Trabajadores, S. 145.

ausgestaltet wird, sind Abweichungen durch Individualvereinbarungen nichtig[753] und werden durch die entsprechende tarifvertragliche Regelung ersetzt.[754]

Streitig ist, anhand welcher Kriterien beurteilt wird, ob es sich um eine disponible oder um eine indisponible Tarifvertragsklausel handelt. Nach mehrheitlicher Ansicht ist nicht nötig, dass jede tarifliche Klausel explizit ihre Indisponibilität feststellt.[755] Danach ist jede Klausel indisponibel, es sei denn, sie wird ausdrücklich als disponibel eingestuft.

Eine Mindermeinung legt Art. 3.5 S. 2 Arbeitnehmerstatut dahingehend aus, dass die Klausel ausdrücklich ihre Indisponibilität feststellen müsse und andernfalls disponibel sei.[756] Auch wenn dies das Ergebnis der Gesetzesauslegung sei, befürwortet die Mindermeinung entsprechend der herrschenden Meinung aber ebenfalls, dass tarifvertragliche Rechte grundsätzlich als indisponibel einzustufen seien.[757] Zu einer gegenteiligen Auslegung von Art. 3.5 S. 2 Arbeitnehmerstatut gelangt die Mindermeinung, da der systematische Vergleich mit Art. 3.5 S. 1 Arbeitnehmerstatut zeige, dass Gesetze indisponibel seien, sofern sie als zwingendes Gesetzesrecht und damit unverzichtbar ausgestaltet seien.[758] Denn nach Art. 3.5 S. 1 Arbeitnehmerstatut könne der Arbeitnehmer weder vor noch nach dem Erwerb rechtswirksam über diejenigen Rechte verfügen, die ihm durch zwingendes Gesetzesrecht eingeräumt worden seien. Die Unverzichtbarkeit führe bei Gesetzen damit zur Indisponibilität. Im Gegensatz zu Satz 1 verknüpfe Satz 2 Arbeitnehmerstatut die Unverzichtbarkeit bei tarifvertraglichen Regelungen nicht mit der

753 STS 2819/1999, 27.04.1999; Palomeque López/Àlvarez de la Rosa, Derecho del trabajo, S. 296.

754 Vgl. Ojeda Avilés, Derecho sindical, S. 787.

755 STS 5744/1987, 22.09.1987; Palomeque López/Àlvarez de la Rosa, Derecho del trabajo, S. 296; García-Perrote Escartín, Manual de derecho del trabajo, S. 151; Casas Baamonde, Relaciones laborales 1991, Nr. 20/21, 126, 138.

756 Ramírez Martínez, in: Goerlich Peset, Comentarios al Estatuto de los Trabajadores, S. 161, 162.

757 Ramírez Martínez, in: Goerlich Peset, Comentarios al Estatuto de los Trabajadores, S. 162.

758 Ramírez Martínez, in: Goerlich Peset, Comentarios al Estatuto de los Trabajadores, S. 161.

Indisponibilität, sodass eine tarifliche Klausel mit unverzichtbaren Rechten nicht unmittelbar deren Indisponibilität zur Folge habe.

(2) Begriff und Umfang einer Disposition

Art. 3.5 S. 2 Arbeitnehmerstatut verbietet eine Disposition des Arbeitnehmers über tarifvertraglich gewährleistete Rechte. Die Indisponibilität des Art. 3.5 S. 2 Arbeitnehmerstatut verbietet einen Verzicht tarifvertraglicher Rechte.[759] Auch eine Disposition, die gegen zwingendes Gesetzesrecht oder das ordre public verstößt oder Dritte schädigt, ist gem. Art. 6.2 Spanisches Zivilgesetzbuch unzulässig. Uneinigkeit besteht darüber, ob Art. 3.5 S. 2 Arbeitnehmerstatut auch sonstige Dispositionen umfasst, bei der der Arbeitnehmer für den Verzicht oder eine Reduzierung des tarifvertraglichen Rechts eine Kompensation oder Gegenleistung erhält.

Nach einer Mindermeinung wird die Indisponibilität umfassend als Verbot jeder Disposition verstanden. Entsprechend dem Wortlaut sei der Begriff der Disposition weit auszulegen und beziehe in das Verbot sowohl Aufhebungen und Änderungen als auch Rechtsübertragungen gegenwärtiger und künftiger Rechte ein.[760]

Nach mehrheitlicher Ansicht wird die Indisponibilität auf das Verbot beschränkt, auf die zugewiesenen Rechte zu verzichten.[761] Art. 3.5 Arbeitnehmerstatut schütze vor Dispositionen, bei denen die Rechte des Arbeitnehmers verringert werden, aber nicht jede Disposition verringere die Rechte der Arbeitnehmer.[762] Ein gerichtlicher oder außergerichtlicher[763] Vergleich wäre nach dieser Ansicht keine Disposition i.S.d. Art. 3.5 Arbeitnehmerstatut. Würde Art. 3.5 S. 2 Arbeitnehmerstatut jede Disposition verbieten, hätte der

---

759 Vgl. STS 2819/1999, 27.04.1999; Ramírez Martínez, in: Goerlich Peset, Comentarios al Estatuto de los Trabajadores, S. 151.

760 STS 1542/2000, 28.02.2000; Prados de Reyes, Revista de política social 1980, Nr. 127, 55, 59.

761 Ramírez Martínez, in: Goerlich Peset, Comentarios al Estatuto de los Trabajadores, S. 152, 153, der auf STS 6313/2013, 04.12.2013; STS 2127/2013, 27.03.2013; STS 5363/2009, 21.07.2009; STS 2831/2004, 28.04.2004; STS 1542/2000, 28.02.2000 verweist. Palomeque López/Àlvarez de la Rosa, Derecho del trabajo, S. 296, 297.

762 Ojeda Avilés, La renuncia de derechos del trabajador, S. 197.

763 Palomeque López/Àlvarez de la Rosa, Derecho del trabajo, S. 297.

Arbeitnehmer keine Möglichkeit, gem. Art. 49.1 lit. a Arbeitnehmerstatut, das Arbeitsverhältnis einvernehmlich mit dem Arbeitgeber aufzulösen und die wirtschaftlichen Aspekte zur Beendigung zu vereinbaren.[764] Zum Schutz der Arbeitnehmer müsse die Disposition aber einer strengen Kontrolle in Bezug auf ihre Wirksamkeit und Interpretation unterliegen.[765] Der Arbeitnehmer könne beispielsweise im Rahmen des Vergleichs wirksam über seine Rechte, die in Zusammenhang mit der Beendigung sowie deren Konsequenzen stehen, disponieren, um einen angemessenen Interessenausgleich zu finden und Konflikte zu vermeiden.[766] Er dürfe aber nicht in genereller Weise über alle künftigen Rechte disponieren, die der Arbeitnehmer selbst noch nicht kenne oder die er noch nicht erworben habe.[767] Außerdem dürfe nur über solche Rechte disponiert werden, die in Zusammenhang mit dem Vergleichsgegenstand stehen.[768]

c. Zwischenfazit

In der spanischen Literatur divergieren die Terminologien zur normativen Wirkung, was aber keine praktischen Auswirkungen hat. Der spanische statutarische Tarifvertrag wirkt unmittelbar und zwingend entsprechend der normativen Wirkung des deutschen Tarifvertrags in § 4 Abs. 1 S. 1 TVG.

2. Die zeitliche Ausweitung der normativen Wirkung

In zeitlicher Hinsicht ist zwischen verschiedenen Phasen der tarifvertraglichen Wirksamkeit zu differenzieren: der zwischen den Tarifvertragsparteien vereinbarten Laufzeit und eventuell zusätzlich vereinbarter, automatischer Verlängerungen um bestimmte Zeiträume, der in Art. 86.2 Arbeitnehmerstatut

---

764 STS 5363/2009, 21.07.2009.

765 Ramírez Martínez, in: Goerlich Peset, Comentarios al Estatuto de los Trabajadores, S. 153.

766 STS 6313/2013, 04.12.2013; STS 6562/2010, 11.11.2010; STS 7490/2004, 18.11.2004 m.w.N.; STS 1542/2000, 28.02.2000. Eine Vereinbarung, bei der nicht von beiden Seiten Zugeständnisse gemacht werden, ist dagegen kein Vergleich und kann als Disposition i.S.d. Art. 3.5 Arbeitnehmerstatut eingestuft werden, vgl. STS 1504/2013, 26.02.2013.

767 STS 5363/2009, 21.07.2009; STS 2498/2007, 19.02.2007; STS 2831/2004, 28.04.2004.

768 STS 6313/2013, 04.12.2013; STS 2127/2013, 27.03.2013.

normierten dispositiven, automatischen, jährlichen Verlängerung nach Ende der vereinbarten Laufzeit, sofern keine Kündigung erklärt wurde, und der Nachwirkung. Die Ausgestaltung der normativen Wirkung in diesen Phasen wird im nachfolgenden Abschnitt dargestellt. Hierbei bilden der Beginn der normativen Wirkung, welcher nach streitiger Ansicht im Zeitpunkt der Veröffentlichung des Tarifvertrags im jeweiligen Amtsblatt liegen soll, sowie die Wirkungen zwischen autonom festgelegtem Beginn des zeitlichen Anwendungsbereichs und Veröffentlichung einen Schwerpunkt.

a. *Beginn der normativen Wirkung*

Fraglich ist, in welchem Zeitpunkt die normative Wirkung beginnt. Unter Berücksichtigung der Wirkung für Organisierte sowie Nicht- und Andersorganisierte besteht Uneinigkeit darüber, ob die Tarifvertragsparteien den Zeitpunkt autonom festlegen können oder ob der Beginn der normativen Wirkung mit dem Zeitpunkt der Veröffentlichung im jeweiligen Amtsblatt gleichgesetzt werden muss.

aa *Autonome Festlegung des Zeitpunkts durch die Tarifvertragsparteien*

Gem. Art. 82.3 UAbs. 1, 86.1 UAbs. 1, 90.4 Arbeitnehmerstatut legen die Tarifvertragsparteien selbständig den zeitlichen Geltungsbereich fest, entweder einheitlich für den gesamten Tarifvertrag oder innerhalb des Tarifvertrags unterschiedliche Geltungszeiträume je nach Themenbereich. Eine Ansicht legt den Gesetzeswortlaut der Art. 82.3 UAbs. 1, 86.1 UAbs. 1, 90.4 Arbeitnehmerstatut so aus, dass die Parteien mit der Festsetzung des zeitlichen Anwendungsbereichs den Beginn der Wirksamkeit autonom festlegen könnten und nicht an den Zeitpunkt der Veröffentlichung im Amtsblatt gebunden seien.[769] Der Tarifvertrag fordere ihrer Ansicht nach zwar für seine Einstufung als statutarisch eine Veröffentlichung gem. Art. 90.3 Arbeitnehmerstatut. Gerade auf Unternehmensebene und den darunter liegenden Ebenen könne eine Veröffentlichung auch auf andere Weise, z.B. durch Bekanntmachungen

---

[769] SAN 45/2014, 23.01.2014; Martínez Moreno, Eficacia temporal de los convenios colectivos, S. 19, 22, 23; Alonso García, Curso de derecho del trabajo, S. 260.

unmittelbar im Unternehmen bzw. Betrieb, erfolgen.[770] Die Veröffentlichung im Amtsblatt sei keine Wirksamkeitsvoraussetzung eines statutarischen Tarifvertrags, sondern habe prozessual eine Beweislastumkehr zur Folge.[771] Ohne Veröffentlichung sei der Tarifvertrag wirksam, es bestehe aber keine Vermutungswirkung für seine Rechtmäßigkeit.[772] Mache ein Arbeitnehmer beispielsweise vor Veröffentlichung des Tarifvertrags ein tarifvertragliches Recht geltend, müsse er den Beweis dafür erbringen, dass der noch nicht veröffentlichte Tarifvertrag existiere, rechtmäßig sei, die Vorgaben des Arbeitnehmerstatuts einhalte und den geltend gemachten Inhalt umfasse.[773] Nach Veröffentlichung müsse aufgrund der Beweislastumkehr diejenige Partei die Tatsache beweisen, die deren Nichtvorliegen behaupte.[774] Der Tarifvertrag wirke nach dieser Ansicht ab dem autonom festgelegten Zeitpunkt normativ, könne aber in der Praxis oftmals aufgrund der Beweisschwierigkeiten erst ab Veröffentlichung durchgesetzt werden.

Gegen die autonome Festsetzung des Beginns der normativen Wirkung wird vorgebracht, dass dort nicht zwischen dem frei festzusetzenden, zeitlichen Anwendungsbereich des Tarifvertrags und den gesetzlich vorgegebenen Wirkungen des Tarifvertrags differenziert werde.[775]

bb. Von der Veröffentlichung abhängige Wirksamkeit

(1) Unterscheidung zwischen zeitlichem Anwendungsbereich und Wirkung

Nach mehrheitlicher Ansicht können die Parteien zwar privatautonom den zeitlichen Anwendungsbereich gem. Art. 82.3, 86.1, 90.4 Arbeitnehmerstatut vereinbaren. Sie seien aber nicht berechtigt, den Zeitpunkt festzulegen, in dem der Tarifvertrag seine Wirkung erlange: Unabhängig vom Willen der Parteien trete die normative Wirkung des statutarischen Tarifvertrags im Zeitpunkt der Veröffentlichung des Textes im jeweiligen Amtsblatt des Staates, der Autonomen Gemeinschaft oder der Provinz

---

[770] SAN 45/2014, 23.01.2014.

[771] Vgl. zur Veröffentlichung in Kapitel 1 B.III.2.c.cc und zur Vermutungswirkung in Kapitel 1 B.III.2.a.aa.

[772] Martínez Moreno, Eficacia temporal de los convenios colectivos, S. 22.

[773] Vgl. Alonso García, Curso de derecho del trabajo, S. 260.

[774] Vgl. hierzu bereits in Kapitel 1 B.III.2.a.aa.

[775] Pastor Martínez, La vigencia del convenio colectivo estatutario, S. 74, 75.

ein.[776] Ab Zeitpunkt der offiziellen Veröffentlichung wirke der statutarische Tarifvertrag erga omnes.[777]

Die Parteien seien zwar berechtigt, gem. Art. 82.3, 86.1, 90.4 Arbeitnehmerstatut die Tarifvertragslaufzeit nach ihrem Willen festzulegen, sodass deren Beginn vor dem Zeitpunkt der Veröffentlichung liegen könne. Sofern die Parteien einen vor der Veröffentlichung liegenden Beginn der Laufzeit vereinbarten, wirke der Tarifvertrag ab dem Zeitpunkt der Veröffentlichung und rückwirkend für den davorliegenden Zeitraum.[778] Die Veröffentlichung sei Voraussetzung einer Einstufung als statutarischer Tarifvertrag, sodass der Tarifvertrag nicht die Wirkung eines statutarischen Tarifvertrags haben könne, wenn dessen Voraussetzungen noch nicht erfüllt seien.[779] Aufgrund der umfassenden, quasi-gesetzlichen Wirkung sei diese Beschränkung der zeitlichen Gültigkeit, auch aus Rechtssicherheitsgründen, notwendig: Nicht- und Andersorganisierte müssten über die Existenz des Tarifvertrags und über dessen Tarifinhalte informiert werden.[780]

---

[776] STS 5725/2016, 14.12.2016; STS 425/2015, 03.02.2015; STS 868/2014, 11.02.2014; STS 10705/1995, 25.09.1995; STS 62/1993, 20.01.1993; STS 3627/1992, 07.05.1992; Rojas Miño, La eficacia jurídica de los convenios colectivos, S. 83, 84; Alonso Olea/Casas Baamonde, Derecho del trabajo, S. 956; Montoya Melgar, Derecho del trabajo, S. 183–184, 183; Martín Valverde/García Murcia, Derecho del trabajo, S. 409; Santillán, in: Consejo General del Poder Judicial, La negociación colectiva, S. 129, 157; Monereo Pérez/Molina Navarrete/Moreno Vida, Manual de derecho sindical, S. 244; González Ortega, Temas laborales 2004, Nr. 76, 135, 145–150. Indirekt auch Ojeda Avilés, Derecho sindical, S. 782–784, der die Veröffentlichung als Voraussetzung des Tarifabschlusses ansieht, auch wenn er auf S. 784 die prozessualen Folgen der Veröffentlichung für die Beweislast hervorhebt.

[777] STS 5725/2016, 14.12.2016; Lahera Forteza, Manual de negociación colectiva, S. 81; Martín Valverde/García Murcia, Derecho del trabajo, S. 405, 409. A.A. Martínez Moreno, Eficacia temporal de los convenios colectivos, S. 22, 23, der kritisiert, dass diese Ansicht die Veröffentlichung zu einem Wirksamkeitserfordernis des statutarischen Tarifvertrags macht. Dazu, dass die Veröffentlichung kein Wirksamkeitserfordernis ist, aber schon in Kapitel 1 B.III.2.c.cc.

[778] Martín Valverde/García Murcia, Derecho del trabajo, S. 409; Ocaña Escolar, Temas laborales 2014, Nr. 126, 235, 238; zur Rückwirkung im unmittelbar folgenden Kapitel 3 A.I.2.b.

[779] Vgl. González Ortega, Temas laborales 2004, Nr. 76, 135, 147.

[780] STC 151/1994, 23.05.1994; SAN 45/2014, 23.01.2014; Pastor Martínez, La vigencia del convenio colectivo estatutario, S. 78, 108–111.

An dieser Ansicht wird kritisiert, dass die Tarifvertragsparteien den Wirksamkeitszeitpunkt nicht beeinflussen oder die für die Veröffentlichung im Amtsblatt verantwortliche öffentliche Verwaltung während des laufenden Verfahrens kontrollieren könnten.[781] Das Arbeitnehmerstatut normiere keine Fristen, innerhalb derer der Tarifvertrag zu veröffentlichen sei.[782] Verweigere die Behörde die Veröffentlichung, könnten die Tarifvertragsparteien zwar einen Anspruch auf Veröffentlichung gerichtlich geltend machen. Da aber keine Kriterien dazu vorliegen, ob die Behörde rechtmäßig und innerhalb einer angemessenen Frist gehandelt habe, sei ein derartiges Verfahren kein adäquates Mittel zur Durchsetzung der tarifvertraglichen Rechte.[783] Eine Literaturmeinung schlägt daher *de lege ferenda* vor, die Veröffentlichung nicht statisch auf eine Veröffentlichung im jeweiligen Amtsblatt zu beschränken, sondern auch Veröffentlichungen über andere Wege, z.B. über Aushänge, Veröffentlichungen im Internet oder die Übermittlung an die einzelnen, betroffenen Arbeitnehmer, zu ermöglichen.[784]

(2) Folgeproblematik einer möglichen schuldrechtlichen Wirkung zwischen Beginn des zeitlichen Anwendungsbereichs und Veröffentlichung

Ob der Tarifvertrag vor Veröffentlichung, aber nach Beginn der vereinbarten Laufzeit schuldrechtliche, mitgliederbezogene Wirkung hat, wird uneinheitlich beurteilt. Nach einer Ansicht soll der Tarifvertrag bis zu seiner Veröffentlichung eine schuldrechtliche, mitgliederbezogene Wirkung haben.[785] Der Tarifvertrag sei nach dieser Ansicht auch ohne Veröffentlichung bereits wirksam zustande gekommen, sodass er bereits Wirkung

---

[781] So Pastor Martínez, La vigencia del convenio colectivo estatutario, S. 174, 175.

[782] Pastor Martínez, La vigencia del convenio colectivo estatutario, S. 180.

[783] Pastor Martínez, La vigencia del convenio colectivo estatutario, S. 180.

[784] Pastor Martínez, La vigencia del convenio colectivo estatutario, S. 201–204.

[785] STSJ Cataluña 2744/2012, 07.03.2012; STSJ Cataluña 14294/2007, 18.12.2007; STSJ Cataluña 5810/1999, 14.06.1999; González Ortega, Temas laborales 2004, Nr. 76, 135, 145–150. Nach STS 5725/2016, 14.12.2016 hat der Tarifvertrag ohne Veröffentlichung die Wirkung eines außerstatutarischen Tarifvertrags. Nach Lahera Forteza, Manual de negociación colectiva, S. 81 ist der Tarifvertrag vor Veröffentlichung wirksam. Wie genau der Tarifvertrag in diesem Zeitraum wirkt, konkretisiert Lahera aber nicht.

entfalte. Die Wirkungen leiteten sich vor Veröffentlichung unmittelbar aus Art. 37.1 Spanische Verfassung ab.

Eine andere Ansicht lehnt eine Wirkung des Tarifvertrags vor Veröffentlichung ab. Die tarifvertragliche Wirkung beschränke sich auf den Zeitpunkt seit Veröffentlichung. Für den davorliegenden Zeitraum wirke der Tarifvertrag weder normativ noch schuldrechtlich.[786] Würde der Tarifvertrag vor Veröffentlichung schuldrechtlich und mitgliederbezogen wirken, würde der Tarifvertrag zweistufig Wirksamkeit entfalten[787]: Bei Beginn der vereinbarten Tarifvertragslaufzeit würde der Tarifvertrag für die Parteien und deren unmittelbar Vertretene wirken. Ab Veröffentlichung würde er normativ erga omnes wirken. Zur Vermeidung von Rechtsunsicherheiten solle der Tarifvertrag ab Veröffentlichung normativ für alle Arbeitnehmer ohne Abstufungen wirken. Eine Wirkung für den Zeitraum vor Veröffentlichung könne durch eine ausdrücklich vereinbarte Rückwirkung der Tarifklauseln erreicht werden,[788] sodass der Tarifvertrag ab Veröffentlichung rückwirkend in einheitlicher Weise für alle Arbeitnehmer und Arbeitgeber dieselben Wirkungen entfalte.

(3) Wirkung bei Veröffentlichung vor Beginn des zeitlichen Anwendungsbereichs

Legen die Parteien den Beginn des zeitlichen Anwendungsbereichs auf einen Zeitpunkt nach Veröffentlichung des Tarifvertrags im jeweiligen Amtsblatt, beginnt die normative Wirkung erst in dem autonom festgelegten Zeitpunkt. Beispielsweise wurde für das Unternehmen Enercon Windenergy Spain, S.L., am 26.09.2024 ein Tarifvertrag unterzeichnet, welcher am 16.12.2024 im Amtsblatt veröffentlicht wurde und nach Art. 2 des Tarifvertrags einen zeitlichen Anwendungsbereich von 01.01.2025 bis 31.12.2029 hatte. Trotz vorheriger Veröffentlichung traten dessen tarifliche Wirkungen aufgrund der Entscheidung der Parteien erst ab dem 01.01.2025 ein.[789]

---

786 STS 12690/1986, 08.04.1986; Rojas Miño, La eficacia jurídica de los convenios colectivos, S. 83, 84; Martín Valverde/García Murcia, Derecho del trabajo, S. 409.

787 Rojas Miño, La eficacia jurídica de los convenios colectivos, S. 84.

788 So Rojas Miño, La eficacia jurídica de los convenios colectivos, S. 84. Auch Santillán, in: Consejo General del Poder Judicial, La negociación colectiva, S. 129, 157, der aber dennoch auf STCT 14.11.1983 verweist, nach dem ein nicht veröffentlichter Tarifvertrag Wirkung *inter partes* hatte.

789 BOE n. 302, de 16.12.2024.

b. Rückwirkung von Tarifvertragsklauseln

aa. Verbot der verschlechternden, maximalen Rückwirkung

Zur Rückwirkung von Tarifvertragsklauseln wenden Rechtsprechung und Literatur die Grundsätze zur Rückwirkung von Gesetzen an.[790] Danach wirken Tarifvertragsklauseln gem. Art. 2.1, 2.3 Spanisches Zivilgesetzbuch nicht rückwirkend, sofern die Klauseln nicht ausdrücklich die Rückwirkung festlegen. Art. 2.1, 2.3 Spanisches Zivilgesetzbuch verbieten grundsätzlich die sogenannte maximale Rückwirkung *(retroactividad de grado máximo)*, also eine Rückwirkung, die sich, ähnlich der echten Rückwirkung im deutschen Recht,[791] auf die Regelung von Rechten erstreckt, deren anspruchsbegründende Tatsachen bereits unter der vorherigen Rechtslage vorlagen und deren Sachverhalt abgeschlossen ist.[792] Art. 9.3 Spanische Verfassung verbietet ebenfalls die maximale Rückwirkung, die individuelle Rechte verschlechtert oder beschränkt.[793]

bb. Keine verschlechternde Rückwirkung bei erworbenen Rechtspositionen als Teil des Vermögens von Arbeitnehmern

Es wird als unzulässig eingestuft, im Tarifvertrag Arbeitnehmerrechte zu verschlechtern, die sich als Vermögen bzw. Erbe des Arbeitnehmers *(patrimonio)* materialisiert haben.[794] Weist ein Tarifvertrag dem Arbeitnehmer

---

790 STS 3388/2021, 14.09.2021; Ocaña Escolar, Temas laborales 2014, Nr. 126, 235, 243 mit Verweis auf STS 5239/2000, 27.06.2000, der die Rückwirkung von Gesetzen thematisiert und STS 1068/2015, 18.02.2015; STS 5223/1997, 22.07.1997; Escribano Gutiérrez, Temas laborales 2005, Nr. 82, 213, 217, die Art. 2.1 und Art. 2.3 Spanisches Zivilgesetzbuch auf statutarische Tarifverträge anwenden, obwohl der Gesetzeswortlaut von „*leyes*", also Gesetzen, spricht.

791 BAG, Urt. v. 25.03.2015 – 5 AZR 458/13 – juris, Rn. 38; BAG, Urt. v. 27.03.2014 – 6 AZR 204/12 – juris, Rn. 43; BAG, Urt. v. 06.06.2007 – 4 AZR 382/06 – juris, Rn. 21; BAG, Urt. v. 23.02.2005 – 4 AZR 172/04 – juris, Rn. 46; LAG Schleswig-Holstein, Urt. v. 11.10.2011 – 2 Sa 247/11 – juris, Rn. 42, 43.

792 STS 1780/2023, 25.04.2023; STS 3388/2021, 14.09.2021; STS 4944/2001, 11.06.2001; STS 6116/2000, 20.07.2000; STS 5239/2000, 27.06.2000; SAN 3326/2013, 17.07.2013.

793 STC 112/2006, 05.04.2006; STC 199/1990, 10.12.1990; STC 97/1990, 24.05.1990; STC 99/1987, 11.06.1987; STS 4944/2001, 11.06.2001; STS 6116/2000, 20.07.2000; STS 5239/2000, 27.06.2000.

794 STS 5109/2015, 13.10.2015; auch STS 5586/2015, 10.11.2015; STS 4998/2015, 06.11.2015; STS 3973/2015, 16.09.2015; STS 3475/2015, 07.07.2015; STS 5239/2000, 27.06.2000; SAN 3326/2013, 17.07.2013; Monreal, Vigencia ordinaria de los convenios colectivos,

unter festgelegten Voraussetzungen Leistungen zu, erfüllt der Arbeitnehmer diese, sodass ein Anspruch auf die Leistungen besteht, und ist der Anspruch fällig, können diese erworbenen Rechtspositionen dem Arbeitnehmer nicht rückwirkend entzogen werden,[795] auch wenn der Anspruch noch nicht erfüllt wurde.[796] Der Rechtsprechung nach ist beispielsweise nicht möglich, dass eine Tarifvertragsklausel Zulagen bei stufenweise erfüllten Jahren der Betriebszugehörigkeit gewährt und der nachfolgende Tarifvertrag diese Zulagen rückwirkend verschlechtert oder aufhebt. Auch wenn eine Modifizierung für die Zukunft stets möglich bleibe, könnten den Arbeitnehmern, die bereits die Voraussetzungen für einen Anspruch auf Zulage erfüllt haben, ihre erworbenen Rechtspositionen rückwirkend nicht genommen werden.[797] Entgegen der spanischen Doktrin sind im deutschen Tarifrecht bereits entstandene und fällig gewordene, noch nicht abgewickelte Ansprüche, sogenannte wohlerworbene Rechte, einer Modifizierung grundsätzlich zugänglich.[798]

---

ultraactividad y contractualización judicial de sus condiciones de trabajo, S. 24. González Ortega, Temas laborales 2004, Nr. 76, 135, 148, 150.

795 STS 611/2019, 07.02.2019; STS 5586/2015, 10.11.2015; STS 4998/2015, 06.11.2015; Ocaña Escolar, Temas laborales 2014, Nr. 126, 235, 238; zur Rechtswidrigkeit einer rückwirkenden Reduzierung der Lohnhöhe: STS 689/2019, 21.02.2019; STS 4440/2018, 29.11.2018.

796 Vgl. zum Rückwirkungsverbot bei Ausstiegsklauseln gem. Art. 82.3 Arbeitnehmerstatut, nach dem entstandene, fällige, aber noch nicht ausbezahlte Lohnansprüche nicht verschlechtert werden dürfen, in STSJ Madrid 16788/2012, 14.12.2012.

797 STS 5109/2015, 13.10.2015; anders aber noch das vorgehende Urteil SAN 45/2014, 23.01.2014.

798 BAG, Urt. v. 24.03.2011 – 6 AZR 765/09 – juris, Rn. 19; BAG, Urt. v. 08.10.2008 – 5 AZR 8/08 – juris, Rn. 15; BAG, Urt. v. 17.07.2007 – 9 AZR 1089/06 – juris, Rn. 16; BAG, Urt. v. 14.11.2001 – 10 AZR 698/00 – juris, Rn. 70; BAG, Urt. v. 17.05.2000 – 4 AZR 216/99 – juris, Rn. 48; BAG, Urt. v. 23.11.1994 – 4 AZR 879/93 – juris, Rn. 28 ff.; Treber, in: Schaub, Arbeitsrechts-Handbuch, § 202, Rn. 28; anders aber BAG, Urt. v. 06.12.2017 – 10 AZR 575/16 – juris, Rn. 36 und BAG, Urt. v. 11.10.2006 – 4 AZR 486/05 – juris, Rn. 26–28, die ab dem Zeitpunkt der Anspruchsentstehung grundsätzlich einen Vertrauensschutztatbestand sehen, unabhängig davon, ob der Anspruch entstanden, aber noch nicht fällig oder erfüllt ist; auch BAG, Urt. v. 15.11.1995 – 2 AZR 521/95 – juris, Rn. 40 deutet an, dass eine Beeinträchtigung wohlerworbener Rechte gegen den Vertrauensschutz verstoßen kann; auch Höpfner, Die Tarifgeltung im Arbeitsverhältnis, S. 264 räumt dem Vertrauensschutz bei wohlerworbenen Rechten entgegen der Rechtsprechung grundsätzlich Vorrang ein.

cc. Zulässigkeit einer günstigeren, maximalen Rückwirkung

Nach spanischem Recht ist eine maximale Rückwirkung bei einer günstigeren Regelung für den Arbeitnehmer grundsätzlich zulässig.[799] Nach der Rechtsprechung kann ein neuer Tarifvertrag beispielsweise rückwirkend die Arbeitszeiten für Arbeitnehmer reduzieren und die rückwirkend mehr geleisteten Arbeiten als Überstunden zuerkennen[800]: Hier greife die Norm zwar in einen abgeschlossenen Sachverhalt ein, was Art. 9.3 Spanische Verfassung grundsätzlich verbiete. Da Art. 9.3 Spanische Verfassung aber an den Gesetzgeber adressiert sei, könne er nicht in gleicher Weise für Private gelten. Aufgrund der hybriden Stellung des Tarifvertrags zwischen Gesetz und Vertrag seien sowohl die verfassungsrechtlichen Vorgaben zu Gesetzen als auch die zivilrechtlichen Vorgaben zu Verträgen in logischer Weise zu verbinden. Vereinbaren Private eine Rückwirkung in einen abgeschlossenen Sachverhalt zugunsten der Arbeitnehmer, sei dies daher zulässig. Auffallend ist, dass hier nicht diskutiert wird, ob betroffene Arbeitnehmer nicht auch vor günstigeren Regelungen geschützt werden müssen.

Bei einer Rückwirkung günstigerer Regelungen ist zudem nach der Rechtsprechung der Gleichheitssatz gem. Art. 14 Spanische Verfassung zu beachten: Rückwirkende Lohnerhöhungen könnten beispielsweise nicht nur denjenigen Arbeitnehmern zugutekommen, deren Arbeitsverhältnis zum Zeitpunkt der Unterzeichnung des Tarifvertrags nicht beendet war.[801]

dd. Die zulässige, minimale Rückwirkung

Die minimale Rückwirkung *(retroactividad de grado mínimo)* betrifft den Schutz erworbener Rechte für die Zukunft, bedingte Ansprüche oder alleinige Erwartungen, in Zukunft Rechte zu erwerben. Sie ist grundsätzlich zulässig.[802]

---

799 Monreal, Vigencia ordinaria de los convenios colectivos, ultraactividad y contractualización judicial de sus condiciones de trabajo, S. 24.

800 STS 4017/2016, 20.07.2016.

801 STS 5223/1997, 22.07.1997.

802 STC 99/1987, 11.06.1987; STS 3388/2021, 14.09.2021; STS 5239/2000, 27.06.2000; SAN 3326/2013, 17.07.2013.

c. Die ordentliche Laufzeit und deren Beendigung

Der Tarifvertrag wirkt bis zum Ablauf der vereinbarten Tarifvertragslaufzeit normativ, Art. 3.1 lit. c, 3.5, 82.3 Arbeitnehmerstatut. Gem. Art. 86.2 Arbeitnehmerstatut verlängert sich die Laufzeit nach Ablauf der ordentlichen, vertraglich festgelegten Dauer automatisch jeweils um ein Jahr, sofern keine Partei kündigt. Nach dem Wortlaut des Art. 86.2 Arbeitnehmerstatut geht mit der Verlängerung keine Änderung der Wirkung einher. Durch diese dispositive[803] Regelung kann der Tarifvertrag theoretisch endlos fortbestehen. Beendet werden kann die Tarifvertragslaufzeit beispielsweise durch Zeitablauf, wenn die Parteien die dispositive Regelung des Art. 86.2 Arbeitnehmerstatut abbedungen haben, durch Kündigung der Parteien oder auch durch die Verabschiedung einer widersprechenden Norm desselben oder höheren Ranges.[804]

aa. Möglichkeit neuer Tarifverhandlungen ante tempus

Gem. Art. 86.1 UAbs. 2 Arbeitnehmerstatut können die gem. Art. 87, 88 Arbeitnehmerstatut legitimierten Subjekte auch während der vereinbarten Tarifvertragslaufzeit *ante tempus* neue Tarifverhandlungen führen und den Tarifvertrag modifizieren. Besonders an dieser Konstellation ist, dass alle nach Art. 87, 88 Arbeitnehmerstatut legitimierten Verbände aufgrund ihrer Gesamtrepräsentationsfunktion und nicht nur die vertragschließenden Subjekte zu Modifizierungen berechtigt sind.[805] Mit den vorgezogenen Verhandlungen wird bezweckt, diese dynamischer zu machen, Spannungen und Druck zwischen den Parteien zu verringern und möglichst eine Anpassung einzelner Klauseln vorzunehmen, sodass eine umfangreiche, komplexe Überarbeitung des gesamten Tarifvertragstextes vermieden wird.[806]

---

803 Die Parteien können einen kürzeren oder längeren Zeitraum für die automatische Verlängerung festlegen; vgl. auch Pastor Martínez, La vigencia del convenio colectivo estatutario, S. 232.

804 Pastor Martínez, La vigencia del convenio colectivo estatutario, S. 209.

805 Vgl. Cairós Barreto, La articulación y concurrencia de convenios colectivos, S. 46; Sicre Gilabert, La negociación colectiva, S. 54.

806 Martínez Yáñez, Temas laborales 2018, Nr. 141, 93, 118.

bb. Der Beendigungsgrund der Kündigung und der Einfluss der Erga-Omnes-Wirkung auf die Kündigungsmodalitäten

Auch bei dem Beendigungstatbestand der Kündigung ergeben sich aus deutscher Sicht einige Besonderheiten. Das System der erga omnes wirkenden statutarischen Tarifverträge hat weitreichende Auswirkungen darauf, wer zum Ausspruch der Kündigungserklärung eines statutarischen Tarifvertrags berechtigt ist: Streitig ist, wer die in Art. 86.2 Arbeitnehmerstatut genannten Parteien sind, die zum Ausspruch der Kündigungserklärung berechtigt sind.

(1) Kündigungserklärung allein durch die vertragschließenden Tarifvertragsparteien

Eine Ansicht beschränkt die Kompetenz zur Kündigungserklärung im Sinne einer rein vertraglichen Auslegung der Kündigungsmodalitäten ausschließlich auf die vertragschließenden Tarifvertragsparteien.[807] Zwar wird auf diese Weise klar festgelegt, wer zum Ausspruch der Kündigungserklärung berechtigt ist und gegenüber wem die Erklärung zu erfolgen hat. Es wird aber kritisiert, dass die Theorie nicht flexibel reagieren kann, sollten aufgrund geänderter Repräsentativitäten neue Verbände ebenfalls zu Verhandlungen statutarischer Tarifverträge berechtigt sein[808]: Nach dieser Theorie wäre deren Verhandlungsmöglichkeit allein vom Wohlwollen der derzeitigen Tarifvertragsparteien abhängig. Sofern jene den Tarifvertrag nicht kündigen und eine regelmäßige automatische Verlängerung der Tarifvertragslaufzeit vereinbart haben, könnte ein neu-repräsentativer Verband seine zugewiesenen Kompetenzen im Bereich der Tarifverhandlungen nicht ausüben. Selbst wenn eine der tarifvertragschließenden Parteien die Voraussetzungen der Legitimation nicht mehr erfüllte, könnte ihr Tarifvertrag bei einer unbefristeten Laufzeit oder einer vereinbarten, automatischen Verlängerung dauerhaft weiter Anwendung finden.[809] Eine Kündigung, die nur durch die tarifvertragschließenden Verbände erklärt werden könnte, würde nach der kritischen Ansicht in der Literatur die Tarifverhandlungen für die sonstigen legitimierten Verbände erschweren und gegen Art. 28.1 Spanische Verfassung verstoßen.[810]

---

807 Fernández López, in: Ojeda Avilés, Negociación colectiva y Comunidades Autónomas, S. 149, 157; Vicente Palacio, in: García Ninet, Derecho del trabajo, S. 170.

808 Cámara Botía/Gil Plana, Denuncia y ultraactividad del convenio colectivo, S. 57.

809 Cámara Botía/Gil Plana, Denuncia y ultraactividad del convenio colectivo, S. 57.

810 Cámara Botía/Gil Plana, Denuncia y ultraactividad del convenio colectivo, S. 57, 63.

(2) Kündigungserklärung durch die gem. Art. 87, 88 Arbeitnehmerstatut legitimierten Subjekte

Abgeleitet aus der Erga-Omnes-Wirkung des statutarischen Tarifvertrags werden daher nach mehrheitlicher Ansicht nicht nur die tarifvertragsunterzeichnenden Verbände zur Erklärung der Kündigung legitimiert, sondern auch alle anderen gem. Art. 87, 88 Arbeitnehmerstatut legitimierten Subjekte: Nach früherer Ansicht wurde zum Ausspruch der Kündigungserklärung eine volle Legitimation der Subjekte verlangt, da diese auch für das Führen neuer Tarifverhandlungen nach der Kündigung erforderlich sei, und vermieden werden sollte, dass nach der Kündigung keine erneuten Verhandlungen stattfinden.[811] In neuerer Zeit wird zwischen der Legitimation zur Kündigung und der Legitimation zu neuen Tarifverhandlungen differenziert: Auch wenn für neue Tarifverhandlungen erweiterte Legitimationsanforderungen erforderlich würden, sei allein für die Kündigungserklärung eine Anfangslegitimation ausreichend.[812] Über den zur Kündigung legitimierten Kreis könne nicht disponiert werden.[813] Das System werde durch das alleinige Fordern

---

[811] STC 73/1984, 27.06.1984; STS 3579/1997, 21.05.1997; SAN 4609/2004, 28.06.2004; STSJ Castilla-La Mancha 3232/2010, 23.09.2010; Pastor Martínez, La vigencia del convenio colectivo estatutario, S. 243, 244; Martínez Moreno, Eficacia temporal de los convenios colectivos, S. 56–58; González Ortega, Temas laborales 2004, Nr. 76, 135, 152; auch Cámara Botía/Gil Plana, Denuncia y ultraactividad del convenio colectivo, S. 58–60, 63, aber bereits eine Anfangslegitimation diskutierend auf S. 72–78: Zentrales Argument gegen die Anfangslegitimation sei dort vor allem noch gewesen, dass die Nachwirkung auf ein Jahr begrenzt blieb und deshalb nach Ablauf der Jahresfrist die Gefahr von Regelungslücken bestand, sollte ein Tarifvertrag gekündigt werden, ohne dass der Kündigende zu Neuverhandlungen berechtigt war. Seit Real Decreto-ley 32/2021 gilt die Nachwirkung zeitlich unbeschränkt, sodass sich dieses Problem nun nicht mehr stellt. Vgl. zur vollen Legitimation in Kapitel 1 B.III.2.b.aa(2) und Kapitel 1 B.III.2.b.cc.

[812] STS 5619/2016, 02.12.2016; Monreal, Vigencia ordinaria de los convenios colectivos, ultraactividad y contractualización judicial de sus condiciones de trabajo, S. 38; García-Perrote Escartín, Manual de derecho del trabajo, S. 993; Gordo González, Labos 2022, Nr. 3 Extra, 129, 137. Vgl. zur Anfangslegitimation in Kapitel 1 B.III.2.b.aa(1) und Kapitel 1 B.III.2.b.bb.

[813] STS 5619/2016, 02.12.2016 mit Verweis auf STC 73/1984, 27.06.1984. Martínez Yáñez, Temas laborales 2018, Nr. 141, 93, 108 kritisiert aber, dass inkongruent sei, wenn die Rechtsprechung zwischen der Legitimation zum Ausspruch der Kündigung und der Legitimation zu neuen Tarifverhandlungen differenziere, aber für die Indisponibilität der erstgenannten Legitimationsvorgaben in ein verfassungsgerichtliches Urteil

einer Anfangslegitimation ohne das Erfordernis einer vollen Legitimation dynamischer, da eine größere Anzahl an Arbeitnehmer- und Arbeitgebervertretungen berechtigt sei, Kündigungen auszusprechen.[814] Die neue Ansicht stärke zudem insbesondere die Rechte der Gewerkschaften ohne volle Legitimation und damit den Gewerkschaftspluralismus.[815]

In der Praxis ist aber schwer vorstellbar, dass ein Arbeitnehmer- oder Arbeitgebervertreter den Tarifvertrag kündigen wird, ohne selbst zum Abschluss eines neuen Tarifvertrags legitimiert zu sein. Zweifelhaft bleibt auch, ob die neue Rechtsprechung die Ordnungsfunktion des Tarifvertrags fördert. Kündigt ein anfangslegitimierter Verband, der keine volle Legitimation aufweist, können die übrigen voll legitimierten Parteien wiederum einen Tarifvertrag vereinbaren. Die Wechselwirkung zwischen Tarifvertrag der vertragschließenden Parteien und Kündigung durch andere Subjekte kann zu einer unsteten Rechtslage führen. Zusätzlich kann die Berechtigung des anfangslegitimierten Subjekts im Einzelfall keine bzw. wenige praktische Auswirkungen haben, wenn die voll legitimierten Tarifvertragsparteien nach Kündigung wiederum Ähnliches vereinbaren oder keinen neuen Tarifvertrag abschließen, sodass der gekündigte Tarifvertrag nachwirkt.[816]

(3) Empfänger der Kündigungserklärung

In Fortentwicklung der zweiten Ansicht wird gefordert, dass die Kündigung nicht nur gegenüber den tarifvertragsunterzeichnenden Subjekten, sondern auch gegenüber den im Zeitpunkt der Kündigungserklärung anfangs- bzw. voll legitimierten Subjekten erklärt werden müsse.[817]

---

verweise, dass lediglich Ausführungen zu letztgenannter Legitimationsregelungen macht. Zu den in Tarifverträgen genutzten Formulierungen und deren möglicher Rechtswidrigkeit vgl. Albiol Montesinos, in: Cruz Villalón, La negociación colectiva como instrumento de gestión del cambio, S. 475, 486–489.

814 Martínez Yáñez, Temas laborales 2018, Nr. 141, 93, 106.

815 Trillo Párraga, Derecho social 2017, Nr. 78, 171, 178.

816 Ausführlich zur Nachwirkung im folgenden Kapitel 3 A.I.2.d.

817 Zur Erklärung gegenüber den Anfangslegitimierten: Martínez Yáñez, Temas laborales 2018, Nr. 141, 93, 109; zur Erklärung gegenüber den voll Legitimierten: Cámara Botía/Gil Plana, Denuncia y ultraactividad del convenio colectivo, S. 65.

d. Nachwirkung

aa. Gesetzliche Vorgaben zur Nachwirkung

Erklärt eine Partei die Kündigung, endet die automatische Verlängerung gem. Art. 86.2 Arbeitnehmerstatut. Um Regelungslücken zu vermeiden, bleibt der Tarifvertrag gem. Art. 86.3 Arbeitnehmerstatut nach Ausspruch der Kündigungserklärung und Ablauf der Tariflaufzeit während den Neu-Verhandlungen zu seinen gewohnten Bedingungen, mit Ausnahme der Friedenspflicht, in Kraft. Die Nachwirkung beginnt mit Ende der Tariflaufzeit.[818] Die Friedenspflicht entfällt nach einer Ansicht in der Literatur bereits im Zeitpunkt der Kündigungserklärung,[819] nach anderer Ansicht ebenfalls mit Ende der Tariflaufzeit.[820] Die Regelung des Art. 86.3 Arbeitnehmerstatut ist dispositiv,[821] sodass solche Regelungen als zulässig eingestuft werden, die festlegen, ob es überhaupt eine Nachwirkung geben soll, auf welche konkreten Tarifvertragsklauseln sich die Nachwirkung erstreckt und wie lange der Nachwirkungszeitraum andauern soll.[822] Nach mehrheitlicher Ansicht können die Parteien zu jedem Zeitpunkt abweichende Regelungen zu Art. 86.3 Arbeitnehmerstatut treffen, also bei Tarifabschluss unmittelbar in dem Tarifvertrag, der dann nachwirkt, während dessen ordentlicher Laufzeit, der Verlängerung oder des Nachwirkungszeitraumes.[823] Eine Mindermeinung legt Art. 86 Arbeitnehmerstatut restriktiv aus und beschränkt die Disponibilität des Art. 86.3 Arbeitnehmerstatut auf den Zeitraum der tarifvertraglichen

---

818 Rodríguez Martín-Retortillo, Derecho social y empresa 2022, Nr. 17, 1, 19.

819 Fernández López, in: Rodríguez-Piñero y Bravo-Ferrer/Valdés Dal-Ré, La reforma laboral de 2012 en materia de negociación colectiva, S. 381, 394.

820 Beltrán de Heredia Ruiz, Temas laborales 2022, Nr. 164, 85, 92.

821 Das Gesetz verweist an drei Stellen auf die Dispositivität: Art. 86.3 UAbs. 1 Arbeitnehmerstatut („*se producirá en los términos que se hubiesen establecido en el propio convenio*“), Art. 86.3 UAbs. 2 S. 1 Arbeitnehmerstatut („*en defecto de pacto*“), Art. 86.4 UAbs. 3 Arbeitnehmerstatut („*en defecto de pacto*“).

822 Vgl. Art. 86.3 Arbeitnehmerstatut; nach STS 2942/2003, 29.04.2003 dürfen die Parteien Klauseln des normativen Teils von der Nachwirkung ausnehmen; Lahera Forteza, La negociación colectiva tras la reforma laboral de 2021, S. 64, 65; Vicente Palacio, in: García Ninet, Derecho del trabajo, S. 171; Fernández López, in: Rodríguez-Piñero y Bravo-Ferrer/Valdés Dal-Ré, La reforma laboral de 2012 en materia de negociación colectiva, S. 381, 392–394; Goerlich Peset, Justicia laboral 2013, Nr. 54, 13, 19.

823 Alfonso Mellado, La ultraactividad de los convenios colectivos, S. 31; Sala Franco, Actualidad laboral 2013, Nr. 10, 1, 3; Goerlich Peset, Justicia laboral 2013, Nr. 54, 13, 21.

Laufzeit, sodass die Tarifvertragsparteien im Nachwirkungszeitraum keine Vereinbarungen über die Nachwirkung treffen können.[824]

Literatur und Rechtsprechung diskutieren nicht, worauf die Legitimation der Tarifvertragsparteien zur Regelung der Arbeitsbedingungen in der Nachwirkungszeit beruht. Grund hierfür könnte sein, dass sich die Legitimation der Wirkung statutarischer Tarifverträge auf staatlich-demokratische Elemente und damit weiterhin auf die vorherigen Wahlen zu den Einheitsvertretungen stützt. Die hierdurch legitimierte Tarifgeltung wird durch Art. 86.3 Arbeitnehmerstatut gesetzlich erweitert.

bb. Inhalt und Umfang der tariflichen Wirkungen in der Nachwirkung

Die Nachwirkung des Art. 86.3 Arbeitnehmerstatut wird sowohl auf den normativen als auch auf den schuldrechtlichen Teil mit Ausnahme der Friedenspflicht bezogen, da der Gesetzeswortlaut von Art. 86.3 UAbs. 2 S. 1 Arbeitnehmerstatut allein die Friedenspflicht ausdrücklich von der Nachwirkung ausnimmt und nicht den schuldrechtlichen Teil insgesamt.[825] Da das Gesetz die Friedenspflicht ausdrücklich von der Nachwirkung ausschließt,

---

824 Cámara Botía/Gil Plana, Denuncia y ultraactividad del convenio colectivo, S. 123–124.

825 García Viña, in: Agra Belmonte/Martínez/Frediani, A proteção social na encruzilhada, S. 241, 244; STS 5648/2015, 23.09.2015; auch Lohnüberprüfungsklauseln wirken nicht nach, STS 5089/2016, 08.11.2016. Seit der Rechtsänderung durch Real Decreto-Ley 7/2011 schließt Art. 86.3 UAbs. 2 S. 1 Arbeitnehmerstatut ausdrücklich die Friedenspflicht von der Nachwirkung aus, nicht aber den schuldrechtlichen Teil insgesamt. Im Umkehrschluss soll der sonstige schuldrechtliche Teil in die Nachwirkung einbezogen werden, vgl. STS 5709/2016, 20.12.2016; Gordo González, Labos 2022, Nr. 3 Extra, 129, 138. Hintergrund ist, dass der Gesetzgeber seit 2012 auch aufgrund vorheriger Abgrenzungsprobleme zur Klarstellung konkret auf die Friedenspflicht Bezug nimmt, vgl. García Viña, Relaciones laborales 2013, Nr. 11, 1, 4. Das entspricht auch dem Sinn und Zweck der Nachwirkung, insbesondere Regelungslücken zu vermeiden, Goerlich Peset, Justicia laboral 2013, Nr. 54, 13, 18. Diese neue Differenzierung positiv bewertend: Fernández López, in: Rodríguez-Piñero y Bravo-Ferrer/Valdés Dal-Ré, La reforma laboral de 2012 en materia de negociación colectiva, S. 381, 393, 394; Ballester Laguna, Revista General de Derecho del Trabajo y de la Seguridad Social 2014, Nr. 38, 145, 148. Auch die frühere Rechtsprechung legte den Wortlaut, der in Art. 86.3 UAbs. 1 Arbeitnehmerstatut a.F. den schuldrechtlichen Teil von der Nachwirkung ausnahm, restriktiv aus und sah hierin einen klaren Verweis in die Friedenspflicht, vgl. STS 5157/2009, 02.07.2009; a.A. Beltrán de Heredia Ruiz, Nueva reforma laboral 2021 (RDLey 32/2021), der die Problematik

wird angenommen, dass die Parteien nicht von dieser Regelung abweichen und über die Weitergeltung der Friedenspflicht über die Kündigung hinaus disponieren können.[826] Auch während des Nachwirkungszeitraumes bleiben die normative und Erga-Omnes-Wirkung nach weit überwiegender Auffassung bestehen,[827] bis ein neuer Tarifvertrag vereinbart wird. Die zwingende Wirkung entfällt damit im Unterschied zu den deutschen Regelungen zur Nachwirkung in § 4 Abs. 5 TVG[828] nicht. Dass im spanischen Recht die vorherige Wirkung auch im Nachwirkungszeitraum erhalten bleibt, wird ebenfalls aus dem Gesetzeswortlaut abgeleitet: Gem. Art. 82.3 UAbs. 1 Arbeitnehmerstatut wirke der Tarifvertrag normativ und erga omnes während seiner Gültigkeit (*vigencia*). Auch wenn das Gesetz im Folgenden nicht genau definiere, welche Zeiträume diese Gültigkeit umfasse, so beziehen sich doch die Nachwirkungsregelungen in Art. 86.3 UAbs. 2 S. 1, 86.4 UAbs. 3

---

zwar erkennt, dennoch annimmt, dass der gesamte schuldrechtliche Teil auch unter der neuen Rechtslage nicht nachwirkt.

826 Zu Art. 86.3 Arbeitnehmerstatut a.F. hatte STS 7563/1995, 20.12.1995 keine Dispositionsbefugnis der Parteien über die Weitergeltung der Friedenspflicht angenommen. Die Regelung in Art. 86.3 Arbeitnehmerstatut a.F. die die Friedenspflicht von der Nachwirkung ausnehme, erfülle eine Garantiefunktion für neue Verhandlungen, die nicht durch eine vereinbarte Weitergeltung der Friedenspflicht beeinträchtigt werden soll. Nach Montoya Melgar, Derecho del trabajo, S. 172 dürfen die Parteien nicht über die Existenz der Friedenspflicht disponieren, sondern über die Modalitäten; a.A. Cabeza Pereiro, in: Cruz Villalón, La negociación colectiva como instrumento de gestión del cambio, S. 141, 149, der auch die Friedenspflicht als disponibel ansieht.

827 STC 38/2018, 23.04.2018 („*situación de supervivencia de la eficacia normativa*"); STS 4074/2016, 22.06.2016; STS 591/2013, 29.01.2013; Monreal, Vigencia ordinaria de los convenios colectivos, ultraactividad y contractualización judicial de sus condiciones de trabajo, S. 43; Fernández López, in: Rodríguez-Piñero y Bravo-Ferrer/Valdés Dal-Ré, La reforma laboral de 2012 en materia de negociación colectiva, S. 381, 385; López de la Fuente, Trabajo y Derecho 2016, Nr. 17, 1, 1–2; García Viña, Relaciones laborales 2013, Nr. 11, 1, 1, 3, 4; a.A. Lahera Forteza, Derecho de relaciones laborales 2015, Nr. 1, 58, 60, der eine bindende Wirkung im Nachwirkungszeitraum verneint.

828 H.M.: BAG, Urt. v. 15.10.2003 – 4 AZR 573/02 – juris, Rn. 14, 16, 19; BAG, Urt. v. 13.07.1994 – 4 AZR 555/93 – juris, Rn. 45 ff.; BAG, Urt. V. 28.01.1987 – 5 AZR 323/86 – juris, Rn. 22; BAG, Urt. v. 18.05.1977 – 4 AZR 47/76 – juris, Rn. 17; BAG, Urt. v. 29.01.1975 – 4 AZR 218/74 – juris, Rn. 20 ff.; Franzen, in: Erfurter Kommentar, § 4 TVG, Rn. 50; Löwisch/Rieble, Tarifvertragsgesetz, § 4 TVG, Rn. 824; Krebber, in: Dornbusch/Fischermeier/Löwisch, AR-Kommentar, § 4 TVG, Rn. 41.

Arbeitnehmerstatut ausdrücklich auf diese Gültigkeit, sodass sich die Wirkungen auch auf die Zeiträume der Nachwirkung erstreckten.[829]

Ist nach Ablauf eines Jahres seit Kündigung des früheren Tarifvertrags[830] kein neuer Tarifvertrag zustande gekommen, haben sich die Parteien gem. Art. 86.4 UAbs. 1 Arbeitnehmerstatut verpflichtend und bereits auf Bestreben nur einer der Parteien[831] einer tarifvertraglich geregelten Mediation zu unterwerfen. Existiert ein tarifvertraglich geregeltes Schiedsverfahren, können sich die Parteien diesem einvernehmlich gem. Art. 86.4 UAbs. 2 Arbeitnehmerstatut unterwerfen. Gem. Art. 86.4 UAbs. 2 HS. 2 Arbeitnehmerstatut hat der daraus resultierende Schiedsspruch dieselbe Wirkung wie der Tarifvertrag. Ohne eine Einigung bleibt der Tarifvertrag weiterhin zeitlich unbegrenzt in Kraft,[832] Art. 86.4 UAbs. 3 Arbeitnehmerstatut.

cc. Ende der Nachwirkungszeit

Erst mit Vereinbarung eines neuen Tarifvertrags endet die Nachwirkung und der frühere Tarifvertrag verliert seine Wirkungen, Art. 86.4 UAbs. 3 Arbeitnehmerstatut. Als Vereinbarung i.S.d. Art. 86.4 UAbs. 3 Arbeitnehmerstatut, die den Nachwirkungszeitraum in seiner Gesamtheit beendet, wird ein neuer

829 Fernández López, in: Rodríguez-Piñero y Bravo-Ferrer/Valdés Dal-Ré, La reforma laboral de 2012 en materia de negociación colectiva, S. 381, 385.

830 Morales Ortega, Trabajo, Persona, Derecho, Mercado 2022, Nr. 1 Extra, 223, 237 sieht kein Problem darin, dass die Nachwirkung mit Ende der Tariflaufzeit beginnt und die Frist für den Beginn des Schlichtungsverfahrens an den Zeitpunkt der Kündigungserklärung anknüpft; vgl. auch Goerlich Peset, Justicia laboral 2013, Nr. 54, 13, 26.

831 Vgl. Rodríguez Martín-Retortillo, Derecho social y empresa 2022, Nr. 17, 1, 22.

832 Diese neue Regelung wurde durch Real Decreto-ley 32/2021, vom 28.12. eingeführt. Die vorherige Bestimmung sah vor, dass bei scheiternden Verhandlungen nach einem Jahr der nächste höherrangige Tarifvertrag zur Anwendung gelangt und bei dessen Fehlen die Regelungen des ursprünglichen Tarifvertrags beibehalten werden. Vor 2012 normierte das Arbeitnehmerstatut in Art. 86.3 UAbs. 4 Arbeitnehmerstatut a.F. ebenfalls eine unbefristete Nachwirkung, die aber 2012 aufgehoben worden war, vgl. Ley 3/2012, vom 06.07. und Real Decreto-ley 3/2012, vom 10.02.; Vicente Palacio, in: García Ninet, Derecho del trabajo, S. 171–174; Melián Chinea, El sistema de negociación colectiva y sus reglas de articulación, S. 208–212; zur Entwicklung der Nachwirkungsregelungen Lahera Forteza, La reforma de la negociación colectiva, S. 115 ff. und Goerlich Peset, Justicia laboral 2013, Nr. 54, 13, 14–15.

statutarischer Tarifvertrag angesehen,[833] ein außerstatutarischer Tarifvertrag dagegen nicht.[834] Hierzu wird argumentiert, dass der außerstatutarische Tarifvertrag nicht erga omnes wirke, sondern beschränkt für Mitglieder der Tarifvertragsparteien und lediglich bei günstigeren, nicht aber bei verschlechternden Regelungen im Vergleich zum nachwirkenden statutarischen Tarifvertrag anwendbar sei.[835] Der nachfolgende außerstatutarische Tarifvertrag beende lediglich für diese Mitglieder und nur im Falle günstigerer Regelungen, aber nicht insgesamt für alle Arbeitnehmer und Arbeitgeber, die Nachwirkung des statutarischen Tarifvertrags.[836]

Gem. Art. 86.5 Arbeitnehmerstatut hebt der spätere Tarifvertrag ab seiner Veröffentlichung[837] den vorherigen Tarifvertrag in seiner Gesamtheit auf, es sei denn, es werden ausdrücklich einzelne Regelungen beibehalten. Grundsätzlich darf der neu vereinbarte Tarifvertrag gem. Art. 82.4 Arbeitnehmerstatut nach einhelliger Auffassung über alle Rechte, die der vorherige Tarifvertrag zuerkannte, disponieren und sowohl günstigere als auch verschlechternde Bedingungen enthalten.[838] Da der statutarische Tarifvertrag auch im Nachwirkungszeitraum dieselben Wirkungen vorsieht wie zuvor, kann der frühere Tarifvertrag durch einen späteren Tarifvertrag und entgegen der deutschen

---

833 STC 108/1989, 08.06.1989.

834 STC 108/1989, 08.06.1989; STS 2230/1999, 30.03.1999; STS 291/1999, 25.01.1999; STS 6620/1994, 17.10.1994; Fernández Domínguez, in: Barreiro González/Fernández Domínguez, Los convenios colectivos extraestatutarios, S. 21, 97–99 mit Verweis auf STCT vom 19.12.1988 und vom 17.01.1989.

835 Vgl. zum Verhältnis zwischen statutarischem und außerstatutarischem Tarifvertrag in Kapitel 3 B.II.

836 STS 7163/1998, 30.11.1998; STSJ Comunidad Valenciana 643/2015, 17.02.2015.

837 Fernández López, in: Rodríguez-Piñero y Bravo-Ferrer/Valdés Dal-Ré, La reforma laboral de 2012 en materia de negociación colectiva, S. 381, 411 mit Verweis auf STSJ Andalucía 14945/2008, 07.10.2008. Vgl. zum Streitstand um den Beginn der normativen Wirkung in Kapitel 3 A.I.2.a.

838 STS 3262/2009, 06.05.2009; STS 7923/2006, 07.12.2006; STS 337/2000, 24.01.2000; STS 1190/1996, 26.02.1996; Gordo González, Labos 2022, Nr. 3 Extra, 129, 140.

Regelung[839] nicht durch Individualvereinbarung, modifiziert, insbesondere verschlechtert, werden.[840]

e. Zwischenfazit

Nach mehrheitlicher Ansicht ist der Beginn der normativen Wirkung im Zeitpunkt der Veröffentlichung des statutarischen Tarifvertrags festzumachen. Sofern der zeitliche Anwendungsbereich vor dem Zeitpunkt der Veröffentlichung liegt, wirken die tariflichen Regelungen mit Rückwirkung. Eine maximale verschlechternde Rückwirkung und eine Verschlechterung solcher erworbener Rechtspositionen, die sich bereits als Teil des Vermögens des Arbeitnehmers materialisiert haben, werden als unzulässig eingestuft. Eine maximale günstige Rückwirkung sowie eine minimale Rückwirkung werden als zulässig angesehen.

Der Tarifvertrag wirkt während seiner ordentlichen Laufzeit, möglicher automatischer Verlängerungen und der Nachwirkung normativ. Nach der gesetzlichen Regelung des Art. 86.4 UAbs. 3 Arbeitnehmerstatut kann die Nachwirkung unbefristet fortbestehen, sofern die Tarifparteien im Nachwirkungszeitraum keinen neuen statutarischen Tarifvertrag vereinbaren.

Bei dem Beendigungstatbestand der Kündigung, der die ordentliche Laufzeit des Tarifvertrags beendet, zeigt sich wiederum der starke Einfluss der Erga-Omnes-Wirkung auf das gesamte Tarifsystem. Nach heute überwiegender Ansicht werden nicht allein die konkreten Tarifvertragsparteien des zu kündigenden Tarifvertrags zum Ausspruch der Kündigung berechtigt, sondern alle anfangslegitimierten Subjekte.

---

839 Vgl. § 4 Abs. 5 TVG; BAG, Urt. v. 01.07.2009 – 4 AZR 261/08 –juris, Rn. 61–68; LAG BW, Urt. v. 16.09.2009 – 17 Sa 44/08 – juris, Rn. 67; LAG Hamm, Urt. v. 24.11.2005 – 8 Sa 1415/05 – juris, Rn. 25; Krebber, in: Dornbusch/Fischermeier/Löwisch, AR-Kommentar, § 4 TVG, Rn. 41; Löwisch/Rieble, Tarifvertragsgesetz, § 4 TVG, Rn. 854; Franzen, in: Erfurter Kommentar, § 4 TVG, Rn. 63.

840 Salido Banús, Revista General de Derecho del Trabajo y de la Seguridad Social 2013, Nr. 35, 113, 119 spricht gerade davon, dass die Privatautonomie im Nachwirkungszeitraum zum Schutz vor Missbrauch beschränkt werden muss.

3. Berücksichtigung der aus dem deutschen Tarifrecht übernommenen Unterscheidung zwischen normativem und schuldrechtlichem Teil

Das spanische Tarifrecht unterscheidet wie das deutsche Recht zwischen dem normativen und dem schuldrechtlichen Teil.[841] Literatur und Rechtsprechung fällt aber eine klare Grenzziehung zwischen beiden Teilen schwer.

Die spanische Rechtsprechung ordnet folgende Klauseln dem normativen Teil zu: die in Art. 85.3 Arbeitnehmerstatut aufgezählten Mindestinhalte, die Vereinbarung konkreter Individualarbeitsbedingungen, Regelungen zum tarifvertraglichen Anwendungsbereichs sowie organisatorische Regeln, die die Verwaltung der tarifvertraglich vorgesehenen Maßnahmen betreffen.[842] Der schuldrechtliche Teil beinhaltet der Rechtsprechung nach alle Maßnahmen und Regelungen, die eine effektive Anwendung der tarifvertraglichen Regelungen ermöglichen, beispielsweise die Friedenspflicht, Regelungen zur Konfliktvermeidung oder -lösung sowie Bestimmungen zur Bildung einer Schlichtungsstelle.

Die Literatur unterscheidet beide Bereiche funktional danach, ob es sich um Rechte und Pflichten handelt, die unmittelbar ohne Umsetzungsakt für Arbeitnehmer und Arbeitgeber gelten sollen[843]: In diesem Fall wird die Klausel dem normativen Teil zugeordnet. Handelt es sich um Klauseln, die

---

841 STS 3983/1998, 16.06.1998; STS 6398/1997, 28.10.1997; STS 8666/1994, 21.12.1994; Alonso Olea/Casas Baamonde, Derecho del trabajo, S. 967; Ojeda Avilés, Derecho sindical, S. 692; Palomeque López/Àlvarez de la Rosa, Derecho del trabajo, S. 221, 222; Vicente Palacio, in: García Ninet, Derecho del trabajo, S. 174; Borrajo Dacruz, Introducción al derecho del trabajo, S. 336; Blasco Pellicer, Actualidad laboral 2013, Nr. 10, 1, 4; Garcia Murcia, Actualidad laboral 1988, Nr. 23, 1289; vgl. auch Art. 9.1 Real Decreto 718/2005, der schuldrechtliche Klauseln erwähnt.

842 STS 5157/2009, 02.07.2009; STS 8565/2006, 10.11.2006; STS 7622/2003, 01.12.2003 m.w.N.; STS 2942/2003, 29.04.2003; STS 3983/1998, 16.06.1998; STS 7563/1995, 20.12.1995; STS 8666/1994, 21.12.1994. Hierzu zählen beispielsweise auch Regelungen zu permanenten Organen, die zur allgemeinen Verwaltung in der Ausführung des Tarifvertrags geschaffen wurden, STS 8565/2006, 10.11.2006; STS 7563/1995, 20.12.1995; 2012 wurde diese künstliche Unterscheidung innerhalb des Arbeitnehmerstatuts aber aufgehoben, vgl. SAN 2825/2014, 25.06.2014.

843 Ojeda Avilés, Compendio de derecho sindical, S. 350; Vicente Palacio, in: García Ninet, Derecho del trabajo, S. 181; Díaz Aznarte, Temas laborales 2014, Nr. 123, 13, 16; Garcia Murcia, Actualidad laboral 1988, Nr. 23, 1289, 1292, 1293. Rojas Miño, La eficacia jurídica de los convenios colectivos, S. 61 möchte neben dem normativen

grundsätzlich für die tarifvertragschließenden Parteien gelten sollen, die Arbeitnehmer und Arbeitgeber nur mittelbar als Destinatäre einbeziehen und die effektive Anwendung des Tarifvertrags betreffen, werden diese dem schuldrechtlichen Teil zugeordnet. Einige Stimmen in der Literatur kritisieren jedoch die unpräzise Differenzierung zwischen beiden Bereichen.[844] Eine Literaturmeinung möchte daher eine normative Wirkung des gesamten Tarifvertrags und damit auch des schuldrechtlichen Teils annehmen.[845] Andere möchten einzelfallabhängig entscheiden, ob die Tarifvertragsklausel dem normativen oder dem schuldrechtlichen Teil zuzuordnen ist.[846] Ob die Parteien selbst darüber disponieren können, welche Klauseln dem normativen oder dem schuldrechtlichen Teil zugeordnet werden, wird nicht diskutiert.[847] Auffallend ist auch, dass die spanische Literatur die Friedenspflicht als wesentlichen Bestandteil des schuldrechtlichen Teils einstuft, Einwirkungs- und Durchführungspflichten aber wenig diskutiert.[848]

4. Zwischenergebnis

Die Definition der normativen Wirkung des statutarischen Tarifvertrags entspricht der deutschen Definition. Zur zeitlichen Ausdehnung der normativen

und dem schuldrechtlichen Teil in eine dritte Kategorie Klauseln über die Struktur und Ausgestaltung des Tarifvertrags einordnen.

844 Z.B. Ojeda Avilés, Derecho sindical, S. 692, 693; Ojeda Avilés, Compendio de derecho sindical, S. 349, der die unklare Zuordnung von Tarifvertragsklauseln insbesondere aufgrund der fehlenden systematischen Unterteilung des Tarifvertrags in zwei Bereiche bemängelt. Schlussendlich unterliege es dem Rechtsanwender, jede Klausel zu interpretieren, was zu Rechtsunsicherheit führe; z.B. ordnen Rechtsprechung und Literatur Klauseln zur Bildung gemeinsamer Ausschüsse, die Konflikte in Bezug auf die Anwendung des Tarifvertrags lösen sollen, unterschiedlich ein: für eine Einordnung im normativen Teil: STS 6398/1997, 28.10.1997; für eine Einordnung im schuldrechtlichen Teil: Vicente Palacio, in: García Ninet, Derecho del trabajo, S. 181. Die unscharfe Differenzierung kritisierend auch Díaz Aznarte, Temas laborales 2014, Nr. 123, 13, 14.

845 Molero Manglano, Derecho sindical, S. 516.

846 Duque González, La fuerza vinculante del convenio colectivo, S. 712.

847 Vgl. zur Diskussion in Deutschland: Krebber, in: Dornbusch/Fischermeier/Löwisch, AR-Kommentar, § 1 TVG, Rn. 28, 29.

848 Zu Einwirkungs- und Durchführungspflichten Rojas Miño, La eficacia jurídica de los convenios colectivos, S. 229, 230, die aber die Bedeutung der Einwirkungspflichten als gering ansieht, wenn ein Tarifvertrag normativ wirkt und es daher nicht notwendig sei, dass Verbände auf ihre Mitglieder einwirken.

Wirkung wird diskutiert, ob der statutarische Tarifvertrag seine normative Wirkung erst mit Veröffentlichung im jeweiligen Amtsblatt oder auch schon vorher erlangen kann. Verbunden hiermit ist die Folgeproblematik, ob der Tarifvertrag bereits in einem Zeitraum vor der Veröffentlichung, aber nach Beginn des tarifautonom festgesetzten zeitlichen Anwendungsbereichs wirkt. Diese Diskussionen sind aus deutscher Sicht auffällig, da sie zeigen, wie stark das spanische System von der Erga-Omnes-Wirkung und dem damit einhergehenden Schutzbedürfnis für Nicht- und Andersorganisierte beeinflusst wird.

Die normative Wirkung des statutarischen Tarifvertrags endet im Nachwirkungszeitraum mit Vereinbarung eines neuen statutarischen Tarifvertrags, nicht aber eines außerstatutarischen Tarifvertrags. Zum Umfang der normativen Wirkung unterscheidet das spanische Tarifsystem zwar in einen normativen und schuldrechtlichen Teil. Die Grenzziehung ist allerdings nicht präzise und führt zu Rechtsunsicherheiten.

II. Theorien zur Inkorporation des statutarischen Tarifvertrags in den Individualarbeitsvertrag

Entgegen der dargestellten Definition zur normativen Wirkung, nach der die Tarifinhalte des statutarischen Tarifvertrags nicht in das Individualarbeitsverhältnis inkorporiert werden, existieren in der spanischen Literatur und Rechtsprechung zwei Theorien, nach denen im ersten Fall ausnahmsweise und im zweiten Fall unter regelmäßigen Umständen der statutarische Tarifvertrag in das Arbeitsverhältnis inkorporiert wird. Diese Theorien werden im Folgenden untersucht.

1. Die Inkorporation des Tarifvertrags im Ausnahmefall

a. Die Theorie der Vertraglichung des Tribunal Supremo

Die ordentliche Rechtsprechung entwickelte unter der Rechtslage vor dem Königlichen Gesetzesdekret 32/2021 die Theorie der Vertraglichung (*tesis de contractualización* oder *tesis conservacionista*),[849] nach der der Inhalt des sta-

---

849 STS 5504/2014, 22.12.2014; diese Doktrin ist verfassungsgemäß: STC 38/2018, 23.04.2018; ähnlich STS 3035/2021, 07.07.2021; STS 3487/2020, 08.10.2020; STS 4230/2019, 28.11.2019; STS 2128/2019, 13.05.2019; STS 2606/2018, 05.06.2018; STS 560/2018, 24.01.2018; STS 5709/2016, 20.12.2016; STS 3185/2016, 18.05.2016; STS 5648/2015, 23.09.2015. Beltrán de Heredia Ruiz, Temas laborales 2022, Nr. 164, 85 enthält eine Übersicht zu der Entwicklung dieser Rechtsprechung. Kritisch Molina

tutarischen Tarifvertrags in besonderen Einzelfällen ausnahmsweise in den Individualarbeitsvertrag inkorporiert werden sollte. Das erscheint aus deutscher Sicht und mit Blick auf das gerade Genannte zur normativen Wirkung des statutarischen Tarifvertrags höchst ungewöhnlich. Ausgangspunkt war die frühere Regelung des Art. 86.3 UAbs. 4 Arbeitnehmerstatut a.F.: Sofern keine abweichende Vereinbarung vorlag[850] und nach Ablauf eines Jahres seit Kündigung des Tarifvertrags keine neue Einigung zustande kam, sollte der ursprüngliche Tarifvertrag seine Wirkung verlieren und der übergeordnete Tarifvertrag[851] zur Anwendung kommen. Der Nachwirkungszeitraum war, entgegen der aktuellen Regelung des Art. 86.4 UAbs. 3 Arbeitnehmerstatut einer unbefristeten Nachwirkung, auf ein Jahr begrenzt.

Das Gesetz enthielt keine Regelung für den Fall, dass kein übergeordneter Tarifvertrag existierte. Bei Fehlen eines übergeordneten Tarifvertrags wäre Folge einer strikten Gesetzesanwendung, dass nach Ablauf der Jahresfrist kein Tarifvertrag, sondern die gesetzlichen Regelungen gelten würden *(tesis rupturista)*.[852] Das war aber nicht gewollt, da die gesetzlichen Regelungen als Mindestbedingungen weit unter denen des Tarifvertrags liegen und bestimmte Bereiche durch den Gesetzgeber nicht oder nur in allgemeiner, konkretisierungsbedürftiger Weise geregelt werden.[853] Um Arbeitnehmer zu schützen und Regelungslücken zu vermeiden, entwickelte die Rechtsprechung die Theorie der Vertraglichung.[854] Danach wurden, mit Ausschluss der Friedens-

Navarrete, Temas laborales 2022, Nr. 161, 387, 399–402; Fernández López/Vega López, Derecho de relaciones laborales 2015, Nr. 1, 49, 54–56. Ballester Laguna, Revista General de Derecho del Trabajo y de la Seguridad Social 2014, Nr. 38, 145, 158–164 kritisiert insbesondere, dass die Vertraglichung unabhängig vom Willen der Parteien ist.

850 Ca. zwei Drittel der Tarifverträge enthielten Regelungen zu einer unbefristeten Nachwirkung, CCNCC, Boletín Informativo n. 80, noviembre de 2021, S. 2.

851 Das ist sowohl funktional, personell als auch geografisch zu verstehen. Existieren mehrere übergeordnete Tarifverträge, gilt die Konkurrenzregelung gem. Art. 84 Arbeitnehmerstatut, vgl. STS 5529/2015, 27.11.2015; Monreal, Vigencia ordinaria de los convenios colectivos, ultraactividad y contractualización judicial de sus condiciones de trabajo, S. 127, 132; Lahera Forteza, La reforma de la negociación colectiva, S. 123.

852 STS 5504/2014, 22.12.2014.

853 STS 5504/2014, 22.12.2014.

854 STS 5504/2014, 22.12.2014.

pflicht, die normativen und schuldrechtlichen Klauseln des Tarifvertrags,[855] die einer Vertraglichung zugänglich waren,[856] vom ersten Moment an und nicht erst im Nachwirkungszeitraum zwischen den Parteien vertraglicht.[857] Verlor der Tarifvertrag nach Ablauf des einjährigen Nachwirkungszeitraums seine Wirkung, galten die ursprünglich tarifvertraglich vereinbarten Arbeitsbedingungen individualvertraglich weiter. Die Vertraglichung hatte zur Folge, dass die Regelungen den Schutz der normativen Wirkung verloren und individualvertraglich verändert werden konnten, Art. 3.1 lit. a, b, 3.5 S. 2 Arbeitnehmerstatut. Neu eintretende Arbeitnehmer, die nach Ende der einjährigen Nachwirkung einen Arbeitsvertrag vereinbarten, wurden nicht von den vertraglichten, tariflichen Bedingungen erfasst.[858]

Um eine dauerhafte Verfestigung der vertraglichten Arbeitsbedingungen zu vermeiden, nahm das *Tribunal Supremo* nicht an, dass die Arbeitsbedingungen permanent in das Individualarbeitsverhältnis inkorporiert wurden. Die Vertraglichung wurde der Rechtsprechung nach in dem Moment deaktiviert, in dem ein neuer Tarifvertrag in Kraft trat. Würden die Bedingungen dauerhaft vertraglicht, könnten diese aufgrund des Günstigkeitsprinzips gem. Art. 3.1 lit. c Arbeitnehmerstatut nicht durch einen nachfolgenden Tarifvertrag verschlechtert werden. Die Arbeitsbedingungen würden verfestigt und nachfolgende Tarifverträge wären darauf beschränkt, allein verbessernde Bedingungen im Vergleich zu den vertraglichten Bedingungen festzulegen.

855 In der Nachwirkung wird nicht zwischen dem normativen und schuldrechtlichen Teil unterschieden, sodass der Tarifvertrag, bis auf die Friedenspflicht, insgesamt vertraglicht wird, vgl. STS 3035/2021, 07.07.2021: „*contractualizado integramente*“; vgl. auch STS 5709/2016, 20.12.2016; Monreal, Vigencia ordinaria de los convenios colectivos, ultraactividad y contractualización judicial de sus condiciones de trabajo, S. 92; a.A. Lahera Forteza, Derecho de relaciones laborales 2015, Nr. 1, 58, 65, der lediglich den normativen Teil vertraglichen möchte.

856 Es erfolgt beispielsweise keine Vertraglichung von Klauseln in Materien, die der Gesetzgeber ausdrücklich den Tarifverträgen zugeteilt hat, während er die Regelung durch Individualarbeitsverträge ausdrücklich ausgenommen hat, beispielsweise alle kollektivrechtlichen Fragen, die insbesondere die Gesamtheit der Arbeitnehmer oder die Kompetenzen der Arbeitnehmervertretung betreffen, vgl. STS 4230/2019, 28.11.2019.

857 Voraussetzung ist also, dass zeitgleich zum Tarifvertrag ein Individualarbeitsvertrag existiert, sodass beispielsweise Rentner nicht erfasst sind, vgl. STS 3035/2021, 07.07.2021.

858 STS 5504/2014, 22.12.2014.

Die Theorie der Vertraglichung bezweckte aber nach Ansicht der Rechtsprechung nicht, die Tarifinhalte in ihrem Bestand dauerhaft vor Modifizierungen zu schützen, sondern die Regelungslücke des Art. 86.3 UAbs. 4 Arbeitnehmerstatut a.F. zu schließen und Tarifverhandlungen zu fördern.[859]

Neben dem genannten Fall, indem überhaupt kein übergeordneter Tarifvertrag existierte, wurde die Theorie der Vertraglichung durch die Rechtsprechung angewendet, sofern ein übergeordneter Tarifvertrag existierte, aber nur lückenhafte Regelungen enthielt.[860] Nach der gesetzlichen Vorgabe in Art. 86.3 UAbs. 4 Arbeitnehmerstatut a.F. sollte auch hier der übergeordnete Tarifvertrag zur Anwendung kommen. Um dessen Regelungslücken zu schließen, sollten die übrigen Regelungen des nachwirkenden Tarifvertrags partiell vertraglicht werden. Regelungen des nachwirkenden Tarifvertrags und Regelungen des übergeordneten Tarifvertrags kamen damit gleichzeitig zur Anwendung.

Die Anwendung der Theorie der Vertraglichung auf alle Tarifverträge unabhängig von den genannten Fällen, in denen ein übergeordneter Tarifvertrag fehlte oder lückenhaft war, wurde aber als unzulässig eingestuft.[861]

---

859 STS 1491/2022, 20.04.2022; vgl. auch vorher schon die Ansätze von Lahera Forteza, La reforma de la negociación colectiva, S. 123; Duque González, Derecho de relaciones laborales 2020, Nr. 3, 252, 27; Lahera Forteza, Derecho de relaciones laborales 2015, Nr. 1, 58, 59. Noch offenlassend: STS 5504/2014, 22.12.2014, auch wenn hier bereits angedeutet wurde, dass ein nachfolgender statutarischer Tarifvertrag über die Inhalte des vertraglichten Tarifvertrags disponieren könne.

860 STS 5648/2015, 23.09.2015.

861 Vgl. STS 1491/2022, 20.04.2022; STS 3330/2021, 07.09.2021; STS 3906/2016, 06.07.2016. In STS 2606/2018, 05.06.2018 hat das Gericht ebenfalls das Fehlen eines übergeordneten Tarifvertrags angenommen, wenn zwar ein derartiger übergeordneter Tarifvertrag existiert, dieser aber inhaltlich keine Regelungen zu individuellen Arbeitsbedingungen trifft, sondern Strukturen, Verhandlungen und Verfahren regelt, sodass bei dessen Anwendung ebenfalls, vergleichbar mit dem Fall des Fehlens eines übergeordneten Tarifvertrags, mit Regelungslücken zu rechnen wäre. A.A. Lahera Forteza, Derecho de relaciones laborales 2015, Nr. 1, 58, 61–63, der eine Vertraglichung für jeden Tarifvertrag annehmen möchte und eine normative Rechtsetzungsmacht ablehnt, da er den Verbänden lediglich vertragliche Kompetenzen, aber keine soziale Rechtsetzungsmacht zuweisen möchte und Tarifverträge als Verträge und schuldrechtliche Quellen, nicht aber als Rechtsnormen und Rechtsquellen ansieht. Diese Ansicht ist aber abzulehnen, da sie den Regelungen des Arbeitnehmerstatuts, insbesondere in Art. 3 Arbeitnehmerstatut widersprechen und die Arbeitnehmer- und Arbeitgebervertreter nicht nur vertraglich tätig werden, die Ansicht Laheras ebenfalls

Begründet wurde dies mit der normativen Wirkung des Tarifvertrags, die mit einer umfassenden Anwendung der Theorie außer Kraft gesetzt würde.[862]

b. Anwendung unter der Rechtslage nach dem Königlichen Gesetzesdekret 32/2021

Mit dem Königlichen Gesetzesdekret 32/2021 wurde die auf ein Jahr befristete in eine unbefristete Nachwirkung geändert, sodass die Problemstellung und Regelungslücke, die Basis der Theorie der Vertraglichung war, entfiel. Trotz Gesetzesänderung werden von Teilen der Literatur weiterhin Fälle diskutiert, in denen auf die Theorie der Vertraglichung zurückgegriffen werden könnte.[863] Danach könnte ein möglicher Beispielsfall für die künftige Anwendung der Theorie der Vertraglichung sein, dass die Nachwirkung abweichend von den dispositiven Art. 86.3 und Art. 86.4 Arbeitnehmerstatut zeitlich befristet wird, nach Ablauf der Befristung kein Tarifvertrag existiert, der danach zur Anwendung kommen könnte und die Parteien keine Regelung für diesen Fall getroffen haben.[864] Nach einem weiteren Beispielsfall aus der Literatur könnte die Theorie der Vertraglichung angewendet werden, wenn die Tarifvertragsparteien eine Nachwirkung insgesamt abbedingen, ohne Regelungen für den Zeitraum nach Ende der Tariflaufzeit zu treffen.[865] Entsprechend der früheren kumulativen Anwendung von vertraglichtem und nachfolgendem Tarifvertrag könnte ein weiterer Anwendungsfall der Theorie sein, dass die Nachwirkung wiederum zeitlich befristet wird und der nachfolgende Tarifvertrag nur lückenhafte Regelungen enthält. Zur Schließung der Regelungslücken könnten einer Literaturansicht nach über die Theorie wieder gleichzeitig der neue Tarifvertrag und der vertraglichte, vorherige

---

ablehnend: Monreal, Vigencia ordinaria de los convenios colectivos, ultraactividad y contractualización judicial de sus condiciones de trabajo, S. 99 ff.

862 STS 4230/2019, 28.11.2019.

863 Gegen eine weitere Anwendung der Theorie: Molina Navarrete, Temas laborales 2022, Nr. 161, 387, 403, 404, der die Situationen über außergerichtliche Konfliktlösungen auflösen möchte.

864 Lahera Forteza, La negociación colectiva tras la reforma laboral de 2021, S. 65; Beltrán de Heredia Ruiz, Temas laborales 2022, Nr. 164, 85, 93; Beltrán de Heredia Ruiz, Nueva reforma laboral 2021 (RDLey 32/2021).

865 De Soto Rioja, in: Barcelón Cobedo/Carrero Domínguez/De Soto Rioja, Estudios de derecho del trabajo y de la seguridad social, S. 309, 320.

Tarifvertrag zur Anwendung kommen.[866] Im Übrigen soll die Theorie aber auch nach Ansicht in der Literatur nicht mehr zur Anwendung kommen, insbesondere auch, da der Gesetzgeber mit dem Königlichen Gesetzesdekret 32/2021 die Probleme und Rechtsunsicherheiten, die sich aus der Anwendung der Theorie der Vertraglichung ergaben, lösen wollte.[867]

2. Die Theorie Laheras zur automatischen Vertraglichung

Über die von der Rechtsprechung entwickelte Theorie der Vertraglichung hinausgehend möchte *Lahera Forteza* regelmäßig eine automatische Vertraglichung des statutarischen Tarifvertrags in den Arbeitsvertrag annehmen. In Abweichung von der mehrheitlichen Ansicht stuft *Lahera Forteza* den statutarischen Tarifvertrag nicht als Rechtsnorm, sondern als Kollektivvertrag ein und nimmt an, dass die Tarifvertragsklauseln nicht von außen auf das Arbeitsverhältnis einwirken, sondern regelmäßig über die Regelungen der Art. 3.1 lit. c, 3.5 Arbeitnehmerstatut automatisch vertraglicht und in den Arbeitsvertrag inkorporiert werden.[868] Dem Tarifvertrag werde über seine Rechtsnatur keine normative Wirkung zugewiesen. Vielmehr habe er eine schuldrechtliche Wirkung, die einfachgesetzlich um der normativen Wirkung ähnliche Wirkungen ergänzt werde (*eficacia real*).[869] Individuelle Verschlechterungen oder Dispositionen über die inkorporierten Rechte des Tarifvertrags seien daher nicht möglich. Entgegen der herrschenden Meinung könne aus der Erwähnung des Tarifvertrags in Art. 3.1 lit. b Arbeitnehmerstatut nicht geschlossen werden, dass der Tarifvertrag normative Wirkung habe und als Rechtsquelle einzuordnen sei, da Art. 3 Arbeitnehmerstatut nicht ausschließlich normative Rechtsquellen aufliste.[870] Der Einleitungstext in Art. 3.1 Arbeitnehmerstatut verweise sowohl auf gesetzliche als auch auf vertragliche Quellen des Arbeitsverhältnisses *(derechos y obligaciones)*. Art. 3

---

866 Beltrán de Heredia Ruiz, Temas laborales 2022, Nr. 164, 85, 93.

867 Lahera Forteza, La negociación colectiva tras la reforma laboral de 2021, S. 68.

868 Lahera Forteza, La contractualización del convenio colectivo; Lahera Forteza, La reforma de la negociación colectiva, S. 69; Lahera Forteza, Normas laborales y contratos colectivos, S. 7, 43, 48–79; Lahera Forteza, Derecho de relaciones laborales 2015, Nr. 1, 58, 61–63; Lahera Forteza, Relaciones laborales 2008, Nr. 1, 1, 4, 6.

869 Lahera Forteza, Relaciones laborales 2008, Nr. 1, 1, 4–5.

870 Lahera Forteza, Normas laborales y contratos colectivos, S. 107.

Arbeitnehmerstatut nenne allgemein die Quellen, die das Arbeitsverhältnis beeinflussen.

Hintergrund der Theorie ist, dass *Lahera* die Rechtsetzungsmacht der Tarifvertragsparteien auf die kollektive Privatautonomie zurückführt und aus Art. 37.1 Spanische Verfassung keine originäre, normative Machtzuweisung neben der staatlichen Rechtsetzungsmacht ableitet.[871] Allein der Staat könne Rechtsnormen mit normativer Wirkung verabschieden, die Arbeitnehmer- und Arbeitgebervertreter dagegen nicht. Die Ausübung der einfachgesetzlich zugewiesenen Rechte über Art. 3.1 lit. c, 3.5 Arbeitnehmerstatut sei als Ausübung einer vertraglichen Macht zu verstehen, die das Gesetz ausgewählten, legitimierten Subjekten zuweise, damit diese wiederum berechtigt seien, in die Rechtskreise Dritter einzugreifen.

3. Zwischenergebnis

Die Theorien zur Inkorporation des statutarischen Tarifvertrags in den Arbeitsvertrag stehen im Gegensatz zu den von der herrschenden Meinung entwickelten Grundsätzen der normativen Wirkung. Es überrascht, dass die spanische Rechtsprechung, wenn auch nur in Ausnahmefällen, eine Inkorporation des statutarischen Tarifvertrags in den Arbeitsvertrag nach der Theorie der Vertraglichung bis zur Verabschiedung des Königlichen Gesetzesdekrets 32/2021 annahm. Mit Änderung der Art. 86.3 und Art. 86.4 Arbeitnehmerstatut und Normierung einer unbefristeten Nachwirkung ist der Theorie der Vertraglichung die Grundlage entzogen. Dennoch möchten einzelne Literaturstimmen bei Regelungslücken, die in Einzelkonstellationen auch nach der Gesetzesänderung weiterhin vorstellbar sind, auf die Theorie der Vertraglichung zurückgreifen. Urteile, nach denen auch die Rechtsprechung nach der Gesetzesänderung weiterhin die Theorie zur Anwendung bringt, existieren bislang aber nicht.

Die durch *Lahera* vertretene Mindermeinung zur Theorie der automatischen Vertraglichung korrespondiert mit seinem anfangs dargestellten Verständnis der Tarifautonomie, entspricht allerdings nicht dem Grundverständnis der weit überwiegenden Meinung.

---

871 Vgl. in Kapitel 1 B.I.4.c.

III. Zusammenfassung

Der statutarische Tarifvertrag wirkt nach herrschender Meinung normativ. Ob seine normative Wirkung bereits durch die Verfassung garantiert wird, kann hier noch dahinstehen, da die normative Wirkung in Art. 3 Arbeitnehmerstatut jedenfalls einfachgesetzlich anerkannt wird. Lediglich Mindermeinungen diskutieren eine Inkorporation des statutarischen Tarifvertrags in den Arbeitsvertrag. Die Erga-Omnes-Wirkung hat einen großen Einfluss auf den Beginn der normativen Wirkung, die Kündigungsmodalitäten des Tarifvertrags und die Tarifverhandlungen *ante tempus*.

B. Die Kontroverse um eine normative oder schuldrechtliche Wirkung des außerstatutarischen Tarifvertrags

I. Die Interpretation der bindenden Wirkung in Art. 37.1 Spanische Verfassung und deren Auswirkungen auf eine normative oder schuldrechtliche Wirkung des außerstatutarischen Tarifvertrags

Die Regelungen der Art. 82 ff. Arbeitnehmerstatut werden nicht auf außerstatutarische Tarifverträge angewendet.[872] Im Vergleich zu statutarischen Tarifverträgen ergibt sich daher für das Regelungsregime außerstatutarischer Tarifverträge ein weiterer Gestaltungsspielraum, der einfachgesetzlich durch die Privatrechtsordnung begrenzt wird.[873] Verfassungsrechtliche Rahmenbedingung zur Wirkung des außerstatutarischen Tarifvertrags legt Art. 37.1 Spanische Verfassung fest, der in Halbsatz 2 die Verbindlichkeit der Tarifverträge garantiert. Was genau unter dem Begriff der Verbindlichkeit zu verstehen ist, ist nicht einheitlich geklärt. Das folgende Kapitel erläutert die drei in Literatur und Rechtsprechung vorherrschenden Theorien zur Interpretation der Verbindlichkeit i.S.d. Art. 37.1 HS. 2 Spanische Verfassung und deren Folgen für die Wirkung des außerstatutarischen Tarifvertrags.

---

872 Vgl. in Kapitel 1 B.II.1.c.

873 Sala Franco, Los convenios colectivos extraestatutarios, S. 10.

1. Die normative Theorie (tesis normativista)

Die überwiegende Literaturmeinung[874] setzt den Begriff der Verbindlichkeit mit einer normativen Wirkung gleich, die der normativen Wirkung statutarischer Tarifverträge entspricht.[875] Allen Tarifvertragsformen wird danach bereits auf verfassungsrechtlicher, nicht auf einfachgesetzlicher Ebene eine normative Wirkung zugeschrieben.[876] Für die Annahme der normativen Theorie spreche die Auslegung von Art. 37.1 Spanische Verfassung durch das spanische Verfassungsgericht.[877] Verbindlichkeit i.S.d. Art. 37.1 Spanische Verfassung impliziere nach Auslegung des Spanischen Verfassungsgerichts, dass der Tarifvertrag ohne Notwendigkeit einer Inkorporation und

---

874 Galiana Moreno, in: Ministerio de Trabajo y Asuntos Sociales, La eficacia de los convenios colectivos, S. 33, 38–39, 42–43; Sala Franco, Los convenios colectivos extraestatutarios, S. 3, 4, 11; Palomeque López/Àlvarez de la Rosa, Derecho del trabajo, S. 191, 192, 193, 196; Duque González, La fuerza vinculante del convenio colectivo, S. 879; Alarcón Caracuel, in: Alarcón Caracuel/Del Rey Guanter, La reforma de la negociación colectiva, S. 66; Monereo Pérez, in: Cavas Martínez/Luján Alcaráz, Crisis económica, reformas laborales y protección social, S. 619, 621, 648, 649; Rojas Miño, La eficacia jurídica de los convenios colectivos, S. 46, 47; García-Perrote Escartín, Ley y Autonomía Colectiva, S. 116–117, 119, 121–122; Correa Carrasco, La negociación colectiva como fuente del derecho del trabajo, S. 156, 186–187, 199–206; Rodríguez-Piñero y Bravo-Ferrer, in: Cruz Villalón/Menéndez Calvo/Nogueira Guastavino, Representación y representatividad colectiva en las relaciones laborales, S. 41, 49, 50. In STS 1680/2013, 15.03.2013; STS 729/2013, 04.02.2013; STS 3239/1994, 04.05.1994; STS 2688/1993, 29.04.1993 deutet die ordentliche Rechtsprechung ebenfalls – und ausnahmsweise – an, der normativen Theorie zu folgen. Nach Alonso Olea, Las fuentes del derecho, S. 121–123, 125–126; Alonso Olea/Barreiro González, El Estatuto de los Trabajadores, S. 378, 379 werde die normative Geltung des normativen Teils bereits über das Recht auf Tarifverhandlungen gem. Art. 37.1 HS. 1 Spanische Verfassung gewährleistet. Verbindlichkeit i.S.d. Art. 37.1 HS. 2 Spanische Verfassung bedeute, dass der schuldrechtliche Teil lediglich Wirkung zwischen den tarifvertragschließenden Parteien entfalte und schuldrechtlich auf diese einwirke.

875 Rojas Miño, La eficacia jurídica de los convenios colectivos, S. 148.

876 STC 58/1985, 30.04.1985; García-Perrote Escartín, Ley y Autonomía Colectiva, S. 138; Galiana Moreno, in: Ministerio de Trabajo y Asuntos Sociales, La eficacia de los convenios colectivos, S. 33, 42–43.

877 Dass die Auslegung des Verfassungsgerichts nicht mit einer rein vertraglichen Wirkung vereinbar sei, vgl. Duque González, La fuerza vinculante del convenio colectivo, S. 885, 886.

unabhängig vom Willen des Einzelnen anwendbar sei.[878] Gerade die Anerkennung eines verfassungsrechtlich geschützten Rechts auf Tarifverhandlungen impliziere nach Ansicht des Verfassungsgerichts, dass der Tarifvertrag als Rechtsquelle und Teil der Rechtsordnung anerkannt und den Arbeitnehmer- und Arbeitgebervertretern eine soziale Macht zugewiesen werde.[879] Die Bestimmung in Art. 37.1 Spanische Verfassung sei aber nicht dergestalt zu verstehen, dass den Tarifverträgen *ex lege* eine bindende Wirkung zugewiesen werde. Vielmehr garantiere die Verfassung in einem ersten unmittelbar geltenden Mandat eine unmittelbare und zwingende Wirkung, beauftrage aber in einem zweiten, zwingend umzusetzenden Mandat den Gesetzgeber, diese Wirkung einfachgesetzlich auszugestalten.[880]

Gegen die normative Theorie wird argumentiert, der außerstatutarische Tarifvertrag könne nicht ohne ausdrückliche gesetzliche Anordnung als Rechtsquelle eingeordnet werden. Gerade die für eine Einordnung als Rechtsquelle erforderlichen Vorgaben zur Veröffentlichung, zur Überprüfung der Rechtmäßigkeit und zu Konkurrenzen der außerstatutarischen Tarifverträge fehlten.[881] Die Verfassung ordne an keiner Stelle eine Einordnung des Tarifvertrags als Rechtsquelle und die normative Wirkung an.[882] Die normative Theorie argumentiere rückwärts beginnend bei dem Ergebnis einer normativen Wirkung und suche zur Rechtfertigung der normativen Wirkung eine Erklärung.[883] Auch die Rechtsprechung des Verfassungsgerichts folge nach Ansicht der Kritiker nicht eindeutig der normativen Theorie.[884] Nach Ansicht

---

878 STC 58/1985, 30.04.1985. Ebenfalls zur normativen Theorie tendierend, aber stets ohne explizite Befürwortung der Theorie: STC 8/2015, 22.01.2015; STC 119/2014, 16.07.2014; STC 151/1994, 23.05.1994; STC 92/1992, 11.06.1992; STC 108/1989, 08.06.1989.

879 STC 58/1985, 30.04.1985.

880 STC 58/1985, 30.04.1985.

881 Valdés Dal-Ré, Configuración y eficacia de los convenios colectivos extraestatutarios, S. 71. Auch Rojas Miño, La eficacia jurídica de los convenios colectivos, S. 148, 165, 166 kritisiert die fehlende Pflicht zur Veröffentlichung.

882 Lahera Forteza, La reforma de la negociación colectiva, S. 68; Durán López, in: Ministerio de Trabajo y Asuntos Sociales, Estado social y autonomía colectiva: 25 años de negociación colectiva en España, S. 91, 95–98.

883 Lahera Forteza, La reforma de la negociación colectiva, S. 68.

884 So Vicente Palacio, in: García Ninet, Derecho del Trabajo, S. 141 und Lahera Forteza, La reforma de la negociación colectiva, S. 71, 72.

des Verfassungsgerichts normiere die Verfassung kein Modell der Tarifverhandlungen, sondern überlasse dem einfachen Recht dessen Ausgestaltung.[885] Das Verfassungsgericht habe sich nie eindeutig zugunsten der normativen Wirkung außerstatutarischer Tarifverträge ausgesprochen.[886] Beispielsweise nahm das Verfassungsgericht in Interpretation der Verfassung eine zwingende Wirkung der Tarifvertragsklauseln an, ohne eine normative Wirkung ausdrücklich anzuerkennen.[887] In weiteren Urteilen hob das Verfassungsgericht die normative Wirkung der statutarischen Tarifverträge hervor, ohne Ausführungen zur Wirkung außerstatutarischer Tarifverträge zu machen.[888]

2. Die vertragliche Theorie (tesis contractualista de eficacia obligacional)

a. Der außerstatutarische Tarifvertrag als Vertrag mit schuldrechtlicher Wirkung

Die ordentliche Rechtsprechung nimmt eine schuldrechtliche Wirkung des außerstatutarischen Tarifvertrags an.[889] Nach Ansicht der Rechtsprechung sei

---

885 STC 8/2015, 22.01.2015; STC 119/2014, 16.07.2014. Zu dieser Argumentation, die gegen die normative Theorie spreche: Lahera Forteza, La reforma de la negociación colectiva, S. 71, 72.

886 Lahera Forteza, La reforma de la negociación colectiva, S. 71, 72.

887 Vgl. STC 107/2000, 05.05.2000, nach dem nicht die normative Wirkung, sondern die zwingende Wirkung und der Vorrang der Tarif- vor der Individualautonomie verfassungsrechtlich gewährleistet werde. Vgl. zu dieser Argumentation: Lahera Forteza, La reforma de la negociación colectiva, S. 72.

888 STC 238/2005, 26.09.2005; STC 225/2001, 26.11.2001; STC 208/1993, 28.06.1993, STC 105/1992, 01.07.1992; STC 92/1992, 11.06.1992; STC 177/1988, 10.10.1988; STC 73/1984, 27.06.1984; STC 4/1983, 28.01.1983.

889 STS 1424/2023, 29.03.2023; STS 1824/2016, 29.03.2016; STS 3520/2014, 16.07.2014; STS 6187/2013, 22.10.2013; STS 2966/2013, 14.05.2013; STS 5666/2012, 11.07.2012; STS 2467/2010, 12.04.2010; STS 2230/2010, 29.03.2010; STS 1180/2010, 09.02.2010; STS 6965/2009, 06.10.2009; STS 4798/2009, 11.05.2009; STS 1334/2009, 25.02.2009; STS 7533/2008, 23.12.2008; STS 7512/2008, 12.12.2008; STS 4711/2007, 01.06.2007; STS 8514/2006, 12.12.2006; STS 3454/2002, 16.05.2002; STS 1163/2001, 19.02.2001; STS 3273/2000, 17.04.2000; STS 291/1999, 25.01.1999; STS 7201/1996, 14.12.1996; STS 6620/1994, 17.10.1994; SAN 5183/2011, 17.11.2011; zustimmend: Argüelles Blanco, in: García Murcia, El sistema de fuentes de la relación laboral, S. 161, 166; Alonso García, in: Ministerio de Sanidad y Seguridad social, I Congreso nacional, S. 35, 54; Martín Valverde/García Murcia, Derecho del trabajo, S. 123; Borrajo Dacruz, Introducción

die Verbindlichkeit in Art. 37.1 HS. 2 Spanische Verfassung nicht mit einer normativen Wirkung gleichzusetzen. Tarifverträge müssen nach ihrer Ansicht nicht bereits wegen der verfassungsrechtlichen Bestimmungen normativ wirken. Vielmehr beschränke sich die verfassungsrechtliche Gewährleistung darauf, eine Form einer verbindlichen Wirkung für Tarifverträge sicherzustellen und das Recht auf Tarifverhandlungen effektiv auszugestalten. Der einfache Gesetzgeber sei in Umsetzung des an ihn gerichteten Mandats aus Art. 37.1 Spanische Verfassung berechtigt, die normative Wirkung einfachgesetzlich zu normieren. Art. 3 Arbeitnehmerstatut lege in Ausführung dieses Mandats die normative Wirkung statutarischer Tarifverträge fest. Da eine entsprechende einfachgesetzliche Normierung für außerstatutarische Tarifverträge nicht existiere, wirke der außerstatutarische Tarifvertrag schuldrechtlich.[890] Die Wirkung des außerstatutarischen Tarifvertrags bestimme sich daher nach den Vorgaben des Spanischen Zivilgesetzbuchs in Art. 1091, 1254–1258 Spanisches Zivilgesetzbuch.[891] Der außerstatutarische Tarifvertrag habe die Rechtsnatur eines reinen Vertrages, sodass er nach einer Ansicht hierarchisch als Vertragsquelle (*fuente de obligaciones*) auf einer Ebene mit dem Individualarbeitsvertrag stehend[892] eingeordnet werde. Nach anderer Ansicht sei er trotz Einordnung als Vertrag über dem Individualarbeitsverhältnis stehend.[893] Art. 3.5 Arbeitnehmerstatut komme nicht zur Anwendung.[894]

---

al derecho del trabajo, S. 319, 320; Apilluelo Martín, Actualidad laboral 1995, Nr. 9, 133, 134–135; Rodríguez-Piñero y Bravo-Ferrer, Relaciones laborales 1992, I, 47, 52–54.

890 Vgl. zur dogmatischen Herleitung der vertraglichen Theorie Vicente Palacio, in: García Ninet, Derecho del Trabajo, S. 140, 141; Escribano Gutiérrez, Temas laborales 2010, Nr. 105, 183, 185.

891 STS 2230/2010, 29.03.2010; STS 1180/2010, 09.02.2010; STS 8514/2006, 12.12.2006; STS 5446/2003, 11.09.2003; STS 7201/1996, 14.12.1996; SAN 5183/2011, 17.11.2011.

892 STS 5666/2012, 11.07.2012; STS 1055/2003, 18.02.2003; STS 291/1999, 25.01.1999; STS 7201/1996, 14.12.1996; SAN 5183/2011, 17.11.2011; STSJ Cataluña 5086/2013, 13.05.2013; Duque González, Derecho de relaciones laborales 2020, Nr. 3, 252, 254.

893 STS 3095/1994, 30.04.1994; Apilluelo Martín, Actualidad laboral 1995, Nr. 9, 133, 135.

894 Ministerio de Empleo y Seguridad Social, Guía de la negociación colectiva 2018, S. 66. Vgl. auch Ministerio de Trabajo y Economía Social, Guía de la negociación colectiva 2023, S. 31, 32.

b. *Widersprüchlichkeiten zwischen der vertraglichen Theorie und der Ausprägungen der ordentlichen Rechtsprechung*

In unsystematischer, widersprüchlicher Weise zur genannten Argumentation der vertraglichen Theorie[895] weist die ordentliche Rechtsprechung dem außerstatutarischen Tarifvertrag in einigen Urteilen normative Elemente zu, ohne diese als normativ zu bezeichnen. Sie wendet entgegen den obigen Ausführungen Art. 3.5 Arbeitnehmerstatut für Rechte an, die den Arbeitnehmern durch außerstatutarischen Tarifvertrag zugewiesen werden.[896] Weiter nimmt sie an, dass die Inhalte eines Individualarbeitsvertrags nicht den Klauseln eines außerstatutarischen Tarifvertrags widersprechen dürfen.[897]

Die Widersprüchlichkeiten machen deutlich, dass die ordentliche Rechtsprechung die Theorie nicht dogmatisch fortentwickelt, sondern andere Erwägungen dazu beitragen, dass sie an der schuldrechtlichen Theorie festhält. Eine dieser möglichen Erwägungen wird in dem Willen zur Klarstellung des Hierarchieverhältnisses zwischen statutarischem Tarifvertrag als Rechtsnorm und außerstatutarischem Tarifvertrag als Vertrag gesehen.[898] Eine Meinung in der Literatur verfolgt einen weiteren Erklärungsansatz zur Rechtfertigung der Widersprüchlichkeiten[899]: Durch die implizite Ergänzung der vertraglichen Theorie um normative Elemente werde klargestellt, dass die statutarischen und außerstatutarischen Tarifverträge dem Individualarbeitsvertrag vorgehen. Da Art. 37.1 Spanische Verfassung diese Vorrangstellung fordere und auch keine andere verfassungskonforme Interpretation des Art. 37.1 Spanische Verfassung möglich sei, werde eine dogmatische Herleitung der vertraglichen

---

895 Diese Widersprüchlichkeit sieht die Behörde: Ministerio de Empleo y Seguridad Social, Guía de la negociación colectiva 2018, S. 66, 67.

896 Ministerio de Empleo y Seguridad Social, Guía de la negociación colectiva 2018, S. 67 mit Verweis auf STCT 12.11.1987.

897 Ministerio de Empleo y Seguridad Social, Guía de la negociación colectiva 2018, S. 67 mit Verweis auf STS 02.02.und 06.06.1994.

898 Dies andeutend: García-Perrote Escartín, Manual de derecho del trabajo, S. 936, 937; vgl. auch Abele, Tarifrecht in Spanien, S. 179, 180 mit Verweis auf das nicht veröffentlichte SAN 24.05.1991.

899 Ojeda Avilés, Compendio de derecho sindical, S. 458: die ordentliche Rechtsprechung sei von dieser Wirkung so überzeugt, dass sie sie hinnehme und keine anderen Wirkungen diskutiere. Vgl. auch Alonso Olea/Casas Baamonde, Derecho del trabajo, S. 956, nach denen Verbindlichkeit (*fuerza vinculante*) ebenfalls bedeute, dass der Tarifvertrag dem Individualarbeitsvertrag gegenüber vorgeht.

Theorie mit normativen Elementen nicht diskutiert. Die Zuweisung normativer Elemente stelle die einzige mit Art. 37.1 Spanische Verfassung zu vereinbarende Möglichkeit dar, sodass sie auch ohne dogmatische Herleitung als gegeben hingenommen werde.

aa. Inkorporation des Tarifvertrags in den Individualarbeitsvertrag

Insgesamt sind wenige Urteile zu finden, die konkrete Ausführungen zu einer möglichen Inkorporation des außerstatutarischen Tarifvertrags in den Individualarbeitsvertrag und deren genauer dogmatischer Konstruktion enthalten. Rechtsprechung und Literatur beurteilen uneinheitlich, ob die Inkorporation automatisch und unmittelbar über die zivilrechtlichen Vertretungsregelungen[900] oder durch separate ausdrückliche oder konkludente Willenserklärungen von Arbeitgeber und Arbeitnehmer erfolgt.[901] Auch der nationale beratende Ausschuss für Tarifverträge *(Comisión Consultiva Nacional de Convenios Colectivos)* fordert eine Inkorporation, macht aber keine Ausführungen zu deren Ausgestaltung.[902] Nach einer Literaturmeinung wird für Gewerkschaftsmitglieder widerleglich vermutet, dass eine Inkorporation erfolgt ist, für Nicht- oder Andersorganisierte muss ein ausdrücklicher Wille zum Beitritt zum Ausdruck kommen, damit die Tarifvertragsinhalte inkorporiert werden.[903] Unabhängig von den konkreten Modalitäten einer

---

900 Vgl. indirekt, aber stets ohne konkrete Ausführungen in STS 4352/2013, 22.07.2013; STS 2647/1996, 03.05.1996; STS 176/1994, 22.01.1994; STS 7078/1993, 22.10.1993. Vgl. aber auch Rojas Miño, La eficacia jurídica de los convenios colectivos, S. 154, 155, die bei ihrer Rechtsprechungsanalyse – ähnlich wie die Rechtsprechung selbst – nicht trennscharf zwischen einer automatischen Wirkung ohne Inkorporation in das Arbeitsverhältnis und einer automatischen Inkorporation unterscheidet. STC 121/2001, 04.06.2001 deutet eine Konstruktion über die zivilrechtlichen Vertretungsregeln und eine Legitimation der Verbände durch den Beitrittsakt der Mitglieder an.

901 Sala Franco, La negociación colectiva y los convenios colectivos, S. 46; García Murcia, Actualidad laboral 1992, Nr. 24, 413, 416.

902 Ministerio de Trabajo y Economía Social, Guía de la negociación colectiva 2023, S. 30–32; Ministerio de Empleo y Seguridad Social, Guía de la negociación colectiva 2018, S. 66. Auch Sala Franco, Los convenios colectivos extraestatutarios, S. 15, 16 interpretiert die ordentliche Rechtsprechung derart, dass eine Inkorporation notwendig ist.

903 Ballester Laguna, Revista General de Derecho del Trabajo y de la Seguridad Social 2014, Nr. 38, 145, 157.

Inkorporation sind auch hier ist wiederum Lücken in der dogmatischen Herleitung der Theorie erkennbar: Als inkorporierte Arbeitsbedingungen müssten die Inhalte der Dispositionsbefugnis von Arbeitnehmer und Arbeitgeber unterliegen. Wenn die Inkorporation oder auch eine Verschlechterung der inkorporierten Bedingungen der Disposition der Arbeitsvertragsparteien entzogen sein soll, diskutiert die Rechtsprechung nicht deren dogmatische Herleitung.[904]

Entscheidender Nachteil einer Inkorporation durch isolierten ausdrücklichen oder konkludenten Willensakt ist, dass jeder Arbeitnehmer individuell über die Inkorporation entscheiden kann.[905] Es ist allerdings kein Urteil aufzufinden, in dem ein Arbeitnehmer, der Mitglied der tarifvertragschließenden Gewerkschaft ist, der Inkorporation des außerstatutarischen Tarifvertrags in seinen Arbeitsvertrag widersprochen hat. Es ist daher zu bezweifeln, dass die ordentliche Rechtsprechung den tarifgebundenen Gewerkschaftsmitgliedern tatsächlich ein Widerspruchsrecht zugesteht.

bb. Keine Einordnung außerstatutarischer Tarifvertragsinhalte als günstigste Bedingungen i.S.d. Art. 3.1 lit. c Arbeitnehmerstatut

Nach früherer Ansicht der ordentlichen Rechtsprechung wurden die Inhalte des außerstatutarischen Tarifvertrags aufgrund ihrer Inkorporation in das Individualarbeitsverhältnis als günstigste Bedingung i.S.d. Art. 3.1 lit. c Arbeitnehmerstatut eingestuft.[906] Mit der Einordnung als günstigste Bedingung wurden die inkorporierten Tarifinhalte als vertragliche Bedingungen des Individualarbeitsverhältnisses eingestuft. Nachteilige Abweichungen durch einen nachfolgenden Tarifvertrag waren aber nicht möglich, da die Bedingungen auch nach Ende der Tarifvertragslaufzeit dauerhaft Vertragsbestandteil des Individualarbeitsverhältnisses blieben.

---

904 Vgl. zu einer fehlenden Diskussion über die Dispositionsbefugnis der Arbeitsvertragsparteien im spanischen Recht auch Abele, Tarifrecht in Spanien, S. 179.

905 Sala Franco, La negociación colectiva y los convenios colectivos, S. 46.

906 STS 1794/2009, 20.03.2009; STS 1334/2009, 25.02.2009; STS 7533/2008, 23.12.2008; STS 7512/2008, 12.12.2008; STS 6038/1993, 20.09.1993; STSJ Cataluña 5086/2013, 13.05.2013; Fernández Domínguez, in: Ministerio de Trabajo y Asuntos Sociales, La eficacia de los convenios colectivos, S. 735, 767, 768; Ballester Laguna, Revista General de Derecho del Trabajo y de la Seguridad Social 2014, Nr. 38, 145, 156.

Die neuere Rechtsprechung nimmt daher an, dass der Arbeitgeber mit Inkorporation der Tarifinhalte und Erfüllung der außerstatutarischen Tarifvertragsklauseln lediglich seine auf die Tarifvertragslaufzeit beschränkten Verpflichtungen aus dem Tarifvertrag erfüllt.[907] Sofern nichts Abweichendes vereinbart sei, fehle aber ein Wille des Arbeitgebers, den Arbeitnehmern dauerhaft über die tarifvertraglichen Bedingungen hinausgehende günstigere Bedingungen zu gewährleisten und die tarifvertraglichen Inhalte dauerhaft in den Arbeitsvertrag zu inkorporieren. Die Inkorporation beschränke sich zeitlich auf die Laufzeit des außerstatutarischen Tarifvertrags, sodass ein späterer außerstatutarischer Tarifvertrag auch verschlechternd von der vorherigen Regelung abweichen könne. Ausnahmen bestünden nur, wenn die Tarifvertragsparteien vereinbarten, dass die Tarifvertragsinhalte über die vereinbarte Laufzeit hinaus für die Individualarbeitsverhältnisse der Arbeitnehmer gelten sollen.

3. Die vertragliche Theorie der tatsächlichen Wirkung (tesis contractualista de la eficacia real)

Eine weitere, in der Literatur[908] vertretene Ansicht nimmt eine vertragliche Rechtsnatur des außerstatutarischen Tarifvertrags an und weist ihm,

---

907 STS 1424/2023, 29.03.2023; STS 1824/2016, 29.03.2016; STS 2966/2013, 14.05.2013; STS 2230/2010, 29.03.2010; STS 1180/2010, 09.02.2010; STS 6795/2009, 14.10.2009; STS 4813/2009, 16.06.2009; STS 4798/2009, 11.05.2009; STS 291/1999, 25.01.1999; vgl. mit einer guten Rechtsprechungsübersicht und die neue Rechtsprechung kritisierend Escribano Gutiérrez, Temas laborales 2010, Nr. 105, 183, 189–192. García Murcia, Documentación laboral 2018, Nr. 114, 95, 101, 102 geht nicht davon aus, dass die Tarifinhalte des außerstatutarischen Tarifvertrags günstigste Bedingungen i.S.d. Art. 3.1 lit. c Arbeitnehmerstatut sind. Sie wirken jedoch in ähnlicher Weise wie günstigste Bedingungen auf das Arbeitsverhältnis ein. Apilluelo Martín, Actualidad laboral 1995, Nr. 9, 133, 135 kritisiert, dass eine Ansicht, die die Inhalte des außerstatutarischen Tarifvertrags nicht als günstigste Bedingungen i.S.d. Art. 3.1 lit. c Arbeitnehmerstatut ansieht, nicht allein mit der vertraglichen Theorie erklärt werden kann.

908 Valdés Dal-Ré, Configuración y eficacia de los convenios colectivos extraestatutarios, S. 67–78; Valdés Dal-Ré, in: Casas Baamonde/Rodríguez-Piñero y Bravo-Ferrer, Comentarios a la Constitución Española, S. 966; Valdes Dal-Ré, in: Valdés Dal-Ré/González-Posada/Pérez-Espinosa/Matia Prim, La negociación colectiva en las pequeñas y medianas empresas, S. 17, 31–33; Valdés Dal-Ré, Relaciones laborales 2005, II, 83, 89, 90; Valdés Dal-Ré, Temas laborales 2004, Nr. 76, 21, 54–56; anders aber noch

ohne ausdrückliche Zuweisung einer normativen Wirkung, die Elemente der unmittelbaren und zwingenden Wirkungen zu. Ausgangspunkt der Theorie der tatsächlichen Wirkung ist, dass der außerstatutarische Tarifvertrag entgegen der normativen oder vertraglichen Theorie in seiner Rechtsnatur und Wirkung nicht entweder als rein schuldrechtlich in Form eines zivilrechtlichen Vertrages oder rein normativ als Rechtsnorm eingeordnet werden könne[909]: Die vertragliche Theorie der tatsächlichen Wirkung stelle durch die normative Wirkung die vom Verfassungsgesetzgeber beabsichtigte Funktion, den Vorrang des Tarifvertrags vor dem Arbeitsvertrag, sicher, beachte aber durch die Einordnung des Tarifvertrags als Vertrag gleichzeitig dessen Entwicklung aus dem Willen der Tarifvertragsparteien und der sozialen Rechtsetzungsmacht der Verbände.[910]

Die Zuweisung einer Wirkung, die über das Vertragliche hinausgeht, sei notwendig, damit der Tarifvertrag seine primäre Funktion, allgemein und abstrakt Arbeitsbedingungen effektiv festzulegen, erfüllen könne.[911] Arbeitnehmer würden ausreichend geschützt, indem die tarifvertraglichen Klauseln nicht durch Individualvereinbarungen verschlechtert werden können, gleichzeitig blieben aber die Verbände mangels Vertraglichung der Klauseln zu einer Verschlechterung berechtigt, sodass ausreichend Gestaltungsspielraum bei Tarifverhandlungen bestehe.[912] Die unmittelbare und zwingende Wirkung sowohl statutarischer als auch außerstatutarischer Tarifverträge normiere das

---

Valdés Dal-Ré, Revista de política social 1979, Nr. 121, 469, 496, in dem er andeutet, der normativen Theorie zu folgen. Martínez Emperador, in: Ministerio de Trabajo y Seguridad Social, El contenido de los Convenios Colectivos, S. 55, 70, 71; Durán López, in: Ministerio de Trabajo y Asuntos Sociales, Estado social y autonomía colectiva: 25 años de negociación colectiva en España, S. 91, 95–106; Molero Manglano, Derecho sindical, S. 540, 572–573, 576–577; Mercader Uguina, Estructura de la negociación colectiva y relaciones entre convenios, S. 341–343; Lillo, Relaciones laborales 1991, Nr. 20/21, 146, 147. Abweichend hierzu interpretiert Ojeda Avilés, Derecho sindical, S. 682–686, 854–855 die Verbindlichkeit als Erga-Omnes-Wirkung der statutarischen Tarifverträge. Den außerstatutarischen Tarifverträgen weist er ebenfalls eine schuldrechtliche Wirkung mit normativen Elementen zu.

909 Valdés Dal-Ré, Configuración y eficacia de los convenios colectivos extraestatutarios, S. 53; Valdés Dal-Ré, Temas laborales 2004, n. 76, 21, 56.

910 Valdés Dal-Ré, Relaciones laborales 2005, II, 83, 89.

911 Valdés Dal-Ré, Configuración y eficacia de los convenios colectivos extraestatutarios, S. 73.

912 Valdés Dal-Ré, Temas laborales 2004, Nr. 76, 21, 55.

einfache Gesetz in Art. 3.1 lit. b Arbeitnehmerstatut.[913] Durch die Nennung der Tarifverträge in Art. 3.1 lit. b Arbeitnehmerstatut würden sowohl statutarische als auch außerstatutarische Tarifverträge als Quellen arbeitsrechtlicher Beziehungen eingestuft.[914] Auch wenn der außerstatutarische Tarifvertrag zwingend und unmittelbar wirke, dürfe der kollektivautonome Ursprung des Tarifvertrags, eine Vereinbarung zwischen den Tarifvertragsparteien, nicht übergangen werden.[915] Die Rechtsnatur des außerstatutarischen Tarifvertrags sei daher ein Vertrag und keine Norm.[916] Da das Verfassungsgericht in seinen Urteilen zwar die normative Wirkung der Tarifverträge betone, aber keine Ausführungen zur Rechtsnatur macht, steht die vertragliche Theorie von der tatsächlichen Wirksamkeit auch in Einklang mit dieser Doktrin.[917]

Lahera Forteza folgt dieser Theorie insoweit, als dass er ebenfalls eine vertragliche Rechtsnatur und die reale Zuweisung einer normativen Wirkung annimmt.[918] Nach seiner Ansicht werden die Tarifvertragsinhalte aber automatisch in das Arbeitsverhältnis inkorporiert.

4. Zwischenergebnis

Literatur und Rechtsprechung interpretieren die in Art. 37.1 HS. 2 Spanische Verfassung gewährleistete bindende Wirkung des Tarifvertrags in unterschiedlicher Weise. Die ordentliche Rechtsprechung weicht mit der Interpretation einer rein schuldrechtlichen Wirkung von der normativen Theorie und der vertraglichen Theorie der tatsächlichen Wirkung ab, weist dem außerstatutarischen Tarifvertrag aber ohne ausdrückliche Bezeichnung als normative Wirkung ebenfalls normative Elemente zu. Da nur wenige dogmatische Herleitungen der Theorie existieren, ist eine Erklärung der Theorie und der sich ergebenden Widersprüchlichkeiten schwer möglich. Nach allen Theorien besteht jedenfalls Einigkeit darüber, dass der außerstatutarische

---

913 Valdés Dal-Ré, Configuración y eficacia de los convenios colectivos extraestatutarios, S. 83; Valdés Dal-Ré, Relaciones laborales 2005, II, 95, 97.

914 Valdés Dal-Ré, Relaciones laborales 2014, Nr. 7/8, 1, 3, 4.

915 Valdés Dal-Ré, Relaciones laborales 2005, II, 83, 89.

916 Valdés Dal-Ré, Relaciones laborales 2005, II, 83, 91.

917 Valdés Dal-Ré, Configuración y eficacia de los convenios colectivos extraestatutarios, S. 74, 75.

918 Lahera Forteza, La reforma de la negociación colectiva, S. 68–70; Lahera Forteza, Normas laborales y contratos colectivos, S. 212, 219, 220; Lahera Forteza, Relaciones laborales 2008, Nr. 1, 1, 4–5.

Tarifvertrag dem Arbeitsvertrag vorgehen und mit zwingender Wirkung auf diesen einwirken muss.

II. Die Auswirkungen des Streitstands zur Verbindlichkeit der Tarifverträge auf das Verhältnis zwischen statutarischen und außerstatutarischen Tarifverträgen

Die Interpretation der bindenden Wirkung in Art. 37.1 HS. 2 Spanische Verfassung hat Auswirkungen auf die Rechtsnatur des außerstatutarischen Tarifvertrags und damit auch auf das Verhältnis zwischen dem außerstatutarischen und dem statutarischen Tarifvertrag.[919]

Nach der vertraglichen Theorie der ordentlichen Rechtsprechung hat der außerstatutarische Tarifvertrag lediglich schuldrechtliche Wirkungen, ist als Vertrag einzustufen und wird in das Arbeitsverhältnis inkorporiert. Im Verhältnis des statutarischen Tarifvertrags als Rechtsnorm zum vertraglichen außerstatutarischen Tarifvertrag wäre der statutarische Tarifvertrag nach dem Hierarchieprinzip vorrangig, Art. 3.1 lit. b, c Arbeitnehmerstatut.[920] Jede widersprechende oder verschlechternde Regelung, normiert in einem außerstatutarischen Tarifvertrag, wäre nicht anwendbar.

Nach der normativen Theorie hat der außerstatutarische Tarifvertrag die Rechtsnatur einer Rechtsnorm. Im Verhältnis zwischen dem ebenfalls als Rechtsnorm einzustufenden statutarischen Tarifvertrag und dem außerstatutarischen Tarifvertrag kann nach dieser Theorie nicht das Hierarchieprinzip zur Anwendung kommen, da beide Tarifvertragsformen hierarchisch auf derselben Stufe stehen. Das Verhältnis bestimmt sich hier nach dem Günstigkeitsprinzip gem. Art. 3.3 Arbeitnehmerstatut.[921]

---

919 Vgl. übersichtlich zu diesem Streitstand: Mercader Uguina, Estructura de la negociación colectiva y relaciones entre convenios, S. 345–348.

920 STS 4798/2009, 11.05.2009; STS 1794/2009, 20.03.2009; STS 1334/2009, 25.02.2009; STS 7533/2008, 23.12.2008; STS 7512/2008, 12.12.2008; STS 1753/2007, 02.03.2007; STS 5446/2003, 11.09.2003; STS 1055/2003, 18.02.2003; STSJ Cataluña 5086/2013, 13.05.2013; López Terrada, Revista General de Derecho del Trabajo y de la Seguridad Social 2018, Nr. 48, 70, 74.

921 Rojas Miño, La eficacia jurídica de los convenios colectivos, S. 168–170; Cairós Barreto, La articulación y concurrencia de convenios colectivos, S. 89, 90; Sala Franco, Los convenios colectivos extraestatutarios, S. 27, 28; Melián Chinea, El sistema de negociación colectiva y sus reglas de articulación, S. 195; Álvarez Alcolea, in: Ministerio de Sanidad y Seguridad Social, I Congreso nacional, S. 59, 71; Cruz Villalón/

Beide Theorien gelangen trotz Anknüpfung an unterschiedliche Prinzipien zu ähnlichen Ergebnissen: Sofern es sich um günstigere Regelungen handelt, die der außerstatutarische Tarifvertrag normiert, kommen sowohl nach der erst-, als auch nach der zweitgenannten Ansicht die günstigeren Regelungen im Verhältnis zum statutarischen Tarifvertrag zur Anwendung.[922] Im Übrigen nähert sich die ordentliche Rechtsprechung der Literaturmeinung an, indem sie in Widerspruch zu ihrer vertraglichen Theorie und in Widerspruch zu den obigen Ausführungen ebenfalls teilweise das Günstigkeitsprinzip des Art. 3.3 Arbeitnehmerstatut anwendet.[923]

Mit Anwendung des Günstigkeitsprinzips im Verhältnis von statutarischem und außerstatutarischem Tarifvertrag bleibt der Handlungsspielraum nicht-repräsentativer Gewerkschaften begrenzt, sodass eine effektive Ausübung der Rechte aus Art. 28, 37 Spanische Verfassung schwer möglich ist[924]: Für den Abschluss außerstatutarischer Tarifverträge gebe das Gesetz keine Mindestanforderungen zu Legitimation und Repräsentativität vor, sodass den Arbeitgebern hier grundsätzlich kleinere, durchsetzungsschwache Gewerkschaften gegenüberstünden. Wenn die Arbeitgeber schon mit den repräsentativen, durchsetzungsstarken Gewerkschaften in statutarischen Tarifverträgen keine günstigeren Regelungen schafften, hätten sie erst recht kein Anreiz zur Vereinbarung günstigerer Regelungen mit kleinen, nicht-repräsentativen Gewerkschaften.

García-Perrote Escartín/Goerlich Peset/Mercader Uguina, Comentarios al Estatuto de los Trabajadores, S. 72; Ojeda Avilés, Compendio de derecho sindical, S. 459. Zum Günstigkeitsvergleich nach Art. 3.3 Arbeitnehmerstatut in Kapitel 3 E.I.

922 Cairós Barreto, La articulación y concurrencia de convenios colectivos, S. 91. Zu beachten ist aber, dass die Günstigkeitsprinzipien nach Art. 3.1 lit. c Arbeitnehmerstatut und Art. 3.3 Arbeitnehmerstatut unterschiedliche Günstigkeitsmaßstäbe haben, vgl. in Kapitel 3 E.I.2 und Kapitel 3 E.II.2.

923 Die ordentliche Rechtsprechung ist nicht einheitlich, sodass auch STS 7163/1998, 30.11.1998; STSJ Andalucía 8721/2010, 21.04.2010 Art. 3.3 Arbeitnehmerstatut anwenden und den außerstatutarischen Tarifvertrag hierfür als objektives Recht einstufen. In STSJ Comunidad Valenciana 643/2015, 17.02.2015 wird diese Widersprüchlichkeit der Rechtsprechung ausdrücklich angesprochen.

924 Vgl. rechtsvergleichend zum spanischen Recht: Junker, RdA-Beilage 2009, 4, 7.

III. Keine Nachwirkung außerstatutarischer Tarifverträge

Maßgebliche Unterschiede zum deutschen Tarifrecht zeigen sich auch bei der zeitlichen Ausweitung der Wirkung von außerstatutarischen Tarifverträgen. Die Wirksamkeit des außerstatutarischen Tarifvertrags endet mit Auslaufen des vereinbarten Zeitraumes. Die Nachwirkungsvorschrift des Art. 86.3 und 4 Arbeitnehmerstatut findet für außerstatutarische Tarifverträge keine Anwendung.[925] Sofern keine abweichende Vereinbarung der Parteien vorliegt, werden die tarifvertraglichen Bedingungen nach Ende des Wirksamkeitszeitraums keine günstigen Bedingungen i.S.d. Art. 3.1 lit. c Arbeitnehmerstatut und damit nicht dauerhaft Teil des Individualarbeitsverhältnisses,[926] sodass ein nachfolgender statutarischer[927] oder außerstatutarischer[928] Tarifvertrag die Regelung des früheren, außerstatutarischen Tarifvertrags verschlechtern kann.

IV. Zusammenfassung

Die Wirkung des außerstatutarischen Tarifvertrags hängt maßgeblich von der Interpretation des Art. 37.1 HS. 2 Spanische Verfassung ab, da der einfache Gesetzgeber für außerstatutarische Tarifverträge im Gegensatz zu statutarischen Tarifverträgen keine Wirkungen normiert hat. Während die normative Theorie eine normative Wirkung des außerstatutarischen Tarifvertrags annimmt, geht die ordentliche Rechtsprechung von einer schuldrechtlichen Wirkung aus, weist dem Tarifvertrag aber ebenfalls normative Elemente zu. Eine dritte Theorie stuft den außerstatutarischen Tarifvertrag ebenfalls als Vertrag ein und weist ihm normative Elemente zu. Auch wenn die Theorien unterschiedliche Argumentationsansätze haben, nähern sie sich insoweit aneinander an, als dass sie alle fordern, dass die Tarifbedingungen des außerstatutarischen Tarifvertrags zwingend auf das Individualarbeitsverhältnis einwirken müssen. Im Verhältnis von statutarischem und

---

925 STS 2966/2013, 14.05.2013; STS 2230/2010, 29.03.2010; STS 1180/2010, 09.02.2010; STS 6965/2009, 06.10.2009; STS 4798/2009, 11.05.2009; STS 5754/2007, 11.07.2007; STS 3273/2000, 17.04.2000; STS 291/1999, 25.01.1999; Martínez Moreno, Eficacia temporal de los convenios colectivos, S. 80; Alfonso Mellado, La ultraactividad de los convenios colectivos, S. 81, 82.

926 Vgl. in Kapitel 3 B.I.2.b.bb.

927 STS 2230/2010, 29.03.2010; STS 4798/2009, 11.05.2009; STS 291/1999, 25.01.1999.

928 Vgl. in Kapitel 3 B.I.2.b.bb.

außerstatutarischem Tarifvertrag gilt das Günstigkeitsprinzip – sofern der normativen Theorie gefolgt wird – oder das Hierarchieprinzip – sofern den vertraglichen Theorien gefolgt wird.

Der außerstatutarische Tarifvertrag wirkt nach dem gesetzlichen Regelfall nicht nach. Da die Tarifinhalte des außerstatutarischen Tarifvertrags nicht dauerhaft in das Arbeitsverhältnis inkorporiert werden, sind Verschlechterungen der Regelungen durch nachfolgende Tarifverträge möglich.

C. Die Wirkung der Kollektivvereinbarungen der Unternehmensebene

Im Unterschied zur Wirkung statutarischer oder außerstatutarischer Tarifverträge kann nicht für alle Formen der Kollektivvereinbarungen der Unternehmensebene angenommen werden, sie wirken insgesamt entweder schuldrechtlich[929] oder normativ.[930] Je nach Art und Funktion der konkreten Kollektivvereinbarung werden dieser unterschiedliche Wirkungen zugewiesen: Handelt es sich um die in dieser Arbeit primär dargestellten Kollektivvereinbarungen, die einen statutarischen Tarifvertrag modifizieren oder ersetzen, müssen diese nach weit überwiegender Ansicht zur Erreichung der bezweckten Funktion normativ und erga omnes wirken.[931] Konkret

---

929 Zu dieser Mindermeinung z.B. Quintanilla Navarro, Los acuerdos de empresa, S. 73–74; Alarcón Caracuel, in: Alarcón Caracuel/Del Rey Guanter, La reforma de la negociación colectiva, S. 66–72, die grundsätzlich eine schuldrechtliche Wirkung aller Kollektivvereinbarungen auf Unternehmensebene annehmen möchte. Alarcón Caracuel, in: Alarcón Caracuel/Del Rey Guanter, La reforma de la negociación colectiva, S. 70–72 schlägt vor, auf bzw. unter der Unternehmensebene grundsätzlich allein die Einheitsvertretungen zum Abschluss von Tarifverträgen und Kollektivvereinbarungen zu legitimieren und diesen Vereinbarungen keine normative Wirkung zuzuweisen. Über der Unternehmensebene dagegen wären dann allein die Gewerkschaften legitimiert, deren Vereinbarungen normativ wirken.

930 Zu dieser Mindermeinung z.B. Lahera Forteza, Normas laborales y contratos colectivos, S. 219, 220, der alle Tarifverträge und alle Kollektivvereinbarungen als Verträge mit der realen Zuweisung normativer Elemente einstuft.

931 STSJ País Vasco 4765/2005, 25.10.2005; Ministerio de Trabajo y Economía Social, Guía de la negociación colectiva 2023, S. 33; Ministerio de Empleo y Seguridad Social, Guía de la negociación colectiva 2018, S. 75; Viqueira Pérez, in: Goerlich Peset, Derecho

betrifft das alle im Arbeitnehmerstatut genannten, subsidiären Vereinbarungen[932] und die Modifizierung des statutarischen Tarifvertrags gem. Art. 82.3 UAbs. 2 Arbeitnehmerstatut.[933]

Ersetzen oder modifizieren die Vereinbarungen einen außerstatutarischen Tarifvertrag, wird ihnen dieselbe Wirkung wie dem außerstatutarischen Tarifvertrag zugewiesen.[934] Subsidiäre Vereinbarungen, die einen außerstatutarischen Tarifvertrag ersetzen, sind nicht gesetzlich normiert und werden außerhalb des Arbeitnehmerstatuts vereinbart.[935] Sie sind aufgrund weiter Gestaltungsmöglichkeiten der Parteien nicht Gegenstand der vorliegenden Arbeit. Eine Modifizierung außerstatutarischer Tarifverträge normiert Art. 41 Arbeitnehmerstatut.[936] Bei dieser Kategorie von Kollektivvereinbarungen wird wiederum der zuvor dargestellte Streitstand zur Wirkung außerstatutarischer Tarifverträge relevant.[937] Die Interpretation des Art. 37.1 Spanische Verfassung[938] hat Auswirkungen darauf, ob der Kollektivvereinbarung norma-

---

del trabajo, S. 91, 92; Palomeque López/Álvarez de la Rosa, Derecho del trabajo, S. 200, 201; Goerlich Peset, in: Albiol Montesinos, Convenios colectivos y acuerdos de empresa, S. 317, 342, 343; Rega Rodríguez, in: García Murcia, El sistema de fuentes de la relación laboral, S. 177, 195, 196; Duque González, La fuerza vinculante del convenio colectivo, S. 742, 743; Melián Chinea, El sistema de negociación colectiva y sus reglas de articulación, S. 166; García Murcia, Los acuerdos de empresa, S. 181, 182; García Murcia, Temas laborales 2004, Nr. 76, 85, 109–111; Alfonso Mellado/Pedrajas Moreno/Sala Franco, Relaciones laborales 1995, Nr. 4, 1390, 1393. Dagegen knüpft Ojeda Avilés, Compendio de derecho sindical, S. 459 daran an, ob legitimierte Subjekte die Kollektivvereinbarung geschlossen haben.

932 Art. 22.1, 24.1, 29.1 UAbs. 3, 34.2 UAbs. 1, 34.3 UAbs. 2, 67.1 UAbs. 5 S. 3 Arbeitnehmerstatut; vgl. bereits in Kapitel 1 B.II.2.e.bb(1).

933 Vgl. in Kapitel 3 D.III.

934 Viqueira Pérez, in: Goerlich Peset, Derecho del trabajo, S. 91, 92.

935 Vgl. zu den nicht gesetzlich normierten Kollektivvereinbarungen in Kapitel 1 B.II.2.e.bb(2).

936 Vgl. in Kapitel 3 D.II.

937 Vgl. nur der Streit um die Wirkung einer Kollektivvereinbarung nach Art. 41 Arbeitnehmerstatut: Ministerio de Empleo y Seguridad Social, Guía de la negociación colectiva 2018, S. 87 nimmt eine schuldrechtliche, mitgliederbezogene Wirkung an; Valdeolivas García, La modificación sustancial de condiciones de trabajo pactadas en convenio colectivo, S. 130 nimmt eine normative Wirkung an.

938 Vgl. zum Streitstand in Kapitel 3 B.I.

tive oder schuldrechtliche Wirkung zugewiesen wird. Die ordentliche Rechtsprechung folgt, wie im obigen Streitstand, der vertraglichen Theorie und ordnet diese Kollektivvereinbarung als vertragliche Quelle i.S.d. Art. 3.1 lit. c Arbeitnehmerstatut mit schuldrechtlicher Wirkung ein.[939] Einige Literaturstimmen nehmen dagegen eine normative Wirkung der Kollektivvereinbarung an.[940] *Lahera* wiederum sieht die Kollektivvereinbarung entsprechend der vertraglichen Theorie der tatsächlichen Wirkung[941] als Vertrag an, dem eine unmittelbare und zwingende Wirkung zugewiesen wird.[942]

D. Die gesetzlichen Öffnungsklauseln zur Änderung von statutarischen und außerstatutarischen Tarifverträgen sowie von Kollektivvereinbarungen

I. Differenzierte gesetzliche Anforderungen je nach Art der zu ändernden Kollektivvereinbarung

Die gesetzliche Öffnungsklausel[943] des Art. 41 Arbeitnehmerstatut ermöglicht in Ausnahme des Grundsatzes *pacta sunt servanda*[944] eine Modifizierung außerstatutarischer Tarifverträge und Kollektivvereinbarungen durch unilaterale Entscheidung des Arbeitgebers. Aus deutscher Sicht stellt die Konstruktion, unilateral kollektive Vereinbarungen zu modifizieren, insbesondere zu verschlechtern, eine Besonderheit dar und wird daher im ersten Teil des folgenden Kapitels erläutert. Der Regelung des Art. 41 Arbeitnehmerstatut gegenübergestellt wird Art. 82.3 UAbs. 2–9 Arbeitnehmerstatut, der als *lex*

---

939 STS 6441/2008, 11.11.2008; STS 6598/2008, 03.11.2008; STS 2647/1996, 03.05.1996; vgl. auch Ministerio de Empleo y Seguridad Social, Guía de la negociación colectiva 2018, S. 87.

940 Rega Rodríguez, in: García Murcia, El sistema de fuentes de la relación laboral, S. 177, 196. Explizit zu Art. 41 Arbeitnehmerstatut: Valdeolivas García, La modificación sustancial de condiciones de trabajo pactadas en convenio colectivo, S. 130.

941 Vgl. in Kapitel 3 A.II.2 und Kapitel 3 B.I.3.

942 Lahera Forteza, Normas laborales y contratos colectivos, S. 219, 220.

943 STSJ Cataluña 13650/2007, 30.11.2007; STSJ Castilla y León 1525/2005, 23.03.2005; San Martín Mazzucconi, El régimen jurídico de la modificación sustancial de las condiciones de trabajo, S. 29, 54, 64.

944 San Martín Mazzucconi, El régimen jurídico de la modificación sustancial de las condiciones de trabajo, S. 27.

specialis zu Art. 41 Arbeitnehmerstatut eine entsprechende Öffnungsklausel für die nur durch Vereinbarung mögliche Änderung statutarischer Tarifverträge enthält.[945] Hier kann durch Kollektivvereinbarung auf Unternehmensebene von einem statutarischen Unternehmens- oder Branchentarifvertrag abgewichen werden. Zwar werden im deutschen Tarifrecht ähnliche Ergebnisse über die Anwendung des Spezialitätsprinzips erreicht.[946] Dennoch unterliegt das Verfahren des Art. 82.3 UAbs. 2–9 Arbeitnehmerstatut einigen Besonderheiten, z.B. der Möglichkeit, die Abweichung von den Tarifinhalten zwischen *ad hoc* gebildeten Arbeitnehmergruppen und dem Arbeitgeber ohne Beteiligung von Einheitsvertretungen oder Gewerkschaften zu vereinbaren und eine Einigung über eine Zwangsschlichtung zu erzielen. Der zweite Teil des folgenden Kapitels geht daher schwerpunktmäßig auf diese Charakteristika des Art. 82.3 UAbs. 2–9 Arbeitnehmerstatut ein.

II. Unilaterale Änderungen der Arbeitsbedingungen durch den Arbeitgeber in außerstatutarischen Tarifverträgen und Kollektivvereinbarungen

1. Wesentliche Änderungen der Arbeitsbedingungen

a. Sachlicher Anwendungsbereich der Norm

Der Arbeitgeber kann gem. Art. 41.1 UAbs. 1, 41.2 UAbs. 1 Arbeitnehmerstatut unilateral[947] Arbeitsbedingungen aus dem Individualarbeitsvertrag[948],

945 Zum Verhältnis s. Art. 41.6 Arbeitnehmerstatut.

946 Vgl. zum deutschen Spezialitätsprinzip: BAG, Urt. v. 24.01.2001 – 4 AZR 655/99 – juris, Rn. 58; BAG, Urt. v. 20.04.1999 – 1 AZR 631/98 – juris, Rn. 84; BAG, Urt. v. 20.03.1991 – 4 AZR 455/90 – juris, Rn. 28; LAG Schleswig-Holstein, Urt. v. 06.02.2007 – 5 Sa 328/06 – juris, Rn. 40–44; Sächsisches LAG, Beschl. v. 21.08.2002 – 2 Sa 312/01 – juris, Rn. 30.

947 Duque González, La fuerza vinculante del convenio colectivo, S. 766; García Ninet, Revista General de Derecho del Trabajo y de la Seguridad Social 2013, Nr. 34, 235, 242, 286. Ojeda Avilés, Compendio de derecho sindical, S. 456 wirft die Frage nach der Verfassungsmäßigkeit von Art. 41 Arbeitnehmerstatut auf, da eine unilaterale Änderung des außerstatutarischen Tarifvertrags Art. 37.1 Spanische Verfassung verletzen könnte.

948 Duque González, Lan Harremanak 2021, Nr. 45, 14, 34 bemängelt, dass die unilateral Änderung von Individualarbeitsverträgen nie gerichtlich auf ihre Vereinbarkeit mit der Privatautonomie überprüft wurde.

einem außerstatutarischen Tarifvertrag[949] oder einer Kollektivvereinbarung[950] wesentlich ändern, wenn nachweislich wirtschaftliche, technische, organisatorische oder produktionstechnische Gründe vorliegen. Gem. Art. 41.6 Arbeitnehmerstatut kommt das Verfahren des Art. 41 Arbeitnehmerstatut nicht für die Modifizierung statutarischer Tarifverträge zur Anwendung.

Einzelne Materien werden von einer Modifizierung gem. Art. 41 Arbeitnehmerstatut ausgeschlossen: Gem. Art. 40, 41.7 Arbeitnehmerstatut sind Versetzungen und gem. Art. 12.4 lit. e Arbeitnehmerstatut die Änderung der Vertragsform von Voll- in Teilzeit und umgekehrt[951] vom Verfahren nach Art. 41 Arbeitnehmerstatut ausgenommen. Einige Normen schließen nach

---

949 STC 8/2015, 22.01.2015; STS 7283/2012, 23.10.2012; STS 4930/2012, 26.06.2012; Barceló Fernández, in: García Ninet, Derecho del Trabajo, S. 947; Ojeda Avilés, Compendio de derecho sindical, S. 456; Cruz Villalón, in: Goerlich Peset, Comentarios al Estatuto de los Trabajadores, S. 759, 764; Sanguineti Raymond, Revista General de Derecho del Trabajo y de la Seguridad Social 2014, Nr. 39, 1, 6; Gorelli Hernández, Revista General de Derecho del Trabajo y de la Seguridad Social 2013, Nr. 34, 307, 312; Alfonso Mellado/Pedrajas Moreno/Sala Franco, Relaciones laborales 1995, Nr. 4, 1395, 1398.

950 Duque González, La fuerza vinculante del convenio colectivo, S. 759; Cruz Villalón, in: Goerlich Peset, Comentarios al Estatuto de los Trabajadores, S. 759, 764; Alameda Castillo, in: García-Perrote Escartín/Mercader Uguina, Cláusulas de vanguardia y problemas prácticos de la negociación colectiva actual, S. 433, 438.

951 In STS 4692/2007, 14.05.2007 wurde eine Reduzierung um $^1/_3$ als zulässig erachtet, da mit der Reduzierung keine Umwandlung in Teilzeit einhergehe. Damit eine Teilzeit i.S.d. Art. 12 Arbeitnehmerstatut angenommen werden könne, müsse die reduzierte Stundenzahl zwischen Arbeitgeber und Arbeitnehmer frei vereinbart und nicht unilateral über Art. 41 Arbeitnehmerstatut auferlegt werden. Nicht bei jeder Reduzierung der Arbeitszeit sei Art. 12 Arbeitnehmerstatut einschlägig. Die unilaterale Reduzierung der Arbeitszeit führe nicht zu einer Änderung der Vertragsform, sodass Art. 12 Arbeitnehmerstatut nicht betroffen ist. Ähnlich wurde auch in STS 7264/2011, 07.10.2011 bei einer Reduzierung der Arbeitszeit von 50 % entschieden. Vgl. zum speziellen Verfahren bei Reduzierung der Arbeitszeit in Art. 47 Arbeitnehmerstatut. Zu dieser undurchsichtigen Rechtsprechung auch Herraiz Martín, in: Barcelón Cobedo/Carrero Domínguez/De Soto Rioja, Estudios de derecho del trabajo y de la seguridad social, S. 221, 225–228; García-Perrote Escartín, in: Moscoso del Prado Muñoz/Cazorla Prieto/Bercovitz Rodríguez-Cano et al., Claves para el estudio de las modificaciones sustanciales de las condiciones de trabajo, S. 45–52; Serrano Argüello, in: Moscoso del Prado Muñoz/Cazorla Prieto/Bercovitz Rodríguez-Cano et al., Claves para el estudio de las modificaciones sustanciales de las condiciones de trabajo, S. 53–64.

ihrem Wortlaut eine unilaterale Änderung über Art. 41 Arbeitnehmerstatut aus, indem sie ausdrücklich eine Vereinbarung zwischen Arbeitgeber und Arbeitnehmer fordern. Beispielsweise fordern Art. 21.1 Arbeitnehmerstatut für ein arbeitsrechtliches Wettbewerbsverbot und Art. 21.4 Arbeitnehmerstatut für die Vereinbarung, nach der der Arbeitnehmer nach einer arbeitgeberseitig bezahlten Fortbildung für eine festgelegte Zeit im Unternehmen bleibt, bis die Kosten amortisiert sind, ausdrücklich zwei Willenserklärungen. Im Übrigen sollen solche Änderungen nicht über Art. 41 Arbeitnehmerstatut möglich sein, die den Kernbereich des Arbeitsverhältnisses und die wechselseitigen Hauptleistungspflichten von Arbeitgeber und Arbeitnehmer betreffen.[952]

b. Wesentlichkeit der Änderung

Art. 41 Arbeitnehmerstatut betrifft nach seinem Wortlaut in Art. 41.1 UAbs. 1 S. 1 Arbeitnehmerstatut nur wesentliche Änderungen der Arbeitsbedingungen (*modificaciones sustanciales*). Nicht wesentliche Änderungen (*modificaciones accidentales* oder *no sustanciales*) können im Rahmen des Weisungsrechts des Arbeitgebers gem. Art. 5 lit. c, 20.1 Arbeitnehmerstatut vorgenommen werden.[953] Das Kriterium der Wesentlichkeit wird auf die Änderung, nicht auf die Arbeitsbedingung bezogen.[954] Wesentliche Änderungen liegen nach der Definition der Rechtsprechung bei solchen Umwandlungen vor, die

---

952 Cruz Villalón, in: Goerlich Peset, Comentarios al Estatuto de los Trabajadores, S. 759, 761. Nicht über Art. 41 Arbeitnehmerstatut möglich sind solche Änderungen, die den Vertragstyp ändern (z.B. unbefristet – befristet), vgl. Goerlich Peset, Aranzadi Social 2007, Nr. 5, 1815, 1828, 1829. Nicht von Art. 41 Arbeitnehmerstatut umfasst ist ebenfalls die unilaterale Anordnung von Homeoffice, vgl. STS 2126/2005, 11.04.2005.

953 STS 438/2023, 08.02.2023; STS 1523/2022, 07.04.2022; STS 3078/2012, 17.04.2012; STS 2328/2007, 28.02.2007; STS 5990/2005, 10.10.2005; STS 5629/2003, 22.09.2003; STS 7549/1997, 11.12.1997; Cruz Villalón, in: Goerlich Peset, Comentarios al Estatuto de los Trabajadores, S. 759, 762; San Martín Mazzucconi, El régimen jurídico de la modificación sustancial de las condiciones de trabajo, S. 53–56; Alameda Castillo, in: García-Perrote Escartín/Mercader Uguina, Cláusulas de vanguardia y problemas prácticos de la negociación colectiva actual, S. 433, 440; Herraiz Martín, in: Barcelón Cobedo/Carrero Domínguez/De Soto Rioja, Estudios de derecho del trabajo y de la seguridad social, S. 221, 223; Lahera Forteza, Trabajo y Derecho 2016, Nr. 21, 1, 2; Goerlich Peset, Aranzadi Social 2007, Nr. 5, 1815, 1820.

954 STS 3095/2006, 26.04.2006; STS 7850/2003, 09.12.2003; STS 2955/2001, 09.04.2001; San Martín Mazzucconi, El régimen jurídico de la modificación sustancial de las

grundlegende Aspekte des Arbeitsverhältnisses derart modifizieren, dass sich diese danach deutlich von der vorherigen Regelung unterscheiden.[955] In tatsächlicher Hinsicht muss die Änderung in einem Vorher-Nachher-Vergleich[956] unter Berücksichtigung der Art der Bedingung und der Intensität der Änderung für den Arbeitnehmer erhebliche Nachteile und Belastungen mit sich bringen.[957] Änderungen, die zu einer günstigeren Arbeitsbedingung führen[958] oder im Vergleich als weder vor- noch nachteilig zu bewerten sind,[959] werden nicht als wesentlichen Änderungen i.S.d. Art. 41 Arbeitnehmerstatut eingestuft. Zur Bewertung der Wesentlichkeit zieht die ständige Rechtsprechung die qualitative Bedeutung der Änderung, ihren zeitlichen Umfang und mögliche Kompensationen als Kriterien heran.[960] Beispielhaft, aber nicht abschließend[961] als wesentlich stuft der Gesetzgeber gem. Art. 41.1 UAbs. 2 Arbeitnehmerstatut die Änderungen bei der Festsetzung des Arbeitstags (lit. a), der Arbeitszeit und deren Verteilung (lit. b), dem Schichtarbeitssystem (lit. c), dem Vergütungssystem und der Lohnhöhe (lit. d), dem Arbeits- und Leistungssystem (lit. e) und der geschuldeten Tätigkeit, soweit sie die Grenzen der funktionalen Versetzung gem. Art. 39 Arbeitnehmerstatut überschreiten (lit. f), ein. Die Rechtsprechung schränkt den sehr weiten Wortlaut des

condiciones de trabajo, S. 100; García Ninet, Revista General de Derecho del Trabajo y de la Seguridad Social 2013, Nr. 34, 235, 244, 245.

955 STS 3078/2012, 17.04.2012. Vgl. auch STS 438/2023, 08.02.2023; STS 1523/2022, 07.04.2022; STS 2328/2007, 28.02.2007; STS 5990/2005, 10.10.2005; STS 5629/2003, 22.09.2003; STS 2955/2001, 09.04.2001; STS 7549/1997, 11.12.1997.

956 STSJ Castilla y León 1525/2005, 23.03.2005.

957 STS 5990/2005, 10.10.2005; STS 7850/2003, 09.12.2003; STS 5629/2003, 22.09.2003; STS 2955/2001, 09.04.2001; STS 7549/1997, 11.12.1997; STS 7734/1995, 03.04.1995; STS 17625/1990, 15.03.1990; Martínez Moreno, Derecho de relaciones laborales 2016, Nr. 4, 323, 325; García Ninet, Revista General de Derecho del Trabajo y de la Seguridad Social 2013, Nr. 34, 235, 245.

958 STS 4702/1997, 02.07.1997; STS 7734/1995, 03.04.1995.

959 Goerlich Peset, Aranzadi Social 2007, Nr. 5, 1815, 1823 1824 mit Verweis auf STS 7344/2005, 22.11.2005.

960 St. Rspr.: STS 438/2023, 08.02.2023; STS 4936/2022, 21.12.2022; STS 1978/2020, 11.06.2020; STS 298/2020, 28.01.2020; STS 4280/2019, 26.11.2019; STS 4720/2017, 29.11.2017; STS 2892/2017, 29.06.2017; STS 4782/2016, 12.09.2016; STS 4352/2013, 22.07.2013; STS 5990/2005, 10.10.2005.

961 „*entre otras*", vgl. auch STS 4782/2016, 12.09.2016; STS 3095/2006, 26.04.2006; STS 2955/2001, 09.04.2001; STS 7734/1995, 03.04.1995; Rodríguez-Piñero Royo, in: Ministerio de Empleo y Seguridad Social, La reforma laboral de 2012, S. 65, 102.

Art. 41.1 UAbs. 2 Arbeitnehmerstatut zusätzlich ein, indem sie z.B. eine Lohnreduzierung ausschließlich aus wirtschaftlichen Gründen, nicht aber aus technischen, organisatorischen oder produktionstechnischen Gründen für zulässig erachtet.[962] Uneinigkeit besteht in Literatur und Rechtsprechung darüber, ob die Änderung in den aufgelisteten Materien in jedem Fall als wesentlich einzustufen ist.[963] Jedenfalls bei jeder Änderung nicht aufgelisteter Materien muss aber einzelfallabhängig geprüft werden, ob eine Wesentlichkeit vorliegt, was nach kritischen Stimmen in Literatur und Rechtsprechung zu Rechtsunsicherheit führt.[964] Beispielsweise stufte die Rechtsprechung eine Verringerung der täglichen Arbeitszeit um acht Minuten als wesentlich ein.[965] Auch die Frühstückspause entgegen der bisherigen betrieblichen Praxis nicht mehr als Arbeitszeit einzustufen, wurde als wesentlich eingeordnet.[966] Einen Wechsel des Schichtarbeitssystems von 7–14 Uhr bzw. 14–21 Uhr auf 8–15 Uhr bzw. 15–22 Uhr[967] oder auch eine Erhöhung der täglichen Arbeitszeit um je 15 Minuten zu Fortbildungszwecken für den Zeitraum von vier Monaten[968] stufte sie dagegen als unwesentlich ein.

---

962 SAN 3499/2014, 11.09.2014.

963 Für eine unwiderlegliche Vermutung der Wesentlichkeit *ex lege*: STS 2961/2006, 04.04.2006; STS 16605/1991, 15.03.1991, STSJ Extremadura 2/2006, 05.01.2006. Nach De Val Tena, Documentación laboral 2018, Nr. 114, 45, 68 deutet diese Rechtsprechung darauf hin, dass bei einer Modifizierung in den aufgelisteten Materien eine unwiderlegliche Vermutung für deren Wesentlichkeit bestehe. Diese Interpretation stehe in Einklang mit dem Wortlaut von Art. 41.1 UAbs. 2 Arbeitnehmerstatut und führe zu mehr Rechtssicherheit bei der Subsumtion unter den Begriff der wesentlichen Änderung. Anders aber STSJ Galicia 258/2013, 23.01.2013, das eine Änderung des Schichtarbeitssystems als unwesentlich einstufte. A.A. auch Alameda Castillo, in: García-Perrote Escartín/Mercader Uguina, Cláusulas de vanguardia y problemas prácticos de la negociación colectiva actual, S. 433, 440; Goerlich Peset, Aranzadi Social 2007, Nr. 5, 1815, 1825: Da sich die Wesentlichkeit nicht anhand der Arbeitsbedingung, sondern anhand der Änderung beurteilt, könne die Liste nur beispielhaft sein. Nicht jede Änderung, die eine der aufgelisteten Materien betrifft, müsse eine wesentliche Änderung sein, sodass eine einzelfallabhängige Beurteilung jeder Änderung notwendig sei.

964 STS 5990/2005, 10.10.2005; López Insua, Derecho de relaciones laborales 2016, Nr. 2, 156, 157.

965 STS 322/2007, 17.01.2007.

966 STS 4417/2015, 16.09.2015.

967 STSJ Galicia 258/2013, 23.01.2013.

968 STS 799/2017, 17.01.2017.

2. Notwendigkeit einer causa: wirtschaftliche, technische, organisatorische oder produktionstechnische Gründe

Die zu ergreifenden Maßnahmen müssen gem. Art. 41.1 UAbs. 1 S. 1 Arbeitnehmerstatut kausal in Zusammenhang mit wirtschaftlichen, technischen, arbeitsorganisatorischen oder produktionstechnischen Gründen stehen. Da die Gründe gesetzlich nicht weiter konkretisiert werden, besteht ein weiter Auslegungsspielraum, dessen Grenzen nach Ansicht in der Literatur juristisch schwer definiert und überprüft werden können.[969] Nach Ansicht des Verfassungsgerichts genügt Art. 41 Arbeitnehmerstatut dennoch den Anforderungen der Bestimmtheit, da bei der Auslegung der Gründe auf die fast wortlautidentischen Legaldefinitionen zu wirtschaftlichen, technischen, arbeitsorganisatorischen oder produktionstechnischen Gründen in Art. 47.2, 51.1 UAbs. 2, 3, 82.3 UAbs. 3, 4 Arbeitnehmerstatut zurückgegriffen werden kann.[970] In Übertragung dieser Definitionen liegen wirtschaftliche Gründe vor, wenn sich das Unternehmen in einer negativen wirtschaftlichen Lage befindet, z.B. wenn dauerhafte Verluste zu verzeichnen oder zu erwarten sind oder anhaltende Rückgänge der Einnahmen oder Umsätze vorliegen.[971] Es wird nach dem dortigen Gesetzeswortlaut unwiderleglich vermutet,[972] dass wirtschaftliche Gründe vorliegen, wenn in zwei bzw. drei[973] aufeinanderfolgenden Quartalen die Höhe der Einnahmen oder der Umsätze in jedem Quartal niedriger sind als im entsprechenden Quartal des Vorjahres. Technische Gründe betreffen nach den Legaldefinitionen z.B. Änderungen des Produktionsverfahrens oder der Produktionsmittel. Organisatorische Gründe sind z.B. Änderungen der Arbeitsmethoden, der Produktionsorganisation

---

969 Gorelli Hernández, La negociación colectiva de empresa, S. 14.

970 STC 8/2015, 22.01.2015.

971 Wirtschaftliche Gründe annehmend: STS 5525/2015, 14.10.2015; wirtschaftliche Gründe ablehnend: STS 504/2014, 20.01.2014.

972 Vicente Palacio, in: García Ninet, Derecho del trabajo, S. 147; Llompart Bennàssar, in: Roqueta Buj, Reforma y contrarreforma: nuevos retos del derecho del trabajo, S. 85, 88.

973 Einziger Unterschied zwischen den Legaldefinitionen ist, dass Art. 47.2, 82.3 UAbs. 3, 4 Arbeitnehmerstatut in ihrer Vermutungswirkung auf zwei Quartale abstellen, Art. 51.1 UAbs. 2, 3 Arbeitnehmerstatut dagegen auf drei Quartale. Der Verweis in die Definitionen der Art. 47.2, 51.1 UAbs. 2, 3, 82.3 UAbs. 3, 4 Arbeitnehmerstatut soll aber nach Ansicht des Verfassungsgerichts lediglich als Orientierung für Art. 41 Arbeitnehmerstatut dienen.

oder der Arbeitsweise der Mitarbeiter.[974] Die Produktion betreffende Gründe werden als Änderungen der Nachfrage nach den Produkten oder Dienstleistungen, die das Unternehmen anbietet, definiert. Die wirtschaftlichen Gründe müssen der Rechtsprechung nach das Unternehmen betreffen, die übrigen Gründe können sich auch allein auf den Betrieb beziehen.[975]

3. Rechtfertigung: Verbesserung der Unternehmenssituation

Art. 41 Arbeitnehmerstatut bezieht sich nicht auf Krisensituationen des Unternehmens wie Art. 82.3 Arbeitnehmerstatut, sondern präventiv[976] auf Situationen, in denen die Unternehmensstrukturen zur Erhaltung der Wettbewerbsfähigkeit an neue Herausforderungen angepasst und Investitionen getätigt wurden, sodass ebenfalls die Arbeitsbedingungen angepasst werden müssen.[977] Gem. Art. 41.1 UAbs. 1 S. 2 Arbeitnehmerstatut kann eine Änderung mit der Wettbewerbsfähigkeit, der Produktivität oder der technischen oder arbeitsorganisatorischen Organisation des Unternehmens gerechtfertigt werden. Im Sinne einer extensiven Auslegung wird bereits als ausreichend erachtet, wenn die Maßnahmen zu einer verbesserten Wettbewerbsfähigkeit oder einer verbesserten Effizienz der von dem Unternehmen erbrachten Dienstleistungen beitragen, eine negative Unternehmenslage wird nicht gefordert.[978] Hintergrund dieser weiten Auslegung ist, dass die Norm teleologisch bereits durch interne Flexibilität Krisensituationen vorbeugen möchte, bevor Maßnahmen externer Flexibilität, wie z.B. Massenentlassungen, notwendig

---

974 Vgl. Zu dieser *causa* in: STS 4399/2013, 12.07.2013.

975 Vgl. STS 5220/2003, 21.07.2003; STS 9329/2002, 13.02.2002. Vgl. dazu, dass wirtschaftliche Gründe das gesamte Unternehmen betreffen müssen: STS 2757/2016, 11.05.2016; STS 3114/1998, 14.05.1998.

976 Durch die Gesetzesreform 3/2012 wandelte sich der Normcharakter von Art. 41 Arbeitnehmerstatut von einer Vorschrift, die auf bereits vorhandene Krisen reagiert, zu einer präventiven Regelung, die bereits im Vorfeld Krisen vermeidet, vgl. López Insua, Derecho de relaciones laborales 2016, Nr. 2, 156, 161.

977 STS 5113/2015, 23.10.2015; STS 3810/2015, 16.07.2015 m.w.N.; STS 3130/2005, 17.05.2005; García Ninet, Revista General de Derecho del Trabajo y de la Seguridad Social 2013, Nr. 34, 235, 249, 250–253.

978 STS 3810/2015, 16.07.2015; STS 5748/2014, 10.12.2014; STS 7790/2012, 16.11.2012; STS 3647/2011, 16.05.2011; STS 7759/2010, 04.11.2010; STS 3130/2005, 17.05.2005; STSJ Cataluña 13650/2007, 30.11.2007; Cruz Villalón, in: Goerlich Peset, Comentarios al Estatuto de los Trabajadores, S. 759, 766.

werden.[979] Dem Arbeitgeber steht, begrenzt durch Rationalität und Proportionalität,[980] ein Gestaltungsspielraum zu, sodass innerhalb des Art. 41 Arbeitnehmerstatut nicht nur die geeignetste Maßnahme zur Erreichung der künftigen Ziele als zulässig eingestuft wird.[981] Aufgrund der präventiven Zwecksetzung befristet das Gesetz den Zeitraum, in dem die modifizierten Bedingungen zur Anwendung kommen, nicht.[982]

In der Literatur wird bemängelt, dass die Rechtsbegriffe Wettbewerbsfähigkeit, Produktivität und technische oder arbeitsorganisatorische Organisation i.S.d. Art. 41.1 UAbs. 1 S. 2 Arbeitnehmerstatut zu unbestimmt seien und zu Rechtsunsicherheiten führten. Es bestünde die Gefahr, dass Arbeitgeber den Anwendungsbereich des Art. 41 Arbeitnehmerstatut zu sehr ausweiten und regelmäßig als Instrument zur Erweiterung unilateraler Entscheidungsbefugnisse nutzten. Elementare Grundsätze des Vertragsrechts würden hierdurch berührt und das Kräfteungleichgewicht zwischen Arbeitgeber und Arbeitnehmer weiter verstärkt.[983]

4. Verfahren bei individueller und kollektiver Änderung

a. Abgrenzung zwischen individueller und kollektiver Änderung

Art. 41 Arbeitnehmerstatut unterscheidet zwischen individuellen und kollektiven wesentlichen Änderungen der Arbeitsbedingungen und knüpft zur

---

979 STS 3130/2005, 17.05.2005; Cruz Villalón, in: Goerlich Peset, Comentarios al Estatuto de los Trabajadores, S. 759, 760.

980 Vgl. Poquet Catalá, in: Roqueta Buj, Reforma y contrarreforma: nuevos retos del derecho del trabajo, S. 207, 209, 210; Cruz Villalón, in: Goerlich Peset, Comentarios al Estatuto de los Trabajadores, S. 759, 767, 768; Gala Durán, in: Del Rey Guanter, La reforma del mercado de trabajo y su impacto en el sistema de relaciones laborales, S. 259, 282. Nach STS 599/2014, 27.01.2014 ist beispielsweise das Sozialdumping ausgeschlossen.

981 STS 599/2014, 27.01.2014.

982 STS 3955/2015, 09.06.2015; STS 5792/2014, 17.12.2014; SAN 3742/2013, 19.09.2013; Barceló Fernández, in: García Ninet, Derecho del Trabajo, S. 943; Cruz Villalón, in: Goerlich Peset, Comentarios al Estatuto de los Trabajadores, S. 759, 763; Alameda Castillo/Blázquez Agudo, Trabajo y Derecho 2016, Nr. 14, 1, 2, 4. Offenlassend Lahera Forteza, Trabajo y Derecho 2016, n. 21, 1, 5, der auch überlegt, die Dauer mit der *causa* zu verbinden.

983 Morón Prieto, in: Moscoso del Prado Muñoz/Cazorla Prieto/Bercovitz Rodríguez-Cano et al., Claves para el estudio de las modificaciones sustanciales de las condiciones de trabajo, S. 31, 32–33.

Unterscheidung an die Anzahl der von der Maßnahme betroffenen Arbeitnehmer an. Ob es sich um die Modifizierung von Individualarbeitsverträgen, Tarifverträgen oder Kollektivvereinbarungen handelt, ist im Unterschied zur vormaligen Regelung vor der Reform 2012[984] nicht mehr für die Einordnung entscheidend. Je nach Einordnung als individuelle oder kollektive Änderung fordert Art. 41 Arbeitnehmerstatut die Einhaltung unterschiedlicher Verfahrensschritte.

Um eine kollektive Modifizierung handelt es sich gem. Art. 41.2 UAbs. 2 Arbeitnehmerstatut, wenn innerhalb von 90 Tagen in Unternehmen mit unter 100 Arbeitnehmern zehn Arbeitnehmer betroffen sind (lit. a), in Unternehmen mit zwischen 100 und 300 Arbeitnehmern 10 % der Arbeitnehmer (lit. b) oder in Unternehmen mit mehr als 300 Arbeitnehmern 30 Arbeitnehmer (lit. c). Nimmt das Unternehmen zur Vermeidung einer Einordnung als kollektive Änderung in aufeinanderfolgenden Zeiträumen von neunzig Tagen wesentliche Änderungen der Arbeitsbedingungen vor, deren Zahl betroffener Arbeitnehmer unter den genannten Schwellenwerten liegt, ohne dass neue Gründe vorliegen, die ein solches Vorgehen rechtfertigen, gelten diese neuen Änderungen gem. Art. 41.3 UAbs. 4 Arbeitnehmerstatut als in betrügerischer Absicht vorgenommen und werden für nichtig erklärt.

b. *Verfahren bei individueller Änderung*

Ist eine Anzahl von Arbeitnehmern unterhalb des Schwellenwertes betroffen und handelt es sich um eine individuelle Änderung, hat der Arbeitgeber dem Arbeitnehmer und der Einheitsvertretung die Änderung gem. Art. 41.3 UAbs. 1 Arbeitnehmerstatut 15 Tage vor deren Inkrafttreten mitzuteilen.

---

984 Art. 41.2 Arbeitnehmerstatut a.F.: „*Se considera de carácter individual la modificación de aquellas condiciones de trabajo de que disfrutan los trabajadores a título individual. Se considera de carácter colectivo la modificación de aquellas condiciones reconocidas a los trabajadores en virtud de acuerdo o pacto colectivo o disfrutadas por éstos en virtud de una decisión unilateral del empresario de efectos colectivos. No obstante lo dispuesto en el párrafo anterior, no se considerarán en ningún caso de carácter colectivo a los efectos de lo dispuesto en el apartado 4 de este artículo las modificaciones funcionales y de horario de trabajo que afecten, en un período de noventa días, a un número de trabajadores inferior a: a) Diez trabajadores, en las empresas que ocupen menos de cien trabajadores. b) El 10 por ciento del número de trabajadores de la empresa en aquellas que ocupen entre cien y trescientos trabajadores. c) Treinta trabajadores, en las empresas que ocupen trescientos o más trabajadores.*“

Wird der Arbeitnehmer durch die wesentliche Änderung in den in Art. 41.1 UAbs. 2 lit. a–d, f Arbeitnehmerstatut aufgelisteten Materien objektiv[985] benachteiligt[986], steht ihm das Recht zur Erklärung der Kündigung gem. Art. 41.3 UAbs. 2 Arbeitnehmerstatut verbunden mit dem Erhalt einer Abfindung von 20 Tagesgehältern pro Jahr der Betriebszugehörigkeit zu, sofern die Materie nicht das Arbeits- und Leistungssystem gem. Art. 41.1 UAbs. 2 lit. e Arbeitnehmerstatut oder eine sonstige nicht aufgelistete Materie betrifft. Das Recht zur Kündigung wird dem Arbeitnehmer unabhängig davon gewährt, ob die wesentliche Änderung rechtmäßig war.[987] Insoweit erinnert die Konstruktion an eine deutsche Änderungskündigung, die aber keiner sozialen Rechtfertigung bedarf.[988]

Sofern die Änderung gegen Art. 41 Arbeitnehmerstatut verstößt und die Würde des Arbeitnehmers beeinträchtigt wurde, kann der Arbeitnehmer vor Gericht die Beendigung des Arbeitsverhältnisses mit dem Erhalt einer Abfindung[989] gem. Art. 50.1 lit. a, 50.2 Arbeitnehmerstatut[990] verlangen. Weiter besteht bei einer Verletzung des Art. 41 Arbeitnehmerstatut die Möglichkeit der individuellen Klage des Arbeitnehmers gegen die wesentliche Änderung seiner Arbeitsbedingungen gem. Art. 41.3 UAbs. 3 Arbeitnehmerstatut, Art. 138 Gesetz über die Sozialgerichtsbarkeit. Auch die kollektive Arbeitnehmervertretung kann gem. Art. 163 ff. Gesetz über die

985 Del Rey Guanter, in: Goerlich Peset, Comentarios al Estatuto de los Trabajadores, S. 771, 773.

986 Nach Gala Durán, in: Del Rey Guanter, La reforma del mercado de trabajo y su impacto en el sistema de relaciones laborales, S. 259, 286, 287 bemängelt die Rechtsunsicherheit bei der Interpretation einer Benachteiligung (*perjudicado*).

987 Del Rey Guanter, in: Goerlich Peset, Comentarios al Estatuto de los Trabajadores, S. 771, 773.

988 Vgl. auch die rechtsvergleichenden Ausführungen von Fröhlich, EuZA 2010, 360, 360, 361.

989 Bei Arbeitsverträgen vor dem 12.02.2012: bis zu 42 Monatsgehälter, Disposición transitoria undécima UAbs. 2 Arbeitnehmerstatut; bei Arbeitsverträgen ab dem ab dem 12.02.2012: bis zu 24 Monatsgehälter, Art. 56.1 Arbeitnehmerstatut.

990 Zur Unterscheidung zwischen Art. 50.1 lit. a, 50.2 Arbeitnehmerstatut und Art. 41.3 UAbs. 2 Arbeitnehmerstatut, vgl. García-Perrote Escartín, Manual de derecho del trabajo, S. 569.

Sozialgerichtsbarkeit gegen die Änderung des außerstatutarischen Tarifvertrags oder der Kollektivvereinbarung klagen.[991]

c. Verfahren bei kollektiver Änderung

Im Unterschied zur individuellen Änderung sind bei der kollektiven Änderung die Arbeitnehmervertreter verstärkt in den Prozess einbezogen. Es bestehen keine bloßen Mitteilungspflichten, sondern die Pflicht zu einer Beratungsphase (*periodo de consultas*) mit der Arbeitnehmervertretung gem. Art. 41.4 Arbeitnehmerstatut.

aa. Legitimierte Parteien

Gegenüber dem Arbeitgeber sind die in Art. 41.4 Arbeitnehmerstatut aufgelisteten Arbeitnehmervertretungen zu Beratungen legitimiert. Vorrangig sind gem. Art. 41.4 UAbs. 2 Arbeitnehmerstatut die Gewerkschaftssektionen legitimiert, sofern sie dies vereinbaren und ihnen die Mehrheit der Mitglieder in der Einheitsvertretung angehört. In den übrigen Fällen ist entscheidend, ob es sich um einen oder mehrere betroffene Betriebe handelt. Bei lediglich einem Betrieb ist die dortige Einheitsvertretung legitimiert, Art. 41.4 UAbs. 3 lit. a S. 1 Arbeitnehmerstatut. Bei Fehlen einer Einheitsvertretung oder Gewerkschaftssektion[992] sind *ad hoc*-Vereinigungen legitimiert. Diese können sich entweder aus drei Arbeitnehmern des Betriebs zusammensetzen (*comisión laboral*) oder proportional aus drei externen Personen der für die Branche repräsentativen Gewerkschaften bestehen, die die volle Legitimation aufweisen (*comisión sindical*),[993] Art. 41.4 UAbs. 3 lit. a S. 2, 3 Arbeitnehmerstatut. Handelt es sich um mehrere Betriebe, ist gem. Art. 41.4 UAbs. 3 lit. b

---

991 Der Wortlaut der Art. 163 ff. Gesetz über die Sozialgerichtsbarkeit bezieht sich auf Tarifverträge (*convenios colectivos*), nach der Rechtsprechung sollen aber auch Kollektivvereinbarungen erfasst sein, vgl. STS 3683/2011, 10.05.2011 m.w.N.

992 Der Gesetzeswortlaut spricht zwar nur vom Fehlen der „*representación legal*", mit der das Arbeitnehmerstatut terminologisch meist die Einheitsvertretungen meint. Eine strenge Wortlautauslegung wäre aber nicht mit Telos und Systematik vereinbar, sodass eine *ad hoc*-Vereinigung erst bei Fehlen sowohl von Einheitsvertretungen als auch von Gewerkschaftssektionen gebildet werden kann, vgl. Gorelli Hernández, La negociación colectiva de empresa, S. 78, 79.

993 Baylos Grau, Sindicalismo y derecho sindical, S. 58, 59; Gorelli Hernández, La negociación colectiva de empresa, S. 78; Gorelli Hernández, Revista General de Derecho del Trabajo y de la Seguridad Social 2013, Nr. 34, 307, 332.

Arbeitnehmerstatut das betriebsübergreifende Komitee legitimiert oder, bei dessen Fehlen, eine *ad hoc*-Vereinigung, die sich je nach konkreter Konstellation unterschiedlich zusammensetzt: Verfügt jeder der Betriebe über eine Einheitsvertretung, setzt sich die Vereinigung aus ihnen zusammen (Nr. 1). Verfügen nur einige, aber nicht alle Betriebe über Einheitsvertretungen, besteht die Möglichkeit, dass die vorhandenen Einheitsvertretungen auch die Arbeitnehmer aus den Betrieben ohne Einheitsvertretung repräsentieren. Alternativ können die Betriebe ohne Vertretung auch eigene *ad hoc*-Vereinigungen nach den genannten Grundsätzen (*comisión laboral* oder *sindical*) bilden und diese in die gemeinsame Vereinigung der Betriebe entsenden, sodass diese mit den restlichen Einheitsvertretungen verhandeln (Nr. 2). Verfügt keiner der Betriebe über Einheitsvertretungen, sind *ad hoc*-Vereinigungen, ebenfalls nach den bereits genannten Grundsätzen, legitimiert (Nr. 3).

bb. Bildung des Gremiums

Gem. Art. 41.4 UAbs. 1 S. 3 Arbeitnehmerstatut besteht das Verhandlungsgremium aus höchstens 13 Mitgliedern je Partei. Das Gremium muss innerhalb von sieben Tagen nach der Mitteilung des Arbeitgebers, das Verfahren gem. Art. 41.4 Arbeitnehmerstatut einleiten zu wollen, gebildet werden. Existiert zu diesem Zeitpunkt keine Einheits- oder Gewerkschaftsvertretung, muss das Gremium innerhalb von 15 Tagen zusammengesetzt werden, Art. 41.4 UAbs. 5 S. 3 Arbeitnehmerstatut. Gem. Art. 41.4 UAbs. 6 Arbeitnehmerstatut beginnt die Beratungsphase nach Ablauf der Frist, auch wenn das Gremium noch nicht gebildet wurde. Zu jedem Zeitpunkt können die Parteien vereinbaren, dass die Beratungsphase durch eine Mediation oder ein Schiedsverfahren ersetzt wird, Art. 41.4 UAbs. 8 Arbeitnehmerstatut, oder das in Art. 41.4 Arbeitnehmerstatut festgesetzte dispositive Verfahren durch ein tarifvertraglich festgelegtes Verfahren substituieren.[994]

---

994 „*sin perjuicio de los procedimientos específicos que puedan establecerse en la negociación colectiva* [...]“, vgl. Agís Dasilva, in: Goerlich Peset, Comentarios al Estatuto de los Trabajadores, S. 785, 786, 787. Z.B. in einem Verfahren über die Resolución de 10 de diciembre de 2020, de la Dirección General de Trabajo, por la que se registra y publica el VI Acuerdo sobre Solución Autónoma de Conflictos Laborales (Sistema Extrajudicial), vgl. Art. 4.3 lit. e VI Acuerdo oder einem eigenen, unter den Voraussetzungen des Art. 3.3 VI Acuerdo möglichen Verfahren. Alameda Castillo, in: García-Perrote Escartín/Mercader Uguina, Cláusulas de vanguardia y problemas prácticos de la

cc. Zielorientierte Beratungsphase von 15 Tagen

Die Beratungsphase darf gem. Art. 41.4 UAbs. 1 S. 1 Arbeitnehmerstatut höchstens 15 Tage andauern. Diese Pflicht des Arbeitgebers zu Beratungen beschränkt sich nicht darauf, die Meinung der Arbeitnehmervertretung einzuholen. Es handelt sich um eine Beratungspflicht, die nach Treu und Glauben darauf gerichtet sein muss, eine Einigung zu erzielen, Art. 41.4 UAbs. 7 Arbeitnehmerstatut. Nach Ansicht in Literatur und Rechtsprechung müssen der Arbeitnehmervertretung alle notwendigen Informationen mitgeteilt und Dokumente übergeben werden; es muss eine ausreichende Anzahl an Besprechungen zwischen den Parteien stattfinden und Vorschläge sowie Gegenvorschläge müssen beachtet und diskutiert werden.[995] Der spanische Gesetzgeber fordert aber kein Zustimmungsbedürfnis der Arbeitnehmervertreter. Arbeitsbedingungen des Arbeitsvertrags, des außerstatutarischen Tarifvertrags oder der Kollektivvereinbarung können damit ohne Zustimmung der Arbeitnehmervertreter verschlechtert werden.[996]

dd. Abschluss der Beratungsphase

(1) Konstellation 1: Zustimmung der Arbeitnehmervertretung

Stimmt die Arbeitnehmervertretung der kollektiven Änderung gem. Art. 41.4 UAbs. 7 Arbeitnehmerstatut mehrheitlich zu, wird gem. Art. 41.4 UAbs. 9 S. 1 HS. 1 Arbeitnehmerstatut widerleglich[997] vermutet, dass einer der in Art. 41.1 UAbs. 1 Arbeitnehmerstatut genannten Gründe zur Rechtfertigung der wesentlichen Änderungen vorliegt. Ein rechtliches Vorgehen gegen die Vereinbarung ist dann gem. Art. 41.4 UAbs. 9 S. 1 HS. 2 Arbeitnehmerstatut

---

negociación colectiva actual, S. 433, 450, 458 begrenzt die Dispositionsbefugnis: Auch bei abweichenden Verfahren müsse immer eine Beratungsphase stattfinden. Außerdem sei die festgelegte Reihenfolge der gem. Art. 41.4 Arbeitnehmerstatut legitimierten Parteien nicht dispositiv.

995 Vgl. STS 3694/2015, 24.07.2015; García Ninet, Revista General de Derecho del Trabajo y de la Seguridad Social 2013, Nr. 34, 235, 286.

996 Rodríguez-Piñero Royo, in: Ministerio de Empleo y Seguridad Social, La reforma laboral de 2012, S. 65, 102, 103, 104; Duque González, Derecho de relaciones laborales 2020, Nr. 3, 252, 264; García Ninet, Revista General de Derecho del Trabajo y de la Seguridad Social 2013, Nr. 34, 235, 286.

997 Del Rey Guanter, in: Goerlich Peset, Comentarios al Estatuto de los Trabajadores, S. 771, 781; Duque González, La fuerza vinculante del convenio colectivo, S. 757; Sicre Gilabert, La negociación colectiva, S. 133, 134.

nur zulässig, wenn die Vereinbarung durch Betrug, Arglist, Nötigung oder Rechtsmissbrauch zustande kam. Einzelnen Arbeitnehmern wird gem. Art. 41.4 UAbs. 9 S. 2, 41.3 UAbs. 2 Arbeitnehmerstatut trotz Vermutungswirkung weiterhin das Recht zur Kündigung mit Anspruch auf eine Abfindung gewährt.[998]

(2) Konstellation 2: Ablehnung durch die Arbeitnehmervertretung

Stimmt die Arbeitnehmervertretung nicht zu, teilt der Arbeitgeber den betroffenen, individuellen Arbeitnehmern die wesentliche Änderung mit, die dann sieben Tage nach Mitteilung in Kraft tritt, Art. 41.5 UAbs. 1 Arbeitnehmerstatut. In systematischer Auslegung des Wortlauts von Art. 41.5 UAbs. 1 Arbeitnehmerstatut unter Berücksichtigung des Verfahren bei individueller Änderung gem. Art. 41.3 Arbeitnehmerstatut wird zudem eine Mitteilungspflicht gegenüber den Arbeitnehmervertretern gefordert.[999] Weiter soll der Arbeitgeber nach einer extensiven Auslegung des Art. 41.5 UAbs. 1 Arbeitnehmerstatut sowohl bei einer Einigung als auch bei fehlender Einigung zu einer Mitteilung verpflichtet sein.[1000]

Gem. Art. 41.5 UAbs. 2 S. 1, 41.3 UAbs. 2 Arbeitnehmerstatut steht dem Arbeitnehmer wiederum das Recht zur Kündigung mit Abfindung zu. Gem. Art. 41.5 UAbs. 2 S. 1, 41.3 UAbs. 3 Arbeitnehmerstatut kann der Arbeitnehmer gerichtlich gegen die Änderung vorgehen. Auch die Arbeitnehmervertretung kann gem. Art. 163 ff. Gesetz über die Sozialgerichtsbarkeit gegen die Änderung klagen. Ein individuelles Vorgehen gegen die Änderung wird aber ausgesetzt, sofern kollektiv gegen die Änderung geklagt wird, Art. 41.5 UAbs. 2 S. 2 Arbeitnehmerstatut.

---

998 García Ninet, Revista General de Derecho del Trabajo y de la Seguridad Social 2013, Nr. 34, 235, 297, 298.

999 STS 1213/2018, 22.03.2018; Del Rey Guanter, in: Goerlich Peset, Comentarios al Estatuto de los Trabajadores, S. 771, 782, 783; García-Perrote Escartín, Manual de derecho del trabajo, S. 581.

1000 Del Rey Guanter, in: Goerlich Peset, Comentarios al Estatuto de los Trabajadores, S. 771, 782, 783; García-Perrote Escartín, Manual de derecho del trabajo, S. 581.

5. Keine Verfassungswidrigkeit des Art. 41.4 und 5 Arbeitnehmerstatut

Obwohl der Arbeitgeber mit dem Verfahren gem. Art. 41 Arbeitnehmerstatut den Inhalt eines außerstatutarischen Tarifvertrags unilateral ändern kann, hat das Spanische Verfassungsgericht Art. 41.4 und 5 Arbeitnehmerstatut als verfassungsgemäß eingestuft[1001]: Zwar sei der Schutzbereich der Art. 37.1 und Art. 28.1 Spanische Verfassung berührt, wenn der Arbeitgeber einseitig Arbeitsbedingungen eines außerstatutarischen Tarifvertrags modifizieren könne. Der Eingriff sei jedoch gerechtfertigt. Als legitimen Zweck schütze Art. 41 Arbeitnehmerstatut die interne Flexibilität im Unternehmen bei geänderten wirtschaftlichen Verhältnissen und beuge dem Verlust von Arbeitsplätzen vor. Die Norm schließe in Art. 41.6 Arbeitnehmerstatut ausdrücklich statutarische Tarifverträge aus ihrem Anwendungsbereich aus. Sie fordere in Art. 41.4 und 5 Arbeitnehmerstatut Beratungen mit den Arbeitnehmervertretern. Nur nach Ablauf einer erfolglosen Beratungsphase könne eine unilaterale Entscheidung des Arbeitgebers erfolgen. Die Parteien hätten die Möglichkeit, das Verfahren gem. Art. 41.4 UAbs. 8 Arbeitnehmerstatut durch Schieds- und Mediationsverfahren zu ersetzen. Zum Schutz der Arbeitnehmer fordere Art. 41 Arbeitnehmerstatut stets eine *causa*. Außerdem stünden dem betroffenen Arbeitnehmer weitreichende Rechtsschutzmöglichkeiten zur Verfügung. In Art. 37.1 und Art. 28.1 Spanische Verfassung könne daher mit den legitimen Zwecken der Art. 35.1 (Recht auf Arbeit), Art. 38 (Unternehmensfreiheit), Art. 40.1 (Förderung der wirtschaftlichen und sozialen Entwicklung) Spanische Verfassung eingegriffen werden. Ob die sehr kurzen Ausführungen zur Verfassungsmäßigkeit des Art. 41.4 und 5 Arbeitnehmerstatut im Urteil STC 8/2015 angesichts der weitreichenden Einschränkungen für Art. 37.1 Spanische Verfassung darauf zurückzuführen sind, dass das Instrument des Art. 41 Arbeitnehmerstatut seit seiner Einführung derart anerkannt ist, dass es nun in seiner Gesamtheit nicht mehr in Frage gestellt wird, bleibt ungeklärt. Das Verfassungsgericht jedenfalls vermeidet ein Infragestellen des gesamten Instruments[1002] und verweist in

1001 STC 8/2015, 22.01.2015; a.A. Sondervotum von Valdés Dal-Ré in STC 8/2015, 22.01.2015, der eine Verletzung von Art. 28.1, 37.1 Spanische Verfassung bejaht.

1002 Anders aber Sondervotum von Valdés Dal-Ré in STC 8/2015, 22.01.2015.

seinem Urteil ausdrücklich darauf, Art. 41 Arbeitnehmerstatut sei nicht neu, sondern bereits mit Gesetz 11/1994[1003] eingeführt worden.

6. Zwischenergebnis

Mit Art. 41 Arbeitnehmerstatut wurde in der spanischen Rechtsordnung ein Instrument geschaffen, mit dem der Arbeitgeber unilateral Inhalte eines außerstatutarischen Tarifvertrags und einer Kollektivvereinbarung ändern kann. Bei wesentlicher Änderung von Arbeitsbedingungen in individueller Hinsicht bestehen Mitteilungspflichten gegenüber den Arbeitnehmern und den Arbeitnehmervertretern und bei Änderungen in kollektiver Hinsicht Beratungspflichten mit den Arbeitnehmervertretern. Ein Zustimmungserfordernis der Arbeitnehmerseite zu arbeitgeberseitigen Änderungen wird in Art. 41 Arbeitnehmerstatut nicht normiert. Angesichts der weitreichenden, unilateral durchsetzbaren Rechte des Arbeitgebers überrascht, dass der Diskussion um eine Verletzung der in Art. 37.1 HS. 2 Spanische Verfassung gewährleisteten Verbindlichkeit der Tarifverträge in Rechtsprechung und Literatur nicht mehr Raum gegeben wird.

Durch die weiten Begrifflichkeiten innerhalb des Art. 41 Arbeitnehmerstatut wird dem Arbeitgeber ein weiter Einschätzungsspielraum gewährt. Hierdurch soll sichergestellt werden, dass das Instrument des Art. 41 Arbeitnehmerstatut als präventive Maßnahme vor Eintritt einer Krise genutzt werden kann, die Wettbewerbsfähigkeit von Unternehmen gefördert wird und schwerwiegenderen Maßnahmen wie Massenentlassungen vorgebeugt wird. Die spanische Literatur kritisiert allerdings bei der Beurteilung der Wesentlichkeit der Änderung, des Vorliegens einer *causa* und des Vorliegens einer Rechtfertigung, dass die Anwendung der weiten Begriffe im Einzelfall zu Rechtsunsicherheit führt.

[1003] Ley 11/1994, de 19 de mayo, por la que se modifican determinados artículos del Estatuto de los Trabajadores, y del texto articulado de la Ley de Procedimiento Laboral y de la Ley sobre Infracciones y Sanciones en el Orden Social (BOE n. 122, de 23.05.1994).

III. Die Modifizierung der Inhalte von statutarischen Tarifverträgen durch die Ausstiegsklausel eines Unternehmens

1. Systematische Einordnung der Öffnungsklausel in Art. 82.3 UAbs. 2–9 Arbeitnehmerstatut

Gem. Art. 82.3 UAbs. 2 Arbeitnehmerstatut können das Unternehmen und die legitimierten Arbeitnehmervertreter mittels Kollektivvereinbarung vereinbaren, durch Tarifvertrag vereinbarte Arbeitsbedingungen eines Unternehmens- oder Branchentarifvertrags nicht anzuwenden, wenn wirtschaftliche, technische, organisatorische oder die Produktion betreffende Gründe vorliegen. Diese Ausstiegsklausel (*cláusula de descuelgue*) gem. Art. 82.3 UAbs. 2–9 Arbeitnehmerstatut ist *lex specialis* im Verhältnis zu Art. 41 Arbeitnehmerstatut[1004] für die, auch verschlechternde, Abänderung von Arbeitsbedingungen in statutarischen Tarifverträgen und ist als gesetzliche Öffnungsklausel[1005] einzuordnen.

Die Ausstiegsklausel soll der internen Unternehmensflexibilität sowie der Vermeidung von Arbeitsplatzreduzierungen in Krisenzeiten dienen.[1006] Sie stellt ein wirksames und häufig genutztes Instrument für kleine und mittlere Unternehmen dar, sich von den für sie betriebsgefährdenden Tarifvertragsklauseln eines Branchen- oder Unternehmenstarifvertrags zu lösen.[1007] Allein im Jahr 2023 wurden Arbeitsbedingungen von 573 Tarifverträgen nicht angewendet, die für 497 Unternehmen mit insgesamt 26.257 Arbeitnehmern Auswirkungen hatten.[1008] Angesichts einer Gesamtzahl von ca. 21,7 Millionen

---

1004 Zum Verhältnis s. Art. 41.6 Arbeitnehmerstatut.

1005 Vgl. die rechtsvergleichenden Ausführungen von Hilgenstock, Günstigkeitsvergleich im Arbeitsrecht, S. 138, 176.

1006 Monereo Pérez/Molina Navarrete/Moreno Vida/Vila Tierno, Manual de derecho del trabajo, S. 232; Rodríguez-Piñero Royo, in: Ministerio de Empleo y Seguridad Social, La reforma laboral de 2012, S. 65, 89, 90; Blasco Pellicer, Actualidad laboral 2013, Nr. 10, 1, 6; Gorelli Hernández, Revista General de Derecho del Trabajo y de la Seguridad Social 2013, Nr. 34, 307, 314–315; Navarro Nieto, Temas laborales 2013, Nr. 120, 233, 237.

1007 Navarro Nieto, Temas laborales 2013, Nr. 120, 233, 235.

1008 www.mites.gob.es/estadisticas/cct/cct23dicav/Resumen_resultados_CCT_diciembre-23.pdf, S. 11 (zuletzt abgerufen am 01.03.2026).

Arbeitnehmern in Spanien[1009] ist der Anteil der von Ausstiegsklauseln betroffenen Arbeitnehmergruppe nicht besonders hoch. Auffallend ist aber, dass 345 der 497 Unternehmen kleine Unternehmen mit einer Belegschaft von bis zu 49 Mitarbeitern waren.[1010] 63,18 % der Tarifvertragsinhalte, die abgeändert wurden, betrafen die Lohnhöhe (44,5 %), das Vergütungssystem (4,19 %) sowie die Lohnhöhe und das Vergütungssystem gemeinsam (14,49 %).[1011]

Hilgenstock begründet die Existenz der Öffnungsklausel gem. Art. 82.3 UAbs. 2–9 Arbeitnehmerstatut mit der Erga-Omnes-Wirkung statutarischer Tarifverträge[1012]: Würde das spanische Tarifsystem keine Erga-Omnes-Wirkung, sondern eine auf Mitglieder beschränkte Wirkung vorsehen, könne sich der Arbeitgeber einem Tarifvertrag, der die wirtschaftliche Existenz seines Unternehmens bedrohe, durch Beendigung der Verbandsmitgliedschaft, gegebenenfalls unter Berücksichtigung einer möglichen Nachbindung, entziehen. In einem System wie dem spanischen sei das aber nicht möglich, sodass die gesetzliche Öffnungsklausel des Art. 82.3 UAbs. 2–9 Arbeitnehmerstatut diese Lücke schließe.

2. Die Ausgangslage: Krisensituation

Als Ausgangslage fordert Art. 82.3 UAbs. 2 Arbeitnehmerstatut eine Krisensituation mit wirtschaftlichen, technischen, organisatorischen oder die Produktion betreffenden Gründen. Art. 82.3 UAbs. 3, 4 Arbeitnehmerstatut enthält Legaldefinitionen der einzelnen Gründe, die den unter Art. 41 Arbeitnehmerstatut genannten Definitionen entsprechen.[1013] Während wirtschaftliche Gründe das gesamte Unternehmen betreffen müssen, wird bei den übrigen Gründen das Vorliegen in einem konkreten Betrieb oder Betriebsteil als ausreichend angesehen.[1014]

[1009] Stand 2024, 2. Quartal, vgl. www.ine.es/dyngs/INEbase/es/operacion.htm?c=Estadistica_C&cid=1254736176918&menu=ultiDatos&idp=1254735976595 (zuletzt abgerufen am 01.03.2026).

[1010] www.mites.gob.es/estadisticas/cct/cct23dicav/Resumen_resultados_CCT_diciembre-23.pdf, S. 12 (zuletzt abgerufen am 01.03.2026).

[1011] www.mites.gob.es/estadisticas/cct/cct23dicav/Resumen_resultados_CCT_diciembre-23.pdf, S. 12 (zuletzt abgerufen am 01.03.2026).

[1012] So die rechtsvergleichenden Ausführungen von Hilgenstock, Günstigkeitsvergleich im Arbeitsrecht, S. 176.

[1013] Vgl. in Kapitel 3 D.II.2.

[1014] Navarro Nieto, Temas laborales 2013, Nr. 120, 233, 248, 249.

3. Verfahren und Abschluss der Kollektivvereinbarungen

a. Legitimierte Parteien und Zusammensetzung des Gremiums

Legitimiert zum Abschluss der Kollektivvereinbarungen sind gem. Art. 82.3 UAbs. 2, 5 Arbeitnehmerstatut der Arbeitgeber des Unternehmens und die Arbeitnehmervertreter, die gem. Art. 87.1 Arbeitnehmerstatut zur Vereinbarung von Unternehmenstarifverträgen legitimiert sind: Einheitsvertretungen oder Gewerkschaftssektionen, die die Mehrheit der Mitglieder in der Einheitsvertretung repräsentieren. Eine gemischte Zusammensetzung sowohl aus Einheitsvertretungen als auch aus Gewerkschaftssektionen wird als unzulässig eingestuft.[1015] Existiert keine der Vertretungen, werden die in Art. 82.3 UAbs. 5 i.V.m. Art. 41.4 Arbeitnehmerstatut benannten Arbeitnehmervertreter in der dort genannten Reihenfolge legitimiert,[1016] also auch *ad hoc* gebildete Vereinigungen der Arbeitnehmer.

Das Gremium besteht gem. Art. 82.3 UAbs. 5 i.V.m. Art. 41.4 UAbs. 1 S. 3 Arbeitnehmerstatut aus höchstens 13 Mitgliedern je Partei und muss innerhalb von sieben Tagen bzw. sofern keine Arbeitnehmervertretungen existieren, innerhalb von 15 Tagen gebildet werden.[1017] Entsprechend dem Wortlaut in Art. 82.3 UAbs. 5 i.V.m. Art. 41.4 UAbs. 6 Arbeitnehmerstatut zu fehlender oder verspäteter Zusammensetzung des Gremiums besteht keine Pflicht der Arbeitnehmerseite zur Zusammensetzung. Wird kein Gremium gebildet, hat der Arbeitgeber die Möglichkeit, ohne Verhandlungen unmittelbar eine Zwangsschlichtung zu verlangen.[1018] Die Verhandlungen müssen gutgläubig geführt werden, sodass gefordert wird, dass der Arbeitnehmerseite alle notwendigen Informationen zur Beurteilung der Situation mitzuteilen sind.[1019]

1015 SAN 1743/2013, 26.04.2013.

1016 Vgl. dazu in Kapitel 3 D.II.4.c.aa.

1017 Navarro Nieto, Temas laborales 2013, Nr. 120, 233, 252.

1018 Sanguineti Raymond, Revista General de Derecho del Trabajo y de la Seguridad Social 2014, Nr. 39, 1, 5; Navarro Nieto, Temas laborales 2013, Nr. 120, 233, 252. A.A. Guerrero Vizuete, Revista General de Derecho del Trabajo y de la Seguridad Social 2013, n. 33, 103, 119, der zwar auch von einer freiwilligen Bildung des Gremiums ausgeht. Bei fehlender Zusammensetzung möchte er das Verfahren das Art. 82.3 Arbeitnehmerstatut wegen seines bi- und nicht unilateralen Charakters nicht anwenden. Folge hiervon wäre aber, dass Tarifvertragsklauseln auch in Krisen starr anzuwenden wären und dies in Extremfällen zu Insolvenzen und dem Verlust von Arbeitsplätzen führen könnte.

1019 Vicente Palacio, in: García Ninet, Derecho del trabajo, S. 147.

b. Abschließend aufgezählte Materien einer Ausstiegsklausel

Die Ausstiegsklausel kann gem. Art. 82.3 UAbs. 2 lit. a–g Arbeitnehmerstatut folgende, abschließend aufgezählte[1020] Bereiche betreffen: die Arbeitstage (lit. a), die Arbeitszeiten und die Verteilung der Arbeitszeit (lit. b), das Schichtarbeitssystem (lit. c), die Vergütungssysteme und die Lohnhöhe (lit. d)[1021], das Arbeits- und Leistungssystem (lit. e), die arbeitsvertraglich geschuldeten Tätigkeiten, sofern sie die in Art. 39 vorgesehenen Grenzen für die funktionale Versetzung überschreiten (lit. f) und die freiwillige Verbesserung des Sozialversicherungsschutzes (lit. g). Für diejenigen Materien, die nicht Gegenstand der vereinbarten Ausstiegsklausel i.S.d. Art. 82.3 UAbs. 2–9 Arbeitnehmerstatut sind, finden weiterhin die ursprünglich geltenden Tarifvertragsregelungen Anwendung. Durch die Vereinbarung der Ausstiegsklausel wird der bereits geltende Tarifvertrag damit nicht in seiner Gesamtheit verdrängt, sondern die Vereinbarung i.S.d. Art. 82.3 Arbeitnehmerstatut ist in den dort aufgezählten Bereichen gegenüber dem Tarifvertrag vorrangig anwendbar.[1022] Die Ausstiegsklausel kann von Regelungen eines Branchen- oder eines Unternehmenstarifvertrags abweichen.[1023]

c. Abschluss der Beratungsphase

Das Gesetz unterscheidet zwischen dem Abschluss des Beratungsverfahrens durch Vereinbarung zwischen den Parteien und einer fehlenden Einigung

---

1020 Rodríguez-Piñero Royo, in: Ministerio de Empleo y Seguridad Social, La reforma laboral de 2012, S. 65, 88; Gorelli Hernández, La negociación colectiva de empresa, S. 62; Monereo Pérez/Ortega Lozano, Temas laborales 2020, Nr. 154, 251, 261; Sanguineti Raymond, Revista General de Derecho del Trabajo y de la Seguridad Social 2014, Nr. 39, 1, 7: jede Beschränkung ist nichtig. Eine tarifvertragliche Erweiterung der Materien ist zulässig, gilt aber ausschließlich für den konkreten Tarifvertrag, der die Erweiterung festlegt; Navarro Nieto, Temas laborales 2013, Nr. 120, 233, 246.

1021 Der Zeitpunkt der Lohnzahlung ist nicht Teil der durch Art. 82.3 Arbeitnehmerstatut abänderbaren Materien, vgl. STS 2461/2019, 11.06.2019.

1022 Rodríguez-Piñero Royo, in: Ministerio de Empleo y Seguridad Social, La reforma laboral de 2012, S. 65, 87. Handelt es sich um einen Branchentarifvertrag, findet dieser für die Arbeitnehmer des Unternehmens, die die Ausstiegsklausel vereinbart haben, beschränkt Anwendung, während er für alle übrigen Arbeitnehmer der Branche aber mit vollem Inhalt, normativ und erga omnes anwendbar ist, vgl. Gorelli Hernández, La negociación colectiva de empresa, S. 28.

1023 Art. 82.3 UAbs. 2 Arbeitnehmerstatut: „*sea este de sector o de empresa*“; vgl. Palomeque López/Àlvarez de la Rosa, Derecho del trabajo, S. 225.

nach Ende des Beratungszeitraums und knüpft hieran unterschiedliche Folgen und weitere mögliche Verfahrensschritte. Die Möglichkeit einer unilateralen Entscheidung durch den Arbeitgeber schließt das Arbeitnehmerstatut in Art. 82.3 UAbs. 2–9 Arbeitnehmerstatut in Abweichung zur *lex generalis*-Regelung des Art. 41 Arbeitnehmerstatut allerdings aus, sodass notwendigerweise eine Vereinbarung mit den Arbeitnehmervertretungen zustande kommen muss.[1024]

aa. Konstellation 1: Abschluss des Verfahrens durch Vereinbarung

Schließen die Arbeitnehmervertreter und der Arbeitgeber nach einem Beratungszeitraum von höchstens 15 Tagen gem. Art. 82.3 UAbs. 6 Arbeitnehmerstatut eine Vereinbarung über die Nichtanwendung der tariflichen Klauseln, wird widerleglich[1025] vermutet, dass die Gründe des Art. 82.3 UAbs. 2 Arbeitnehmerstatut für die Anwendung der Ausstiegsklausel vorliegen. Gem. Art. 82.3 UAbs. 6 S. 1 Arbeitnehmerstatut kann die Vereinbarung dann nur vor den Arbeitsgerichten gerügt werden, wenn sie durch Betrug, Arglist, Nötigung oder Rechtsmissbrauch zustande kam.[1026] Die Wirkung der geschlossenen Kollektivvereinbarung wird mit der des statutarischen Tarifvertrags

---

1024 Cruz Villalón, La incidencia de la reforma laboral de 2012 sobre la estructura de la negociación colectiva, S. 216; Rodríguez-Piñero Royo, in: Ministerio de Empleo y Seguridad Social, La reforma laboral de 2012, S. 65, 91; Gorelli Hernández, La negociación colectiva de empresa, S. 70; Monereo Pérez/Ortega Lozano, Temas laborales 2020, Nr. 154, 251, 262; Ferradáns Caramés, Temas laborales 2016, Nr. 132, 13, 31; Gorelli Hernández, Revista General de Derecho del Trabajo y de la Seguridad Social 2013, n. 34, 307, 330.

1025 Duque González, La fuerza vinculante del convenio colectivo, S. 762; Ministerio de Empleo y Seguridad Social, Cláusulas sobre vigencia, descuelgues salariales y otras facultades de alteración o disposición del contenido del convenio colectivo, S. 42; Gorelli Hernández, La negociación colectiva de empresa, S. 99; Gorelli Hernández, Revista General de Derecho del Trabajo y de la Seguridad Social 2013, Nr. 34, 307, 341, 342.

1026 Nach Gorelli Hernández, La negociación colectiva de empresa, S. 100, 101 betrifft die Beschränkung eine Klage gegen die Vereinbarung selbst. Demnach bliebe die Möglichkeit, dass der individuelle Arbeitnehmer gegen die Entscheidung des Arbeitgebers, den ursprünglichen Tarifvertrag nicht anzuwenden, gerichtlich vorgehen kann.

gleichgesetzt, mithin besteht eine normative und Erga-Omnes-Wirkung.[1027] Gem. Art. 82.3 UAbs. 9 Arbeitnehmerstatut wird die Vereinbarung zu Zwecken der Archivierung an die Aufsichtsbehörde weitergeleitet.

Da der Gesetzeswortlaut sich explizit auf Unternehmen bezieht und auch die Gründe, die für eine Ausstiegsklausel erforderlich sind, nach Wortlaut sowie Sinn und Zweck der Regelung das Unternehmen betreffen, wird eine Vereinbarung auf Unternehmensebene gefordert.[1028] Vereinbarungen auf darunter liegenden Ebenen, insbesondere der des Betriebs, erfasst Art. 82.3 UAbs. 2–9 Arbeitnehmerstatut nicht. Grundsätzlich erfasst die vereinbarte Ausstiegsklausel alle Arbeitnehmer des Unternehmens, sie kann aber ausnahmsweise und unter Beachtung des Diskriminierungsverbots nach Ansicht in der Literatur auch die Betriebe oder konkrete Arbeitnehmergruppen betreffen.[1029] Gem. Art. 82.3 UAbs. 6 S. 2 Arbeitnehmerstatut muss die Vereinbarung die für das Unternehmen fortan neu geltenden Arbeitsbedingungen und deren zeitlichen Anwendungsbereich festlegen. Der zeitliche Anwendungsbereich kann gem. Art. 82.3 UAbs. 6 S. 2 Arbeitnehmerstatut die Dauer des zu modifizierenden Tarifvertrags, Verlängerung und Nachwirkung inbegriffen,[1030] nicht übersteigen. Außerdem verlangen Literatur und Rechtsprechung, dass die Vereinbarung zur Ausstiegsklausel aufgrund der

---

1027 Gorelli Hernández, La negociación colectiva de empresa, S. 96, 97; Gorelli Hernández, Revista General de Derecho del Trabajo y de la Seguridad Social 2013, Nr. 34, 307, 340, 341: Die Erga-Omnes-Wirkung hat denselben Umfang wie der Tarifvertrag, der ausgesetzt werden soll. Ggf. erfasste Rentner umfasst erfasst werden. Werden leitende Angestellte ausgeschlossen, können diese ebenfalls nicht von der Kollektivvereinbarung erfasst werden.

1028 Gorelli Hernández, La negociación colectiva de empresa, S. 47, 48; Sanguineti Raymond, Revista General de Derecho del Trabajo y de la Seguridad Social 2014, Nr. 39, 1, 5, 6–7; Gorelli Hernández, Revista General de Derecho del Trabajo y de la Seguridad Social 2013, Nr. 34, 307, 313.

1029 Gorelli Hernández, La negociación colectiva de empresa, S. 96; Navarro Nieto, Temas laborales 2013, Nr. 120, 233, 252 mit Verweis auf Art. 20 Real Decreto 1362/2012, de 27 de septiembre, por el que se regula la Comisión Consultiva Nacional de Convenios Colectivos.

1030 Gorelli Hernández, La negociación colectiva de empresa, S. 25; Gorelli Hernández, Revista General de Derecho del Trabajo y de la Seguridad Social 2013, Nr. 34, 307, 339. Zur Nachwirkung: STS 5763/2015, 23.12.2015.

notwendigen Verknüpfung mit einer *causa* keine rückwirkenden Klauseln enthalten darf.[1031]

Eine mittelbare Änderung des statutarischen Tarifvertrags über Art. 41 Arbeitnehmerstatut durch Änderung der Kollektivvereinbarung zur Ausstiegsklausel wird wegen des besonderen verfassungsrechtlichen Schutzes des statutarischen Tarifvertrags durch Art. 37.1 Spanische Verfassung als unzulässig eingestuft.[1032]

bb. Konstellation 2: Keine Vereinbarung nach Abschluss der Beratungsphase

Für den Fall, dass eine Einigung der Parteien nicht zustande kommt, normiert Art. 82.3 UAbs. 7, 8 Arbeitnehmerstatut drei Möglichkeiten der Konfliktlösung. Einigen sich die Parteien nicht, ist jede Partei berechtigt, den paritätischen[1033] Ausschuss anzurufen, der innerhalb von sieben Tagen eine Entscheidung trifft. Scheitert, gegebenenfalls auch unter Einbindung des paritätischen Ausschusses, eine Einigung, stellt der Gesetzgeber weitere Instrumentarien zur Verfügung. Zunächst muss gem. Art. 82.3 UAbs. 7 Arbeitnehmerstatut verpflichtend eine Schlichtung nach dem Verfahren, das die Vereinbarungen i.S.d. Art. 83 Arbeitnehmerstatut festlegen, gesucht

---

1031 STS 5763/2015, 23.12.2015; STS 3973/2015, 16.09.2015; STS 4106/2015, 15.09.2015; STS 3475/2015, 07.07.2015; STSJ Madrid 16788/2012, 14.12.2012; Roqueta Buj, in: Roqueta Buj, Reforma y contrarreforma: nuevos retos del derecho del trabajo, S. 63, 73; Gorelli Hernández, La negociación colectiva de empresa, S. 95.

1032 Roqueta Buj, in: Roqueta Buj, Reforma y contrarreforma: nuevos retos del derecho del trabajo, S. 63, 74; Gorelli Hernández, La negociación colectiva de empresa, S. 48; Sanguineti Raymond, Revista General de Derecho del Trabajo y de la Seguridad Social 2014, n. 39, 1, 12; Gorelli Hernández, Revista General de Derecho del Trabajo y de la Seguridad Social 2013, Nr. 34, 307, 314. Zum früheren Streitstand Rojas Miño, La eficacia jurídica de los convenios colectivos, S. 104–106.

1033 Vgl. Gorelli Hernández, La negociación colectiva de empresa, S. 109, 110 mit Verweis auf die Vorgängerregelung des Art. 14 Real Decreto-ley 3/2012, der den „Ausschuss" ausdrücklich als paritätischen Ausschuss benannte. Das jetzige Fehlen des Wortes „paritätisch" führt er auf ein gesetzgeberisches Versehen zurück. Bei Nichtanwendung eines Unternehmenstarifvertrags führe eine Beteiligung des paritätischen Ausschusses aber zu keinen Lösungen, da dieser mit denselben Parteien besetzt sei wie die Parteien, die die Ausstiegsklausel vereinbaren, Gorelli Hernández, La negociación colectiva de empresa, S. 112.

werden.[1034] Gibt es kein derartiges Verfahren oder führt es zu keiner Einigung, kann als *ultima ratio*[1035] nach Scheitern der genannten Schlichtungsversuche jede der Parteien eine Entscheidung durch den nationalen beratenden Ausschuss für Tarifverträge *(Comisión Consultiva Nacional de Convenios Colectivos)*[1036] oder das entsprechende Organ der Autonomen Gemeinschaft[1037] verlangen, Art. 82.3 UAbs. 8 Arbeitnehmerstatut, Art. 16–24 Gesetzesdekret 1362/2012.[1038] Ein Einschreiten der Behörde von Amts wegen wird aber ausgeschlossen.[1039] Gem. Art. 82.3 UAbs. 8 S. 3 Arbeitnehmerstatut ergeht die behördliche Entscheidung innerhalb von 25 Tagen nach Anrufung durch die Partei und hat dieselbe Wirkung wie eine zwischen den Parteien verhandelte Kollektivvereinbarung. Aufgrund dieser Substitutionsfunktion kann ihr Inhalt den Parteien gegen deren Willen auferlegt werden; eine gerichtliche Kontrolle der behördlichen Entscheidung bleibt aber über Art. 82.3 UAbs. 8 S. 3 i.V.m. Art. 91 Arbeitnehmerstatut möglich. Da bereits ausreichend ist,

---

1034 Zum Verfahren der Schlichtung oder Mediation z.B. Resolución de 10 de diciembre de 2020, de la Dirección General de Trabajo, por la que se registra y publica el VI Acuerdo sobre Solución Autónoma de Conflictos Laborales (Sistema Extrajudicial), Art. 4.3 lit. e VI Acuerdo.

1035 STC 119/2014, 16.07.2014; STS 4106/2015, 15.09.2015; CCNCC, Espacio Información, Inaplicación de condiciones de trabajo establecidas en Convenios Colectivos, Stand: 11.12.2013, S. 1 abrufbar unter www.mites.gob.es/ficheros/ministerio/sec_trabajo/ccncc/A_Informacion/Inaplicacion/Procedimiento_Inaplicacion_Convenios_Colectivos_CCNCC.pdf (zuletzt abgerufen am 01.03.2026); Gorelli Hernández, La negociación colectiva de empresa, S. 25.

1036 Der nationale beratende Ausschuss für Tarifverträge ist zuständig, sofern der tarifvertragliche Anwendungsbereich Unternehmen in mehr als einer Autonome Gemeinschaft oder Unternehmen in Ceuta oder Melilla erfasst. Der nationale beratende Ausschuss für Tarifverträge kann auch tätig werden, wenn in einer Autonomen Gemeinschaft noch keine äquivalente Behörde existiert, vgl. CCNCC, Espacio Información, Inaplicación de condiciones de trabajo establecidas en Convenios Colectivos, Stand: 11.12.2013, S. 1 abrufbar unter www.mites.gob.es/ficheros/ministerio/sec_trabajo/ccncc/A_Informacion/Inaplicacion/Procedimiento_Inaplicacion_Convenios_Colectivos_CCNCC.pdf (zuletzt abgerufen am 01.03.2026).

1037 Vgl. zu den Organen der Autonomen Gemeinschaften unter https://ccncc.mites.gob.es/que-es-la-ccncc/funciones/funcion-decisoria#accordion-371af10782-item-d6ac255287 (zuletzt abgerufen am 01.03.2026).

1038 Real Decreto 1362/2012, de 27 de septiembre, por el que se regula la Comisión Consultiva Nacional de Convenios Colectivos (BOE n. 234, de 28.09.2012).

1039 Gorelli Hernández, La negociación colectiva de empresa, S. 122.

wenn eine Seite die Intervention des nationalen beratenden Ausschusses für Tarifverträge verlangt, stellt dieses Instrument nach kritischer Ansicht in der Literatur ein erhebliches Druckmittel gegenüber der anderen Partei, in den meisten Fällen gegenüber den Arbeitnehmern, dar.[1040] Das Verfahren der Zwangsschlichtung zeige, dass nach dem Willen des Gesetzgebers die Aussetzung von Tarifvertragsklauseln nicht insgesamt durch die Arbeitnehmer verhindert werden solle (das „Ob") und dass vor allem Arbeitgeberinteressen bei der Möglichkeit der einseitigen Anrufung des nationalen beratenden Ausschusses für Tarifverträge im Vordergrund stünden. Nachdem das Verfahren nach Art. 82.3 Arbeitnehmerstatut initiiert wurde, solle es nämlich lediglich um die Verhandlung der Modalitäten gehen (das „Wie").[1041]

d. Zeitliche Anwendung der Ausstiegsklausel und Rückkehr zu den vorherigen Tarifinhalten

Die Parteien legen den zeitlichen Anwendungsbereich der Vereinbarung fest, der die Dauer des zu modifizierenden Tarifvertrags nicht übersteigen darf, Art. 82.3 UAbs. 6 S. 2 Arbeitnehmerstatut. Entgegen der vorherigen Formulierung des Art. 82.3 Arbeitnehmerstatut a.F.[1042] muss die Vereinbarung nach

---

1040 Guerrero Vizuete, Revista General de Derecho del Trabajo y de la Seguridad Social 2013, Nr. 33, 103, 123; kritisch auch Monereo Pérez, Revista Crítica de Relaciones de Trabajo. Laborum 2023, Nr. 9, 209, 320. Das Verfassungsgericht hat die Schlichtung durch den nationalen beratenden Ausschuss für Tarifverträge aber als verfassungsgemäß eingestuft: STC 119/2014, 16.07.2014 und bestätigt durch STC 8/2015, 22.01.2015, auch wenn es den Gerichten einen erweiterten Prüfungsumfang zugesteht. Sie müssen alle notwendigen Informationen und Hintergründe erhalten, die für eine sachgerechte Beurteilung erforderlich sind. Für eine Verfassungswidrigkeit von Art. 82.3 Arbeitnehmerstatut wegen der Möglichkeit, einseitig eine Schlichtung durch Entscheidung des nationalen beratenden Ausschusses für Tarifverträge zu erwirken, aber das Sondervotum von Valdés Dal-Ré in STC 119/2014, 16.07.2014.

1041 Gorelli Hernández, La negociación colectiva de empresa, S. 104; Gorelli Hernández, Revista General de Derecho del Trabajo y de la Seguridad Social 2013, Nr. 34, 307, 343, 348.

1042 Art. 82.3 UAbs. 3 Arbeitnehmerstatut a.F.: „*El acuerdo de inaplicación deberá determinar con exactitud la retribución a percibir por los trabajadores de dicha empresa, estableciendo, en su caso y en atención a la desaparición de las causas que lo determinaron, una programación de la progresiva convergencia hacia la recuperación de las condiciones salariales establecidas en el convenio colectivo de ámbito superior a la empresa que le sea de aplicación, sin que en ningún caso dicha inaplicación pueda superar el período de vigencia del convenio o, en su caso, los tres años de duración.*"

der aktuellen Regelung des Art. 82.3 Arbeitnehmerstatut keine Vorgaben mehr dazu enthalten, auf welche Weise und innerhalb welchen Zeitraumes die ursprünglichen Tarifvertragsinhalte wieder zur Anwendung gelangen (*recuelgue*). Um die Unternehmensstrukturen zu stabilisieren, eröffnet der Gesetzgeber den Parteien die Möglichkeit, die abgewandelten Bedingungen bis zum Ablauf der Tarifvertragsdauer des zu modifizierenden Tarifvertrags zur Anwendung zu bringen.[1043] Ohne konkrete Vereinbarung der Parteien zur Rückanwendung des ursprünglichen Tarifvertrags nach Wegfall der *causa* wird eine gerichtliche Durchsetzung der Rückanwendung in der Literatur als schwer eingestuft[1044]: Zwar fordere Art. 82.3 Arbeitnehmerstatut, dass eine Ausstiegsklausel nur bei Vorliegen einer *causa* vereinbart werden könne. Liege zu einem späteren Zeitpunkt keine *causa* mehr vor und klage eine der Parteien die Wiederanwendung der vorherigen Tarifregelungen ein, bestehe die Vermutungswirkung des Art. 82.3 UAbs. 6 S. 1 Arbeitnehmerstatut weiter. Es werde weiterhin das Vorliegen einer *causa* vermutet. Eine Klage unterliege daher erheblichen Beweisproblemen.

4. Keine Dispositionsbefugnis über maßgebliche Inhalte des Art. 82.3 Arbeitnehmerstatut

Art. 82.3 Arbeitnehmerstatut stellt zwingendes Recht dar.[1045] In systematischer Auslegung der Norm wird aber eine beschränkte Dispositionsbefugnis für solche Gegenstände angenommen, die nicht in maßgeblicher Weise die Regelungen des Art. 82.3 Arbeitnehmerstatut und den Zweck der Ausstiegsklausel berühren.[1046] Aufgrund des Verweises von Art. 82.3 UAbs. 2 Arbeitnehmerstatut in Art. 41.4 Arbeitnehmerstatut werden Modifizierungen der

---

1043 So Gorelli Hernández, La negociación colectiva de empresa, S. 91–93: Um die *causa* und die Anwendung der Ausstiegsklausel zu verknüpfen, sollten daher kurze zeitliche Anwendungsbereiche vereinbart werden. Nach Zeitablauf kann wieder überprüft werden, ob die *causa* weiterhin vorliegt. Auf dieser Basis können dann neue Vereinbarungen getroffen werden.

1044 Gorelli Hernández, La negociación colectiva de empresa, S. 93.

1045 Blasco Pellicer, Actualidad laboral 2013, Nr. 10, 1, 6.

1046 Vgl. Molina Navarrete, in: Gorelli Hernández, El derecho a la negociación colectiva, S. 281, 284–289, nach dem z.B. nicht über die Möglichkeit, eine Ausstiegsklausel anzuwenden, disponiert oder ein im Vergleich zur gesetzlichen Regelung restriktiveres Verfahren angewendet werden darf. Nach STSJ Extremadura 1420/2014, 23.09.2014 ist eine Abbedingung der vorgeschriebenen Beratung nicht möglich.

Regelung als zulässig eingestuft, sofern sie nicht maßgebliche Inhalte wie das Erfordernis einer Kollektivvereinbarung oder die Vorgaben zu den legitimierten Subjekten und den erfassten Materien betreffen.[1047]

5. Kritik der Literatur an der Regelung des Art. 82.3 UAbs. 2–9 Arbeitnehmerstatut

a. *Schwächung der Arbeitnehmerrechte*

Das Verfassungsgericht hat das Verfahren der Zwangsschlichtung zwar für Ausnahmesituationen als verfassungsgemäß beurteilt.[1048] Die Literatur diskutiert dennoch eine Verletzung des Rechts auf Tarifverhandlungen und der bindenden Wirkung von Tarifverträgen gem. Art. 37.1 Spanische Verfassung wegen Zurückdrängung der Rechte von Arbeitnehmern und deren Vertretern.[1049] Die praktische Anwendung des Art. 82.3 UAbs. 2–9 Arbeitnehmerstatut führe kontinuierlich weg von dessen Ausnahmecharakter für Krisensituationen hin zu einer regelmäßigen Anwendung.[1050] Das Verfahren der Ausstiegsklausel stehe im Widerspruch zur zentralen Funktion der erga omnes wirkenden statutarischen Tarifverträge, der Vereinheitlichung von Arbeitsbedingungen, und schwäche die Tarifautonomie.[1051] Auch die normative Wirkung werde in erheblicher Weise beeinträchtigt[1052]: Zum einen ermögliche die Ausstiegsklausel Änderungen in weiten Bereichen der tariflich

---

[1047] Art. 41.4 Arbeitnehmerstatut: „*sin perjuicio de los procedimientos específicos que puedan establecerse en la negociación colectiva* […]", vgl. Navarro Nieto, Temas laborales 2013, Nr. 120, 233, 250.

[1048] STC 119/2014, 16.07.2014; STC 11/1981, 08.04.1981.

[1049] So Gorelli Hernández, Revista General de Derecho del Trabajo y de la Seguridad Social 2013, Nr. 34, 307, 310, 350. Auch Duque González, Derecho de relaciones laborales 2020, Nr. 3, 252, 263 beurteilt die Einschränkung der bindenden Wirkung gem. Art. 37.1 Spanische Verfassung durch Art. 82.3 Arbeitnehmerstatut und Art. 41 Arbeitnehmerstatut als zu weitreichend und daher verfassungswidrig. Sanguineti Raymond, Revista General de Derecho del Trabajo y de la Seguridad Social 2014, Nr. 39, 1, 3 bezweifelt die Verfassungsmäßigkeit der Anordnung einer Zwangsschlichtung in Art. 82.3 Arbeitnehmerstatut.

[1050] Gorelli Hernández, Revista General de Derecho del Trabajo y de la Seguridad Social 2013, Nr. 34, 307, 311.

[1051] Guerrero Vizuete, Revista General de Derecho del Trabajo y de la Seguridad Social 2013, Nr. 33, 103, 112, 113.

[1052] Gorelli Hernández, Revista General de Derecho del Trabajo y de la Seguridad Social 2013, Nr. 34, 307, 310, 311.

geregelten Arbeitsbedingungen. Zum anderen seien die Rechtfertigungsgründe des Art. 82.3 UAbs. 2–4 Arbeitnehmerstatut für die Arbeitnehmer schwer nachprüfbar und für die Arbeitgeber leicht zu begründen.

b. Beteiligung von ad hoc-Vereinigungen

Gem. Art. 82.3 UAbs. 2–9 Arbeitnehmerstatut verhandeln auf Seiten der Arbeitnehmer die Einheits- oder Gewerkschaftsvertretungen die Kollektivvereinbarungen, sofern diese im Unternehmen bzw. Betrieb existieren. Ein Teil der Literatur kritisiert aber, dass ein Gremium von drei gewählten Arbeitnehmern des Betriebs diese Funktion in kleinen Betrieben oder Unternehmen ohne Arbeitnehmervertretungen übernehmen kann.[1053] Wegen seiner fehlenden Erfahrung und Eingliederung in die Arbeitnehmervertretungen verfüge dieses Gremium naturgemäß über eine geringere Durchsetzungskraft und Mächtigkeit gegenüber dem Arbeitgeber.[1054] Die Gefahr, dass die *ad hoc*-Vereinigungen zwar entsprechend den gesetzlichen Vorgaben beteiligt werden, aber den Arbeitgeberinteressen aufgrund des arbeitgeberseitigen Drucks nachgeben müssen, sei daher besonders groß.[1055] Faktisch führe dieses Kräfteungleichgewicht dazu, dass der Arbeitgeber unilateral Tarifinhalte des statutarischen Tarifvertrags ändern könne.[1056] Der Arbeitgeber verfüge einerseits über einen großen Einfluss bei der Zusammensetzung des Gremiums.[1057] Andererseits verfügten die *ad hoc*-Vereinigungen nicht über dieselben Verteidigungsrechte wie die Einheits- und Gewerkschaftsvertretungen, da sie diesen in Verfassung und Arbeitnehmerstatut nicht gleichgestellt würden.[1058]

[1053] Monereo Pérez, Revista Crítica de Relaciones de Trabajo. Laborum 2023, Nr. 9, 209, 317, 318; Alfonso Mellado, Lex Social 2022, Bd. 12, Nr. 2, 1, 27; Guerrero Vizuete, Revista General de Derecho del Trabajo y de la Seguridad Social 2013, Nr. 33, 103, 116.

[1054] Gorelli Hernández, La negociación colectiva de empresa, S. 86, 87; Gorelli Hernández, Revista General de Derecho del Trabajo y de la Seguridad Social 2013, Nr. 34, 307, 337; Guerrero Vizuete, Revista General de Derecho del Trabajo y de la Seguridad Social 2013, Nr. 33, 103, 106, 116–118.

[1055] Gorelli Hernández, La negociación colectiva de empresa, S. 86.

[1056] Gorelli Hernández, La negociación colectiva de empresa, S. 86.

[1057] Guerrero Vizuete, Revista General de Derecho del Trabajo y de la Seguridad Social 2013, Nr. 33, 103, 118, 119.

[1058] Sanguineti Raymond, Revista General de Derecho del Trabajo y de la Seguridad Social 2014, Nr. 39, 1, 4, 6; Gorelli Hernández, Revista General de Derecho del Trabajo y de la Seguridad Social 2013, Nr. 34, 307, 335, 336.

Dass diese Arbeitnehmer nicht zum Abschluss statutarischer Tarifverträge legitimiert seien, aber Kollektivvereinbarungen gem. Art. 82.3 Arbeitnehmerstatut zur Änderung der tarifvertraglichen Klauseln vereinbaren könnten, sei widersprüchlich und nicht im Sinne des Arbeitnehmerschutzes.[1059]

6. Zwischenergebnis

Mit der Ausstiegsklausel gem. Art. 82.3 UAbs. 2–9 Arbeitnehmerstatut können der Arbeitgeber und die Arbeitnehmervertreter auf Unternehmensebene die Ersetzung von Tarifvertragsklauseln der statutarischen Branchen- oder Unternehmenstarifverträge vereinbaren. Im Unterschied zur *lex generalis*-Regelung des Art. 41 Arbeitnehmerstatut handelt es sich um keine präventive Regelung, sondern ein Instrument, das das Unternehmen in Krisensituationen vor betriebsgefährdenden Klauseln eines erga omnes wirkenden, statutarischen Tarifvertrags schützen soll. Die Ausstiegsklausel betrifft nur konkrete, in Art. 82.3 UAbs. 2–9 Arbeitnehmerstatut abschließend aufgelistete Materien. Sie ist damit kein Instrument zur Tarifflucht oder Umgehung der Tarifbindung. Arbeitgeber und Arbeitnehmer bleiben weiterhin an den vorherigen Tarifvertrag gebunden, wenn auch für einzelne Materien abweichende Regelungen zur Anwendung kommen. Weiter fordert Art. 82.3 UAbs. 2–9 Arbeitnehmerstatut stets eine Vereinbarung der Parteien, unilaterale Entscheidungen sind im Unterschied zu Art. 41 Arbeitnehmerstatut unzulässig. Als *ultima ratio* kann eine Vereinbarung aber auch im Wege der Zwangsschlichtung durch Entscheidung des nationalen beratenden Ausschusses für Tarifverträge gegen den Willen einer der Parteien erzwungen werden. Ob eine Ausstiegsklausel zur Anwendung kommt, ist damit nach der Gesetzesintention nicht von dem möglichen Zustandekommen einer Einigung abhängig.

Auch wenn die Ausstiegsklausel die Erga-Omnes-Wirkung zum Schutz des Unternehmens vor Krisensituationen flexibilisiert, kritisieren Teile der Literatur, dass Arbeitnehmerrechte nicht ausreichend geschützt werden. Das betrifft beispielsweise die Legitimation von *ad hoc*-Vereinigungen zu Verhandlungen mit dem Arbeitgeber und die weit formulierten Voraussetzungen

1059 Gorelli Hernández, Revista General de Derecho del Trabajo y de la Seguridad Social 2013, Nr. 34, 307, 337.

des Art. 82.3 Arbeitnehmerstatut, deren Vorliegen für die Arbeitnehmerseite schwer nachprüfbar ist.

IV. Vergleich des Anwendungsvorrangs und der Ausstiegsklausel

Der bereits erläuterte Anwendungsvorrang gem. Art. 84.2 Arbeitnehmerstatut[1060] stellt neben der Ausstiegsklausel ebenfalls eine Ausnahme der normativen Wirkung dar, da einzelne Unternehmen und deren Arbeitnehmer von den für sie geltenden Tarifvertragsklauseln eines Unternehmens- oder Branchentarifvertrags abweichen können. Die Ausstiegsklausel des Art. 82.3 UAbs. 2–9 Arbeitnehmerstatut und der Anwendungsvorrang von Unternehmenstarifverträgen gem. Art. 84.2 Arbeitnehmerstatut verfolgen beide Zwecke der internen Flexibilisierung und beziehen sich hierbei auf die Modifizierung konkret festgelegter Materien, weisen aber doch erhebliche Unterschiede auf.[1061] Gerade weil die Ausstiegsklausel mithilfe informeller Kollektivvereinbarungen umgesetzt wird, ist sie im Vergleich zu den – strengen Verfahrensvoraussetzungen unterliegenden – statutarischen Tarifverträgen, über die Art. 84.2 Arbeitnehmerstatut zur Anwendung kommt, deutlich flexibler.[1062] Beide Konstruktionen unterliegen unterschiedlichen Verfahrensvoraussetzungen. Die Anwendung des Art. 82.3 UAbs. 2–9 Arbeitnehmerstatut erfordert im Unterschied zu Art. 84.2 Arbeitnehmerstatut eine *causa* und kann als *ultima ratio* mithilfe einer Zwangsschlichtung durch den nationalen beratenden Ausschuss für Tarifverträge durchgesetzt werden,[1063] während die Anwendung des Art. 82.4 Arbeitnehmerstatut die Umsetzung der genannten Legitimationserfordernisse statutarischer Tarifverträge voraussetzt.[1064] In diesem Rahmen besteht für letztere gem. Art. 89.1 UAbs. 2, UAbs. 3 Arbeitnehmerstatut eine Verhandlungs-, aber keine Abschlusspflicht.[1065] Der Anwendungsvorrang soll als strukturelles Instrument langfristig in

---

1060 Hierzu in Kapitel 2 B.V.1.b.

1061 Ausführlich zu den Gemeinsamkeiten und Unterschieden beider Instrumentarien: Gorelli Hernández, La negociación colectiva de empresa, S. 38–45; Gorelli Hernández, Revista General de Derecho del Trabajo y de la Seguridad Social 2013, Nr. 34, 307, 316, 317.

1062 Gorelli Hernández, La negociación colectiva de empresa, S. 40–41.

1063 Casas Baamonde, Derecho de relaciones laborales 2017, Nr. 5, 377, 378, 379.

1064 Vgl. in Kapitel 1 B.III.2.

1065 Vgl. in Kapitel 1 B.III.2.c.bb.

gewöhnlichen Situationen Arbeitsbedingungen an konkrete Gegebenheiten des Unternehmens anpassen. Die Ausstiegsklausel dagegen soll kurzweilig in Krisensituationen angewendet werden.[1066] Zudem ist der Kreis legitimierter Subjekte bei der Vereinbarung der Ausstiegsklausel weiter, da ebenfalls *ad hoc* gebildete Arbeitnehmervereinigungen zur Vereinbarung berechtigt sind.[1067] Gerade kleine und mittlere Unternehmen ohne eine Arbeitnehmervertretung können mangels legitimierter Vertretungen, die einen Unternehmenstarifvertrag für sie vereinbaren könnten, nur auf das Instrument der Ausstiegsklausel zurückgreifen.

Es ist zulässig, dass beide Instrumente alternativ, gleichzeitig oder zeitlich aufeinander folgend genutzt werden.[1068] Im Gesamtgefüge des Tarifsystems betrachtet kann ein Branchentarifvertrag durch einen Unternehmenstarifvertrag aufgrund seiner vorrangigen Anwendbarkeit in den in Art. 84.2 UAbs. 1 lit. a–f Arbeitnehmerstatut aufgelisteten Materien teilweise verdrängt werden. Einzelne Klauseln des Branchen- und Unternehmenstarifvertrags wiederum können durch die Ausstiegsklausel gem. Art. 82.3 UAbs. 2–9 Arbeitnehmerstatut modifiziert werden. Trotz Flexibilisierung führt dieses Konglomerat aus sich überlagernden und ersetzenden Regelungen zu einer Unübersichtlichkeit der anwendbaren Regeln sowie einer Unbeständigkeit der Klauseln und deren normativer und Erga-Omnes-Wirkung.

V. Zusammenfassung

Die gesetzliche Öffnungsklausel des Art. 41 Arbeitnehmerstatut ermöglicht die unilaterale Änderung von Regelungen außerstatutarischer Tarifverträge und Kollektivvereinbarungen, während Art. 82.3 UAbs. 2–9 Arbeitnehmerstatut die nur durch Vereinbarung mögliche Modifizierung statutarischer Tarifvertragsregelungen normiert. Auch wenn das Verfassungsgericht die Verfassungsmäßigkeit der beiden gesetzlichen Öffnungsklauseln bejaht hat, bleibt zu berücksichtigen, dass mit Art. 41 und Art. 82.3 UAbs. 2–9 Arbeitnehmerstatut weitreichende Ausnahmen der tariflichen Wirkungen normiert wurden. Die auslegungsbedürftigen Begrifflichkeiten innerhalb der Normen

---

1066 Molina Navarrete, in: Gorelli Hernández, El derecho a la negociación colectiva, S. 281, 288; Gorelli Hernández, La negociación colectiva de empresa, S. 144.

1067 Vgl. Fernández Villazón, Revista General de Derecho del Trabajo y de la Seguridad Social 2018, Nr. 51, 166, 172.

1068 Casas Baamonde, Derecho de relaciones laborales 2017, Nr. 5, 377, 379.

führen zudem dazu, dass Arbeitnehmer das Vorliegen der Voraussetzungen schwer nachprüfen können, während der Arbeitgeber deren Vorliegen leicht begründen kann.

E. Das Günstigkeitsprinzip als Ausnahme der normativen Wirkung im statutarischen und außerstatutarischen Tarifvertrag

Das Günstigkeitsprinzip stellt ein wesentliches Element bei der Untersuchung des Verhältnisses zwischen staatlicher Gesetzgebung, Tarifautonomie und Privatautonomie dar. Mit dem Günstigkeitsprinzip *(principio de norma más favorable)* in Art. 3.3 Arbeitnehmerstatut und dem Grundsatz der günstigsten Bedingung *(principio de condición más beneficiosa)* in Art. 3.1 lit. c Arbeitnehmerstatut trennt der spanische Gesetzgeber das Günstigkeitsprinzip in zwei unterschiedliche Anwendungsbereiche auf und weist ihnen unterschiedliche Modalitäten und Maßstäbe zur Beurteilung der Günstigkeit zu.

I. Das Günstigkeitsprinzip gem. Art. 3.3 Arbeitnehmerstatut

Art. 3.3 Arbeitnehmerstatut bestimmt, dass die für den Arbeitnehmer günstigere Regelung angewendet wird, wenn sich zwei oder mehrere anwendbare staatliche oder tarifvertragliche Regelungen widersprechen *(principio de norma más favorable)*. In jedem Fall müssen dabei nach dem Wortlaut des Art. 3.3 Arbeitnehmerstatut die gesetzlichen Mindestbedingungen zwingender Gesetze eingehalten werden. Der Günstigkeitsvergleich bestimmt sich nach einer Gesamtbetrachtung und bei quantifizierbaren Leistungen erfolgt eine Umrechnung auf das Jahr, Art. 3.3 a.E. Arbeitnehmerstatut.

1. Anwendungsbereich

Nach dem Wortlaut erfasst Art. 3.3 Arbeitnehmerstatut im Unterschied zum Günstigkeitsprinzip in § 4 Abs. 3 TVG[1069] Konflikte zwischen zwei oder mehreren staatlichen oder vereinbarten Arbeitsnormen und damit drei Konstellationen: Einen Konflikt zwischen staatlichen Normen, zwischen

---

1069 Vgl. zur deutschen Regelung: Krebber, in: Dornbusch/Fischermeier/Löwisch, AR-Kommentar, § 4 TVG, Rn. 17, 19; Löwisch/Rieble, Tarifvertragsgesetz, § 4 TVG, Rn. 565 ff.; Franzen, in: Erfurter Kommentar, § 4 TVG, Rn. 33, 34.

tarifvertraglichen Normen sowie zwischen staatlichen und tarifvertraglichen Normen.[1070] Im tarifvertraglichen Bereich wird Art. 3.3 Arbeitnehmerstatut ausschließlich auf normativ wirkende Tarifverträge angewendet.[1071] Außerstatutarische Tarifverträge würden damit nur von Art. 3.3 Arbeitnehmerstatut erfasst, wenn der normativen Theorie gefolgt würde.[1072] Die ordentliche Rechtsprechung, die der normativen Theorie gerade nicht folgt, wendet Art. 3.3 Arbeitnehmerstatut aber ebenfalls nach einer dogmatisch nicht klar nachvollziehbaren Vorgehensweise für außerstatutarische Tarifverträge an.[1073]

In der Praxis bleibt der Anwendungsbereich des Günstigkeitsprinzips nach Art. 3.3 Arbeitnehmerstatut aber klein, da meist andere, speziellere Prinzipien zur Lösung der genannten Konflikte zur Anwendung kommen.[1074] Im Verhältnis rein staatlicher Normenkonflikte kommen grundsätzlich, sofern die Normen denselben Rang aufweisen, der *lex posterior-* oder der *lex specialis-*Grundsatz, sofern es sich um verschiedene Ränge handelt, das Prinzip der Normenhierarchie oder die Kompetenzverteilung zwischen Staat und Autonomen Gemeinschaften zur Anwendung.[1075] Im Verhältnis staatlicher und tarifvertraglicher Regelungen wird grundsätzlich nicht von einem Konflikt gesprochen. Staat und Gewerkschaften bzw. Arbeitgeberverbände teilen sich die Kompetenzen im Bereich der Arbeitsbedingungen, sodass das Verhältnis von gegenseitiger Koordination geprägt ist. Gesetze sind meist dispositiv und

1070 Monereo Pérez/Molina Navarrete/Moreno Vida/Vila Tierno, Manual de derecho del trabajo, S. 310.

1071 De la Villa Gil/López Cumbre, Los principios del derecho del trabajo, S. 128.

1072 Vgl. in Kapitel 3 B.I.1 und Kapitel 3 B.II.

1073 Vgl. in Kapitel 3 B.I.2 und Kapitel 3 B.II.

1074 Camps Ruiz, in: Goerlich Peset, Comentarios al Estatuto de los Trabajadores, S. 133, 138, 139; Montoya Melgar/Galiana Moreno/Sempere Navarro/Ríos Salmerón, Comentarios al Estatuto de los Trabajadores, S. 55; Cruz Villalón/García-Perrote Escartín/Goerlich Peset/Mercader Uguina, Comentarios al Estatuto de los Trabajadores, S. 72; Monereo Pérez/Molina Navarrete/Moreno Vida/Vila Tierno, Manual de derecho del trabajo, S. 310; De la Villa Gil/López Cumbre, Los principios del derecho del trabajo, S. 128, 129; Lahera Forteza, Normas laborales y contratos colectivos, S. 284–292.

1075 Monereo Pérez/Molina Navarrete/Moreno Vida/Vila Tierno, Manual de derecho del trabajo, S. 309; Palomeque López/Àlvarez de la Rosa, Derecho del trabajo, S. 291; Montoya Melgar/Galiana Moreno/Sempere Navarro/Ríos Salmerón, Comentarios al Estatuto de los Trabajadores, S. 55.

können durch Tarifvertrag ergänzt oder ausgestaltet werden.[1076] Ausnahmsweise stellt es einen tatsächlichen Konflikt dar, wenn eine tarifvertragliche Regelung gegen zwingendes Gesetzesrecht (*derecho necesario absoluto*) verstößt. Auch dieser Konflikt wird aber nicht über die Günstigkeit, sondern über die Normenhierarchie gelöst: Der Tarifvertrag ist den Gesetzen untergeordnet.[1077] Im Verhältnis verschiedener statutarischer Tarifverträge gelten die Kollisionsregeln des Art. 84 Arbeitnehmerstatut bzw. die tarifvertraglich festgelegten Kollisionsregeln gem. Art. 83.2 Arbeitnehmerstatut.[1078] Hauptanwendungsfall des Art. 3.3 Arbeitnehmerstatut bleibt aber die Konstellation, in der die Kollisionsregel des Art. 84 Arbeitnehmerstatut nicht anwendbar ist, beispielsweise nach mehrheitlicher Ansicht bei einer Konkurrenz zwischen einem bestehenden statutarischen und einem außerstatutarischen Tarifvertrag[1079] oder bei einer Konkurrenz zwischen zwei außerstatutarischen Tarifverträgen verschiedener Tarifvertragsparteien.[1080] Bei einer Konkurrenz außerstatutarischer Tarifverträge mit übereinstimmenden Verhandlungseinheiten und denselben Tarifvertragsparteien wird wiederum der *lex posterior*-Grundsatz und nicht das Günstigkeitsprinzip nach Art. 3.3 Arbeitnehmerstatut angewendet, da den Tarifvertragsparteien die Möglichkeit verbleiben muss, ihren Tarifvertrag zu erneuern und anzupassen.[1081]

1076 Monereo Pérez/Molina Navarrete/Moreno Vida/Vila Tierno, Manual de derecho del trabajo, S. 310; Palomeque López/Àlvarez de la Rosa, Derecho del trabajo, S. 292.

1077 Vgl. Art. 3.1, 85.1 Arbeitnehmerstatut. Monereo Pérez/Molina Navarrete/Moreno Vida/Vila Tierno, Manual de derecho del trabajo, S. 310; Palomeque López/Àlvarez de la Rosa, Derecho del trabajo, S. 292.

1078 Monereo Pérez/Molina Navarrete/Moreno Vida/Vila Tierno, Manual de derecho del trabajo, S. 311; Mercader Uguina, Estructura de la negociación colectiva y relaciones entre convenios, S. 278–286; De la Villa Gil/López Cumbre, Los principios del derecho del trabajo, S. 128. Zu Art. 84 Arbeitnehmerstatut vgl. in Kapitel 2 B.V, zu Art. 83.2 Arbeitnehmerstatut in Kapitel 1 B.II.2.c.

1079 Vgl. in Kapitel 3 B.II.

1080 Sala Franco, Los convenios colectivos extraestatutarios, S. 28; Cruz Villalón/García-Perrote Escartín/Goerlich Peset/Mercader Uguina, Comentarios al Estatuto de los Trabajadores, S. 72.

1081 Fernández Domínguez, in: Ministerio de Trabajo y Asuntos Sociales, La eficacia de los convenios colectivos, S. 735, 817.

Das Günstigkeitsprinzip gem. Art. 3.3 Arbeitnehmerstatut ist für die Tarifvertragsparteien indisponibel, sodass zweiseitig zwingende Tarifvertragsklauseln unzulässig sind.[1082]

2. Maßstab des Günstigkeitsprinzips nach Art. 3.3 Arbeitnehmerstatut

Im Unterschied zu der in Deutschland existierenden, umfangreichen Dogmatik um den Maßstab des § 4 Abs. 3 TVG finden sich in der spanischen Literatur und Rechtsprechung nur wenige Ausführungen zum Maßstab des Günstigkeitsprinzips in Art. 3.3 Arbeitnehmerstatut. Art. 3.3 Arbeitnehmerstatut stellt bei der Bewertung der Günstigkeit individuell auf den einzelnen Arbeitnehmer ab.[1083] Maßstab des Vergleichs sind eine objektive Betrachtung[1084] und nach mehrheitlicher Ansicht ein Sachgruppenvergleich (*grupos homogéneos de materias*).[1085] Sofern jährliche Berechnungen je nach Materie möglich sind, sind diese entsprechend dem Wortlaut in Art. 3.3

1082 Vgl. die rechtsvergleichenden Ausführungen von Hilgenstock, Günstigkeitsvergleich im Arbeitsrecht, S. 130, 197.

1083 Art. 3.3 Arbeitnehmerstatut: „*para el trabajador*"; so auch die rechtsvergleichenden Ausführungen von Hilgenstock, Günstigkeitsvergleich im Arbeitsrecht, S. 131. Hilgenstock kritisiert aber, dass gerade bei Gesetzen bzw. Tarifverträgen ein individueller Vergleich schwer möglich ist. Mercader Uguina, Estructura de la negociación colectiva y relaciones entre convenios, S. 295 betont aber, dass eine Anwendung der günstigeren Norm nicht individuell für den einzelnen Arbeitnehmer, sondern für die Belegschaft in ihrer Gesamtheit erfolgt.

1084 So die rechtsvergleichenden Ausführungen von Hilgenstock, Günstigkeitsvergleich im Arbeitsrecht, S. 132.

1085 STS 3154/1991, 12.06.1991; Monereo Pérez/Molina Navarrete/Moreno Vida/Vila Tierno, Manual de derecho del trabajo, S. 311, 312; Palomeque López/Àlvarez de la Rosa, Derecho del trabajo, S. 292; Martín Valverde/García Murcia, Derecho del trabajo, S. 135; Camps Ruiz, in: Goerlich Peset, Comentarios al Estatuto de los Trabajadores, S. 133, 139, 140; Mercader Uguina, Estructura de la negociación colectiva y relaciones entre convenios, S. 292–296. A.A Melián Chinea, El sistema de negociación colectiva y sus reglas de articulación, S. 195, die einen Einzelvergleich zwischen jeder einzelnen Klausel bei einer Konkurrenzsituation zwischen statutarischen und außerstatutarischen Tarifverträgen als vorzugswürdiger ansieht. A.A. wiederum Cruz Villalón, Compendio de derecho del trabajo, S. 102 und Velasco Portero, in: Velasco Portero/Miranda Boto, Curso elemental de derecho del trabajo y la seguridad social, S. 55, die einen Gesamtvergleich annehmen.

Arbeitnehmerstatut Kriterien des Günstigkeitsvergleichs.[1086] Ein Einzelvergleich (*teoría de la acumulación, espigueo normativo* oder *cúmulo*) ist nach weit überwiegender Ansicht bei Art. 3.3 Arbeitnehmerstatut nicht vorzunehmen.[1087] Als Argument für einen Sachgruppenvergleich wird der Wortlaut des Art. 3.3 Arbeitnehmerstatut angeführt, der von der Anwendung dessen, was für den Arbeitnehmer in seiner Gesamtbetrachtung am günstigsten ist (*„aplicación de lo más favorable para el trabajador apreciado en su conjunto“*), spricht. Das Günstigkeitsprinzip beziehe sich nach Wortlautauslegung des Art. 3.3 Arbeitnehmerstatut auf *„lo más favorable“*. Grammatikalisch könne mit dem neutralen Artikel *„lo“* kein Bezug auf das feminine Nomen *„las normas laborales“* angenommen werden. Der Vergleich könne sich daher nicht auf die konkurrierenden Normen in ihrer Gesamtheit beziehen. Hätte der Gesetzgeber klarstellen wollen, dass sich der Vergleich auf die Gesamtheit der Normen beziehen soll, hätte er den Wortlaut nicht mit dem Artikel *„lo“*, sondern mit *„la“* formulieren müssen. In diesem Fall hätte sich der Vergleich grammatikalisch eindeutig auf die konkurrierenden Normen *„las normas laborales“* bezogen. Der Artikel *„lo“* beziehe sich aber auf die Sachgruppen, die bei dem Vergleich konkurrierender Normen gebildet werden müssten.[1088]

3. Zwischenergebnis

Das Günstigkeitsprinzip gem. Art. 3.3 Arbeitnehmerstatut ist maßgeblich im Verhältnis eines statutarischen und eines außerstatutarischen Tarifvertrags sowie im Verhältnis zweier außerstatutarischer Tarifverträge anwendbar. Weitere Anwendungsbereiche finden sich aufgrund des Vorrangs anderer Prinzipien in der Praxis nicht. Maßstab des Günstigkeitsprinzips ist nach den wenigen in Literatur und Rechtsprechung zu findenden Ausführungen ein objektiver, individueller Vergleich und nach mehrheitlicher Ansicht ein Sachgruppenvergleich.

1086 Art. 3.3 Arbeitnehmerstatut: *„y en cómputo anual, respecto de los conceptos cuantificables“*; vgl. Palomeque López/Àlvarez de la Rosa, Derecho del trabajo, S. 292.

1087 STS 6623/2011, 12.09.2011; STS 3980/2010, 29.06.2010; STS 4942/2009, 08.06.2009 m.w.N.; Mercader Uguina, Estructura de la negociación colectiva y relaciones entre convenios, S. 292; Cruz Villalón, Compendio de derecho del trabajo, S. 102.

1088 Mercader Uguina, Estructura de la negociación colectiva y relaciones entre convenios, S. 294; vgl. zu diesem Argument auch in STSJ Andalucía 9641/2001, 29.06.2001.

II. Der Grundsatz der günstigsten Bedingung gem. Art. 3.1 lit. c Arbeitnehmerstatut

Nach dem Wortlaut von Art. 3.1 lit. c Arbeitnehmerstatut bestimmen sich die Rechte und Pflichten aus dem Arbeitsverhältnis nach dem im Arbeitsvertrag zum Ausdruck gekommenen Willen der Parteien, sofern er einen erlaubten Zweck verfolgt; in keinem Fall können zu Lasten des Arbeitnehmers Bedingungen vereinbart werden, die im Widerspruch zu den gesetzlichen Bedingungen und den Tarifverträgen stehen oder weniger günstig als diese sind. Literatur und Rechtsprechung leiten aus der in Art. 3.1 lit. c Arbeitnehmerstatut gewährleisteten Privatautonomie den Grundsatz der günstigsten Bedingung (*principio de la condición más beneficiosa*) ab.[1089]

1. Anwendungsbereich

Der Grundsatz der günstigsten Bedingung gilt im Unterschied zu Art. 3.3 Arbeitnehmerstatut nur bei vertraglichen, ausdrücklich oder durch konkludentes Verhalten geschlossenen[1090] Vereinbarungen zwischen Arbeitgeber und Arbeitnehmer,[1091] die gesetzliche oder tarifliche Bestimmungen verbessern.[1092] Nicht als günstigste Bedingungen i.S.d. Art. 3.1 lit. c Arbeitnehmerstatut werden Gewohnheiten oder Verhaltensweisen im Betrieb oder Unternehmen[1093] oder tarifvertraglich vereinbarte Arbeitsbedingungen[1094] eingestuft.

1089 STS 1275/2022, 29.03.2022; STS 891/2020, 27.02.2020; STS 1547/2019, 03.04.2019; STS 2339/2018, 29.05.2018; STS 753/2018, 21.02.2018; STS 2418/2017, 01.06.2017; STS 4930/2012, 26.06.2012; STS 3370/2008, 12.05.2008; De la Villa Gil/López Cumbre, Los principios del derecho del trabajo, S. 193; Gala Durán, Revista del ministerio de trabajo, migraciones y seguridad social 2019, Nr. 143, 165, 166.

1090 SAN 3191/2017, 17.07.2017.

1091 STS 5122/2015, 16.09.2015; STS 5447/2011, 12.07.2011 m.w.N.; STS 8658/2006, 21.11.2006; STSJ Cataluña 14910/2001, 28.11.2001; Palomeque López/Àlvarez de la Rosa, Derecho del trabajo, S. 293.

1092 Das betrifft statutarische und außerstatutarische Tarifvertragsklauseln, vgl. STS 3370/2008, 12.05.2008; SAN 5573/2009, 17.12.2009.

1093 STS 3997/2016, 19.07.2016; SAN 3191/2017, 17.07.2017; STSJ Andalucía 2936/2017, 22.03.2017.

1094 STS 337/2000, 24.01.2000; STS 8225/1999, 20.12.1999; STS 7450/1996, 20.12.1996; STSJ Cataluña 1315/2010, 26.01.2010. Außerstatutarische Tarifvertragsklauseln sind grundsätzlich nach neuer Rechtsprechung keine günstigeren Bedingungen i.S.d. Art. 3.1 lit. c Arbeitnehmerstatut, es sei denn, Arbeitgeber und Arbeitnehmer haben

Die günstigsten Bedingungen sind vertraglichen Ursprungs.[1095] Sie können individuell mit dem einzelnen Arbeitnehmer vereinbart werden. Auch durch kollektive Vereinbarung eines Arbeitnehmerkollektivs mit dem Arbeitgeber, aber nicht durch Tarifvertrag, können günstigste Bedingungen vereinbart und dann durch Inkorporation in das einzelne Arbeitsverhältnis umgesetzt werden.[1096] Nach der Rechtsprechung ist Voraussetzung der günstigsten Bedingung, dass der Arbeitgeber ausdrücklich oder konkludent zum Ausdruck bringt, dem Arbeitnehmer individuell im Vergleich zu den gesetzlichen oder tariflichen Bedingungen günstigere Bedingungen zu gewähren.[1097] Er müsse freiwillig dem Arbeitnehmer über seine gesetzlichen oder tariflichen Verpflichtungen hinausgehend ein Mehr gewähren wollen. Notwendig sei danach die Verfestigung des beanspruchten Vorteils durch einen eindeutigen Gewährungswillen, der im Vertragsverhältnis konstitutiv verankert werde.[1098] Entscheidend sei, dass der Arbeitgeber dem Arbeitnehmer ein Recht zuerkennen möchte; bloße Wiederholungen im Laufe der Zeit reichten nicht aus.[1099]

2. Maßstab des Günstigkeitsprinzips nach Art. 3.1 lit. c Arbeitnehmerstatut

Die spanische Literatur macht ähnlich wie bei Art. 3.3 Arbeitnehmerstatut wenige Ausführungen zum Maßstab des Günstigkeitsvergleichs bei der günstigsten Bedingung i.S.d. Art. 3.1 lit. c Arbeitnehmerstatut. Da die günstigste Bedingung aus der Privatautonomie und der individuellen, konkreten Vereinbarung zwischen Arbeitgeber und Arbeitnehmer resultiert, bemisst sich die Günstigkeit in einem individuellen Vergleich. Im Unterschied zur Günstigkeit gem. Art. 3.3 Arbeitnehmerstatut bezieht sich der Günstigkeitsvergleich nach Art. 3.1 lit. c Arbeitnehmerstatut auf eine konkrete, einzelfallabhängige

---

Abweichendes vereinbart, Escribano Gutiérrez, Temas laborales 2010, Nr. 105, 183, 190, vgl. in Kapitel 3 B.I.2.b.bb.

1095 STS 3370/2008, 12.05.2008; SAN 3191/2017, 17.07.2017; Palomeque López/Àlvarez de la Rosa, Derecho del trabajo, S. 293, 294.

1096 STS 3997/2016, 19.07.2016; STS 5100/2010, 07.07.2010; STS 4393/2010, 06.07.2010; STS 8043/1998, 30.12.1998.

1097 STS 1250/2019, 06.03.2019; STS 5915/2012, 05.06.2012; STS 5447/2011, 12.07.2011; STS 3370/2008, 12.05.2008; STS 8658/2006, 21.11.2006; SAN 5573/2009, 17.12.2009.

1098 STS 1250/2019, 06.03.2019.

1099 STS 1250/2019, 06.03.2019; vgl. auch STS 5447/2011, 12.07.2011; STS 5100/2010, 07.07.2010; STS 4393/2010, 06.07.2010 m.w.N.

Situation, sodass ein Einzelvergleich durchgeführt wird.[1100] Für einen Einzelvergleich spricht nach einer Literaturansicht ebenfalls, dass es sich bei Art. 3.1 lit. c Arbeitnehmerstatut nicht um eine Vorschrift handelt, die die vorrangige Anwendbarkeit einer Norm in ihrer Gesamtheit anordnet, sondern den Schutz von günstigeren Rechten bezweckt, die dem Arbeitnehmer individuell gewährt werden.[1101]

Als günstigste Bedingung wurde beispielsweise die individualvertragliche Gewährung einer 15-minütigen, vergüteten Ruhepause von Arbeitnehmern eines Sicherheitsunternehmens im Vergleich zu tarifvertraglich gewährten gestaffelten, vergüteten Pausenzeiten von 10 bis 30 Minuten je nach geleisteter Arbeitszeit eingestuft.[1102] Der Vergleich beschränkte sich hier allerdings auf den Vergleich der 15- mit einer 10-minütigen Ruhepause, da es für eine Berücksichtigung einer erhöhten, gestaffelten Ruhepause von bis zu 30 Minuten am hierfür erforderlichen Vortrag zu konkret geleisteten Arbeitszeiten fehlte. Weiter wurde die Gewährung der vollen Sonderzahlung unabhängig von Zeiten des Mutterschutzes oder der vorübergehenden Arbeitsunfähigkeit im Vergleich zur anteiligen Reduzierung um die Zeiten des Mutterschutzes und der vorübergehenden Arbeitsunfähigkeit als günstigste Bedingung kategorisiert.[1103]

3. Möglichkeiten zur Modifizierung einer Regelung i.S.d. Art. 3.1 lit. c Arbeitnehmerstatut

Modifizierungen der günstigsten Bedingung i.S.d. Art. 3.1 lit. c Arbeitnehmerstatut sind privatautonom durch Vereinbarung mit dem betroffenen Arbeitnehmer möglich.[1104] Eine wesentliche Änderung durch unilaterale

1100 Alonso García, Curso de derecho del trabajo, S. 290–292; Martín Valverde/García Murcia, Derecho del trabajo, S. 134–135; De la Villa Gil/López Cumbre, Los principios del derecho del trabajo, S. 172; vgl. Mercader Uguina, Estructura de la negociación colectiva y relaciones entre convenios, S. 346, der von einem Vergleich Klausel für Klausel spricht.

1101 De la Villa Gil/López Cumbre, Los principios del derecho del trabajo, S. 172.

1102 So STS 4578/2024, 24.09.2024.

1103 So STS 7476/2008, 23.12.2008.

1104 STS 3997/2016, 19.07.2016; STS 5447/2011, 12.07.2011; STS 5100/2010, 07.07.2010; SAN 3191/2017, 17.07.2017; STSJ Andalucía 2936/2017, 22.03.2017; STSJ Galicia 5026/2015, 05.06.2015; STSJ Cataluña 1315/2010, 26.01.2010.

Entscheidung des Arbeitgebers ist zulässig, wenn die Voraussetzungen des Art. 41 Arbeitnehmerstatut vorliegen.[1105]

Statutarische oder außerstatutarische Tarifverträge können die günstigsten Bedingungen i.S.d. Art. 3.1 lit. c Arbeitnehmerstatut dagegen nach Literatur und Rechtsprechung nicht verschlechtern[1106]: Die günstigsten Bedingungen, die privatautonom zwischen Arbeitgeber und Arbeitnehmer vereinbart wurden, stehen dem Vermögen bzw. Erbe *(patrimonio)* des Arbeitnehmers als Recht *ad personam* zu. Die Tarifvertragsparteien sind nicht befugt, über diese dem Arbeitnehmer persönlich zugewiesenen Rechte zu verfügen.

4. Ausnahmsweise Unzulässigkeit von vergünstigenden Bedingungen

Ausnahmsweise kommt das Günstigkeitsprinzip nicht zur Anwendung, wenn Arbeitsbedingungen notwendigerweise einheitlich gelten müssen oder der Abschluss günstigerer Individualvereinbarungen die Tarifautonomie umgehen würde. In diesen Fällen können Arbeitnehmer und Arbeitgeber keine günstigeren Bedingungen durch Individualvereinbarung festlegen.

1105 STS 7524/2010, 27.12.2010; STS 5100/2010, 07.07.2010; STS 4393/2010, 06.07.2010; STS 2955/2001, 09.04.2001; SAN 3191/2017, 17.07.2017; Palomeque López/Àlvarez de la Rosa, Derecho del trabajo, S. 295; De Val Tena, Documentación laboral 2018, Nr. 114, 45, 60, 64. Eine unilaterale Entscheidung des Arbeitgebers, die das Verfahren nach Art. 41 Arbeitnehmerstatut nicht einhält, kann damit nicht zu einer wesentlichen Modifizierung der günstigeren Bedingung führen. Zum Verfahren nach Art. 41 Arbeitnehmerstatut bereits in Kapitel 3 D.II.

1106 STS 391/2004, 27.01.2004; STS 20506/1992, 01.06.1992. STSJ Galicia 5026/2015, 05.06.2015; STSJ Cataluña 1315/2010, 26.01.2010; Vicente Palacio, in: García Ninet, Derecho del trabajo, S. 178, 179; Duque González, Derecho de relaciones laborales 2020, Nr. 3, 252, 270. Eine nachträgliche gesetzliche oder tarifvertragliche Regelung, die die günstige Individualvereinbarung i.S.d. Art. 3.1 lit. c Arbeitnehmerstatut verbessert, kompensiert bzw. neutralisiert die Individualvereinbarung, vgl. STS 5447/2011, 12.07.2011; STS 5100/2010, 07.07.2010; STS 5246/2009, 29.06.2009; STS 5169/2009, 12.05.2009. Gewährt z.B. ein Tarifvertrag eine verbessernde Bedingung, wird diese nicht der individualvertraglich vereinbarten günstigen Bedingung hinzugerechnet. Die individuelle günstigere Bedingung wird durch das tarifvertragliche Recht teilweise absorbiert und kann künftig durch weitere tarifvertragliche Verbesserungen komplett kompensiert werden, vgl. STSJ Cataluña 1315/2010, 26.01.2010.

a. *Einheitlich geltende Arbeitsbedingungen*

Klauseln, die, ähnlich wie deutsche Betriebsnormen, das Kollektiv der Belegschaft betreffen und nur einheitlich geregelt werden können, werden als absolut unverzichtbar und indisponibel für den Individualarbeitsvertrag eingestuft.[1107] Von diesen Tarifvertragsklauseln kann weder verschlechternd noch verbessernd durch Individualarbeitsvertrag abgewichen werden. Die generellen Klauseln betreffen beispielsweise gewerkschaftliche Rechte, die Arbeitssicherheit, den Gesundheitsschutz, die generelle Arbeitsorganisation[1108] oder die außergerichtliche Lösung von Konflikten.[1109]

b. *Verbot der systematischen Umgehung der Tarifautonomie*

Grenzen des Günstigkeitsprinzips können der Rechtsprechung nach im Einzelfall erreicht sein, wenn durch individuelle, verbessernde Vereinbarungen die Tarifautonomie missbräuchlich umgangen wird, beispielsweise bei individuellen Massenänderungen (*pactos individuales en masa*).[1110] Individuelle Massenänderungen werden definiert als Vereinbarungen zwischen dem Arbeitgeber und den einzelnen Arbeitnehmern. Zur einheitlichen Regelung bzw. Ordnung der Arbeitsbedingungen vereinbart der Arbeitgeber dabei strategisch dieselben Inhalte mit vielen Arbeitnehmern, statt sie kollektiv mit Arbeitnehmervertretern auszuhandeln, sodass sich derartige Vereinbarungen in einer Grauzone zwischen Privat- und Tarifautonomie bewegen.[1111]

Nachdem das Verfassungsgericht in seiner früheren Rechtsprechung jede individuelle Verbesserung tarifvertraglicher Klauseln zugunsten der

---

1107 Zum spanischen Recht: Blasco Pellicer, La individualización de las relaciones laborales, S. 226; Rojas Miño, La eficacia jurídica de los convenios colectivos, S. 196. Für das deutsche Recht sieht Löwisch/Rieble, Tarifvertragsgesetz, § 3 TVG, Rn. 571 diese Theorie in Bezug auf die Verbesserung von Betriebsnormen als überholt an. Auch nach Franzen, in: Erfurter Kommentar, § 4 TVG, Rn. 34; findet für Betriebsnormen das Günstigkeitsprinzip nach § 4 Abs. 3 TVG Anwendung. Für eine einzelfallabhängige Beurteilung nach Telos der Regelung Krebber, in: Dornbusch/Fischermeier/Löwisch, AR-Kommentar, § 4 TVG, Rn. 28.

1108 Blasco Pellicer, La individualización de las relaciones laborales, S. 226.

1109 Rojas Miño, La eficacia jurídica de los convenios colectivos, S. 196.

1110 STS 2394/2019, 20.06.2019; STS 4916/2016, 11.10.2016; STS 5796/2015, 11.12.2015; STS 2082/2014, 29.04.2014; STS 3058/2011, 12.04.2011; STS 7944/2009, 02.12.2009.

1111 Gutiérrez-Solar Calvo, Derecho de relaciones laborales 2020, Nr. 2, 288, 290.

Arbeitnehmer zuließ,[1112] änderte es seine Rechtsprechung seit dem Urteil 105/1992[1113]: Arbeitgeber seien danach nicht berechtigt, verbessernde oder verschlechternde individuelle Bedingungen mit Arbeitnehmern zu vereinbaren, wenn sie hierdurch systematisch den Tarifvertrag umgingen und die Tarifautonomie zugunsten der Privatautonomie zurückdrängten. Durch massenhafte individuelle Vereinbarungen würden die Arbeitnehmervertreter entgegen Art. 37.1, 28.1 Spanische Verfassung von Verhandlungen ausgeschlossen. Die in Art. 37.1 Spanische Verfassung angeordnete bindende Wirkung sei nicht mehr gewahrt, wenn der Tarifvertrag durch individuelle Massenänderungen sukzessive außer Kraft gesetzt werden könne.

In weiteren Urteilen setzte das Verfassungsgericht diese Rechtsprechung fort: Individuelle Massenänderungen seien nicht zulässig, wenn sie tarifvertragliche Regelungen inhaltsleer machten oder wesentliche Arbeitsbedingungen beträfen, die eigentlich eine Verhandlung durch Arbeitnehmervertreter erforderten.[1114] Trotz des weitgehenden Vorrangs der Tarif- gegenüber der Privatautonomie müsse aber der Privatautonomie der Arbeitnehmer und der gem. Art. 38 Spanische Verfassung gewährleisteten Berufs- und Unternehmensfreiheit des Arbeitgebers ein ausreichender Gestaltungsspielraum überlassen werden.[1115] Zur Beurteilung einer unzulässigen individuellen Massenänderung seien quantitative Elemente oder die Intention des Arbeitgebers, die Rechte aus Art. 37.1, 28.1 Spanische Verfassung missbräuchlich zu umgehen, nicht relevant. Entscheidend sei, ob nach einer objektiven Beurteilung die Beteiligung von Arbeitnehmervertretern umgangen werde (*teoría de la lesión objetiva del derecho a la libertad sindical*[1116]).[1117] Eine Umgehung bejahte

---

1112 ATC 1074/1988, 26.09.1988.

1113 STC 105/1992, 01.07.1992. Nachfolgend auch STC 238/2005, 26.09.2005; STC 225/2001, 26.11.2001; STC 107/2000, 05.05.2000; STC 74/1996, 30.04.1996; STC 208/1993, 28.06.1993.

1114 STC 238/2005, 26.09.2005; STC 107/2000, 05.05.2000; STC 208/1993, 28.06.1993.

1115 STC 107/2000, 05.05.2000; STC 208/1993, 28.06.1993; STC 58/1985, 30.04.1985; vgl. auch Vicente Palacio, in: García Ninet, Derecho del trabajo, S. 143.

1116 Navarro Garrote, Actualidad Jurídica Uría Menéndez 2007, Nr. 17, 87, 89, 90.

1117 STC 238/2005, 26.09.2005. Der Maßstab ähnelt § 242 BGB, den bspw. v. Koppenfels-Spies, RdA 2010, 72, 74 ff. für die Begrenzung der Privatautonomie bei der kollektiven Ausübung des Widerspruchsrechts nach § 613a Abs. 6 BGB zu Grunde legt – wenn auch zu beachten ist, dass es sich hier um eine einseitige Rechtsausübung der Arbeitnehmer zulasten der Arbeitgeber handelt.

das Verfassungsgericht beispielsweise, als ein Arbeitgeber Anpassungen der Arbeitszeiten von Arbeitnehmern erst individuell mit diesen vereinbarte, nachdem absehbar war, dass die Verhandlungen zur Anpassungen der Arbeitszeiten auf kollektiver Ebene mit den Arbeitnehmervertretungen gescheitert waren.[1118]

5. Zwischenergebnis

Günstigste Bedingungen i.S.d. Art. 3.1 lit. c Arbeitnehmerstatut sind vertragliche, nicht aber tarifliche Vereinbarungen zwischen Arbeitgeber und Arbeitnehmer, die tarifliche oder gesetzliche Bedingungen verbessern. Nach den wenigen Ausführungen in der Literatur ist Maßstab des Günstigkeitsvergleichs nach Art. 3.1 lit. c Arbeitnehmerstatut ein individueller Einzelvergleich. Vereinbarte günstigste Bedingungen können nicht durch Tarifvertrag, sondern nur durch eine neue Vereinbarung zwischen Arbeitnehmer und Arbeitgeber oder durch das Verfahren gem. Art. 41 Arbeitnehmerstatut geändert werden. Grenzen des Günstigkeitsprinzips sind bei einheitlich geltenden Arbeitsbedingungen und bei individuellen Massenänderungen, die die Tarifautonomie systematisch umgehen, erreicht.

III. Zusammenfassung

Mit Art. 3.3 und Art. 3.1 lit. c Arbeitnehmerstatut hat das spanische Tarifrecht zwei Günstigkeitsprinzipien mit unterschiedlichen Anwendungsbereichen und Maßstäben normiert. Art. 3.3 Arbeitnehmerstatut hat einen in der Praxis begrenzten Anwendungsbereich und bezieht sich auf das Verhältnis statutarischer und außerstatutarischer Tarifverträge sowie zweier außerstatutarischer Tarifverträge. Es hat damit keinen unmittelbaren Einfluss auf den Arbeitsvertrag. Art. 3.1 lit. c Arbeitnehmerstatut bezieht sich dagegen auf privatautonome Vereinbarungen zwischen Arbeitgeber und Arbeitnehmer, die im Vergleich zu tariflichen oder gesetzlichen Regelungen günstiger sind. Art. 3.1 lit. c Arbeitnehmerstatut stellt damit eine Ausnahme der normativen Wirkung statutarischer Tarifverträge und der normativen bzw. realen Wirkung außerstatutarischer Tarifverträge dar. Zum Schutz der Tarifautonomie und zur Anwendung notwendigerweise einheitlich geltender Arbeitsbedingungen wird das Günstigkeitsprinzip wiederum eingeschränkt.

[1118] STC 238/2005, 26.09.2005.

F. Ergebnis

Die Definition der normativen Wirkung entspricht zwar weitestgehend der des deutschen Tarifrechts. Dennoch zeigt die Ausgestaltung der normativen Wirkung statutarischer Tarifverträge im spanischen Recht auf, dass die historisch entwickelte Erga-Omnes-Wirkung einen starken Einfluss auf das gesamte Tarifrecht ausübt. Zu verweisen ist in diesem Zusammenhang auf die Diskussion um eine normative Wirkung des statutarischen Tarifvertrags vor dessen Veröffentlichung, erweiterte Kündigungsmöglichkeiten durch andere als die tarifvertragschließenden Parteien und die Ausweitung der unmittelbaren und zwingenden Wirkung bis in den Nachwirkungszeitraum hinein.

Gleichzeitig wurden zur Relativierung der Erga-Omnes-Wirkung weitgehende Ausnahmen normiert, die aus deutscher Sicht ungewöhnlich sind. Zur Flexibilisierung des Systems hat der spanische Gesetzgeber den Anwendungsvorrang gem. Art. 84.2–5 Arbeitnehmerstatut und die Möglichkeit zur Vereinbarung einer Ausstiegsklausel gem. Art. 82.3 UAbs. 2–9 Arbeitnehmerstatut normiert. Insbesondere die Ausstiegsklausel gem. Art. 82.3 UAbs. 2–9 Arbeitnehmerstatut sowie deren als *ultima ratio* angeordnete Zwangsschlichtung in Art. 82.3 UAbs. 8 Arbeitnehmerstatut weisen Merkmale auf, die dem deutschen Tarifrecht fremd sind. Auch wenn beide spanischen Konstruktionen Ähnlichkeiten zum deutschen Spezialitätsprinzip aufweisen, zeigen sich auch hier die Besonderheiten des spanischen Tarifsystems im Vergleich zum deutschen Tarifrecht: Die Anwendung der Art. 82.3 UAbs. 2–9 und Art. 84.2 Arbeitnehmerstatut ist auf konkrete Materien beschränkt. Außerdem besteht auf und unter Unternehmensebene kein Gewerkschaftsmonopol, sodass der Arbeitgeber durch Vereinbarungen mit den Einheitsvertretungen oder, im Falle von Art. 82.3 UAbs. 2–9 Arbeitnehmerstatut, durch Vereinbarungen mit *ad hoc* gebildeten Vereinigungen von Branchentarifverträgen abweichen kann. Eine Beteiligung der Gewerkschaften ist nicht zwingend erforderlich. Beide Instrumente gem. Art. 82.3 UAbs. 2–9 und Art. 84.2 Arbeitnehmerstatut können kumulativ oder alternativ zur Anwendung kommen, sodass sich je nach Einzelfall ein Gesamtgefüge aus sich ergänzenden und bzw. oder überschneidenden Tarifverträgen verschiedener Ebenen und Tarifvertragsparteien ergibt.

Im Bereich der in der Praxis weniger genutzten außerstatutarischen Tarifverträge ist auffällig, dass ordentliche Rechtsprechung und Literatur grundlegend verschiedene Ansichten dazu vertreten, ob dem außerstatutarischen Tarifvertrag eine normative oder schuldrechtliche Wirkung zugewiesen werden kann. In einigen Fällen tendiert die ordentliche Rechtsprechung dazu, der Lösung der Literatur zu folgen, jedoch leider, ohne ihre dogmatische Herleitung ausführlich zu erläutern. Das Schutzniveau für außerstatutarische Tarifverträge wird weiter durch die Möglichkeit zur unilateralen Modifizierung von Tarifvertragsklauseln gem. Art. 41 Arbeitnehmerstatut vermindert, flexibilisiert aber andererseits das gesamte Tarifvertragssystem.

Im Unterschied zu den Tarifverträgen ist die Wirkung der Kollektivvereinbarungen abhängig von der Funktion der konkreten Vereinbarung. Die im Arbeitnehmerstatut normierten subsidiären Kollektivvereinbarungen der Unternehmensebene haben dieselbe Wirkung wie ein statutarischer Tarifvertrag. Für Kollektivvereinbarungen, die gem. Art. 41 Arbeitnehmerstatut außerstatutarische Tarifverträge modifizieren, wird wiederum der Streitstand zur bindenden Wirkung i.S.d. Art. 37.1 HS. 2 Spanische Verfassung relevant.

Das Günstigkeitsprinzip gem. Art. 3.1 lit. c Arbeitnehmerstatut stellt eine zentrale Ausnahme der normativen Wirkung statutarischer Tarifverträge und der normativen bzw. realen Wirkung außerstatutarischer Tarifverträge dar. Gemeinsam mit dem Günstigkeitsprinzip gem. Art. 3.3 Arbeitnehmerstatut, welches das Verhältnis zwischen statutarischem und außerstatutarischem Tarifvertrag sowie zwischen zwei außerstatutarischen Tarifverträgen regelt, beeinflusst dieses die Gestaltung des Arbeitsvertrags durch Tarifvertrag im spanischen Recht.

Finale Systematisierung des spanischen Tarifrechts und Ausblick

Im folgenden Kapitel stellt die Arbeit die derzeit in der Literatur diskutierten Reformvorschläge zur Lösung der in den vorherigen Kapiteln aufgeworfenen Probleme dar und gibt einen kurzen Ausblick auf die Zukunft des spanischen Tarifrechts (unter A.). Weiter wird das spanische Tarifrecht abschließend eingeordnet und in seinem Gesamtgefüge betrachtet (unter B.).

A. Reformvorschläge und Ausblick für das spanische Tarifrecht

Nach Ansicht in der Literatur deuten aktuelle Entwicklungen und Reformvorschläge nach einer jahrzehntelangen Verstaatlichung auf eine verstärkte Individualisierung des spanischen Tarifrechts hin.[1119] Die Privatautonomie und eine Regulierung durch Individualarbeitsverträge sollen gefördert und zwingende Gesetze in den Hintergrund gerückt werden; Gesetze entwickeln sich in Richtung weitgehender Dispositivierung sowie Flexibilisierung und der für statutarische Tarifverträge notwendige Inhalt nach Art. 85.3 Arbeitnehmerstatut wird sukzessive erweitert.[1120]

In der Literatur wird befürwortet, die Erga-Omnes-Wirkung von statutarischen Tarifverträgen beizubehalten. Vorgeschlagen wird, das System durch Maßnahmen der Dezentralisierung oder Möglichkeiten zur Anpassung an

1119 Palomeque López/Àlvarez de la Rosa, Derecho del trabajo, S. 79.
1120 Palomeque López/Àlvarez de la Rosa, Derecho del trabajo, S. 80.

veränderte konjunkturelle Umstände weiter zu flexibilisieren.[1121] Kleine und mittlere Unternehmen sollten bei der Verhandlung von Branchentarifverträgen in größerem Umfang beteiligt werden.[1122] Eine Literaturmeinung schlägt allerdings auch vor, die Erga-Omnes-Wirkung *ex ante* durch eine Allgemeinverbindlicherklärung aufgrund einer administrativen Entscheidung *ex post*, ähnlich wie § 5 TVG, zu ersetzen[1123]: Dadurch werde eine bessere Überprüfbarkeit der gesetzlichen Vorschriften in Art. 82 ff. Arbeitnehmerstatut gewährleistet. Fehler würden bei der behördlichen Überprüfung und damit zeitlich vor der Ausweitung auf Nicht- und Andersorganisierte offengelegt. Sollte ein fehlerhafter Tarifvertrag im Einzelfall fälschlicherweise für allgemeinverbindlich erklärt werden, stünden den erfassten Arbeitnehmern entgegen der jetzigen Regelung über Art. 165.1 lit. b Gesetz über die Sozialgerichtsbarkeit als betroffene Dritte Möglichkeiten zur gerichtlichen Geltendmachung zu.

Bezogen auf die Bemessungskriterien der Repräsentativität schlägt *Lahera Forteza* vor, das Unternehmen und nicht den Betrieb als Wahleinheit bei den Wahlen zu den Einheitsvertretungen festzulegen.[1124] Das vermeide eine Zerstückelung eines Unternehmens in kleine Betriebe, die gegebenenfalls die Schwellenwerte zur Bildung von Einheitsvertretungen nicht erreichen. Die Festlegung des Unternehmens als Wahleinheit solle dispositiv ausgestaltet werden, sodass die Wahleinheit an die konkreten Umstände angepasst werden könne.[1125] Auch wenn *Lahera* befürwortet, dass Einheitsvertretungen nicht zu Tarifverhandlungen berechtigt sein sollen, beurteilt er die Umsetzung seiner vorgeschlagenen Neuerung als schwierig: Einheitsvertretungen hätten eine etablierte Stellung innerhalb des Betriebs inne, die Gewerkschaften seien im Vergleich hierzu schwach organisiert.[1126] Um die Tarifautonomie zu stärken, schlägt er vor, die gewerkschaftliche Organisation bei der Bewertung der Repräsentativität mit zu berücksichtigen.[1127]

1121 Lahera Forteza, La reforma de la negociación colectiva, S. 166, 167, 188–189.
1122 Lahera Forteza, La reforma de la negociación colectiva, S. 167.
1123 Duque González, Lan Harremanak 2021, Nr. 45, 14, 39.
1124 Lahera Forteza, La reforma de la negociación colectiva, S. 169, 170.
1125 Lahera Forteza, La reforma de la negociación colectiva, S. 170.
1126 Lahera Forteza, La reforma de la negociación colectiva, S. 170, 171.
1127 Lahera Forteza, La reforma de la negociación colectiva, S. 176–177.

Für den außerstatutarischen Tarifvertrag schlägt *Lahera Forteza* vor, dessen Voraussetzungen und Wirkungen einfachgesetzlich zu normieren.[1128] Der derzeitige Rückgriff auf die allgemeinen zivilrechtlichen Regeln sei unzureichend – das zeige die widersprüchliche Doktrin der ordentlichen Rechtsprechung.

B. Abschließende Einordnung des spanischen Tarifrechts

Die Grundstrukturen des spanischen Tarifsystems weichen in wesentlichen Punkten von den deutschen Strukturen ab:

In Kapitel 1 wurde herausgearbeitet, dass sich die spanische Gewerkschaftslandschaft aus ideologisch orientierten Richtungsgewerkschaften zusammensetzt. Neben kleineren Gewerkschaften konkurrieren die zwei Dachverbände *Comisiones Obreras* und *Unión General de Trabajadores*. Die *Comisiones Obreras* sind kommunistisch orientiert, die *Unión General de Trabajadores* sozialistisch. Auf Arbeitgeberseite repräsentiert der Dachverband *Confederación Española de Organizaciones Empresariales* Industrieverbände und Verbände mit einem festgelegten territorialen Gebiet. Auch wenn der gewerkschaftliche Organisationsgrad mit 12,5 % (Stand 2019) gering ist, werden 91,8 % der Arbeitsverträge durch erga omnes wirkende Tarifverträge erfasst (Stand 2023).

Aus Art. 7 Spanische Verfassung leiten Rechtsprechung und Literatur eine institutionelle Vertretungsfunktion der Verbände ab. Die Verbände übernehmen soziale, wirtschaftliche und politische Aufgaben. Den Verbänden kommt zudem gem. Art. 7 Spanische Verfassung eine Gesamtrepräsentationsfunktion zur Vertretung der Interessen aller Arbeitnehmer und Arbeitgeber zu. Die allgemeine, unparteiische, nicht mitgliederbezogene Interessenvertretung der Verbände stellt die Basis dafür dar, dass der einfache Gesetzgeber Verbände zur Vereinbarung erga omnes wirkender Tarifverträge befähigen kann. Art. 7, 37.1 Spanische Verfassung gewähren den Gewerkschaften und Arbeitgeberverbänden eine originäre, außerstaatliche, soziale Rechtsetzungsmacht, um

---

[1128] Lahera Forteza, La reforma de la negociación colectiva, S. 188. Für eine einfachgesetzliche Normierung auch: Monereo Pérez, Revista Crítica de Relaciones de Trabajo. Laborum 2023, Nr. 9, 209, 310.

Arbeitsbedingungen für die Arbeitnehmer und Arbeitgeber festzusetzen und in deren Rechtskreis einzugreifen. Die Vertretung der Verbände ist keine Willens-, sondern eine Interessenvertretung, sodass Art und Umfang der Vertretung der Disposition des einzelnen Arbeitnehmers bzw. Arbeitgebers entzogen sind.

Im spanischen Tarifsystem existiert eine duale Arbeitnehmervertretung. Im Unterschied zum deutschen System sind sowohl Gewerkschaften als auch Einheitsvertretungen, namentlich Personaldelegierte und das Betriebskomitee, alternativ, nicht kumulativ, auf Unternehmensebene und den darunter liegenden Ebenen zu Tarifverhandlungen berechtigt. Über der Unternehmensebene besteht ein Gewerkschaftsmonopol. Die Rechte der Einheitsvertretungen werden mittelbar über Art. 129.2 Spanische Verfassung gewährleistet, die Rechte der Gewerkschaften dagegen über Art. 28.1 Spanische Verfassung. Das unterschiedliche verfassungsrechtliche Schutzniveau der Arbeitnehmervertretungen führt zu Abgrenzungsproblemen, wenn ein Arbeitnehmer eine Doppelfunktion ausübt, indem er gleichzeitig Mitglied der gewerkschaftlichen und der betrieblichen Vertretung ist.

Auch die Existenz mehrerer Formen von Tarifverträgen stellt eine Besonderheit dar: Neben dem statutarischen Tarifvertrag ist die Zulässigkeit des außerstatutarischen Tarifvertrags in Rechtsprechung und Literatur mehrheitlich anerkannt. Die verfassungsrechtliche Basis des außerstatutarischen Tarifvertrags wird in Art. 37.1 Spanische Verfassung festgemacht. Die Tarifverträge unterscheiden sich in ihrer Tarifbindung und den Verfahrensvoraussetzungen. Der statutarische Tarifvertrag kommt zustande, sofern alle Voraussetzungen der Art. 82 ff. Arbeitnehmerstatut erfüllt werden. Gem. Art. 82.3 Arbeitnehmerstatut wirkt er erga omnes. Der außerstatutarische Tarifvertrag kommt zustande, sofern die Anforderungen der Art. 82 ff. Arbeitnehmerstatut nicht erfüllt werden. Tarifgebunden sind die Arbeitnehmer und Arbeitgeber, die die Tarifvertragsparteien über die allgemeinen, zivilrechtlichen Vertretungsregeln vertreten. Kollektivvereinbarungen auf Unternehmensebene zeichnen sich im Vergleich zu Tarifverträgen durch ihre Informalität und Flexibilität aus. Sie stellen eine Vereinbarung *sui generis* dar und werden nicht als Tarifverträge eingestuft. Im Verhältnis zu statutarischen und außerstatutarischen Tarifverträgen können sie ergänzende, modifizierende oder subsidiäre Funktionen ausüben.

Zentrales Element zum Abschluss der erga omnes wirkenden statutarischen Tarifverträge ist die Repräsentativität: Gem. Art. 87, 88, 89 Arbeitnehmerstatut, Art. 6–8 Organgesetz über die Gewerkschaftsfreiheit müssen die Tarifvertragsparteien drei Legitimationserfordernisse erfüllen, um statutarische Tarifverträge wirksam vereinbaren zu können: die Anfangslegitimation, die volle Legitimation und die Verhandlungslegitimation. Zeitpunkt für die Bestimmung der Legitimation ist die Zusammensetzung der Verhandlungskommission. Durch die verschiedenen Legitimationsstufen wird gewährleistet, dass die handelnden Akteure zu jedem Zeitpunkt der Verhandlungen in einer die Repräsentation gewährleistenden Zusammensetzung handeln und die Zusammensetzung ihrer Gruppe die Wahlergebnisse zu den Wahlen der Einheitsvertretungen widerspiegelt.

Legitimierte Tarifvertragsparteien außerstatutarischer Tarifverträge sind – auch nicht-repräsentative – Gewerkschaften sowie Einheitsvertretungen. Für das Verfahren der außerstatutarischen Tarifverträge gilt das allgemeine Vertragsrecht des Spanischen Zivilgesetzbuchs.

Wegen ihrer subsidiären Funktion im Vergleich zu statutarischen Tarifverträgen sind die Tarifvertragsparteien der subsidiären Kollektivvereinbarungen der Unternehmensebene identisch mit den Tarifvertragsparteien statutarischer Tarifverträge. Im Übrigen müssen keine besonderen Verfahrensschritte eingehalten werden.

In Kapitel 2 wurden die Erga-Omnes-Wirkung und die mitgliederbezogene Wirkung, welche beide für verschiedene Tarifvertragsformen im spanischen Tarifrecht existieren, gegenübergestellt. Art. 82.3 Arbeitnehmerstatut normiert die Erga-Omnes-Wirkung statutarischer Tarifverträge. Statutarische Tarifverträge wirken *ex ante* ohne staatliche Intervention *ex lege* für alle Arbeitnehmer und Arbeitgeber des festgelegten Anwendungsbereichs. Die Erga-Omnes-Wirkung ist nach mehrheitlicher Ansicht nicht disponibel. Ausnahmen der Erga-Omnes-Wirkung sind die Öffnungsklauseln gem. Art. 84.2–5 Arbeitnehmerstatut. Art. 84.2 Arbeitnehmerstatut normiert einen partiellen Anwendungsvorrang des Unternehmenstarifvertrags vor Branchentarifverträgen und Tarifverträgen unter der Unternehmensebene. Gem. Art. 84.3 Arbeitnehmerstatut werden Tarifverträge auf Ebene der Autonomen Gemeinschaften gegenüber gesamtstaatlichen Tarifverträgen vorrangig angewendet, wenn sie die für die Bildung der Verhandlungskommission notwendigen Mehrheitserfordernisse erhalten und ihre Regelung gegenüber der des übergeordneten Tarifvertrags günstiger ist. Auch Tarifverträge der Provinzebene können gem. Art. 84.4 Arbeitnehmerstatut gegenüber gesamtstaatlichen Tarifverträgen vorrangig angewendet werden, sofern dies in Rahmenvereinbarungen der Autonomen Gemeinschaft i.S.d. Art. 83.2 Arbeitnehmerstatut vorgesehen ist und die Regelung günstiger ist als die des übergeordneten Tarifvertrags. Die Erga-Omnes-Wirkung begegnet nur wenigen verfassungsrechtlichen Bedenken. Allerdings hat die Erga-Omnes-Wirkung zur Folge, dass wenige Anreize zum Gewerkschaftsbeitritt bestehen. Da repräsentative Verbände staatlich subventioniert werden, werden sie aufgrund ihrer finanziellen Abhängigkeit großen politischen Einflüssen ausgesetzt.

Außerstatutarische Tarifverträge haben mitgliederbezogene Wirkung. Die Wirkung richtet sich nach den allgemeinen zivilrechtlichen Vertretungsregeln. Es gibt keine Nachwirkung. Wegen der mitgliederbezogenen Wirkung können die Tarifvertragsparteien der Rechtsprechung nach nur Materien regeln, die nicht notwendigerweise einheitlich für alle Arbeitnehmer und Arbeitgeber geregelt werden müssen. Nicht tarifgebundene Arbeitnehmer können dem außerstatutarischen Tarifvertrag privatautonom beitreten. Dieses Verlangen kann der Arbeitgeber grundsätzlich nicht ablehnen, sodass der Arbeitnehmer den außerstatutarischen Tarifvertrag faktisch durch unilaterale Entscheidung auf sein Arbeitsverhältnis anwenden kann.

Die Kollektivvereinbarungen der Unternehmensebene wirken erga omnes, sofern sie als subsidiäre Vereinbarungen einen statutarischen Tarifvertrag ersetzen. Da die im Arbeitnehmerstatut aufgelisteten Kollektivvereinbarungen grundsätzlich Materien betreffen, die nur einheitlich geregelt werden können, ist die Bedeutung von Kollektivvereinbarungen mit mitgliederbezogener Wirkung gering.

In Kapitel 3 wurden die normative und schuldrechtliche Wirkung der Tarifvertragsformen beleuchtet. Der statutarische Tarifvertrag hat normative Wirkung. Auch wenn die Terminologie uneinheitlich ist, entspricht die Definition der normativen Wirkung im Wesentlichen der deutschen Definition. Die normative Wirkung beginnt nach mehrheitlicher Ansicht mit Veröffentlichung des statutarischen Tarifvertrags im Bundesgesetzblatt oder dem öffentlichen Amtsblatt der Autonomen Gemeinschaft oder Provinz. Legen die Tarifvertragsparteien den Beginn des zeitlichen Anwendungsbereichs vor den Zeitpunkt der Veröffentlichung, entfaltet der Tarifvertrag in diesem

Zeitraum nach mehrheitlicher Ansicht keine schuldrechtliche, mitgliederbezogene Wirkung, sondern gilt ab Veröffentlichung rückwirkend. Liegt der Beginn des zeitlichen Anwendungsbereichs nach dem Zeitpunkt der Veröffentlichung, entfaltet der Tarifvertrag erst ab Beginn des autonom festgelegten Zeitpunkts Wirkung. Die Vorgaben zur Rückwirkung entsprechen mit zwei Ausnahmen der deutschen Regelung: Erstens ist eine rückwirkende Modifizierung wohlerworbener Rechte im spanischen Recht nicht zulässig. Zweitens ist eine volle Rückwirkung zugunsten der Arbeitnehmer grundsätzlich zulässig. Die normative Wirkung umfasst den Zeitraum der ordentlichen Tariflaufzeit, der Verlängerung gem. Art. 86.2 Arbeitnehmerstatut und der Nachwirkung. Die Nachwirkung endet mit Veröffentlichung eines neuen statutarischen Tarifvertrags. Eine Individualvereinbarung beendet die Nachwirkung nicht. Auch ein außerstatutarischer Tarifvertrag beendet die Nachwirkung des statutarischen Tarifvertrags nicht in seiner Gesamtheit.

Die Wirkung des außerstatutarischen Tarifvertrags wird uneinheitlich bewertet: Die mehrheitliche Literaturansicht nimmt, vergleichbar mit der Wirkung des statutarischen Tarifvertrags, eine normative Wirkung an und ordnet den außerstatutarischen Tarifvertrag als Rechtsnorm ein. Die ordentliche Rechtsprechung nimmt eine Einordnung als Vertrag und eine schuldrechtliche Wirkung an. Folglich müssen die Tarifvertragsinhalte nach dieser Ansicht in das Individualarbeitsverhältnis inkorporiert werden. Diese Ansicht ist allerdings nicht widerspruchsfrei entwickelt und wird nicht präzise dogmatisch hergeleitet. Eine dritte Ansicht nimmt eine vertragliche Rechtsnatur an, weist dem außerstatutarischen Tarifvertrag aber eine unmittelbare und zwingende Wirkung zu. Der Streitstand hat Auswirkungen darauf, wie das Verhältnis zwischen statutarischem und außerstatutarischem Tarifvertrag einzuordnen ist. Nach der normativen Theorie beurteilt sich das Verhältnis nach dem Günstigkeitsprinzip gem. Art. 3.3 Arbeitnehmerstatut, nach den vertraglichen Theorien ist das Hierarchieprinzip anzuwenden. Die Rechtsprechung nähert sich hier allerdings der normativen Theorie an und wendet teilweise ebenfalls Art. 3.3 Arbeitnehmerstatut an.

Die Wirkung der Kollektivvereinbarungen auf Unternehmensebene bestimmt sich nach Art und Funktion der konkreten Vereinbarung. Die im Arbeitnehmerstatut normierten Kollektivvereinbarungen auf Unternehmensebene sowie die Vereinbarung nach Art. 82.3 UAbs. 2 Arbeitnehmerstatut haben die Wirkung der statutarischen Tarifverträge. Die Wirkung der nicht gesetzlich geregelten Kollektivvereinbarungen und des Art. 41 Arbeitnehmerstatut bestimmt sich entsprechend dem Streitstand zur Wirkung außerstatutarischer Tarifverträge.

Gemäß der gesetzlichen Öffnungsklausel des Art. 41 Arbeitnehmerstatut können Arbeitsbedingungen in außerstatutarischen Tarifverträgen oder Kollektivvereinbarungen unilateral durch den Arbeitgeber wesentlich geändert werden. Art. 41.1 UAbs. 2 lit. a–f Arbeitnehmerstatut listet beispielhaft, aber nicht abschließend auf, welche Änderungen als wesentlich einzustufen sind. Da Art. 41 Arbeitnehmerstatut präventive Zwecke verfolgt, wird nicht gefordert, dass das Unternehmen sich in einer Krisensituation befinden muss. Es reicht aus, wenn die Wettbewerbsfähigkeit des Unternehmens durch die Änderung verbessert wird und Arbeitsbedingungen an neue wirtschaftliche oder unternehmerische Herausforderungen angepasst werden. Bei einer individuellen Änderung bestehen lediglich Mitteilungspflichten gegenüber den betroffenen Arbeitnehmern und der Arbeitnehmervertretung. Bei einer kollektiven Änderung besteht die Pflicht zu einer zielorientierten Beratungsphase zwischen Arbeitgeber und Arbeitnehmervertretern, eine Zustimmung der Arbeitnehmervertretung zur Änderung ist aber nicht erforderlich. Besonders am Verfahren des Art. 41 Arbeitnehmerstatut ist, dass der Arbeitgeber die Arbeitsbedingungen unilateral ändern kann und bei der Beratungsphase zur kollektiven Änderung der Arbeitsbedingungen auch *ad hoc* gebildete Arbeitnehmervereinigungen beteiligt sein können.

Als *lex specialis* zu Art. 41 Arbeitnehmerstatut normiert Art. 82.3 UAbs. 2–9 Arbeitnehmerstatut das Verfahren zur Modifizierung statutarischer Tarifverträge. Im Unterschied zu Art. 41 Arbeitnehmerstatut bezweckt die Ausstiegsklausel des Art. 82.3 UAbs. 2–9 Arbeitnehmerstatut nicht die präventive Verbesserung der Unternehmenssituation, sondern ermöglicht die Loslösung des Unternehmens von betriebsgefährdenden Tarifklauseln in einer Unternehmenskrise. Legitimierte Parteien der Vereinbarung sind dieselben wie im Verfahren nach Art. 41 Arbeitnehmerstatut und damit auch *ad hoc* gebildete Arbeitnehmervertretungen. Die Wirkungen der Vereinbarung nach Art. 82.3 UAbs. 2–9 Arbeitnehmerstatut entsprechen den Wirkungen statutarischer Tarifverträge. Eine Änderung der Vereinbarung nach Art. 82.3 UAbs. 2–9 Arbeitnehmerstatut über das Verfahren nach Art. 41 Arbeitnehmerstatut wird als unzulässig eingestuft. Kommt keine Einigung zwischen den Parteien zustande, kann jede der Parteien als *ultima ratio* eine Zwangsschlichtung durch den nationalen beratenden Ausschuss für Tarifverträge *(Comisión Consultiva Nacional de Convenios Colectivos)* bzw. das entsprechende Organ der Autonomen Gemeinschaft verlangen. Deren Entscheidung hat dieselbe Wirkung wie eine zwischen den Parteien vereinbarte Kollektivvereinbarung. Der einfache Gesetzgeber hat dem Arbeitgeber innerhalb des Art. 82.3 UAbs. 2–9 Arbeitnehmerstatut eine starke Position verliehen. Die Arbeitnehmerseite kann die Modifizierung des Tarifvertrags aufgrund der Zwangsschlichtung nicht verhindern. Sie kann lediglich Einfluss auf die Modalitäten der Ausstiegsklausel nehmen. Die Ausstiegsklausel gem. Art. 82.3 UAbs. 2–9 Arbeitnehmerstatut und der partielle Anwendungsvorrang gem. Art. 84.2 Arbeitnehmerstatut können alternativ, kumulativ oder zeitlich aufeinanderfolgend zur Anwendung kommen, sodass gegebenenfalls je nach Materie Klauseln unterschiedlicher Tarifverträge und Kollektivvereinbarungen von unterschiedlichen Verhandlungsparteien auf ein Arbeitsverhältnis einwirken.

Begrenzt wird die normative Wirkung des Tarifvertrags durch das Günstigkeitsprinzip, welches in zwei Normen mit verschiedenen Anwendungsbereichen und Maßstäben aufgegliedert ist. Das Verhältnis zwischen Gesetzen, zwischen Tarifverträgen und zwischen Gesetz und Tarifvertrag bestimmt sich nach dem Günstigkeitsprinzip gem. Art. 3.3 Arbeitnehmerstatut *(principio de norma más favorable)*. Da in diesen Verhältnissen aber vorrangig andere, speziellere Prinzipien zur Anwendung kommen, kommt die Günstigkeit gem. Art. 3.3 Arbeitnehmerstatut lediglich im Verhältnis mehrerer außerstatutarischer Tarifverträge sowie im Verhältnis statutarischer und außerstatutarischer Tarifverträge – sofern der normativen Theorie der Literatur gefolgt wird – zur Anwendung. Maßstab des Günstigkeitsvergleichs ist ein individueller, objektiver Sachgruppenvergleich. Das Verhältnis zwischen Tarifvertrag und Individualarbeitsvertrag bestimmt sich nach dem Grundsatz der günstigsten Bedingung *(principio de la condición más beneficiosa)*, dessen Basis Art. 3.1 lit. c Arbeitnehmerstatut ist. Maßstab ist hier ein individueller Einzelvergleich. Modifizierungen der günstigsten Bedingung sind lediglich durch Vereinbarung zwischen Arbeitgeber und Arbeitnehmer oder über das Verfahren gem. Art. 41 Arbeitnehmerstatut möglich. Arbeitnehmer und Arbeitgeber können keine günstigste Bedingung vereinbaren, sofern es sich um Arbeitsbedingungen handelt, die notwendigerweise einheitlich im Unternehmen gelten müssen. Außerdem kann die Tarifautonomie der Rechtsprechung nach nicht durch individuelle Massenänderungen systematisch umgangen werden.

Zusammenfassend stehen die staatlich-demokratische Legitimation der Tarifvertragsparteien zur Rechtsetzung, die originäre, soziale Machtzuweisung und Gesamtrepräsentationsfunktion der Gewerkschaften und Arbeitgeberverbände sowie deren institutionelle Vertretungsfunktionen im spanischen System der privatautonom-mitgliedschaftlichen Legitimation, dem Verständnis der Tarifautonomie als kollektiv ausgeübte Privatautonomie und der Mitgliedervertretung von Gewerkschaften und Arbeitgeberverbänden im deutschen System gegenüber. Durch die Normierung einer Erga-Omnes-Wirkung wird die Tarifwirkung spanischer, statutarischer Tarifverträge unabhängig von dem gewerkschaftlichen Organisationsgrad durch gesetzlichen Geltungsbefehl gem. Art. 82.3 Arbeitnehmerstatut erweitert. Gleichzeitig schwächt das System die Tarifautonomie der Verbände.[1129] In dem spanischen, von starker gesetzlicher Intervention geprägten Tarifsystem kann dennoch nach Ansicht in der rechtsvergleichenden, deutschen Literatur ein Modell für Deutschland gesehen werden: Auch in Deutschland seien erste Entwicklungen hin zu einer gesetzlichen Erweiterung der Tarifwirkung mit Verabschiedung des Tarifautonomiestärkungsgesetzes erkennbar geworden.[1130] Eine demokratische Legitimation der Wirkung, wie sie das spanische Recht über die Zuweisung der Repräsentativität verknüpft mit den Wahlen zu den Einheitsvertretungen vornimmt, sei aber in Deutschland nicht umsetzbar. Maßgeblich gegen eine Übertragung spreche die deutsche, strikte Trennung zwischen der Tarif- und Betriebsebene.[1131] Das spanische Tarifsystem kann damit zwar nicht ohne weiteres auf das deutsche System übertragen werden.[1132] Die Darstellungen des spanischen Tarifrechts in dieser Arbeit können aber als Anregung für künftige Entwicklungen des deutschen Tarifrechts dienen.

Herausforderung sowohl für das spanische als auch für das deutsche Tarifrecht wird sein, die gewerkschaftliche Identifizierung der Arbeitnehmer zu stärken und Gewerkschaften autonom die Tarifinhalte gestalten zu lassen, während die Rechtsgeltung weiterhin staatlich-heteronom erfolgt. Trotz Tendenzen zu einer geringeren gewerkschaftlichen Organisation muss die

---

1129 So auch die rechtsvergleichenden Ausführungen von Seiwerth, EuZA 2014, 450, 461.

1130 Rechtsvergleichend: Seiwerth, EuZA 2014, 450, 463, 465.

1131 Rechtsvergleichend: Seiwerth, EuZA 2014, 450, 466.

1132 So auch Seiwerth, EuZA 2014, 450, 467.

tarifvertragliche Wirkungsbreite erhalten bleiben, um eine interessengerechte Vertretung insbesondere der Arbeitnehmerseite zu gewährleisten. Ob Lösungswege hierfür in einer legislativen Ausweitung der Tarifwirkung, einer Stärkung tariflicher Rechte oder verstärkter Individualisierung gefunden werden, und wie sich der Konflikt zwischen einer umfangreicheren staatlichen Regulierung und der Stärkung der Tarifautonomie weiterentwickelt, bleibt abzuwarten.

Literaturverzeichnis

Abele, Roland: Tarifrecht in Spanien, Trier 1996.
Agra Belmonte, Alexandre/ Martínez, Luciano/ Frediani, Yone: A proteção social na encruzilhada, Anais da academia brasileira de direito do trabalho, XI Congresso internacional de direito do trabalho 2021, São Paulo 2021 (zit.: Agra Belmonte/Martínez/Frediani, A proteção social na encruzilhada).
Alameda Castillo, María Teresa/ Blázquez Agudo, Eva María: Modificación sustancial de condiciones de trabajo: un análisis retrospectivo (1), Trabajo y Derecho 2016, Nr. 14, 1 (digitale Ausgabe).
Alarcón Caracuel, Manuel Ramón/ Rey Guanter, Salvador del: La reforma de la negociación colectiva, Madrid 1995.
Albiol Montesinos, Ignacio: Convenios colectivos y acuerdos de empresa, Madrid 2007.
Alfonso Mellado, Carlos: Reforma de la negociación colectiva en el Real Decreto Ley 32/2021, Lex Social 2022, Bd. 12, Nr. 2, 1.
Ders.: La ultraactividad de los convenios colectivos. Una propuesta integral, Albacete 2015.
Alfonso Mellado, Carlos/ Pedrajas Moreno, Abdón/ Sala Franco, Tomás: Los pactos o acuerdos de empresa: naturaleza y régimen jurídico, Relaciones laborales 1995, Nr. 4, 1390.
Dies.: La modificación sustancial de condiciones establecidas en convenios colectivos estatutarios, Relaciones laborales 1995, Nr. 4, 1395.
Alonso García, Manuel: Curso de derecho del trabajo, Barcelona 10. Auflage 1987.
Alonso Olea, Manuel: Las fuentes del derecho, en especial del derecho del trabajo según la Constitución, Madrid 2. Auflage 1990 (zit.: Alonso Olea, Las fuentes del derecho).
Alonso Olea, Manuel/ Barreiro González, Germán: El Estatuto de los Trabajadores – texto, comentarios, jurisprudencia, Madrid 4. Auflage 1995 (zit.: Alonso Olea/Barreiro González, El Estatuto de los Trabajadores).
Alonso Olea, Manuel/ Casas Baamonde, Maria Emilia: Derecho del trabajo, Madrid 23. Auflage 2005.
Apilluelo Martín, Margarita: Los convenios colectivos extraestatutarios y los acuerdos colectivos y plurales de empresa. Algunas precisiones de la jurisprudencia y la nueva LET de 1994, Actualidad laboral 1995, Nr. 9, 133.

Ballester Laguna, Fernando: El final de la ultraactividad y los límites de la doctrina de la incorporación al contrato de trabajo, Revista General de Derecho del Trabajo y de la Seguridad Social 2014, Nr. 38, 145.

Barcelón Cobedo, Susana/ Carrero Domínguez, Carmen/ Soto Rioja, Sebastián de: Estudios de derecho del trabajo y de la seguridad social, Homenaje al Profesor Santiago González Ortega, Sevilla 2022.

Barreiro González, Germán/ Fernández Domínguez, Juan José: Los convenios colectivos extraestatutarios: Contenido y régimen jurídico, Madrid 2004.

Baylos Grau, Antonio: Sindicalismo y derecho sindical, Albacete 7. Auflage 2019.

Becher, Herbert Jaime/ Schlüter-Ellner Corinna: Wörterbuch Recht und Wirtschaft, München 6. Auflage 2013.

Beltrán de Heredia Ruiz, Ignasi: Incidencia debilitadora de las reglas de concurrencia de convenios colectivos en la ultraactividad indefinida, Temas laborales 2022, Nr. 164, 85.

Ders.: Nueva reforma laboral 2021 (RDLey 32/2021): valoraciones críticas sobre su impacto en la negociación colectiva (prioridad aplicativa y ultraactividad).

Blasco Pellicer, Ángel: Convenios colectivos estatutarios: contenido, eficacia e inaplicación, Actualidad laboral 2013, Nr. 10, 1 (digitale Ausgabe).

Ders.: La individualización de las relaciones laborales, Madrid 1995.

Bodas Martín, Ricardo: La eficacia jurídica de los acuerdos de empresa, Stand: 30.07.2010 (abrufbar unter https://elderecho.com/la-eficacia-juridica-de-los-acuerdos-de-empresa, zuletzt abgerufen am 01.03.2026).

Borrajo Dacruz, Efrén: Introducción al derecho del trabajo, Madrid 18. Auflage 2009.

Ders.: La obligatoriedad general de los convenios colectivos de trabajo en el nuevo derecho español, Revista de política social 1980, Nr. 126, 5.

Bötticher, Eduard: Gestaltungsrecht und Unterwerfung im Privatrecht, Berlin 1964.

Bu, Yuanshi: Recht und Rechtswirklichkeit in Deutschland und China, Beiträge zur prozessualen Durchsetzung zivilrechtlicher Ansprüche, Tübingen 2011.

Cairós Barreto, Dulce María: La articulación y concurrencia de convenios colectivos, Albacete 2012.

Cámara Botía, Alberto/ Gil Plana, Juan: Denuncia y ultraactividad del convenio colectivo, Valencia 2015.

Canalda Criado, Sergio: La triple legitimación negociadora de los convenios colectivos de empresa: diferencias entre órganos unitarios y secciones sindicales, Temas laborales 2020, Nr. 152, 139.
Casas Baamonde, María Emilia: Eficacia temporal de la prioridad aplicativa de los convenios de empresa y ultraactividad, Derecho de relaciones laborales 2017, Nr. 5, 377.
Dies.: Reforma de la negociación colectiva en España y sistema de Relaciones Laborales, Cuadernos de relaciones laborales 2014, Bd. 32, Nr. 2, 275.
Dies.: ¿Hacia la disponibilidad de la eficacia de los convenios colectivos?, Relaciones laborales 1997, Nr. 1, 31.
Dies.: La individualización de las relaciones laborales, Relaciones laborales 1991, Nr. 20/21, 126.
Casas Baamonde, María Emilia/ Rodríguez-Piñero y Bravo-Ferrer, Miguel: Comentarios a la Constitución Española, XXX Aniversario, Madrid 2008 (zit: Bearbeiter, in: Casas Baamonde/Rodríguez-Piñero y Bravo-Ferrer, Comentarios a la Constitución Española).
Castro Marín, Emilio de: La prioridad aplicativa del convenio de empresa del art. 84.2 ET: puntos críticos en la jurisprudencia del Supremo, Valencia 2018.
Catedráticos y Profesores Agregados de la Universidad: Estudios de derecho del trabajo en memoria del profesor Gaspar Bayón Chacón, Madrid 1980.
Cavas Martínez, Faustino: La libertad sindical en la Jurisprudencia del Tribunal Supremo, Revista del ministerio de trabajo, migraciones y seguridad social 2019, Nr. 143, 357.
Cavas Martínez, Faustino/ Luján Alcaráz, José: Crisis económica, reformas laborales y protección social, Homenaje al profesor Jesús María Galiana Moreno, Murcia 2014.
Comisión Consultiva Nacional de Convenios Colectivos (CCNCC): Boletín Informativo n. 80, noviembre de 2021 (abrufbar unter www.mites.gob.es/ficheros/ministerio/sec_trabajo/ccncc/B_Actuaciones/Boletin/No_80_noviembre_2021.pdf, zuletzt abgerufen am 01.03.2026).
Comisión Ejecutiva Confederal de UGT: Representación y libertad sindical. Límites a la libertad sindical negativa, la mayor representación sindical y su necesaria revisión, Madrid 2015.
Dies.: Representación y libertad sindical. La LOLS y la sección sindical en la pequeña y mediana empresa, Madrid 2013.
Consejo General del Poder Judicial: La negociación colectiva, Madrid 1992.

Correa Carrasco, Manuel: La negociación colectiva como fuente del derecho del trabajo, Madrid 1996.

Cruz Villalón, Jesús: Compendio de derecho del trabajo, Madrid 14. Auflage 2021.

Ders.: La representatividad empresarial: diagnóstico y propuestas de reforma, Derecho de relaciones laborales 2019, Nr. 2, 147.

Ders.: La negociación colectiva como instrumento de gestión del cambio, Madrid 2017.

Ders.: La incidencia de la reforma laboral de 2012 sobre la estructura de la negociación colectiva, Madrid 2015.

Ders.: La representatividad sindical y empresarial en las relaciones laborales y en el sistema político español, Anuario de la Facultad de Derecho de la Universidad Autónoma de Madrid 2004, Nr. 8, 137.

Cruz Villalón, Jesús/ García-Perrote Escartín, Ignacio/ Goerlich Peset, José Maria/ Mercader Uguina, Jesús: Comentarios al Estatuto de los Trabajadores, Navarra 4. Auflage 2016.

Cruz Villalón, Jesús/ Menéndez Calvo, María Remedios/ Nogueira Guastavino, Magdalena: Representación y representatividad colectiva en las relaciones laborales, Libro homenaje a Ricardo Escudero Rodríguez, Albacete 2017 (Bearbeiter, in: Cruz Villalón/Menéndez Calvo/Nogueira Guastavino, Representación y representatividad colectiva en las relaciones laborales).

Däubler, Wolfgang: Tarifvertragsgesetz, Baden-Baden 5. Auflage 2022.

Ders.: Arbeitsbeziehungen in Spanien: Geschichte, Ideologien, Rechtsnormen, Köln 1982.

Díaz Aznarte, Maria Teresa: La ultraactividad del convenio colectivo a la luz de las últimas intervenciones legislativas. ¿Un sendero hacia la reactivación y el recrudecimiento de las medidas de conflicto colectivo?, Temas laborales 2014, Nr. 123, 13.

Dornbusch, Gregor/ Fischermeier, Ernst/ Löwisch, Manfred: Kommentar zum gesamten Arbeitsrecht, Köln 10. Auflage 2021 (zit.: Bearbeiter, in: Dornbusch/Fischermeier/Löwisch, AR-Kommentar).

Duque González, Mario: Análisis histórico del marco jurídico negocial en el Estatuto de los Trabajadores: de la inercia franquista y la añagaza sindical a los planes de igualdad, Lan Harremanak 2021, Nr. 45, 14.

Ders.: La democratización de las relaciones colectivas del trabajo en España como alternativa a la flexiseguridad: un debate oculto pero ineludible, Derecho de relaciones laborales 2020, Nr. 3, 252.

Ders.: La fuerza vinculante del convenio colectivo, La negociación colectiva en Europa: Reino Unido, Alemania, Francia y España, Pamplona 2018 (zit: Duque González, La fuerza vinculante del convenio colectivo).
Durán López, Federico: El Estatuto de los Trabajadores y la negociación colectiva, Relaciones laborales 1990, Nr. 15/16, 121.
Ders.: Las relaciones laborales y la reorganización del sistema productivo, Córdoba 1983.
Dürig, Günther/ Herzog, Roman/ Scholz, Rupert: Grundgesetz-Kommentar, München, 102. Ergänzungslieferung, August 2023.
Ellguth, Peter/ Kohaut, Susanne: Tarifbindung und betriebliche Interessenvertretung: Ergebnisse aus dem IAB-Betriebspanel 2018, WSI-Mitteilungen 2019, 290.
Epping, Volker/ Hillgruber, Christian: BeckOK Grundgesetz, München 57. Edition, Stand: 15.01.2024.
Escribano Gutiérrez, Juan: Vigencia de los convenios colectivos extraestatutarios y condición más beneficiosa, Sentencia del Tribunal Supremo, de 14 de octubre de 2009, Temas laborales 2010, Nr. 105, 183.
Ders.: Convenio colectivo: retroactividad y ultraactividad, Temas laborales 2005, Nr. 82, 213.
Escudero Rodríguez, Ricardo: La capacidad negocial de los representantes de los trabajadores en los convenios colectivos de empresa, Madrid 1984 (Wiederveröffentlichung 2015).
Fernández López, Maria Fernanda/ Vega López, Julio: La ultraactividad del convenio colectivo, La pérdida de vigencia del convenio colectivo y el régimen de las condiciones de trabajo, Derecho de relaciones laborales 2015, Nr. 1, 49.
Fernández Villazón, Luis Antonio: La prioridad aplicativa del convenio colectivo de empresa: límites e incidencia sobre los fenómenos de descentralización productiva, Revista General de Derecho del Trabajo y de la Seguridad Social 2018, Nr. 51, 166.
Ferradans Caramés, Carmen: Convenio colectivo ultraactivo y transmisión de empresa, Revista española de derecho del trabajo 2017, Nr. 198, 77.
Dies.: Análisis jurisprudencial de cláusulas de ventajas reservadas pactadas en la negociación colectiva española, Derecho & Sociedad 2016, Nr. 46, 267.
Fröhlich, Martin: Die wesentliche Änderung von Arbeitsbedingungen im spanischen Recht, EuZA 2010, 360.

Führer-Ries, Ilse Marie: Gewerkschaften in Spanien, Vom Klassenkampf zu kooperativen Strategien, Frankfurt a. M. 1991.
Fulda, Carolin Denise: Gewerkschaften: Weniger Repräsentativität durch Strukturdefizite?, IW-Kurzbericht 83/2022.
Gala Durán, Carolina: El principio de condición más beneficiosa a la luz de la última Jurisprudencia, Revista del ministerio de trabajo, migraciones y seguridad social 2019, Nr. 143, 165.
Garay y Chamizo, Catalina: Rechtswörterbuch, Köln 2008.
García Fernández, Manuel: Unidad de negociación del convenio colectivo, capacidad convencional y representación profesional en el derecho positivo español, Madrid 1977.
García Jiménez, Manuel: Los acuerdos de empresa: naturaleza y régimen jurídico, Granada 2006.
García Murcia, Joaquin: Condición más beneficiosa y negociación colectiva, Documentación laboral 2018, Nr. 114, 95.
Ders.: El sistema de fuentes de la relación laboral, Estudios ofrecidos al Profesor Martín Valverde por el Área de Derecho del Trabajo de la Universidad de Oviedo, Oviedo 2007.
Ders.: Los acuerdos de empresa, Temas laborales 2004, Nr. 76, 85.
Ders.: Los acuerdos de empresa, Madrid 1998.
Ders.: Criterios jurisprudenciales sobre la naturaleza y eficacia de los pactos colectivos atípicos (y II), Actualidad laboral 1992, Nr. 24, 413.
García Ninet, José Ignacio: Derecho del trabajo, Pamplona 11. Auflage 2020.
Ders.: La modificación de las condiciones de trabajo contractuales o de acuerdos colectivos sin eficacia general, Revista General de Derecho del Trabajo y de la Seguridad Social 2013, Nr. 34, 235.
García-Perrote Escartín, Ignacio: Manual de derecho del trabajo, Valencia 11. Auflage 2021.
Ders.: Autonomía individual „en masa“ y antisindicalidad, Relaciones laborales 1989, Nr. 23, 256.
Ders.: Ley y Autonomía Colectiva: un estudio sobre las relaciones entre la norma estatal y el convenio colectivo, Madrid 1987.
García-Perrote Escartín, Ignacio/ Mercader Uguina, Jesús: Cláusulas de vanguardia y problemas prácticos de la negociación colectiva actual, Pamplona 2015.
García Viña, Jordi: La pérdida de vigencia del convenio colectivo, Relaciones laborales 2013, Nr. 11, 1 (digitale Ausgabe).
Garrido Falla, Fernando: Comentarios a la Constitución, Madrid 3. Auflage 2001.

Garrido Palacios, Miguel Ángel: La problemática de la exclusión de determinados colectivos del ámbito personal de los convenios colectivos, Justicia & Trabajo 2023, Nr. 2, 139.

Giménez Martínez, Miguel Ángel: El sindicalismo vertical en la España franquista, Revista Mexicana de Historia del Derecho 2015, Nr. 31, 223 (abrufbar unter https://revistas.juridicas.unam.mx/index.php/historia-derecho/article/view/10213, zuletzt abgerufen am 01.03.2026).

Goerlich Peset, José María: Derecho del trabajo, Valencia 9. Auflage 2021.

Ders.: Comentarios al Estatuto de los Trabajadores, Libro Homenaje a Tomás Sala Franco, Valencia 2016 (zit.: Bearbeiter, in: Goerlich Peset, Comentarios al Estatuto de los Trabajadores).

Ders.: Libertad sindical negativa y mejora de las condiciones laborales de los afiliados: un panorama jurisprudencial, Derecho de relaciones laborales 2015, Nr. 7, 731.

Ders.: La negociación colectiva en la Constitución: una mirada crítica, Revista del ministerio de empleo y seguridad social 2014, Nr. 108, 253.

Ders.: Las unidades de negociación: selección y relación entre ellas, Actualidad laboral 2013, Nr. 11, 1341.

Ders.: La ultraactividad de los convenios colectivos, Justicia laboral 2013, Nr. 54, 13.

Ders.: El concepto de modificación sustancial de las condiciones de trabajo en la jurisprudencia del Tribunal Supremo, Aranzadi Social 2007, Nr. 5, 1815.

Ders.: Concepto y eficacia del convenio colectivo (En torno al artículo 82), Revista española de derecho del trabajo 2000, Nr. 100, 1433.

González Ortega, Santiago: Vigencia y ultraactividad de los convenios colectivos, Temas laborales 2004, Nr. 76, 135.

Gordo González, Luis: El retorno de la ultraactividad ilimitada: una verdadera derogación de la reforma laboral del año 2012, Labos 2022, Nr. 3 Extra, 129.

Gorelli Hernández, Juan: El derecho a la negociación colectiva, Liber amicorum Profesor Antonio Ojeda Avilés, Andalucía 2014 (zit.: Bearbeiter, in: Gorelli Hernández, El derecho a la negociación colectiva).

Ders.: La negociación colectiva de empresa. Descuelgue y prioridad aplicativa del convenio de empresa, Granada 2013.

Ders.: El descuelgue del convenio colectivo estatutario, Revista General de Derecho del Trabajo y de la Seguridad Social 2013, Nr. 34, 307.

Ders.: Las reglas sobre concurrencia entre convenios en el ordenamiento español, Derecho & Sociedad 2011, Nr. 37, 71.

Guerrero Vizuete, Esther: El régimen jurídico del descuelgue empresarial tras la reforma laboral de 2012, Revista General de Derecho del Trabajo y de la Seguridad Social 2013, Nr. 33, 103.
Gutiérrez-Solar Calvo, Beatriz: La vulneración del derecho a la negociación colectiva por pactos individuales en masa y su indemnización, Derecho de relaciones laborales 2020, Nr. 3, 288.
Hartmann, Felix: Negative Tarifvertragsfreiheit im deutschen und europäischen Arbeitsrecht, Tübingen 2014 (zit.: Hartmann, Negative Tarifvertragsfreiheit).
Hekimler, Alpay/ Ring, Gerhard: Tarifrecht in Europa, Baden-Baden 2012.
Hilgenstock, Niels: Günstigkeitsvergleich im Arbeitsrecht: Rechtsvergleichende Betrachtung unter Einbeziehung Deutschlands, Österreichs, Frankreichs, Spaniens und Großbritanniens, Berlin 2007 (zit.: Hilgenstock, Günstigkeitsvergleich im Arbeitsrecht).
Höpfner, Clemens: 100 Jahre Tarifvertragsverordnung. Ein Meilenstein in der deutschen Arbeitsrechtsgeschichte, ZfA 2019, 108.
Ders.: Die Tarifgeltung im Arbeitsverhältnis, Historische, ökonomische und legitimatorische Grundlagen des deutschen Koalitions- und Tarifvertragsrechts, Baden-Baden 2015 (zit.: Höpfner, Die Tarifgeltung im Arbeitsverhältnis).
International Labour Office: Promoting collective bargaining, Collective Bargaining Convention, 1981 (No. 154), Collective Bargaining Recommendation, 1981 (No. 163), Genf 2015 (abrufbar unter www.ilo.org/sites/default/files/wcmsp5/groups/public/@ed_protect/@protrav/@travail/documents/publication/wcms_244335.pdf, zuletzt abgerufen am 01.03.2026).
Jódar, Pere/ Alós, Ramon/ Beneyto, Pere/ Vidal, Sergi: La representación sindical en España: cobertura y límites, Cuadernos de relaciones laborales 2018, Bd. 36, Nr. 1, 15.
Junker, Abbo: Kollektives Arbeitsrecht in Europa – Überblick über das Arbeitskampfrecht und das Tarifsystem der Mitgliedstaaten, RdA-Beilage 2009, 4.
Kamanabrou, Sudabeh: Erga-Omnes-Wirkung von Tarifverträgen, Tübingen 2011 (Bearbeiter, in: Kamanabrou, Erga-Omnes-Wirkung).
Kiel, Heinrich/ Lunk, Stefan/ Oetker, Hartmut: Münchener Handbuch zum Arbeitsrecht. Band 3: Kollektives Arbeitsrecht I, München 5. Auflage 2022 (zit.: Bearbeiter, in: Münchener Handbuch zum Arbeitsrecht, Band 3).
Kirchhof, Ferdinand: Private Rechtsetzung, Berlin 1987.

Koppenfels-Spies, Katharina v.: Die Kollektivierung individueller Rechte im Arbeitsrecht, RdA 2010, 72.
Krebber, Sebastian: Grundlagen und Grenzen der Tarifmacht, RW 2017, 65.
Lahera Forteza, Jesús: Nuevas reglas de concurrencia entre convenios colectivos tras el Decreto-ley 2/2024 (abrufbar unter www.asnala.com/system/files/2024-06/Blog-Jesus-Lahera.pdf, zuletzt abgerufen am 01.03.2026).
Ders.: La negociación colectiva tras la reforma laboral de 2021, Valencia 2022.
Ders.: La reforma de la negociación colectiva, Valencia 2021.
Ders.: Manual de negociación colectiva, Madrid 2021.
Ders.: La representatividad empresarial en la negociación colectiva: problemas y alternativas, Derecho de relaciones laborales 2019, Nr. 10, 964.
Ders.: Representación y representatividad sindical: puntos críticos y propuesta de reforma, Papeles de economía española 2018, Nr. 156, 18.
Ders.: La modificación contractual directa de las retribuciones, Trabajo y Derecho 2016, Nr. 21, 1 (digitale Ausgabe).
Ders.: Crisis de la representatividad sindical: propuestas de reforma, Derecho de relaciones laborales 2016, Nr. 1, 57.
Ders.: La contractualización del convenio colectivo: una lectura contractualista, Derecho de relaciones laborales 2015, Nr. 1, 58.
Ders.: La contractualización del convenio colectivo, Stand: 08.05.2013 (abrufbar unter https://nadaesgratis.es/marcel-jansen/la-contractualizacion-del-convenio-colectivo, zuletzt abgerufen am 01.03.2026) (zit.: Lahera Forteza, La contractualización del convenio colectivo).
Ders.: Normas laborales y contratos colectivos, Madrid 2008.
Ders.: La negociación colectiva no es fuente de derecho en el ordenamiento laboral español, Relaciones laborales 2008, Nr. 1, 1 (digitale Ausgabe).
Ders.: Prueba de la legitimación empresarial en la negociación colectiva sectorial de eficacia general (Comentario a la STS 4.ª de 7 de julio de 2004), Relaciones laborales 2005, Nr. 1, 673.
Landa Zapirain, Juan-Pablo: Las formas de participación de los trabajadores en la empresa: nuevos desafíos, Documentación laboral 2019, Nr. 117, 117.
Lillo, Enrique: La individualización de las relaciones laborales desde el punto de vista sindical, Relaciones laborales 1991, Nr. 20/21, 146.

López Aniorte, María del Carmen: Concurrencia de convenios y atomización de la negociación colectiva, Murcia 2015.
López de la Fuente, Graciela: La subsistencia aplicativa transitoria de los convenios colectivos tras su denuncia más allá del límite legal: a vueltas con la ultraactividad, Trabajo y Derecho 2016, Nr. 17, 1 (digitale Ausgabe).
López Insua, Belén del Mar: Negociación colectiva gestional, flexiseguridad y modificación sustancial de las condiciones de trabajo en un marco jurídico de reflexión (A propósito de la STJUE (Sala cuarta) de lo Social de 24 de julio de 2015), Derecho de relaciones laborales 2016, Nr. 2, 156.
López Terrada, Eva: La estructura de la negociación colectiva tras la reforma laboral de 2021, Labos 2022, Nr. 3, 77.
Dies.: Nuevos puntos críticos sobre la prohibición de concurrencia de convenios colectivos, su término final y sus excepciones, Revista General de Derecho del Trabajo y de la Seguridad Social 2018, Nr. 48, 70.
López Terrada, Eva/ Todolí Signes, Adrián: El convenio colectivo de empresa en materia salarial: Un estudio sobre la prioridad aplicativa y sus problemas jurídicos, Derecho de relaciones laborales 2015, Nr. 7, 743.
Löwisch, Manfred/ Rieble, Volker: Tarifvertragsgesetz, München 4. Auflage 2017.
Martín Valverde, Antonio: El ordenamiento laboral en la jurisprudencia del tribunal constitucional, Revista de política social 1983, Nr. 137, 105.
Martín Valverde, Antonio/ García Murcia, Joaquín: Derecho del trabajo, Madrid 30. Auflage 2021.
Martínez Moreno, Carolina: Impugnación de medidas de modificación sustancial de condiciones de trabajo y de inaplicación de convenios, Derecho de relaciones laborales 2016, Nr. 4, 323.
Dies.: Eficacia temporal de los convenios colectivos: soluciones al fin de la ultraactividad, Madrid 2015.
Martínez Yáñez, Nora María: Autonomía colectiva, denuncia y ultraactividad del convenio colectivo, Temas laborales 2018, Nr. 141, 93.
Mata Diestro, Héctor: Las secciones sindicales en la negociación colectiva: Convenios colectivos erga omnes y control sindical, Lan Harremanak 2019, Nr. 41, 165.
Melián Chinea, Laura María: El sistema de negociación colectiva y sus reglas de articulación, La estructura negocial en los diversos escenarios de la producción, Pamplona 2020.
Mendoza Navas, Natividad: Legitimación para negociar convenios colectivos de sector, Revista española de derecho del trabajo 2020, Nr. 235, 123.

Mendoza Navas, Natividad/ Zachert, Ulrich: Spanisches Arbeitsrecht, AuA 1994, 77.
Mercader Uguina, Jesús: El fin de la prevalencia del convenio de empresa en materia salarial ¿punto de llegada o de partida?, Labos 2022, Nr. 3 Extra, 111.
Ders.: Estructura de la negociación colectiva y relaciones entre convenios, Madrid 1994.
Ministerio de Empleo y Seguridad Social: Guía de la negociación colectiva 2018, Madrid 2018.
Dass.: Legitimación Negocial, XXVIII Jornadas de Estudio sobre Negociación Colectiva, Madrid, 21 de octubre de 2015, Madrid 2016 (zit.: Bearbeiter, in: Ministerio de Empleo y Seguridad Social, Legitimación Negocial).
Dass.: Estructura de la negociación colectiva, XXVII Jornadas de Estudio sobre Negociación Colectiva, Madrid, 10 de diciembre de 2014, Madrid 2015 (zit.: Bearbeiter, in: Ministerio de Empleo y Seguridad Social, Estructura de la negociación colectiva).
Dass.: La reforma laboral de 2012, XXV Jornadas de Estudio sobre Negociación Colectiva, Madrid, 4 de octubre 2012, Madrid 2013 (zit.: Bearbeiter, in: Ministerio de Empleo y Seguridad Social, La reforma laboral de 2012).
Dass.: Cláusulas sobre vigencia, descuelgues salariales y otras facultades de alteración o disposición del contenido del convenio colectivo, Proyecto de investigación 2010–2011, Stand: 31.12.2011 (abrufbar unter www.mites.gob.es/ficheros/ministerio/sec_trabajo/ccncc/B_Actuaciones/Estudios/CCNCC_Estudio_Clausulas_Vigencia_Descuelgues_ConveniosColectivos.pdf, zuletzt abgerufen am 01.03.2026).
Ministerio de Sanidad y Seguridad Social: I Congreso nacional de derecho del trabajo y de la seguridad social, Volumen I: Los convenios colectivos y la extinción del contrato de trabajo en la ley del Estatuto de los Trabajadores (Ponencias I y II), Madrid 1980 (zit.: Bearbeiter, in: Ministerio de Sanidad y Seguridad Social, I Congreso nacional).
Ministerio de Trabajo y Asuntos Sociales: Estado social y autonomía colectiva: 25 años de negociación colectiva en España, XVII Jornadas de Estudio sobre Negociación Colectiva, Madrid, 17 y 18 de junio de 2004, Madrid 2006 (zit.: Bearbeiter, in: Ministerio de Trabajo y Asuntos Sociales, Estado social y autonomía colectiva: 25 años de negociación colectiva en España).

Dass.: La eficacia de los convenios colectivos, XIII Congreso Nacional de Derecho del Trabajo y de la Seguridad Social, Murcia, 17 y 18 de mayo de 2002, Madrid 2003 (Bearbeiter, in: Ministerio de Trabajo y Asuntos Sociales, La eficacia de los convenios colectivos).

Ministerio de Trabajo y Economía Social: Guía de la negociación colectiva 2023, Madrid 2023.

Ministerio de Trabajo y Seguridad Social: El contenido de los Convenios Colectivos: Contenido Normativo y Contenido Obligacional, II Jornadas de Estudio sobre la Negociación Colectiva, Madrid 24 y 25 noviembre 1988, Madrid 1990 (zit.: Bearbeiter, in: Ministerio de Trabajo y Seguridad Social, El contenido de los Convenios Colectivos).

Molero Manglano, Carlos: Derecho sindical, Madrid 1996.

Molina Navarrete, Cristóbal: Retorno normativo a la ultraactividad definida: ¿Cambio que bien merece una reforma o valor simbólico?, Temas laborales 2022, Nr. 161, 387.

Ders.: La decretada reforma de la negociación colectiva: ¿el último „botín" de los mercaderes del templo?, Revista de Trabajo y Seguridad Social 2011, Nr. 340, 5.

Monereo Pérez, José Luis: El sistema legal de negociación colectiva: el impacto de las recientes medidas de reforma legislativa en el Estatuto de los Trabajadores, Revista Crítica de Relaciones de Trabajo. Laborum 2023, Nr. 9, 209.

Monereo Pérez, José Luis/ Molina Navarrete, Cristóbal/ Moreno Vida, María Nieves: Manual de derecho sindical, Albolote 11. Auflage 2016.

Dies.: Comentario a la Constitución socio-económica de España, Granada 2002.

Monereo Pérez, José Luis/ Molina Navarrete, Cristóbal/ Moreno Vida, María Nieves/ Vila Tierno, Francisco: Manual de derecho del trabajo, Granada 19. Auflage 2021.

Monereo Pérez, José Luis/ Ortega Lozano, Pompeyo Gabriel: Acuerdos colectivos, mediación y arbitraje en los descuelgues, Temas laborales 2020, Nr. 154, 251.

Monreal, Erik: Vigencia ordinaria de los convenios colectivos, ultraactividad y contractualización judicial de sus condiciones de trabajo, Valencia 2018.

Montoya Melgar, Alfredo: Derecho del trabajo, Madrid 43. Auflage 2022.

Montoya Melgar, Alfredo/ Galiana Moreno, Jesús Maria/ Sempere Navarro, Antonio/ Ríos Salmerón, Bartolomé: Comentarios al Estatuto de los Trabajadores, Pamplona 8. Auflage 2010.

Morales Ortega, Jose Maria: Negociación colectiva, impasse negocial y convenio colectivo tras el RDL 32/2021, Trabajo, Persona, Derecho, Mercado 2022, Nr. 1 Extra, 223.
Moscoso del Prado Muñoz, Javier/ Cazorla Prieto, Luis María/ Bercovitz Rodríguez-Cano, Alberto et al.: Claves para el estudio de las modificaciones sustanciales de las condiciones de trabajo, Cizur Menor (Navarra)/ Pamplona 2016.
Müller-Glöge, Rudi/ Preis, Ulrich/ Gallner, Inken/ Schmidt, Ingrid: Erfurter Kommentar zum Arbeitsrecht, München 24. Auflage 2024 (zit.: Bearbeiter, in: Erfurter Kommentar).
Muñoz Ruíz, Ana Belén: La prioridad aplicativa del convenio colectivo de ámbito inferior a la empresa respecto al convenio de sector: dificultades y propuestas de solución, Trabajo y Derecho 2015, Nr. 9, 1 (digitale Ausgabe).
Navarro Garrote, Marta: Los acuerdos individuales en masa. Sentencia del Tribunal Supremo de 28 de febrero de 2007, Actualidad Jurídica Uría Menéndez 2007, Nr. 17, 87.
Navarro Nieto, Federico: El régimen de inaplicación y modificación de convenios colectivos, Temas laborales 2013, Nr. 120, 233.
Ders.: La estructura de la negociación colectiva: marco jurídico y disciplina contractual, Albacete 2009.
Nieto Rojas, Patricia: Representación legal de los trabajadores en la empresa y disfunciones derivadas de un modelo pluralista en este ámbito, Lan Harremanak 2019, Nr. 41, 188.
Dies.: Legitimación para negociar convenios de empresa en red o vinculadas (1), Trabajo y Derecho 2018, Nr. 37, 1 (digitale Ausgabe).
Nieves Nieto, Nuria de: La legitimación para negociar convenios colectivos estatutarios, Trabajo y Derecho 2015, Nr. 4, 1 (digitale Ausgabe).
Ocaña Escolar, Luis: La imposible retroactividad plena de los convenios colectivos: el caso del sector de hostelería de la provincia de Sevilla, Temas laborales 2014, Nr. 126, 235.
Ojeda Avilés, Antonio: Compendio de derecho sindical, Madrid 4. Auflage 2020.
Ders.: El convenio colectivo de empresa prioritario, Revista General de Derecho del Trabajo y de la Seguridad Social 2013, Nr. 34, 496.
Ders.: Derecho sindical, Madrid 8. Auflage 2003.
Ders.: Negociación colectiva y Comunidades Autónomas, Madrid 1991.
Ders.: La renuncia de derechos del trabajador, Madrid 1971.

Observatorio de la negociación colectiva: Los convenios de empresa de nueva creación tras la reforma laboral de 2012, Madrid 2016.
Olarte Encabo, Sofía: Legitimación representativa en la negociación colectiva: reglas legales en el marco del cambio de modelo, Temas laborales 2013, Nr. 120, 483.
Palomeque López, Manuel Carlos: Derecho sindical, Madrid 5. Auflage 2020.
Palomeque López, Manuel Carlos/ Álvarez de la Rosa, Manuel: Derecho del trabajo, Madrid 30. Auflage 2022.
Palomo Vélez, Rodrigo: El modelo español de representación de los trabajadores en la empresa, Valencia 2012.
Pastor Martínez, Alberto: La vigencia del convenio colectivo estatutario, Análisis jurídico de su dimensión temporal, Valladolid 2008.
Perán Quesada, Salvador: La preferencia aplicativa del convenio colectivo de empresa y sus efectos sobre la estructura de la negociación colectiva, Revista General de Derecho del Trabajo y de la Seguridad Social 2013, Nr. 33, 127.
Pérez de los Cobos, Francisco/ Goerlich Peset, José Maria: El régimen jurídico de la negociación colectiva en España, Estudios en homenaje al profesor Sala Franco, Valencia 2006 (zit.: Bearbeiter, in: Pérez de los Cobos/ Goerlich Peset, El régimen jurídico de la negociación colectiva en España).
Prados de Reyes, Francisco Javier: Renuncia y transacción de derechos en el Estatuto de los Trabajadores, Revista de política social 1980, Nr. 127, 55.
Quintanilla Navarro, Raquel Yolanda: Los acuerdos de empresa. Naturaleza, función y contenido, Madrid 2002.
Ramírez Martínez, Juan M.: La representatividad sindical en la LOLS: 25 años después, Relaciones laborales 2011, Nr. 8, 1 (digitale Ausgabe).
Rebhahn, Robert: Das Kollektive Arbeitsrecht im Rechtsvergleich, NZA 2001, 763.
Ders.: Kollektivvertragsfähigkeit und Erstreckung von Kollektivverträgen in rechtsvergleichender Sicht, DRdA 2001, 103.
Rey Guanter, Salvador del: La reforma del mercado de trabajo y su impacto en el sistema de relaciones laborales, Novedades de la Ley 3/2012, de medidas urgentes para la reforma del mercado laboral, Madrid 2013 (zit.: Bearbeiter, in: Del Rey Guanter, La reforma del mercado de trabajo y su impacto en el sistema de relaciones laborales).
Rey Guanter, Salvador del/ Martínez Fons, Daniel/ Serrano Olivares, Raquel: El régimen jurídico de la transmisión de empresa 25 años después de la promulgación de la Ley del Estatuto de los Trabajadores, Revista

del ministerio de trabajo y asuntos sociales 2005, Nr. 58, 1 (digitale Ausgabe).
Ribes Moreno, María Isabel: Representantes unitarios y convenio colectivo empresarial: a vueltas con el principio de correspondencia, Temas laborales 2017, Nr. 139, 229.
Richardi, Reinhard: Kollektivgewalt und Individualwille bei der Gestaltung des Arbeitsverhältnisses, München 1968.
Rieble, Volker: Der Tarifvertrag als kollektiv-privatautonomer Vertrag, ZfA 2000, 5.
Rivero Lamas, Juan: Los espacios de la ley, la negociación colectiva y el contrato en la regulación de las condiciones de trabajo, Proyecto social 1994, Nr. 2, 109.
Rodríguez Martín-Retortillo, Rosa: La ultraactividad indefinida. Aspectos relevantes tras la reciente reforma laboral, Derecho social y empresa 2022, Nr. 17, 1 (digitale Ausgabe).
Rodríguez-Piñero y Bravo-Ferrer, Miguel: Indisponibilidad de los derechos y conciliación en las relaciones laborales, Temas laborales 2003, Nr. 70, 23.
Ders.: La negociación colectiva como derecho de libertad y como garantía institucional, Relaciones laborales 1992, I, 47.
Ders.: Capacidad convencional y representación profesional, Revista de política social 1964, Nr. 64, 117.
Ders.: Eficacia general del convenio colectivo, Sevilla 1960.
Rodríguez-Piñero y Bravo-Ferrer, Miguel/ Valdés Dal-Ré, Fernando: La reforma laboral de 2012 en materia de negociación colectiva, Madrid 2012.
Rojas Miño, Irene: La eficacia jurídica de los convenios colectivos, Valencia 1998.
Roldán Martínez, Aránzazu: Nuevos problemas interpretativos en torno a la afectación de la eficacia general y vigencia del convenio colectivo en los casos de sucesión de empresa, Revista General de Derecho del Trabajo y de la Seguridad Social 2016, Nr. 42, 70.
Roqueta Buj, Remedios: Representatividad empresarial y negociación colectiva sectorial, Revista española de derecho del trabajo 2020, Nr. 229, 43.
Dies.: Reforma y contrarreforma: nuevos retos del derecho del trabajo, V Jornadas universitarias valencianas de derecho del trabjo y de la seguridad social, Valencia 2018 (zit.: Bearbeiter, in: Roqueta Buj, Reforma y contrarreforma: nuevos retos del derecho del trabajo).

Rudkowski, Lena: Tarifpluralitäten und ihre Auflösung im spanischen Arbeitsrecht – zugleich eine Einführung in das spanische Tarifrecht, RdA 2010, 287.
Sáez Lara, Carmen: Concurrencia entre convenios y modernización de la negociación colectiva, Temas laborales 2022, Nr. 161, 335.
Sagardoy Bengoechea, Juan Antonio: La eficacia de los convenios colectivos y su contenido, en el Estatuto de los Trabajadores, Madrid 1981 (zit.: Sagardoy Bengoechea, La eficacia de los convenios colectivos).
Sala Franco, Tomás: Derecho sindical, Valencia 3. Auflage 2020.
Ders.: Los convenios extraestatutarios y los acuerdos colectivos, Actualidad laboral 2013, Nr. 12, 1 (digitale Ausgabe).
Ders.: La duración y la ultraactividad de los convenios colectivos, Actualidad laboral 2013, Nr. 10, 1 (digitale Ausgabe).
Ders.: La negociación colectiva y los convenios colectivos, Bilbao 1990.
Ders.: Los convenios colectivos extraestatutarios, Madrid 1981.
Salido Banús, José Luis: La reforma de la negociación colectiva: La pórroga normativa (ultraactividad) de los convenios colectivos. Urgencia de soluciones prácticas eficaces, Revista General de Derecho del Trabajo y de la Seguridad Social 2013, Nr. 35, 113.
San Martín Mazzucconi, Carolina: El régimen jurídico de la modificación sustancial de las condiciones de trabajo, Estudio del artículo 41 del Estatuto de los Trabajadores, Pamplona 1999.
Sánchez Recio, Glicerio: El sindicato vertical como instrumento político y económico del régimen franquista, Pasado y memoria: Revista de historia contemporánea 2002, Nr. 1, 19.
Sanguineti Raymond, Wilfredo: La inaplicación parcial o descuelgue de convenios colectivos: puntos críticos y posibles respuestas desde la autonomía colectiva, Revista General de Derecho del Trabajo y de la Seguridad Social 2014, Nr. 39, 1.
Santiago Redondo, Koldo Mikel: A vueltas con el modelo constitucional de negociación colectiva: titularidad y contenidos, Revista española de derecho del trabajo 1997, Nr. 85, 731.
Schaub, Günter: Arbeitsrechts-Handbuch, München 20. Auflage 2023.
Schiewer, Hans-Jochen: Die Spanische Verfassung, Constitución Española, Madrid 2020.
Schramm, Petra: Die Rechte der Gewerkschaften im Betrieb nach spanischem Recht, Trier 2012.
Seiwerth, Stephan: Stärkung der Tarifautonomie – Anregungen aus Europa?, EuZA 2014, 450.

Selenkewitsch, Ilja: Spanisches Tarifrecht – Mit spezieller Betrachtung der arbeitszeitrechtlichen Regelungen, Trier 2006 (zit.: Selenkewitsch, Spanisches Tarifrecht).
Servicio de Estudios UGT: Análisis del Real Decreto-ley 32/2021, de 28 de diciembre, Una nueva perspectiva en la negociación colectiva: la reforma laboral de diciembre del 2021, 24.01.2022 (n. 40) (abrufbar unter https://ugthuawei.es/wp-content/uploads/2022/02/wp-1643842162711.pdf, zuletzt abgerufen am 01.03.2026) (zit.: Servicio de Estudios UGT, Análisis del Real Decreto-Ley 32/2021, de 28 de diciembre).
Sicre Gilabert, Fernando: La negociación colectiva: el convenio colectivo y demás acuerdos colectivos, El convenio de empresa y el descuelgue: remedios ante la debilidad del modelo laboral español, 2016 (zit.: Sicre Gilabert, La negociación colectiva).
Sinzheimer, Hugo: Grundzüge des Arbeitsrechts, Jena 2. Auflage 1927.
Solans Latre, Miguel Ángel: El ejercicio de la legitimación para negociar convenios colectivos, Madrid 2004.
Terradillos Ormaechea, Edurne: Mecanismos formalizados e informales para la gestión del cambio: convenios de empresa, acuerdos de empresa, otros pactos, Documentación laboral 2017, Nr. 109, 143.
Torrontegui Ayo, Nerea: Cambios relevantes en materia de concurrencia de convenios: prevalencia condicionada de los convenios sectoriales autonómicos y provinciales sobre el estatal (abrufbar unter www.uria.com/es/publicaciones/8905-cambios-relevantes-en-materia-de-concurrencia-de-convenios-prevalencia-condicio, zuletzt abgerufen am 01.03.2026) (zit.: Torrontegui Ayo, Cambios relevantes en materia de concurrencia de convenios).
Trillo Párraga, Francisco: La denuncia del convenio colectivo. Comentario a la STS 5619/2016, de 2 de diciembre, Derecho social 2017, Nr. 78, 171.
Val Tena, Ángel Luis de: La modificación y extinción de la condición más beneficiosa, Documentación laboral 2018, Nr. 114, 45.
Ders.: El convenio colectivo de empresa: legitimación para negociar y principio de correspondencia entre la unidad de negociación y la representatividad de los sujetos negociadores, Derecho social 2017, Nr. 79, 205.
Valdeolivas García, Yolanda: La modificación sustancial de condiciones de trabajo pactadas en convenio colectivo, Madrid 1996.
Valdés Dal-Ré, Fernando: Los equívocos de la jurisprudencia sobre la distinción entre convenios y acuerdos estatutarios y extraestatutarios (a

propósito de la sentencia del TS de 22 de Octubre de 2013), Relaciones laborales 2014, Nr. 7/8, 1 (digitale Ausgabe).
Ders.: Eficacia jurídica de los convenios colectivos en el sistema español de relaciones laborales: la perspectiva constitucional (I), Relaciones laborales 2005, II, 71.
Ders.: Eficacia jurídica de los convenios colectivos en el sistema español de relaciones laborales: la perspectiva constitucional (y II), Relaciones laborales 2005, II, 83.
Ders.: La eficacia jurídica de los convenios colectivos: la perspectiva legal, Relaciones laborales 2005, II, 95.
Ders.: La eficacia jurídica de los convenios colectivos, Temas laborales 2004, Nr. 76, 21.
Ders.: La reforma del mercado laboral, Valladolid 1994.
Ders.: La reforma de las reglas de legitimación negocial (I), Relaciones laborales 1994, Nr. 1, 54.
Ders.: El paradigma legal en la negociación colectiva, Relaciones laborales 1990, Nr. 1, 268.
Ders.: Configuración y eficacia de los convenios colectivos extraestatutarios, Madrid 1988.
Ders.: La negociación colectiva en la constitución, Revista de política social 1979, Nr. 121, 469.
Valdés Dal-Ré, Fernando/ González-Posada, Elias/ Pérez-Espinosa, Fernando/ Matia Prim, Javier: La negociación colectiva en las pequeñas y medianas empresas, Madrid 1982.
Velasco Portero, María Teresa/ Miranda Boto, José María: Curso elemental de derecho del trabajo y la seguridad social, Madrid 7. Auflage 2021.
Villa Gil, Luis Enrique de la/ López Cumbre, Lourdes: Los principios del derecho del trabajo, Madrid 2003.
Wiedemann, Herbert: Tarifvertragsgesetz, München 9. Auflage 2023 (zit.: Bearbeiter, in: Wiedemann, TVG).
Zachert, Ulrich: Arbeitsrechtskodifikationen in Europa – Eine rechtsvergleichende Skizze –, AuR 1993, 193.
Ders.: Die Wirkung des Tarifvertrages in der Krise, Ein Vergleich des Verhältnisses von autonomem Tarifrecht mit staatlichem Recht und anderen arbeitsrechtlichen Schutzebenen in verschiedenen europäischen Ländern, Baden-Baden 1991 (zit.: Zachert, Die Wirkung des Tarifvertrages in der Krise).
Zöllner, Wolfgang: Tarifmacht und Außenseiter, RdA 1962, 453.

Anhang: Gesetzesauszüge

Constitución Española. Spanische Verfassung (zuletzt geändert durch Reforma de 15 de febrero de 2024)[1133]

Artículo 7	Art. 7
Los sindicatos de trabajadores y las asociaciones empresariales contribuyen a la defensa y promoción de los intereses económicos y sociales que les son propios. Su creación y el ejercicio de su actividad son libres dentro del respeto a la Constitución y a la ley. Su estructura interna y funcionamiento deberán ser democráticos.	Die Gewerkschaften und die Arbeitgeberverbände verteidigen und fördern die ihnen eigenen wirtschaftlichen und sozialen Interessen. Ihre Gründung und die Ausübung ihrer Tätigkeit sind im Rahmen der Achtung der Verfassung und des Gesetzes frei. Ihre innere Struktur und ihre Arbeitsweise müssen demokratisch sein.
Artículo 9	**Art. 9**
1. [...] 2. Corresponde a los poderes públicos promover las condiciones para que la libertad y la igualdad del individuo y de los grupos en que se integra sean reales y efectivas; remover los obstáculos que impidan o dificulten su plenitud y facilitar la participación de todos los ciudadanos en la vida política, económica, cultural y social.	1. [...] 2. Den öffentlichen Gewalten obliegt es, die Bedingungen dafür zu schaffen, dass Freiheit und Gleichheit des Einzelnen und der Gruppe, in die er sich einfügt, real und wirksam sind, die Hindernisse zu beseitigen, die ihre volle Verwirklichung unmöglich machen oder erschweren, und die Teilnahme aller Bürger am politischen, wirtschaftlichen, kulturellen und sozialen Leben zu erleichtern.

1133 Die nachfolgende Übersetzung lehnt sich an die Übersetzung von Hans-Jochen Schiewer, Die Spanische Verfassung, Constitución Española an.

3. La Constitución garantiza el principio de legalidad, la jerarquía normativa, la publicidad de las normas, la irretroactividad de las disposiciones sancionadoras no favorables o restrictivas de derechos individuales, la seguridad jurídica, la responsabilidad y la interdicción de la arbitrariedad de los poderes públicos.	3. Die Verfassung gewährleistet das Prinzip der Legalität, die normative Rangordnung, die Öffentlichkeit der Normen, die Nichtrückwirkung der Sanktionsnormen, die sich ungünstig oder restriktiv auf die Rechte des Einzelnen auswirken, die Rechtssicherheit, die Verantwortlichkeit und das Verbot von Willkür seitens der öffentlichen Gewalten.
Artículo 14	Art. 14
Los españoles son iguales ante la ley, sin que pueda prevalecer discriminación alguna por razón de nacimiento, raza, sexo, religión, opinión o cualquier otra condición o circunstancia personal o social.	Die Spanier sind vor dem Gesetz gleich, und niemand darf wegen seiner Abstammung, seiner Rasse, seines Geschlechts, seiner Religion, seiner Anschauungen oder jedweder anderer persönlicher oder sozialer Umstände diskriminiert werden.
Artículo 22	Art. 22
1. Se reconoce el derecho de asociación. 2. Las asociaciones que persigan fines o utilicen medios tipificados como delito son ilegales. 3. Las asociaciones constituidas al amparo de este artículo deberán inscribirse en un registro a los solos efectos de publicidad. 4. Las asociaciones sólo podrán ser disueltas o suspendidas en sus actividades en virtud de resolución judicial motivada. 5. Se prohíben las asociaciones secretas y las de carácter paramilitar.	1. Das Recht, Vereine zu bilden, wird anerkannt. 2. Vereinigungen, deren Zwecke oder Mittel als Delikte zu klassifizieren sind, sind illegal. 3. Vereinigungen, die im Rahmen dieses Artikels gegründet werden, müssen sich mit dem alleinigen Zweck der Veröffentlichung in ein entsprechendes Register eintragen. 4. Die Vereinigungen können nur kraft einer begründeten Gerichtsentscheidung aufgelöst oder in ihrer Tätigkeit unterbrochen werden. 5. Geheimverbände und paramilitärische Vereinigungen sind verboten.

Artículo 28	Art. 28
1. Todos tienen derecho a sindicarse libremente. La ley podrá limitar o exceptuar el ejercicio de este derecho a las Fuerzas o Institutos armados o a los demás Cuerpos sometidos a disciplina militar y regulará las peculiaridades de su ejercicio para los funcionarios públicos. La libertad sindical comprende el derecho a fundar sindicatos y a afiliarse al de su elección, así como el derecho de los sindicatos a formar confederaciones y a fundar organizaciones sindicales internacionales o a afiliarse a las mismas. Nadie podrá ser obligado a afiliarse a un sindicato.	1. Alle haben das Recht, sich frei einer Gewerkschaft anzuschließen. Die Ausübung dieses Rechts durch die Streitkräfte oder militärische Institutionen oder die übrigen der Militärdisziplin unterstehenden Einheiten kann durch Gesetz Einschränkungen oder Ausnahmen unterworfen werden. Das Gesetz regelt ebenso die Sonderbestimmungen zur Ausübung dieses Rechts durch Beamte des Öffentlichen Dienstes. Die Gewerkschaftsfreiheit umfasst das Recht des Einzelnen, Gewerkschaften zu gründen, einer Gewerkschaft nach seiner Wahl beizutreten, sowie das Recht der Gewerkschaften, Verbände und internationale Gewerkschaftsorganisationen zu bilden oder ihnen beizutreten. Niemand darf gezwungen werden, einer Gewerkschaft beizutreten.
2. Se reconoce el derecho a la huelga de los trabajadores para la defensa de sus intereses. La ley que regule el ejercicio de este derecho establecerá las garantías precisas para asegurar el mantenimiento de los servicios esenciales de la comunidad.	2. Das Recht der Arbeitnehmer auf Streik zur Verteidigung ihrer Interessen wird anerkannt. Das Gesetz zur Regelung der Ausübung dieses Rechts wird die erforderlichen Garantien zur Sicherung der für die Gemeinschaft wesentlichen Dienste vorsehen.
Artículo 37	Art. 37
1. La ley garantizará el derecho a la negociación colectiva laboral entre los representantes de los trabajadores y empresarios, así como la fuerza vinculante de los convenios.	1. Das Gesetz gewährleistet das Recht auf Tarifverhandlungen zwischen den Vertretern der Arbeitnehmer und der Arbeitgeber sowie die Verbindlichkeit der Tarifverträge.
2. Se reconoce el derecho de los trabajadores y empresarios a adoptar medidas de conflicto colectivo. La ley que regule el ejercicio de este derecho, sin perjuicio de las limitaciones que puedan establecer, incluirá las garantías precisas para asegurar el funcionamiento de los servicios esenciales de la comunidad.	2. Das Recht der Arbeitnehmer und Arbeitgeber auf kollektive Arbeitskonfliktmaßnahmen wird anerkannt. Das Gesetz zur Regelung der Ausübung dieses Rechtes wird ungeachtet eventueller Beschränkungen die erforderlichen Garantien zur Sicherung der für die Gemeinschaft wesentlichen Dienste vorsehen.

Artículo 129	Art. 129
1. […] 2. Los poderes públicos promoverán eficazmente las diversas formas de participación en la empresa y fomentarán, mediante una legislación adecuada, las sociedades cooperativas. También establecerán los medios que faciliten el acceso de los trabajadores a la propiedad de los medios de producción.	1. […] 2. Die öffentlichen Gewalten fördern die verschiedenen Formen der Beteiligung innerhalb der Unternehmen sowie die Genossenschaften mittels der entsprechenden Gesetzgebung. Sie sehen ebenfalls die Mittel vor, die den Arbeitnehmern den Zugang zum Besitz der Produktionsmittel ermöglichen.

Real Decreto Legislativo 2/2015, de 23 de octubre, Estatuto de los Trabajadores. Real Dekret 2/2015, vom 23. Oktober, Arbeitnehmerstatut (zuletzt geändert durch Art. 14 und Disposición final 9ª Ley Orgánica 2/2024)[1134]

Artículo 1 Ámbito de aplicación	Art. 1 Anwendungsbereich
1.–4. […] 5. A efectos de esta ley se considera centro de trabajo la unidad productiva con organización específica, que sea dada de alta, como tal, ante la autoridad laboral. […]	1.–4. […] 5. Betrieb im Sinne dieses Gesetzes ist die Produktionseinheit mit eigenständiger Organisation, die als solche bei der Arbeitsverwaltung angemeldet wird. […]
Artículo 3 Fuentes de la relación laboral	Art. 3 Quellen des Arbeitsverhältnisses
1. Los derechos y obligaciones concernientes a la relación laboral se regulan: a) Por las disposiciones legales y reglamentarias del Estado. b) Por los convenios colectivos. c) Por la voluntad de las partes, manifestada en el contrato de trabajo, siendo su objeto lícito y sin que en ningún caso puedan establecerse en perjuicio del trabajador condiciones menos favorables o contrarias a las disposiciones legales y convenios colectivos antes expresados. d) Por los usos y costumbres locales y profesionales.	1. Die Rechte und Pflichten aus dem Arbeitsverhältnis bestimmen sich: a) Nach den Gesetzen und den sonstigen staatlichen Vorschriften; b) Nach den Tarifverträgen; c) Nach dem im Arbeitsvertrag zum Ausdruck gekommenen Willen der Parteien, sofern er einen erlaubten Zweck verfolgt; in keinem Fall können zu Lasten des Arbeitnehmers Bedingungen vereinbart werden, die im Widerspruch zu den gesetzlichen Bedingungen und den Tarifverträgen stehen oder weniger günstig als diese sind; d) nach den Übungen und Gewohnheiten auf örtlicher und beruflicher Ebene.

1134 Die nachfolgende Übersetzung orientiert sich an der Übersetzung von Däubler, Arbeitsbeziehungen in Spanien, S. 238 ff., sofern es in den betreffenden Gesetzen keine Gesetzesänderungen gab. Im Übrigen wurden die Übersetzungen durch die Verfasserin vorgenommen.

2. […] 3. Los conflictos originados entre los preceptos de dos o más normas laborales, tanto estatales como pactadas, que deberán respetar en todo caso los mínimos de derecho necesario, se resolverán mediante la aplicación de lo más favorable para el trabajador apreciado en su conjunto, y en cómputo anual, respecto de los conceptos cuantificables. 4. […] 5. Los trabajadores no podrán disponer válidamente, antes o después de su adquisición, de los derechos que tengan reconocidos por disposiciones legales de derecho necesario. Tampoco podrán disponer válidamente de los derechos reconocidos como indisponibles por convenio colectivo.	2. […] 3. Konflikte zwischen verschiedenen staatlichen oder vereinbarten Arbeitsrechtsnormen müssen auf jeden Fall die Mindestbedingungen des zwingenden Rechts beachten und sind in der Weise zu lösen, dass die für den Arbeitnehmer günstigste Lösung Anwendung findet, wobei eine Gesamtbetrachtung und bei quantifizierbaren Leistungen eine Umrechnung auf das Jahr erfolgen muss. 4. […] 5. Die Arbeitnehmer können weder vor noch nach dem Erwerb von Rechten, die ihnen aufgrund zwingenden Gesetzesrechts zustehen, rechtswirksam darüber verfügen. Ebenso wenig können sie rechtswirksam über jene Rechte verfügen, die tarifvertraglich als zwingend anerkannt sind.
Artículo 4 Derechos laborales	Art. 4 Arbeitnehmerrechte
1. […] 2. En la relación de trabajo, los trabajadores tienen derecho: […] c) A no ser discriminadas directa o indirectamente para el empleo o, una vez empleados, por razones de estado civil, edad dentro de los límites marcados por esta ley, origen racial o étnico, condición social, religión o convicciones, ideas políticas, orientación sexual, identidad sexual, expresión de género, características sexuales, afiliación o no a un sindicato, por razón de lengua dentro del Estado español, discapacidad, así como por razón de sexo, incluido el trato desfavorable dispensado a mujeres u hombres por el ejercicio de los derechos de conciliación o corresponsabilidad de la vida familiar y laboral. […]	1. […] 2. Im Rahmen des Arbeitsverhältnisses haben die Arbeitnehmer das Recht: […] c) nicht unmittelbar oder mittelbar diskriminiert zu werden wegen des Familienstands, des Alters innerhalb der in diesem Gesetz festgelegten Grenzen, der Rasse oder der ethnischen Herkunft, der sozialen Stellung, der Religion oder der Weltanschauung, der politischen Überzeugungen, der sexuellen Ausrichtung, der Geschlechtsidentität, des Geschlechtsausdrucks, der sexuellen Merkmale, der Zugehörigkeit oder Nichtzugehörigkeit zu einer Gewerkschaft, der Sprache innerhalb des spanischen Staates, einer Behinderung sowie wegen des Geschlechts, einschließlich der Benachteiligung von Frauen oder Männern bei der Ausübung des Rechts auf Vereinbarkeit von Familie und Beruf oder der Mitverantwortung für das Familien- und Arbeitsleben. […]

Artículo 17 No discriminación en las relaciones laborales	Art. 17 Diskriminierungsverbot im Arbeitsverhältnis
1. Se entenderán nulos y sin efecto los preceptos reglamentarios, las cláusulas de los convenios colectivos, los pactos individuales y las decisiones unilaterales del empresario que den lugar en el empleo, así como en materia de retribuciones, jornada y demás condiciones de trabajo, a situaciones de discriminación directa o indirecta desfavorables por razón de edad o discapacidad o a situaciones de discriminación directa o indirecta por razón de sexo, origen, incluido el racial o étnico, estado civil, condición social, religión o convicciones, ideas políticas, orientación e identidad sexual, expresión de género, características sexuales, adhesión o no a sindicatos y a sus acuerdos, vínculos de parentesco con personas pertenecientes a o relacionadas con la empresa y lengua dentro del Estado español. 2.–5. […]	1. Nichtig und unwirksam sind Rechtsvorschriften, Tarifklauseln, individuelle Vereinbarungen und einseitige Entscheidungen des Arbeitgebers, die einen Arbeitnehmer bei der Einstellung, der Vergütung, der Arbeitszeit oder bei den übrigen Arbeitsbedingungen wegen seines Alters oder seiner Behinderung unmittelbar oder mittelbar benachteiligen oder die eine unmittelbare oder mittelbare Diskriminierung enthalten und zwar aus Gründen des Geschlechts, der Herkunft, einschließlich der Rasse oder der ethnischen Herkunft, des Familienstands, der sozialen Stellung, der Religion oder der Weltanschauung, der politischen Ansichten, der sexuellen Orientierung und Identität, des Ausdrucks des Geschlechts, der sexuellen Merkmale, der Identifizierung oder Nichtidentifizierung mit Gewerkschaften und deren Beschlüssen, der verwandtschaftlichen Beziehungen zu Personen, die dem Unternehmen angehören oder mit ihm verbunden sind, und der Sprache innerhalb des spanischen Staates. 2.–5. […]
Artículo 41 Modificaciones sustanciales de condiciones de trabajo	Art. 41 Wesentliche Änderung von Arbeitsbedingungen
1. La dirección de la empresa podrá acordar modificaciones sustanciales de las condiciones de trabajo cuando existan probadas razones económicas, técnicas, organizativas o de producción. Se considerarán tales las que estén relacionadas con la competitividad, productividad u organización técnica o del trabajo en la empresa.	1. Die Geschäftsleitung kann wesentliche Änderungen der Arbeitsbedingungen vorsehen, wenn nachweislich wirtschaftliche, technische, organisatorische oder produktionstechnische Gründe vorliegen. Als derartige Gründe gelten solche, die sich auf die Wettbewerbsfähigkeit, die Produktivität oder die technische oder arbeitsorganisatorische Organisation des Unternehmens beziehen.

Tendrán la consideración de modificaciones sustanciales de las condiciones de trabajo, entre otras, las que afecten a las siguientes materias:	Als wesentliche Änderungen der Arbeitsbedingungen gelten unter anderem solche, die folgende Punkte betreffen:
a) Jornada de trabajo.	a) Arbeitstag.
b) Horario y distribución del tiempo de trabajo.	b) Arbeitszeiten und deren Verteilung.
c) Régimen de trabajo a turnos.	c) Schichtarbeitssystem.
d) Sistema de remuneración y cuantía salarial.	d) Vergütungssystem und Lohnhöhe.
e) Sistema de trabajo y rendimiento.	e) Arbeits- und Leistungssystem.
f) Funciones, cuando excedan de los límites que para la movilidad funcional prevé el artículo 39.	f) Aufgaben, die über die in Artikel 39 vorgesehenen Grenzen der funktionalen Versetzung hinausgehen.
2. Las modificaciones sustanciales de las condiciones de trabajo podrán afectar a las condiciones reconocidas a los trabajadores en el contrato de trabajo, en acuerdos o pactos colectivos o disfrutadas por estos en virtud de una decisión unilateral del empresario de efectos colectivos.	2. Wesentliche Änderungen der Arbeitsbedingungen können sich auf die Bedingungen auswirken, die den Arbeitnehmern im Arbeitsvertrag, in Tarifverträgen oder Kollektivvereinbarungen zuerkannt wurden oder die sie aufgrund einer einseitigen Entscheidung des Arbeitgebers mit kollektiver Wirkung genießen.
Se considera de carácter colectivo la modificación que, en un periodo de noventa días, afecte al menos a:	Eine Änderung gilt als kollektiv, wenn sie innerhalb eines Zeitraums von neunzig Tagen mindestens die folgende Anzahl an Arbeitnehmern betrifft:
a) Diez trabajadores, en las empresas que ocupen menos de cien trabajadores.	a) Zehn Arbeitnehmer in Unternehmen, die weniger als hundert Arbeitnehmer beschäftigen.
b) El diez por ciento del número de trabajadores de la empresa en aquellas que ocupen entre cien y trescientos trabajadores.	b) Zehn Prozent der Arbeitnehmer des Unternehmens in Unternehmen mit einhundert bis dreihundert Arbeitnehmern.
c) Treinta trabajadores, en las empresas que ocupen más de trescientos trabajadores.	c) Dreißig Arbeitnehmer in Unternehmen mit mehr als dreihundert Arbeitnehmern.
Se considera de carácter individual la modificación que, en el periodo de referencia establecido, no alcance los umbrales señalados para las modificaciones colectivas.	Eine Änderung wird als individuell betrachtet, wenn sie die Schwellenwerte für kollektive Änderungen während des Berichtszeitraums nicht erreicht.

3. La decisión de modificación sustancial de condiciones de trabajo de carácter individual deberá ser notificada por el empresario al trabajador afectado y a sus representantes legales con una antelación mínima de quince días a la fecha de su efectividad.	3. Die Entscheidung über eine wesentliche Änderung der Arbeitsbedingungen, die individueller Art ist, muss der Arbeitgeber den betroffenen Arbeitnehmern und ihren gesetzlichen Vertretern mindestens fünfzehn Tage vor dem Zeitpunkt des Inkrafttretens mitteilen.
En los supuestos previstos en las letras a), b), c), d) y f) del apartado 1, si el trabajador resultase perjudicado por la modificación sustancial tendrá derecho a rescindir su contrato y percibir una indemnización de veinte días de salario por año de servicio prorrateándose por meses los periodos inferiores a un año y con un máximo de nueve meses.	In den in Absatz 1 Buchstaben a), b), c), d) und f) vorgesehenen Fällen hat der Arbeitnehmer, wenn er durch die wesentliche Änderung geschädigt wird, das Recht, seinen Vertrag zu kündigen und eine Entschädigung in Höhe von zwanzig Tagesgehältern pro Jahr der Betriebszugehörigkeit zu erhalten, wobei Zeiträume von weniger als einem Jahr anteilig nach Monaten berechnet werden und höchstens neun Monate betragen dürfen.
Sin perjuicio de la ejecutividad de la modificación en el plazo de efectividad anteriormente citado, el trabajador que, no habiendo optado por la rescisión de su contrato, se muestre disconforme con la decisión empresarial podrá impugnarla ante la jurisdicción social. La sentencia declarará la modificación justificada o injustificada y, en este último caso, reconocerá el derecho del trabajador a ser repuesto en sus anteriores condiciones.	Unbeschadet der Durchsetzbarkeit der Änderung innerhalb der vorgenannten Gültigkeitsdauer kann der Arbeitnehmer, der sich nicht für die Beendigung seines Vertrags entschieden hat und mit der Entscheidung des Arbeitgebers nicht einverstanden ist, diese vor den Arbeitsgerichten angreifen. In dem Urteil wird die Änderung für gerechtfertigt oder ungerechtfertigt erklärt; im letzteren Fall wird das Recht des Arbeitnehmers auf Wiedereinstellung zu seinen früheren Arbeitsbedingungen anerkannt.
Cuando con objeto de eludir las previsiones contenidas en el apartado siguiente, la empresa realice modificaciones sustanciales de las condiciones de trabajo en periodos sucesivos de noventa días en número inferior a los umbrales que establece el apartado 2 para las modificaciones colectivas, sin que concurran causas nuevas que justifiquen tal actuación, dichas nuevas modificaciones se considerarán efectuadas en fraude de ley y serán declaradas nulas y sin efecto.	Nimmt das Unternehmen zur Umgehung der Bestimmungen des folgenden Absatzes in aufeinanderfolgenden Zeiträumen von neunzig Tagen wesentliche Änderungen der Arbeitsbedingungen vor, deren Zahl unter den in Absatz 2 für kollektive Änderungen festgelegten Schwellenwerten liegt, ohne dass neue Gründe vorliegen, die ein solches Vorgehen rechtfertigen, so gelten diese neuen Änderungen als in betrügerischer Absicht vorgenommen und werden für nichtig erklärt.

4. Sin perjuicio de los procedimientos específicos que puedan establecerse en la negociación colectiva, la decisión de modificación sustancial de condiciones de trabajo de carácter colectivo deberá ir precedida de un periodo de consultas con los representantes legales de los trabajadores, de duración no superior a quince días, que versará sobre las causas motivadoras de la decisión empresarial y la posibilidad de evitar o reducir sus efectos, así como sobre las medidas necesarias para atenuar sus consecuencias para los trabajadores afectados. La consulta se llevará a cabo en una única comisión negociadora, si bien, de existir varios centros de trabajo, quedará circunscrita a los centros afectados por el procedimiento. La comisión negociadora estará integrada por un máximo de trece miembros en representación de cada una de las partes. La intervención como interlocutores ante la dirección de la empresa en el procedimiento de consultas corresponderá a las secciones sindicales cuando estas así lo acuerden, siempre que tengan la representación mayoritaria en los comités de empresa o entre los delegados de personal de los centros de trabajo afectados, en cuyo caso representarán a todos los trabajadores de los centros afectados. En defecto de lo previsto en el párrafo anterior, la intervención como interlocutores se regirá por las siguientes reglas:	4. Unbeschadet der besonderen Verfahren, die im Rahmen von Tarifverhandlungen festgelegt werden können, geht der Entscheidung über eine wesentliche Änderung der kollektiven Arbeitsbedingungen eine höchstens fünfzehntägige Beratung mit den gesetzlichen Vertretern der Arbeitnehmer voraus, bei der die Gründe für die Entscheidung des Unternehmens und die Möglichkeit, ihre Auswirkungen zu vermeiden oder zu verringern, sowie die erforderlichen Maßnahmen zur Milderung ihrer Folgen für die betroffenen Arbeitnehmer erörtert werden. Die Beratung findet in einem einzigen Verhandlungsgremium statt, wobei dieses bei mehreren Betrieben auf die vom Verfahren betroffenen Betriebe beschränkt ist. Das Verhandlungsgremium setzt sich aus höchstens dreizehn Mitgliedern zusammen, die jede der Parteien vertreten. Als Gesprächspartner der Geschäftsleitung im Rahmen des Beratungsverfahrens treten die Gewerkschaftssektionen auf, wenn sie dies vereinbaren, vorausgesetzt, sie sind mehrheitlich in den Betriebskomitees oder unter den Personaldelegierten der betroffenen Betriebe vertreten; in diesem Fall vertreten sie alle Arbeitnehmer der betroffenen Betriebe. Existiert kein legitimiertes Subjekt im Sinne des vorigen Absatzes, gelten für den Einsatz als Gesprächspartner die folgenden Regeln:

a) Si el procedimiento afecta a un único centro de trabajo, corresponderá al comité de empresa o a los delegados de personal. En el supuesto de que en el centro de trabajo no exista representación legal de los trabajadores, estos podrán optar por atribuir su representación para la negociación del acuerdo, a su elección, a una comisión de un máximo de tres miembros integrada por trabajadores de la propia empresa y elegida por estos democráticamente o a una comisión de igual número de componentes designados, según su representatividad, por los sindicatos más representativos y representativos del sector al que pertenezca la empresa y que estuvieran legitimados para formar parte de la comisión negociadora del convenio colectivo de aplicación a la misma.	a) Betrifft das Verfahren einen einzigen Betrieb, so sind das Betriebskomitee oder die Personaldelegierten Gesprächspartner. Gibt es keine gesetzliche Vertretung der Arbeitnehmer im Betrieb, können die Arbeitnehmer ihre Vertretung für die Aushandlung der Vereinbarung nach ihrer Wahl einem Ausschuss mit höchstens drei Mitgliedern übertragen, der sich aus Arbeitnehmern des Unternehmens selbst zusammensetzt und von diesen demokratisch gewählt wird, oder einem Ausschuss mit der gleichen Anzahl von Mitgliedern, die entsprechend ihrer Repräsentativität von den repräsentativsten Gewerkschaften der Branche, dem das Unternehmen angehört, ernannt werden und die berechtigt sind, der Verhandlungskommission des für das Unternehmen geltenden Tarifvertrags anzugehören.
En el supuesto de que la negociación se realice con la comisión cuyos miembros sean designados por los sindicatos, el empresario podrá atribuir su representación a las organizaciones empresariales en las que estuviera integrado, pudiendo ser las mismas más representativas a nivel autonómico, y con independencia de que la organización en la que esté integrado tenga carácter intersectorial o sectorial.	Werden die Verhandlungen mit dem Ausschuss geführt, dessen Mitglieder von den Gewerkschaften ernannt werden, kann der Arbeitgeber seine Vertretung den Arbeitgeberverbänden übertragen, denen er angehört, die auf regionaler Ebene am repräsentativsten sein können, und zwar unabhängig davon, ob die Organisation, der er angehört, branchenübergreifend oder branchenbezogen ist.
b) Si el procedimiento afecta a más de un centro de trabajo, la intervención como interlocutores corresponderá: En primer lugar, al comité intercentros, siempre que tenga atribuida esa función en el convenio colectivo en que se hubiera acordado su creación.	b) Betrifft das Verfahren mehr als einen Betrieb, so gilt für den Einsatz als Gesprächspartner entsprechend: In erster Linie ist das betriebsübergreifende Komitee zuständig, sofern es in dem Tarifvertrag, in dem seine Bildung vereinbart wurde, mit dieser Funktion betraut wurde.
En otro caso, a una comisión representativa que se constituirá de acuerdo con las siguientes reglas:	Andernfalls wird ein repräsentativer Ausschuss nach den folgenden Regeln gebildet:

1.ª Si todos los centros de trabajo afectados por el procedimiento cuentan con representantes legales de los trabajadores, la comisión estará integrada por estos.	(1) Wenn alle vom Verfahren betroffenen Betriebe über gesetzliche Arbeitnehmervertreter verfügen, setzt sich der Ausschuss aus diesen zusammen.
2.ª Si alguno de los centros de trabajo afectados cuenta con representantes legales de los trabajadores y otros no, la comisión estará integrada únicamente por representantes legales de los trabajadores de los centros que cuenten con dichos representantes. Y ello salvo que los trabajadores de los centros que no cuenten con representantes legales opten por designar la comisión a que se refiere la letra a), en cuyo caso la comisión representativa estará integrada conjuntamente por representantes legales de los trabajadores y por miembros de las comisiones previstas en dicho párrafo, en proporción al número de trabajadores que representen.	(2) Verfügt ein Teil der betroffenen Betriebe über gesetzliche Arbeitnehmervertreter und ein anderer Teil nicht, so setzt sich der Ausschuss ausschließlich aus gesetzlichen Arbeitnehmervertretern der Betriebe zusammen, die über solche Vertreter verfügen; es sei denn die Arbeitnehmer der Betriebe, die keine gesetzlichen Vertreter haben, entscheiden sich für die Einsetzung des unter Buchstabe a) genannten Ausschusses; in diesem Fall setzt sich der repräsentative Ausschuss gemeinsam aus den gesetzlichen Arbeitnehmervertretern und den Mitgliedern der in diesem Absatz vorgesehenen Ausschüsse zusammen, und zwar im Verhältnis zu der Zahl der von ihnen vertretenen Arbeitnehmer.
En el supuesto de que uno o varios centros de trabajo afectados por el procedimiento que no cuenten con representantes legales de los trabajadores opten por no designar la comisión de la letra a), se asignará su representación a los representantes legales de los trabajadores de los centros de trabajo afectados que cuenten con ellos, en proporción al número de trabajadores que representen.	Entscheiden sich ein oder mehrere von dem Verfahren betroffene Betriebe, in denen es keine gesetzlichen Vertreter der Arbeitnehmer gibt, dafür, den unter Buchstabe a) genannten Ausschuss nicht zu bestellen, so wird ihre Vertretung den gesetzlichen Vertretern der Arbeitnehmer der betroffenen Betriebe, in denen es solche Vertreter gibt, im Verhältnis zu der Zahl der von ihnen vertretenen Arbeitnehmer übertragen.
3.ª Si ninguno de los centros de trabajo afectados por el procedimiento cuenta con representantes legales de los trabajadores, la comisión representativa estará integrada por quienes sean elegidos por y entre los miembros de las comisiones designadas en los centros de trabajo afectados conforme a lo dispuesto en la letra a), en proporción al número de trabajadores que representen.	(3) Verfügt keiner der vom Verfahren betroffenen Betriebe über gesetzliche Arbeitnehmervertreter, so setzt sich der repräsentative Ausschuss aus denjenigen zusammen, die von den Mitgliedern der Ausschüsse, die in den betroffenen Betrieben gemäß Buchstabe a) bestellt wurden, im Verhältnis zu der Zahl der von ihnen vertretenen Arbeitnehmer gewählt werden und aus ihrer Mitte stammen.

En todos los supuestos contemplados en este apartado, si como resultado de la aplicación de las reglas indicadas anteriormente el número inicial de representantes fuese superior a trece, estos elegirán por y entre ellos a un máximo de trece, en proporción al número de trabajadores que representen.	Übersteigt in einem der in diesem Absatz genannten Fälle die ursprüngliche Zahl der Vertreter infolge der Anwendung der vorgenannten Vorschriften dreizehn, so wählen die Vertreter aus ihrer Mitte höchstens dreizehn Vertreter im Verhältnis zur Zahl der von ihnen vertretenen Arbeitnehmer.
La comisión representativa de los trabajadores deberá quedar constituida con carácter previo a la comunicación empresarial de inicio del procedimiento de consultas. A estos efectos, la dirección de la empresa deberá comunicar de manera fehaciente a los trabajadores o a sus representantes su intención de iniciar el procedimiento de modificación sustancial de condiciones de trabajo. El plazo máximo para la constitución de la comisión representativa será de siete días desde la fecha de la referida comunicación, salvo que alguno de los centros de trabajo que vaya a estar afectado por el procedimiento no cuente con representantes legales de los trabajadores, en cuyo caso el plazo será de quince días.	Die Arbeitnehmervertretung muss sich bilden, bevor das Unternehmen die Einleitung des Beratungsverfahrens bekannt gibt. Zu diesem Zweck muss die Geschäftsleitung den Arbeitnehmern oder ihren Vertretern zuverlässig mitteilen, dass sie beabsichtigt, das Verfahren zur wesentlichen Änderung der Arbeitsbedingungen einzuleiten. Die Frist für die Bildung des repräsentativen Ausschusses beträgt höchstens sieben Tage ab dem Datum der vorgenannten Mitteilung, es sei denn, in einem der von dem Verfahren betroffenen Betriebe gibt es keine gesetzlichen Arbeitnehmervertreter; in diesem Fall beträgt die Frist fünfzehn Tage.
Transcurrido el plazo máximo para la constitución de la comisión representativa, la dirección de la empresa podrá comunicar el inicio del periodo de consultas a los representantes de los trabajadores. La falta de constitución de la comisión representativa no impedirá el inicio y transcurso del periodo de consultas, y su constitución con posterioridad al inicio del mismo no comportará, en ningún caso, la ampliación de su duración.	Nach Ablauf der Höchstfrist für die Bildung des Vertretungsausschusses kann die Geschäftsleitung den Arbeitnehmervertretern den Beginn der Beratungsfrist mitteilen. Wird der repräsentative Ausschuss nicht gebildet, so steht dies dem Beginn und der Durchführung der Beratung nicht entgegen, und seine Bildung nach Beginn der Beratung führt keinesfalls zu einer Verlängerung der Beratungsdauer.

Durante el periodo de consultas, las partes deberán negociar de buena fe, con vistas a la consecución de un acuerdo. Dicho acuerdo requerirá la conformidad de la mayoría de los representantes legales de los trabajadores o, en su caso, de la mayoría de los miembros de la comisión representativa de los trabajadores siempre que, en ambos casos, representen a la mayoría de los trabajadores del centro o centros de trabajo afectados. El empresario y la representación de los trabajadores podrán acordar en cualquier momento la sustitución del periodo de consultas por el procedimiento de mediación o arbitraje que sea de aplicación en el ámbito de la empresa, que deberá desarrollarse dentro del plazo máximo señalado para dicho periodo. Cuando el periodo de consultas finalice con acuerdo se presumirá que concurren las causas justificativas a que alude el apartado 1 y solo podrá ser impugnado ante la jurisdicción social por la existencia de fraude, dolo, coacción o abuso de derecho en su conclusión. Ello sin perjuicio del derecho de los trabajadores afectados a ejercitar la opción prevista en el párrafo segundo del apartado 3.	Während des Beratungszeitraums verhandeln die Parteien nach Treu und Glauben im Hinblick auf eine Vereinbarung. Für eine solche Vereinbarung ist die Zustimmung der Mehrheit der gesetzlichen Vertreter der Arbeitnehmer bzw. der Mehrheit der Mitglieder der Arbeitnehmervertretung erforderlich, sofern diese in beiden Fällen die Mehrheit der Arbeitnehmer des/der betreffenden Betriebs/Betriebe vertreten. Der Arbeitgeber und die Arbeitnehmervertreter können jederzeit vereinbaren, die Beratung durch das im Unternehmen geltende Mediations- oder Schiedsverfahren zu ersetzen, das innerhalb der für diesen Zeitraum angegebenen Höchstfrist durchgeführt werden muss. Endet die Beratung mit einer Vereinbarung, so wird vermutet, dass die in Absatz 1 genannten berechtigten Gründe erfüllt sind, und die Vereinbarung kann vor den Arbeitsgerichten nur angegriffen werden, wenn ihr Abschluss auf Betrug, Arglist, Nötigung oder Rechtsmissbrauch zurückzuführen ist. Das Recht der betroffenen Arbeitnehmer, die in Absatz 3 Unterabsatz 2 vorgesehene Möglichkeit in Anspruch zu nehmen, bleibt hiervon unberührt.
5. La decisión sobre la modificación colectiva de las condiciones de trabajo será notificada por el empresario a los trabajadores una vez finalizado el periodo de consultas sin acuerdo y surtirá efectos en el plazo de los siete días siguientes a su notificación.	5. Der Beschluss über die kollektive Änderung der Arbeitsbedingungen wird den Arbeitnehmern vom Arbeitgeber mitgeteilt, sobald die Beratungsfrist ohne Einigung abgelaufen ist, und wird innerhalb von sieben Tagen nach Bekanntgabe wirksam.

Contra las decisiones a que se refiere el presente apartado se podrá reclamar en conflicto colectivo, sin perjuicio de la acción individual prevista en el apartado 3. La interposición del conflicto paralizará la tramitación de las acciones individuales iniciadas hasta su resolución. 6. La modificación de las condiciones de trabajo establecidas en los convenios colectivos regulados en el título III deberá realizarse conforme a lo establecido en el artículo 82.3. 7. En materia de traslados se estará a lo dispuesto en las normas específicas establecidas en el artículo 40.	Gegen die in diesem Absatz genannten Entscheidungen kann unbeschadet der in Absatz 3 vorgesehenen Einzelklagen im Rahmen eines kollektiven Verfahrens vorgegangen werden. Durch die Einreichung der Klage wird die Bearbeitung der eingeleiteten Einzelklagen bis zu ihrer Beendigung ausgesetzt. 6. Die Änderung der Arbeitsbedingungen, die in den in Titel III geregelten Tarifverträgen festgelegt sind, erfolgt gemäß den Bestimmungen des Artikels 82.3. 7. Für Versetzungen gelten die besonderen Vorschriften des Artikels 40.
Artículo 44 La sucesión de empresa	Art. 44 Der Betriebsübergang
1.–3. [...] 4. Salvo pacto en contrario, establecido mediante acuerdo de empresa entre el cesionario y los representantes de los trabajadores una vez consumada la sucesión, las relaciones laborales de los trabajadores afectados por la sucesión seguirán rigiéndose por el convenio colectivo que en el momento de la transmisión fuere de aplicación en la empresa, centro de trabajo o unidad productiva autónoma transferida. Esta aplicación se mantendrá hasta la fecha de expiración del convenio colectivo de origen o hasta la entrada en vigor de otro convenio colectivo nuevo que resulte aplicable a la entidad económica transmitida. 5.–10. [...]	1.–3. [...] 4. Soweit nicht durch Kollektivvereinbarung der Unternehmensebene zwischen dem Erwerber und den Arbeitnehmervertretern nach dem Vollzug des Betriebsübergangs etwas anderes vereinbart wird, gilt für die Arbeitsverhältnisse der von dem Betriebsübergang betroffenen Arbeitnehmer weiterhin der zum Zeitpunkt des Übergangs in dem übergegangenen Unternehmen, dem übergegangenen Betrieb oder dem selbständigen Betriebsteil geltende Tarifvertrag. Diese Anwendung gilt bis zum Ablauf des ursprünglichen Tarifvertrags oder bis zum Inkrafttreten eines neuen Tarifvertrags, der für die übergegangene wirtschaftliche Einheit gilt. 5.–10. [...]

Artículo 50 Extinción por voluntad del trabajador	Art. 50 Beendigung auf Wunsch des Arbeitnehmers
1. Serán causas justas para que el trabajador pueda solicitar la extinción del contrato: a) Las modificaciones sustanciales en las condiciones de trabajo llevadas a cabo sin respetar lo previsto en el artículo 41 y que redunden en menoscabo de la dignidad del trabajador. [...] 2. En tales casos, el trabajador tendrá derecho a las indemnizaciones señaladas para el despido improcedente.	1. Ein berechtigter Grund für den Arbeitnehmer, die Beendigung des Vertrages zu verlangen, liegt in folgenden Fällen vor: a) Wesentliche Änderungen der Arbeitsbedingungen, die unter Missachtung der Bestimmungen des Artikels 41 vorgenommen werden und zu einer Beeinträchtigung der Würde des Arbeitnehmers führen. [...] 2. In diesem Fall hat der Arbeitnehmer Anspruch auf die bei ungerechtfertigten Kündigungen vorgesehene Entschädigung.
Artículo 67 Promoción de elecciones y mandato electoral	Art. 67 Ausrufen der Wahlen und Wahlmandat
1. Podrán promover elecciones a delegados de personal y miembros de comités de empresa las organizaciones sindicales más representativas, las que cuenten con un mínimo de un diez por ciento de representantes en la empresa o los trabajadores del centro de trabajo por acuerdo mayoritario. Los sindicatos con capacidad de promoción de elecciones tendrán derecho a acceder a los registros de las Administraciones Públicas que contengan datos relativos a la inscripción de empresas y altas de trabajadores, en la medida necesaria para llevar a cabo tal promoción en sus respectivos ámbitos. [...] 2.–5. [...]	1. Die repräsentativsten Gewerkschaftsorganisationen, d.h. diejenigen, die mindestens zehn Prozent der Vertreter im Unternehmen oder der Arbeitnehmer im Betrieb durch Mehrheitsbeschluss repräsentieren, können die Wahlen der Personaldelegierten und der Betriebskomiteemitglieder ausrufen. Gewerkschaften, die in der Lage sind, Wahlen auszurufen, haben das Recht auf Zugang zu den Registern der öffentlichen Verwaltungen, die Daten über die Eintragung von Unternehmen und die Registrierung von Arbeitnehmern enthalten, soweit dies für die Durchführung einer solchen Wahlausrufung in ihrem jeweiligen Bereich erforderlich ist. [...] 2.–5. [...]
Artículo 82 Concepto y eficacia	Art. 82 Konzept und Wirkung
1. Los convenios colectivos, como resultado de la negociación desarrollada por los representantes de los trabajadores y de los empresarios, constituyen la expresión del acuerdo libremente adoptado por ellos en virtud de su autonomía colectiva.	1. Als Ergebnis von Verhandlungen zwischen Arbeitnehmer- und Arbeitgebervertretern stellen Tarifverträge einen Akt freier Willenseinigung auf der Grundlage der Kollektivautonomie dar.

2. Mediante los convenios colectivos, y en su ámbito correspondiente, los trabajadores y empresarios regulan las condiciones de trabajo y de productividad. Igualmente podrán regular la paz laboral a través de las obligaciones que se pacten.	2. Mit Hilfe der Tarifverträge können die Arbeitnehmer und die Arbeitgeber im Rahmen des jeweiligen Geltungsbereichs die Arbeits- und Wirtschaftsbedingungen regeln. Im Zusammenhang mit den übernommenen Pflichten können sie auch die Friedenspflicht regeln.
3. Los convenios colectivos regulados por esta ley obligan a todos los empresarios y trabajadores incluidos dentro de su ámbito de aplicación y durante todo el tiempo de su vigencia. Sin perjuicio de lo anterior, cuando concurran causas económicas, técnicas, organizativas o de producción, por acuerdo entre la empresa y los representantes de los trabajadores legitimados para negociar un convenio colectivo conforme a lo previsto en el artículo 87.1, se podrá proceder, previo desarrollo de un periodo de consultas en los términos del artículo 41.4, a inaplicar en la empresa las condiciones de trabajo previstas en el convenio colectivo aplicable, sea este de sector o de empresa, que afecten a las siguientes materias:	3. Die in diesem Gesetz geregelten Tarifverträge sind während ihrer gesamten Laufzeit für alle Arbeitgeber und Arbeitnehmer innerhalb ihres Geltungsbereichs verbindlich. Unbeschadet des Vorstehenden können bei Vorliegen wirtschaftlicher, technischer, organisatorischer oder produktionsbedingter Gründe durch Vereinbarung zwischen dem Unternehmen und den Arbeitnehmervertretern, die berechtigt sind, einen Tarifvertrag gemäß den Bestimmungen des Artikels 87.1 auszuhandeln, nach einer Beratungsphase gemäß Artikel 41.4 die in dem anwendbaren Tarifvertrag vorgesehenen Arbeitsbedingungen, unabhängig davon, ob es sich um einen Branchen- oder Unternehmenstarifvertrag handelt, in dem Unternehmen abbedungen werden, die die folgenden Punkte betreffen:
a) Jornada de trabajo.	a) Arbeitstag.
b) Horario y distribución del tiempo de trabajo.	b) Arbeitszeiten und Verteilung der Arbeitszeit.
c) Régimen de trabajo a turnos.	c) Schichtarbeitssystem.
d) Sistema de remuneración y cuantía salarial.	d) Vergütungssystem und Lohnhöhe.
e) Sistema de trabajo y rendimiento.	e) Arbeits- und Leistungssystem.
f) Funciones, cuando excedan de los límites que para la movilidad funcional prevé el artículo 39.	f) Aufgaben, die über die in Artikel 39 vorgesehenen Grenzen der funktionalen Versetzung hinausgehen.
g) Mejoras voluntarias de la acción protectora de la Seguridad Social.	g) Freiwillige Verbesserungen des Sozialversicherungsschutzes.

Se entiende que concurren causas económicas cuando de los resultados de la empresa se desprenda una situación económica negativa, en casos tales como la existencia de pérdidas actuales o previstas, o la disminución persistente de su nivel de ingresos ordinarios o ventas. En todo caso, se entenderá que la disminución es persistente si durante dos trimestres consecutivos el nivel de ingresos ordinarios o ventas de cada trimestre es inferior al registrado en el mismo trimestre del año anterior. Se entiende que concurren causas técnicas cuando se produzcan cambios, entre otros, en el ámbito de los medios o instrumentos de producción; causas organizativas cuando se produzcan cambios, entre otros, en el ámbito de los sistemas y métodos de trabajo del personal o en el modo de organizar la producción, y causas productivas cuando se produzcan cambios, entre otros, en la demanda de los productos o servicios que la empresa pretende colocar en el mercado. La intervención como interlocutores ante la dirección de la empresa en el procedimiento de consultas corresponderá a los sujetos indicados en el artículo 41.4, en el orden y condiciones señalados en el mismo.	Wirtschaftliche Gründe liegen vor, wenn die Ergebnisse des Unternehmens eine negative wirtschaftliche Lage erkennen lassen, z.B. bei Vorliegen von laufenden oder zu erwartenden Verlusten oder bei einem anhaltenden Rückgang der regelmäßigen Einnahmen oder des Umsatzes. In jedem Fall gilt der Rückgang als anhaltend, wenn das Niveau der regelmäßigen Einnahmen oder des Umsatzes in zwei aufeinanderfolgenden Quartalen niedriger ist als im gleichen Quartal des Vorjahres. Technische Ursachen liegen vor, wenn sich u.a. die Produktionsverfahren oder -mittel ändern; organisatorische Ursachen, wenn sich u.a. die Systeme und Arbeitsmethoden des Personals oder die Art und Weise der Produktionsorganisation ändern, und die Produktion betreffende Ursachen, wenn sich u.a. die Nachfrage nach den Produkten oder Dienstleistungen, die das Unternehmen auf dem Markt anbietet, ändert. Legitimierte Gesprächspartner gegenüber der Geschäftsführung im Rahmen des Beratungsverfahrens sind die in Artikel 41.4 genannten Subjekte, in der dort angegebenen Reihenfolge und unter den dort genannten Bedingungen.

Cuando el periodo de consultas finalice con acuerdo se presumirá que concurren las causas justificativas a que alude el párrafo segundo, y solo podrá ser impugnado ante la jurisdicción social por la existencia de fraude, dolo, coacción o abuso de derecho en su conclusión. El acuerdo deberá determinar con exactitud las nuevas condiciones de trabajo aplicables en la empresa y su duración, que no podrá prolongarse más allá del momento en que resulte aplicable un nuevo convenio en dicha empresa. El acuerdo de inaplicación no podrá dar lugar al incumplimiento de las obligaciones establecidas en convenio relativas a la eliminación de las discriminaciones por razones de género o de las que estuvieran previstas, en su caso, en el plan de igualdad aplicable en la empresa. Asimismo, el acuerdo deberá ser notificado a la comisión paritaria del convenio colectivo.	Endet die Beratung mit einer Vereinbarung, so wird vermutet, dass die in Absatz 2 genannten Rechtfertigungsgründe erfüllt sind, und gegen die Vereinbarung kann vor den Arbeitsgerichten nur vorgegangen werden, wenn bei ihrem Abschluss Betrug, Arglist, Nötigung oder Rechtsmissbrauch vorlagen. In der Vereinbarung werden die in dem Unternehmen geltenden neuen Arbeitsbedingungen und ihre Dauer genau festgelegt; diese darf nicht über den Zeitpunkt hinausgehen, zu dem ein neuer Tarifvertrag in diesem Unternehmen anwendbar wird. Die Nichtanwendungsvereinbarung darf nicht dazu führen, dass die in dem Tarifvertrag festgelegten Verpflichtungen zur Beseitigung von Diskriminierungen aufgrund des Geschlechts oder die Verpflichtungen, die gegebenenfalls in dem im Unternehmen geltenden Gleichstellungsplan vorgesehen sind, nicht eingehalten werden. Ebenso muss die Vereinbarung dem paritätischen Ausschuss des Tarifvertrags gemeldet werden.

En caso de desacuerdo durante el periodo de consultas cualquiera de las partes podrá someter la discrepancia a la comisión del convenio, que dispondrá de un plazo máximo de siete días para pronunciarse, a contar desde que la discrepancia le fuera planteada. Cuando no se hubiera solicitado la intervención de la comisión o esta no hubiera alcanzado un acuerdo, las partes deberán recurrir a los procedimientos que se hayan establecido en los acuerdos interprofesionales de ámbito estatal o autonómico, previstos en el artículo 83, para solventar de manera efectiva las discrepancias surgidas en la negociación de los acuerdos a que se refiere este apartado, incluido el compromiso previo de someter las discrepancias a un arbitraje vinculante, en cuyo caso el laudo arbitral tendrá la misma eficacia que los acuerdos en periodo de consultas y solo será recurrible conforme al procedimiento y en base a los motivos establecidos en el artículo 91.	Kommt es während der Beratungsphase zu keiner Einigung, kann jede der Parteien die Unstimmigkeit dem Ausschuss vorlegen, der innerhalb einer Frist von höchstens sieben Tagen ab dem Datum der Vorlage der Unstimmigkeit entscheidet. Wurde die Einschaltung des Ausschusses nicht beantragt oder hat der Ausschuss keine Einigung erzielt, greifen die Parteien auf die Verfahren zurück, die in den Rahmenvereinbarungen auf gesamtstaatlicher Ebene oder Ebene der Autonomen Gemeinschaft gemäß Artikel 83 festgelegt sind, um die Unstimmigkeiten, die bei der Aushandlung der in diesem Abschnitt genannten Vereinbarungen auftreten, wirksam zu lösen, einschließlich der vorherigen Verpflichtung, die Meinungsverschiedenheiten einem verbindlichen Schiedsverfahren zu unterwerfen; in diesem Fall hat der Schiedsspruch die gleiche Wirkung wie die Vereinbarungen im Beratungszeitraum und kann nur nach dem Verfahren und aus den Gründen des Artikels 91 angegriffen werden.

Cuando el periodo de consultas finalice sin acuerdo y no fueran aplicables los procedimientos a los que se refiere el párrafo anterior o estos no hubieran solucionado la discrepancia, cualquiera de las partes podrá someter la solución de la misma a la Comisión Consultiva Nacional de Convenios Colectivos cuando la inaplicación de las condiciones de trabajo afectase a centros de trabajo de la empresa situados en el territorio de más de una comunidad autónoma, o a los órganos correspondientes de las comunidades autónomas en los demás casos. La decisión de estos órganos, que podrá ser adoptada en su propio seno o por un árbitro designado al efecto por ellos mismos con las debidas garantías para asegurar su imparcialidad, habrá de dictarse en plazo no superior a veinticinco días a contar desde la fecha del sometimiento del conflicto ante dichos órganos. Tal decisión tendrá la eficacia de los acuerdos alcanzados en periodo de consultas y solo será recurrible conforme al procedimiento y en base a los motivos establecidos en el artículo 91. El resultado de los procedimientos a que se refieren los párrafos anteriores que haya finalizado con la inaplicación de condiciones de trabajo deberá ser comunicado a la autoridad laboral a los solos efectos de depósito. 4. El convenio colectivo que sucede a uno anterior puede disponer sobre los derechos reconocidos en aquel. En dicho supuesto se aplicará, íntegramente, lo regulado en el nuevo convenio.	Endet die Beratungsfrist ohne Einigung und sind die im vorstehenden Absatz genannten Verfahren nicht anwendbar oder haben sie die Unstimmigkeiten nicht beseitigt, kann jede der Parteien die Lösung der Comisión Consultiva Nacional de Convenios Colectivos vorlegen, wenn die Nichtanwendung der Arbeitsbedingungen die Betriebe des Unternehmens auf dem Gebiet von mehr als einer Autonomen Gemeinschaft betrifft, oder in anderen Fällen den entsprechenden Gremien der Autonomen Gemeinschaften. Die Entscheidung dieser Organe, die von den Organen selbst oder von einem von ihnen zu diesem Zweck ernannten Schlichter mit den erforderlichen Garantien zur Gewährleistung ihrer Unparteilichkeit getroffen werden kann, muss innerhalb einer Frist von höchstens 25 Tagen ab dem Tag ergehen, an dem die Streitigkeit diesen Organen vorgelegt wird. Eine solche Entscheidung hat die gleiche Wirkung wie die während der Beratungsphase getroffenen Vereinbarungen und kann nur nach dem Verfahren und aus den Gründen des Artikels 91 angegriffen werden. Das Ergebnis des in den vorstehenden Absätzen genannten Verfahrens, das zur Nichtanwendung der Arbeitsbedingungen geführt hat, wird der Arbeitsbehörde ausschließlich zum Zwecke der Archivierung mitgeteilt. 4. Der Tarifvertrag, der einen früheren Tarifvertrag ersetzt, kann über die in diesem Tarifvertrag anerkannten Rechte disponieren. In diesem Fall finden die Bestimmungen des neuen Tarifvertrags in vollem Umfang Anwendung.
Artículo 83 Unidades de negociación	Art. 83 Verhandlungseinheiten
1. Los convenios colectivos tendrán el ámbito de aplicación que las partes acuerden.	1. Der Geltungsbereich der Tarifverträge bestimmt sich nach den Vereinbarungen der Parteien.

2. Las organizaciones sindicales y asociaciones empresariales más representativas, de carácter estatal o de comunidad autónoma, podrán establecer, mediante acuerdos interprofesionales, cláusulas sobre la estructura de la negociación colectiva, fijando, en su caso, las reglas que han de resolver los conflictos de concurrencia entre convenios de distinto ámbito. Estas cláusulas podrán igualmente pactarse en convenios o acuerdos colectivos sectoriales, de ámbito estatal o autonómico, por aquellos sindicatos y asociaciones empresariales que cuenten con la legitimación necesaria, de conformidad con lo establecido en esta ley. 3. Dichas organizaciones de trabajadores y empresarios podrán igualmente elaborar acuerdos sobre materias concretas. Estos acuerdos, así como los acuerdos interprofesionales a que se refiere el apartado 2, tendrán el tratamiento de esta ley para los convenios colectivos.	2. Die repräsentativsten Gewerkschaften auf gesamtstaatlicher Ebene oder Ebene der Autonomen Gemeinschaften und die Arbeitgeberverbände können durch branchenübergreifende Rahmenvereinbarungen Bestimmungen über die Struktur der Tarifverhandlungen festlegen, in denen gegebenenfalls die Regeln für die Lösung von Konkurrenzsituationen zwischen Tarifverträgen mit unterschiedlichen Geltungsbereichen festgelegt werden. Diese Klauseln können auch in Branchentarifverträgen oder Tarifverträgen auf gesamtstaatlicher oder regionaler Ebene von denjenigen Gewerkschaften und Arbeitgeberverbänden vereinbart werden, die gemäß den Bestimmungen dieses Gesetzes über die erforderliche Legitimation verfügen. 3. Diese Arbeitnehmer- und Arbeitgeberorganisationen können auch Vereinbarungen über konkrete Gegenstände abschließen. Diese Vereinbarungen sowie die in Absatz 2 genannten branchenübergreifenden Rahmenvereinbarungen sind den Tarifverträgen im Sinne dieses Gesetzes gleichgestellt.
Artículo 84 Concurrencia	Art. 84 Konkurrenz
1. Un convenio colectivo, durante su vigencia, no podrá ser afectado por lo dispuesto en convenios de ámbito distinto salvo pacto en contrario, negociado conforme a lo dispuesto en el artículo 83.2, y salvo lo previsto en el apartado siguiente.	1. Ein Tarifvertrag darf während seiner Laufzeit nicht durch die Bestimmungen von Tarifverträgen mit einem anderen Geltungsbereich berührt werden, es sei denn, es wird etwas anderes in einer Vereinbarung nach Artikel 83.2 bestimmt, und es gelten die Bestimmungen des folgenden Absatzes.

2. La regulación de las condiciones establecidas en un convenio de empresa, que podrá negociarse en cualquier momento de la vigencia de convenios colectivos de ámbito superior, tendrá prioridad aplicativa respecto del convenio sectorial estatal, autonómico o de ámbito inferior en las siguientes materias:	2. Die Regelung der in einem Unternehmenstarifvertrag festgelegten Bedingungen, der jederzeit während der Geltungsdauer von Tarifverträgen mit höherem Geltungsbereich ausgehandelt werden kann, hat in den folgenden Punkten Vorrang vor dem Branchentarifvertrag auf gesamtstaatlicher, regionaler oder darunterliegender Ebene:
a) El abono o la compensación de las horas extraordinarias y la retribución específica del trabajo a turnos.	a) Die Vergütung von Überstunden und Schichtarbeit.
b) El horario y la distribución del tiempo de trabajo, el régimen de trabajo a turnos y la planificación anual de las vacaciones.	b) Die Lage und Verteilung der Arbeitszeit, Schichtdienstregelungen und die jährliche Urlaubsplanung.
c) La adaptación al ámbito de la empresa del sistema de clasificación profesional de las personas trabajadoras.	c) Die Anpassung des Eingruppierungssystems an das Unternehmen.
d) La adaptación de los aspectos de las modalidades de contratación que se atribuyen por esta ley a los convenios de empresa.	d) Die Anpassung derjenigen Vertragsbedingungen, die in diesem Gesetz den Unternehmenstarifverträgen zugewiesen werden.
e) Las medidas para favorecer la corresponsabilidad y la conciliación entre la vida laboral, familiar y personal.	e) Maßnahmen zur Förderung der Mitverantwortung und der Vereinbarkeit von Beruf, Familie und Privatleben.
f) Aquellas otras que dispongan los acuerdos y convenios colectivos a que se refiere el artículo 83.2. Igual prioridad aplicativa tendrán en estas materias los convenios colectivos para un grupo de empresas o una pluralidad de empresas vinculadas por razones organizativas o productivas y nominativamente identificadas a que se refiere el artículo 87.1.	f) Die in den in Artikel 83.2 genannten Tarifverträgen und Kollektivvereinbarungen vorgesehenen sonstigen Maßnahmen. Tarifverträge für eine Unternehmensgruppe oder eine Mehrzahl von Unternehmen, die aus organisatorischen oder produktionstechnischen Gründen miteinander verbunden und namentlich identifiziert sind (vgl. Artikel 87.1), haben in diesen Bereichen den gleichen Anwendungsvorrang.

Los acuerdos y convenios colectivos a que se refiere el artículo 83.2 no podrán disponer de la prioridad aplicativa prevista en este apartado.	Die in Artikel 83 Absatz 2 genannten Tarifverträge und Kollektivvereinbarungen können nicht über den in diesem Absatz vorgesehenen Anwendungsvorrang disponieren.
3. No obstante lo establecido en el artículo anterior, en el ámbito de una comunidad autónoma, los sindicatos y las asociaciones empresariales que reúnan los requisitos de legitimación de los artículos 87 y 88, podrán negociar convenios colectivos y acuerdos interprofesionales de comunidad autónoma que tendrán prioridad aplicativa sobre cualquier otro convenio sectorial o acuerdo de ámbito estatal, siempre que dichos convenios y acuerdos obtengan el respaldo de las mayorías exigidas para constituir la comisión negociadora en la correspondiente unidad de negociación y su regulación resulte más favorable para las personas trabajadoras que la fijada en los convenios o acuerdos estatales.	3. Ungeachtet der Bestimmungen des vorstehenden Artikels können Gewerkschaften und Arbeitgeberverbände, die die Voraussetzungen der Artikel 87 und 88 erfüllen, auf der Ebene einer Autonomen Gemeinschaft Tarifverträge und Rahmenvereinbarungen der Autonomen Gemeinschaft aushandeln, die Vorrang vor allen anderen Branchenvereinbarungen oder Vereinbarungen auf gesamtstaatlicher Ebene haben, sofern diese Tarifverträge und Kollektivvereinbarungen die für die Bildung der Verhandlungskommission in der entsprechenden Tarifeinheit erforderlichen Mehrheiten erhalten und ihre Regelung für die Arbeitnehmer günstiger ist als die in den gesamtstaatlichen Tarifverträgen oder Kollektivvereinbarungen.
4. Podrán tener la misma prioridad aplicativa prevista en el apartado anterior los convenios colectivos provinciales cuando así se prevea en acuerdos interprofesionales de ámbito autonómico suscritos de acuerdo con el artículo 83.2 y siempre que su regulación resulte más favorable para las personas trabajadoras que la fijada en los convenios o acuerdos estatales.	4. Entsprechend dem vorherigen Absatz haben auch Tarifverträge auf Provinzebene den gleichen Anwendungsvorrang, wenn dies in Rahmenvereinbarungen gemäß Artikel 83.2 auf Ebene der Autonomen Gemeinschaften vorgesehen ist und sofern ihre Regelung für die Arbeitnehmer günstiger ist als die in den gesamtstaatlichen Tarifverträgen oder Kollektivvereinbarungen.

5. En los supuestos previstos en los dos apartados anteriores, se considerarán materias no negociables el periodo de prueba, las modalidades de contratación, la clasificación profesional, la jornada máxima anual de trabajo, el régimen disciplinario, las normas mínimas en materia de prevención de riesgos laborales y la movilidad geográfica.	5. Im Falle der beiden vorstehenden Absätze gelten die Probezeit, die Einstellungsmodalitäten, die berufliche Eingruppierung, die jährliche Höchstarbeitszeit, Disziplinarverfahren, die Mindestnormen des Arbeitsschutzes und die geografische Versetzung als nicht verhandelbare Punkte.
Artículo 85 Contenido	Art. 85 Inhalt
1. Dentro del respeto a las leyes, los convenios colectivos podrán regular materias de índole económica, laboral, sindical y, en general, cuantas otras afecten a las condiciones de empleo y al ámbito de relaciones de los trabajadores y sus organizaciones representativas con el empresario y las asociaciones empresariales, incluidos procedimientos para resolver las discrepancias surgidas en los periodos de consulta previstos en los artículos 40, 41, 47 y 51; los laudos arbitrales que a estos efectos puedan dictarse tendrán la misma eficacia y tramitación que los acuerdos en el periodo de consultas, siendo susceptibles de impugnación en los mismos términos que los laudos dictados para la solución de las controversias derivadas de la aplicación de los convenios. [...]	1. Im Rahmen der Gesetze können Tarifverträge wirtschaftliche, arbeitsrechtliche und gewerkschaftliche Fragen sowie allgemein alle anderen Fragen regeln, die die Arbeitsbedingungen und die Beziehungen zwischen den Arbeitnehmern und ihren Vertretungsorganisationen und den Arbeitgebern und Arbeitgeberverbänden betreffen, einschließlich der Verfahren zur Beilegung von Streitigkeiten, die sich während der in den Artikeln 40, 41, 47 und 51 vorgesehenen Beratungszeiträume ergeben; die Schiedssprüche, die zu diesen Zwecken erlassen werden können, haben die gleiche Wirkung wie die Vereinbarungen im Beratungszeitraum und können unter den gleichen Bedingungen gerichtlich angegriffen werden wie die Schiedssprüche, die zur Beilegung von Streitigkeiten aus der Anwendung der Vereinbarungen erlassen werden. [...]
2. [...]	2. [...]
3. Sin perjuicio de la libertad de contratación a que se refieren los apartados anteriores, los convenios colectivos habrán de expresar como contenido mínimo lo siguiente:	3. Unbeschadet der in den vorstehenden Absätzen genannten Vertragsfreiheit müssen die Tarifverträge folgende Mindestinhalte enthalten:
a) Determinación de las partes que los conciertan.	a) Bezeichnung der vertragschließenden Parteien.
b) Ámbito personal, funcional, territorial y temporal.	b) Persönlicher, funktionaler, räumlicher und zeitlicher Geltungsbereich.

c) Procedimientos para solventar de manera efectiva las discrepancias que puedan surgir para la no aplicación de las condiciones de trabajo a que se refiere el artículo 82.3, adaptando, en su caso, los procedimientos que se establezcan a este respecto en los acuerdos interprofesionales de ámbito estatal o autonómico conforme a lo dispuesto en tal artículo. d) Forma y condiciones de denuncia del convenio, así como plazo mínimo para dicha denuncia antes de finalizar su vigencia. e) Designación de una comisión paritaria de la representación de las partes negociadoras para entender de aquellas cuestiones establecidas en la ley y de cuantas otras le sean atribuidas, así como establecimiento de los procedimientos y plazos de actuación de esta comisión, incluido el sometimiento de las discrepancias producidas en su seno a los sistemas no judiciales de solución de conflictos establecidos mediante los acuerdos interprofesionales de ámbito estatal o autonómico previstos en el artículo 83.	c) Verfahren zur wirksamen Beilegung von Unstimmigkeiten, die sich aus der Nichtanwendung der in Artikel 82.3 genannten Arbeitsbedingungen ergeben können, gegebenenfalls unter Anpassung der Verfahren, die diesbezüglich in den branchenübergreifenden Rahmenvereinbarungen auf gesamtstaatlicher Ebene oder der Ebene der Autonomen Gemeinschaft gemäß den Bestimmungen des genannten Artikels festgelegt sind. d) Form und Bedingungen für die Kündigung des Tarifvertrags sowie die Mindestfrist für eine solche Kündigung vor Ablauf der Laufzeit. e) Ernennung eines paritätischen Ausschusses, der die Verhandlungsparteien vertritt, um die gesetzlich festgelegten und alle anderen ihm zugewiesenen Fragen zu verhandeln, sowie Festlegung der Verfahren und Fristen für das Tätigwerden dieses Ausschusses, einschließlich der Weiterleitung der in ihm auftretenden Unstimmigkeiten an die außergerichtlichen Streitbeilegungssysteme, die durch die in Artikel 83 vorgesehenen branchenübergreifenden Rahmenvereinbarungen auf gesamtstaatlicher Ebene oder auf Ebene der Autonomen Gemeinschaften eingerichtet wurden.
Artículo 86 Vigencia	Art. 86 Geltungsdauer
1. Corresponde a las partes negociadoras establecer la duración de los convenios, pudiendo eventualmente pactarse distintos periodos de vigencia para cada materia o grupo homogéneo de materias dentro del mismo convenio. Durante la vigencia del convenio colectivo, los sujetos que reúnan los requisitos de legitimación previstos en los artículos 87 y 88 podrán negociar su revisión.	1. Die Laufzeit der Tarifverträge festzulegen, ist Sache der Verhandlungsparteien, wobei für jedes Sachgebiet oder jede einheitliche Gruppe von Regelungen innerhalb desselben Tarifvertrags unterschiedliche Laufzeiten vereinbart werden können. Während der Laufzeit des Tarifvertrags können die Parteien, die die Voraussetzungen der Artikel 87 und 88 erfüllen, über seine Änderung verhandeln.

2. Salvo pacto en contrario, los convenios colectivos se prorrogarán de año en año si no mediara denuncia expresa de las partes.	2. Sofern nichts Abweichendes vereinbart wird, verlängern sich die Tarifverträge jeweils um ein Jahr, sofern keine ausdrückliche Kündigung seitens der Parteien erfolgt.
3. La vigencia de un convenio colectivo, una vez denunciado y concluida la duración pactada, se producirá en los términos que se hubiesen establecido en el propio convenio. Durante las negociaciones para la renovación de un convenio colectivo, en defecto de pacto, se mantendrá su vigencia, si bien las cláusulas convencionales por las que se hubiera renunciado a la huelga durante la vigencia de un convenio decaerán a partir de su denuncia. Las partes podrán adoptar acuerdos parciales para la modificación de alguno o algunos de sus contenidos prorrogados con el fin de adaptarlos a las condiciones en las que, tras la terminación de la vigencia pactada, se desarrolle la actividad en el sector o en la empresa. Estos acuerdos tendrán la vigencia que las partes determinen.	3. Ist der Tarifvertrag gekündigt und ist die vereinbarte Laufzeit abgelaufen, so bleibt er gemäß den im Tarifvertrag selbst festgelegten Bedingungen in Kraft. Existiert keine abweichende Vereinbarung, bleibt der Tarifvertrag während der Verhandlungen über die Erneuerung des Tarifvertrags in Kraft; die Vertragsklauseln, durch die während der Laufzeit des Tarifvertrags auf Streiks verzichtet wurde, werden mit dessen Kündigung hinfällig. Die Parteien können Teilvereinbarungen zur Änderung eines oder mehrerer seiner erweiterten Inhalte treffen, um sie an die Bedingungen anzupassen, unter denen sich die Tätigkeit in der Branche oder in dem Unternehmen nach Ablauf der vereinbarten Laufzeit entwickeln wird. Diese Vereinbarungen haben eine von den Parteien festgelegte Laufzeit.
4. Transcurrido un año desde la denuncia del convenio colectivo sin que se haya acordado un nuevo convenio, las partes deberán someterse a los procedimientos de mediación regulados en los acuerdos interprofesionales de ámbito estatal o autonómico previstos en el artículo 83, para solventar de manera efectiva las discrepancias existentes.	4. Ist seit der Kündigung des Tarifvertrags ein Jahr verstrichen, ohne dass ein neuer Tarifvertrag vereinbart wurde, unterwerfen sich die Parteien den Mediationsverfahren, die in den in Artikel 83 vorgesehenen branchenübergreifenden Rahmenvereinbarungen auf gesamtstaatlicher oder regionaler Ebene geregelt sind, um die bestehenden Unstimmigkeiten wirksam zu beseitigen.

Asimismo, siempre que exista pacto expreso, previo o coetáneo, las partes se someterán a los procedimientos de arbitraje regulados por dichos acuerdos interprofesionales, en cuyo caso el laudo arbitral tendrá la misma eficacia jurídica que los convenios colectivos y solo será recurrible conforme al procedimiento y en base a los motivos establecidos en el artículo 91. Sin perjuicio del desarrollo y solución final de los citados procedimientos de mediación y arbitraje, en defecto de pacto, cuando hubiere transcurrido el proceso de negociación sin alcanzarse un acuerdo, se mantendrá la vigencia del convenio colectivo. 5. El convenio que sucede a uno anterior deroga en su integridad a este último, salvo los aspectos que expresamente se mantengan.	Ebenso unterwerfen sich die Parteien, sofern eine ausdrückliche, vorherige oder gleichzeitige Vereinbarung besteht, den in den genannten branchenübergreifenden Rahmenvereinbarungen geregelten Schiedsverfahren; in diesem Fall hat der Schiedsspruch die gleiche Rechtswirkung wie die Tarifverträge und kann nur nach dem Verfahren und aus den Gründen des Artikels 91 gerichtlich angegriffen werden. Unbeschadet der Entwicklung und der endgültigen Lösung der vorgenannten Mediations- und Schiedsverfahren bleibt der Tarifvertrag weiterhin in Kraft, wenn der Verhandlungsprozess ohne eine Einigung endet. 5. Der Tarifvertrag, der auf einen früheren Tarifvertrag folgt, hebt diesen in seiner Gesamtheit auf, mit Ausnahme der Aspekte, die ausdrücklich beibehalten werden.
Artículo 87 Legitimación	Art. 87 Legitimation
1. En representación de los trabajadores estarán legitimados para negociar en los convenios de empresa y de ámbito inferior, el comité de empresa, los delegados de personal, en su caso, o las secciones sindicales si las hubiere que, en su conjunto, sumen la mayoría de los miembros del comité. La intervención en la negociación corresponderá a las secciones sindicales cuando estas así lo acuerden, siempre que sumen la mayoría de los miembros del comité de empresa o entre los delegados de personal.	1. Das Betriebskomitee, die Personaldelegierten oder gegebenenfalls die Gewerkschaftssektionen, die zusammen die Mehrheit der Mitglieder der Einheitsvertretung repräsentieren, sind legitimiert, Verhandlungen über Unternehmenstarifverträge und Tarifverträge unter der Unternehmensebene zu führen. Die Gewerkschaftssektionen sind vorrangig zu Tarifverhandlungen legitimiert, wenn sie dies vereinbaren, sofern sie die Mehrheit der Mitglieder des Betriebskomitees oder der Personaldelegierten vertreten.

Cuando se trate de convenios para un grupo de empresas, así como en los convenios que afecten a una pluralidad de empresas vinculadas por razones organizativas o productivas y nominativamente identificadas en su ámbito de aplicación, la legitimación para negociar en representación de los trabajadores será la que se establece en el apartado 2 para la negociación de los convenios sectoriales.	Bei Tarifverträgen für eine Unternehmensgruppe sowie bei Tarifverträgen, die eine Mehrzahl von Unternehmen betreffen, die aus organisatorischen oder produktionstechnischen Gründen miteinander verbunden sind und in ihrem Anwendungsbereich namentlich bezeichnet werden, gilt für die Verhandlungslegitimation im Namen der Arbeitnehmer das in Absatz 2 für die Verhandlung von Branchentarifverträgen festgelegte Recht.
En los convenios dirigidos a un grupo de trabajadores con perfil profesional específico, estarán legitimadas para negociar las secciones sindicales que hayan sido designadas mayoritariamente por sus representados a través de votación personal, libre, directa y secreta.	Bei Tarifverträgen, die sich an eine Gruppe von Arbeitnehmern mit einem bestimmten Berufsprofil richten, sind die Gewerkschaftssektionen verhandlungslegitimiert, die von der Mehrheit ihrer Vertreter in persönlicher, freier, direkter und geheimer Wahl gewählt wurden.
2. En los convenios sectoriales estarán legitimados para negociar en representación de los trabajadores:	2. Bei Branchentarifverträgen sind zu Verhandlungen in Vertretung der Arbeitnehmer befugt:
a) Los sindicatos que tengan la consideración de más representativos a nivel estatal, así como, en sus respectivos ámbitos, las organizaciones sindicales afiliadas, federadas o confederadas a los mismos.	a) Die Gewerkschaften, die auf gesamtstaatlicher Ebene als am repräsentativsten eingestuft werden, sowie in ihrem jeweiligen Gebiet die ihnen angeschlossenen, verbündeten oder konföderierten Gewerkschaftsorganisationen.
b) Los sindicatos que tengan la consideración de más representativos a nivel de comunidad autónoma respecto de los convenios que no trasciendan de dicho ámbito territorial, así como, en sus respectivos ámbitos, las organizaciones sindicales afiliadas, federadas o confederadas a los mismos.	b) Die Gewerkschaften, die auf der Ebene der Autonomen Gemeinschaften als die repräsentativsten eingestuft werden, wenn es sich um Tarifverträge handelt, die nicht über diesen territorialen Geltungsbereich hinausgehen, sowie in ihrem jeweiligen Gebiet die ihnen angeschlossenen, verbündeten oder konföderierten Gewerkschaftsorganisationen.
c) Los sindicatos que cuenten con un mínimo del diez por ciento de los miembros de los comités de empresa o delegados de personal en el ámbito geográfico y funcional al que se refiera el convenio.	c) Gewerkschaften mit mindestens zehn Prozent der Mitglieder von Betriebskomitees oder Personaldelegierten in dem geografischen und funktionalen Bereich, auf den sich der Tarifvertrag bezieht.

3. En representación de los empresarios estarán legitimados para negociar: a) En los convenios de empresa o ámbito inferior, el propio empresario.	3. Zur Verhandlung in Vertretung der Arbeitgeber sind befugt: a) Bei Unternehmenstarifverträgen oder Tarifverträgen der darunterliegenden Ebenen der Arbeitgeber selbst.
b) En los convenios de grupo de empresas y en los que afecten a una pluralidad de empresas vinculadas por razones organizativas o productivas y nominativamente identificadas en su ámbito de aplicación, la representación de dichas empresas.	b) bei Tarifverträgen für Unternehmensgruppen und bei Tarifverträgen, die mehrere organisatorisch oder produktionstechnisch verbundene und in ihrem Geltungsbereich namentlich bezeichnete Unternehmen betreffen, die Vertreter dieser Unternehmen.
c) En los convenios colectivos sectoriales, las asociaciones empresariales que en el ámbito geográfico y funcional del convenio cuenten con el diez por ciento de los empresarios, en el sentido del artículo 1.2, y siempre que estas den ocupación a igual porcentaje de los trabajadores afectados, así como aquellas asociaciones empresariales que en dicho ámbito den ocupación al quince por ciento de los trabajadores afectados. En aquellos sectores en los que no existan asociaciones empresariales que cuenten con la suficiente representatividad, según lo previsto en el párrafo anterior, estarán legitimadas para negociar los correspondientes convenios colectivos de sector las asociaciones empresariales de ámbito estatal que cuenten con el diez por ciento o más de las empresas o trabajadores en el ámbito estatal, así como las asociaciones empresariales de comunidad autónoma que cuenten en esta con un mínimo del quince por ciento de las empresas o trabajadores.	c) In Branchentarifverträgen die Arbeitgeberverbände, die im geografischen und funktionalen Geltungsbereich des Tarifvertrags zehn Prozent der Arbeitgeber im Sinne von Artikel 1.2 vertreten, sofern jene den gleichen Prozentsatz der betroffenen Arbeitnehmer beschäftigen, sowie die Arbeitgeberverbände, die im vorgenannten Geltungsbereich fünfzehn Prozent der betroffenen Arbeitnehmer beschäftigen. In den Branchen, in denen es keine ausreichend repräsentativen Arbeitgeberverbände gibt, sind gemäß den Bestimmungen des vorigen Absatzes Arbeitgeberverbände auf gesamtstaatlicher Ebene mit mindestens zehn Prozent der Unternehmen oder Arbeitnehmer auf gesamtstaatlicher Ebene sowie Arbeitgeberverbände auf Ebene der Autonomen Gemeinschaft mit mindestens fünfzehn Prozent der Unternehmen oder Arbeitnehmer in der Autonomen Gemeinschaft berechtigt, die entsprechenden Branchentarifverträge auszuhandeln.

4. Asimismo estarán legitimados en los convenios de ámbito estatal los sindicatos de comunidad autónoma que tengan la consideración de más representativos conforme a lo previsto en el artículo 7.1 de la Ley Orgánica 11/1985, de 2 de agosto, de Libertad Sindical, y las asociaciones empresariales de la comunidad autónoma que reúnan los requisitos señalados en la disposición adicional sexta de la presente ley. 5. Todo sindicato, federación o confederación sindical, y toda asociación empresarial que reúna el requisito de legitimación, tendrá derecho a formar parte de la comisión negociadora.	4. Die Gewerkschaften der Autonomen Gemeinschaft, die gemäß den Bestimmungen von Artikel 7.1 des Organgesetzes 11/1985 vom 2. August 1985 über die Gewerkschaftsfreiheit als die repräsentativsten gelten, und die Arbeitgeberverbände der Autonomen Gemeinschaft, die die in der sechsten Zusatzbestimmung dieses Gesetzes genannten Voraussetzungen erfüllen, sind auch zu Verhandlungen von Tarifverträgen auf gesamtstaatlicher Ebene berechtigt. 5. Jede Gewerkschaft, jeder Gewerkschaftsverband oder jeder Dachverband und jeder Arbeitgeberverband, der die Legitimationsvoraussetzungen erfüllt, hat das Recht auf Beteiligung an der Verhandlungskommission.
Artículo 88 Comisión negociadora	Art. 88 Verhandlungskommission
1. El reparto de miembros con voz y voto en el seno de la comisión negociadora se efectuará con respeto al derecho de todos los legitimados según el artículo anterior y en proporción a su representatividad. 2. La comisión negociadora quedará válidamente constituida cuando los sindicatos, federaciones o confederaciones y las asociaciones empresariales a que se refiere el artículo anterior representen como mínimo, respectivamente, a la mayoría absoluta de los miembros de los comités de empresa y delegados de personal, en su caso, y a empresarios que ocupen a la mayoría de los trabajadores afectados por el convenio.	1. Die Verteilung der Mitglieder mit Rede- und Stimmrecht innerhalb der Verhandlungskommission erfolgt unter Wahrung der Rechte aller nach dem vorstehenden Artikel Berechtigten und im Verhältnis zu ihrer Repräsentativität. 2. Die Verhandlungskommission ist ordnungsgemäß gebildet, wenn die im vorstehenden Artikel genannten Gewerkschaften, Gewerkschaftsverbände oder Dachverbände und Arbeitgeberverbände mindestens die absolute Mehrheit der Mitglieder der Betriebskomitees und der Personaldelegierten vertreten, und wenn die Arbeitgeber die Mehrheit der von dem Tarifvertrag betroffenen Arbeitnehmer vertreten.

En aquellos sectores en los que no existan órganos de representación de los trabajadores, se entenderá válidamente constituida la comisión negociadora cuando la misma esté integrada por las organizaciones sindicales que ostenten la condición de más representativas en el ámbito estatal o de comunidad autónoma. En aquellos sectores en los que no existan asociaciones empresariales que cuenten con la suficiente representatividad, se entenderá válidamente constituida la comisión negociadora cuando la misma esté integrada por las organizaciones empresariales estatales o autonómicas referidas en el párrafo segundo del artículo 87.3.c). En los supuestos a que se refieren los dos párrafos anteriores, el reparto de los miembros de la comisión negociadora se efectuará en proporción a la representatividad que ostenten las organizaciones sindicales o empresariales en el ámbito territorial de la negociación.	In den Branchen, in denen es keine Arbeitnehmervertretungen gibt, gilt die Verhandlungskommission als ordnungsgemäß gebildet, wenn sie sich aus den Gewerkschaftsorganisationen zusammensetzt, die auf gesamtstaatlicher Ebene oder der Ebene der Autonomen Gemeinschaft am repräsentativsten sind. In den Branchen, in denen es keine repräsentativen Arbeitgeberverbände gibt, gilt die Verhandlungskommission als ordnungsgemäß gebildet, wenn sie sich aus den in Artikel 87 Absatz 3 Buchstabe c) Unterabsatz 2 genannten Arbeitgeberverbänden auf gesamtstaatlicher Ebene oder Ebene der Autonomen Gemeinschaft zusammensetzt. In den in den beiden vorstehenden Absätzen genannten Fällen erfolgt die Verteilung der Mitglieder der Verhandlungskommission im Verhältnis zur Repräsentativität der Gewerkschaften oder Arbeitgeberverbände im räumlichen Geltungsbereich der Verhandlungen.
3. La designación de los componentes de la comisión corresponderá a las partes negociadoras, quienes de mutuo acuerdo podrán designar un presidente y contar con la asistencia en las deliberaciones de asesores, que intervendrán, igual que el presidente, con voz pero sin voto.	3. Die Bestellung der Mitglieder der Kommission obliegt den Verhandlungsparteien, die einvernehmlich einen Vorsitzenden ernennen und sich bei den Beratungen von Beratern unterstützen lassen können, die ebenso wie der Vorsitzende Rede-, aber kein Stimmrecht haben.
4. En los convenios sectoriales el número de miembros en representación de cada parte no excederá de quince. En el resto de los convenios no se superará el número de trece.	4. Bei Branchentarifverträgen darf die Zahl der Mitglieder, die jede Partei vertreten, fünfzehn nicht überschreiten. In allen anderen Tarifverträgen darf die Zahl der Mitglieder dreizehn nicht überschreiten.

5. Si la comisión negociadora optara por la no elección de un presidente, las partes deberán consignar en el acta de la sesión constitutiva de la comisión los procedimientos a emplear para moderar las sesiones y deberá firmar las actas que correspondan a las mismas un representante de cada una de ellas, junto con el secretario.	5. Beschließt die Verhandlungskommission, keinen Vorsitzenden zu wählen, so legen die Parteien in der Niederschrift über die konstituierende Sitzung der Verhandlungskommission fest, nach welchen Modalitäten der Vorsitz in den Sitzungen geführt wird, und die Niederschrift wird von einem Vertreter jeder Partei und dem Sekretär unterzeichnet.
Artículo 89 Tramitación	Art. 89 Ablauf der Tarifverhandlungen
1. La representación de los trabajadores, o de los empresarios, que promueva la negociación, lo comunicará a la otra parte, expresando detalladamente en la comunicación, que deberá hacerse por escrito, la legitimación que ostenta de conformidad con los artículos anteriores, los ámbitos del convenio y las materias objeto de negociación. En el supuesto de que la promoción sea el resultado de la denuncia de un convenio colectivo vigente, la comunicación deberá efectuarse simultáneamente con el acto de la denuncia. De esta comunicación se enviará copia, a efectos de registro, a la autoridad laboral correspondiente en función del ámbito territorial del convenio. La parte receptora de la comunicación solo podrá negarse a la iniciación de las negociaciones por causa legal o convencionalmente establecida, o cuando no se trate de revisar un convenio ya vencido, sin perjuicio de lo establecido en los artículos 83 y 84; en cualquier caso se deberá contestar por escrito y motivadamente. Ambas partes estarán obligadas a negociar bajo el principio de la buena fe.	1. Die Arbeitnehmer- oder Arbeitgebervertreter, die Tarifverhandlungen initiieren, teilen dies der anderen Partei mit, wobei sie in der Mitteilung, die schriftlich erfolgen muss, die Legitimation, die sie gemäß den vorstehenden Artikeln haben, den Geltungsbereich des Tarifvertrags und die Verhandlungsgegenstände genau angeben. Ist die Initiierung von Verhandlungen die Folge der Kündigung eines geltenden Tarifvertrags, erfolgt die Mitteilung gleichzeitig mit der Kündigung. Eine Kopie dieser Mitteilung wird zu Registrierungszwecken an die zuständige Arbeitsbehörde entsprechend dem räumlichen Geltungsbereich des Tarifvertrags gesandt. Die Partei, die die Mitteilung erhält, kann die Aufnahme von Verhandlungen nur aus einem gesetzlich oder tarifvertraglich festgelegten Grund verweigern, oder wenn über einen noch nicht gekündigten Tarifvertrag verhandelt werden soll; Artikel 83 und 84 bleiben unberührt; in jedem Fall ist eine schriftliche Antwort unter Angabe von Gründen zu erteilen. Beide Parteien sind verpflichtet, den Prinzipien von Treu und Glauben entsprechend zu verhandeln.

En los supuestos de que se produjera violencia, tanto sobre las personas como sobre los bienes y ambas partes comprobaran su existencia, quedará suspendida de inmediato la negociación en curso hasta la desaparición de aquella. 2. En el plazo máximo de un mes a partir de la recepción de la comunicación, se procederá a constituir la comisión negociadora; la parte receptora de la comunicación deberá responder a la propuesta de negociación y ambas partes establecerán un calendario o plan de negociación. 3. Los acuerdos de la comisión requerirán, en cualquier caso, el voto favorable de la mayoría de cada una de las dos representaciones. 4. En cualquier momento de las deliberaciones, las partes podrán acordar la intervención de un mediador designado por ellas.	Kommt es zu Gewalttätigkeiten gegen Personen oder Sachen und wird ihr Vorliegen von beiden Seiten bestätigt, so werden die laufenden Verhandlungen sofort unterbrochen, bis die Gewalttätigkeit verschwunden ist. 2. Innerhalb einer Frist von höchstens einem Monat seit Empfang der Mitteilung wird die Verhandlungskommission gebildet; die Partei, die die Mitteilung erhält, antwortet auf den Verhandlungsvorschlag, und beide Parteien erstellen einen Zeitplan oder einen Verhandlungsplan. 3. Die Vereinbarungen der Kommission bedürfen in jedem Fall der Zustimmung der Mehrheit jeder der beiden Vertretungen. 4. Die Parteien können in jedem geeigneten Moment der Verhandlungen die Hinzuziehung eines von ihnen benannten Schlichters verlangen.
Artículo 90 Validez	Art. 90 Gültigkeit
1. Los convenios colectivos a que se refiere esta ley han de formalizarse por escrito, bajo sanción de nulidad. 2. Los convenios deberán ser presentados ante la autoridad laboral competente, a los solos efectos de registro, dentro del plazo de quince días a partir del momento en que las partes negociadoras lo firmen. Una vez registrado, el convenio será remitido al órgano público competente para su depósito.	1. Die Tarifverträge im Sinne dieses Gesetzes müssen schriftlich abgeschlossen werden; andernfalls sind sie nichtig. 2. Die Tarifverträge müssen innerhalb von fünfzehn Tagen nach ihrer Unterzeichnung durch die Verhandlungsparteien der zuständigen Arbeitsbehörde zur Registrierung vorgelegt werden. Nach der Registrierung wird der Tarifvertrag an die zuständige öffentliche Stelle zur Hinterlegung weitergeleitet.

3. En el plazo máximo de veinte días desde la presentación del convenio en el registro se dispondrá por la autoridad laboral su publicación obligatoria y gratuita en el «Boletín Oficial del Estado» o en el correspondiente boletín oficial de la comunidad autónoma o de la provincia, en función del ámbito territorial del convenio.	3. Innerhalb einer Höchstfrist von zwanzig Tagen nach Einreichung des Tarifvertrags beim Register veranlasst die Arbeitsbehörde deren kostenlose, aber verpflichtende Veröffentlichung im Boletín Oficial del Estado oder im entsprechenden Amtsblatt der Autonomen Gemeinschaft oder Provinz, je nach räumlichem Geltungsbereich des Tarifvertrags.
4. El convenio entrará en vigor en la fecha en que acuerden las partes.	4. Der Tarifvertrag tritt zu dem von den Parteien vereinbarten Zeitpunkt in Kraft.
5. Si la autoridad laboral estimase que algún convenio conculca la legalidad vigente o lesiona gravemente el interés de terceros, se dirigirá de oficio a la jurisdicción social, la cual resolverá sobre las posibles deficiencias previa audiencia de las partes, conforme a lo establecido en la Ley 36/2011, de 10 de octubre, Reguladora de la Jurisdicción Social.	5. Kommt die Arbeitsbehörde zu dem Ergebnis, dass ein Tarifvertrag gegen geltendes Recht verstößt oder die Interessen Dritter schwer beeinträchtigt, muss sie sich von Amts wegen an die zuständigen Gerichte wenden, die die geeigneten Maßnahmen treffen, um nach vorheriger Anhörung der Parteien gemäß den Bestimmungen des Gesetzes 36/2011 vom 10. Oktober zur Regelung der Sozialgerichtsbarkeit die Verstöße zu beseitigen.
6. [...]	6. [...]
Artículo 91 Aplicación e interpretación del convenio colectivo	Art. 91 Anwendung und Interpretation des Tarifvertrags
1. Sin perjuicio de las competencias legalmente atribuidas a la jurisdicción social, el conocimiento y resolución de las cuestiones derivadas de la aplicación e interpretación de los convenios colectivos corresponderá a la comisión paritaria de los mismos. 2.–5. [...]	1. Unbeschadet der der Sozialgerichtsbarkeit gesetzlich zugewiesenen Zuständigkeiten obliegt die Verhandlung und Entscheidung von Fragen, die sich aus der Anwendung und Auslegung von Tarifverträgen ergeben, dem paritätischen Ausschuss. 2.–5. [...]

Artículo 92 Adhesión y extensión	Art. 92 Beitritt und Allgemeinverbindlicherklärung
1. En las respectivas unidades de negociación, las partes legitimadas para negociar podrán adherirse, de común acuerdo, a la totalidad de un convenio colectivo en vigor, siempre que no estuvieran afectadas por otro, comunicándolo a la autoridad laboral competente a efectos de registro.	1. In den jeweiligen Verhandlungseinheiten können die legitimierten Parteien in gegenseitigem Einvernehmen einem geltenden Tarifvertrag in seiner Gesamtheit beitreten, sofern sie nicht von einem anderen Tarifvertrag betroffen sind; der Beitritt ist der zuständigen Arbeitsbehörde zum Zwecke der Registrierung mitzuteilen.
2. El Ministerio de Empleo y Seguridad Social, o el órgano correspondiente de las comunidades autónomas con competencia en la materia, podrán extender, con los efectos previstos en el artículo 82.3, las disposiciones de un convenio colectivo en vigor a una pluralidad de empresas y trabajadores o a un sector o subsector de actividad, por los perjuicios derivados para los mismos de la imposibilidad de suscribir en dicho ámbito un convenio colectivo de los previstos en este título III, debida a la ausencia de partes legitimadas para ello. La decisión de extensión se adoptará siempre a instancia de parte y mediante la tramitación del procedimiento que reglamentariamente se determine, cuya duración no podrá exceder de tres meses, teniendo la ausencia de resolución expresa en el plazo establecido efectos desestimatorios de la solicitud. Tendrán capacidad para iniciar el procedimiento de extensión quienes se hallen legitimados para promover la negociación colectiva en el ámbito correspondiente conforme a lo dispuesto en el artículo 87.2 y 3.	2. Das Ministerium für Arbeit und soziale Sicherheit oder die entsprechende zuständige Stelle der Autonomen Gemeinschaften kann mit den in Artikel 82 Absatz 3 vorgesehenen Wirkungen die Bestimmungen eines geltenden Tarifvertrags auf eine Reihe von Unternehmen und Arbeitnehmern oder auf einen Wirtschaftszweig oder einen Teilsektor ausdehnen, wenn jenen dadurch ein Schaden entstanden ist, dass in diesem Bereich mangels legitimierter Parteien kein Tarifvertrag der in diesem Titel III vorgesehenen Art abgeschlossen werden konnte. Die Entscheidung über die administrative Ausweitung wird immer auf Antrag einer Partei und im Rahmen eines durch Verordnung festgelegten Verfahrens gefasst, dessen Dauer drei Monate nicht überschreiten darf, und das Fehlen einer ausdrücklichen Entscheidung innerhalb der festgelegten Frist hat die Ablehnung des Antrags zur Folge. Zur Einleitung des Verfahrens der administrativen Ausweitung sind diejenigen legitimiert, die gemäß den Bestimmungen von Artikel 87 Absatz 2 und 3 zu Tarifverhandlungen in dem entsprechenden Bereich legitimiert sind.

Disposición adicional sexta: Representación institucional de los empresarios	Sechste Zusatzbestimmung: Institutionelle Vertretung der Arbeitgeber
A efectos de ostentar representación institucional en defensa de intereses generales de los empresarios ante las Administraciones Públicas y otras entidades u organismos de carácter estatal o de comunidad autónoma que la tengan prevista, se entenderá que gozan de esta capacidad representativa las asociaciones empresariales que cuenten con el diez por ciento o más de las empresas y trabajadores en el ámbito estatal. Asimismo, podrán también estar representadas las asociaciones empresariales de comunidad autónoma que cuenten en esta con un mínimo del quince por ciento de los empresarios y trabajadores. No estarán comprendidas en este supuesto las asociaciones empresariales que estén integradas en federaciones o confederaciones de ámbito estatal. Las organizaciones empresariales que tengan la condición de más representativas con arreglo a esta disposición adicional gozarán de capacidad para obtener cesiones temporales del uso de inmuebles patrimoniales públicos en los términos que se establezcan legalmente.	Zum Zwecke der institutionellen Vertretung zur Verteidigung der allgemeinen Interessen der Arbeitgeber vor den öffentlichen Verwaltungen und anderen Körperschaften oder Organen auf staatlicher Ebene oder Ebene der Autonomen Gemeinschaften, die dies vorsehen, sind Arbeitgeberverbände, die zehn Prozent oder mehr der Unternehmen und Arbeitnehmer auf gesamtstaatlicher Ebene repräsentieren, legitimiert. Ebenso können dort Arbeitgeberverbände der Autonomen Gemeinschaften vertreten sein, die mindestens fünfzehn Prozent der Arbeitgeber und Arbeitnehmer der Autonomen Gemeinschaft repräsentieren. Arbeitgeberverbände, die Mitglied von Verbänden oder Dachverbänden auf gesamtstaatlicher Ebene sind, werden in diesem Fall nicht berücksichtigt. Die Arbeitgeberverbände, die gemäß dieser zusätzlichen Bestimmung am repräsentativsten sind, haben die Möglichkeit, die vorübergehende Überlassung von öffentlichem Eigentum zu den gesetzlich festgelegten Bedingungen zu erwirken.

Ley Orgánica 11/1985, de 2 de agosto, de Libertad Sindical. Organgesetz 11/1985, vom 2. August, über die Gewerkschaftsfreiheit (zuletzt geändert durch Art. 13 Ley Orgánica 2/2024, de 1 de agosto [BOE n. 186, de 02.08.2024])

Artículo 2	Art. 2
1. La libertad sindical comprende: a) El derecho a fundar sindicatos sin autorización previa, así como el derecho a suspenderlos o a extinguirlos, por procedimientos democráticos.	1. Die Gewerkschaftsfreiheit umfasst: a) Das Recht, ohne vorherige Genehmigung Gewerkschaften zu gründen, sowie das Recht, diese nach demokratischen Verfahren zu suspendieren oder aufzulösen.

b) El derecho del trabajador a afiliarse al sindicato de su elección con la sola condición de observar los estatutos del mismo o a separarse del que estuviese afiliado, no pudiendo nadie ser obligado a afiliarse a un sindicato.	b) Das Recht der Arbeitnehmer, einer Gewerkschaft ihrer Wahl beizutreten, unter der alleinigen Bedingung, dass sie die Regeln der Gewerkschaft einhalten, oder aus der Gewerkschaft, der sie angehören, auszutreten, wobei niemand gezwungen werden darf, einer Gewerkschaft beizutreten.
c) El derecho de los afiliados a elegir libremente a sus representantes dentro de cada sindicato.	c) Das Recht der Mitglieder, ihre Vertreter in jeder Gewerkschaft frei zu wählen.
d) El derecho a la actividad sindical.	d) Das Recht auf gewerkschaftliche Betätigung.
2. Las organizaciones sindicales en el ejercicio de la libertad sindical, tienen derecho a:	2. Die gewerkschaftlichen Organisationen haben in Ausübung ihrer gewerkschaftlichen Freiheit das Recht,:
a) Redactar sus estatutos y reglamento, organizar su administración interna y sus actividades y formular su programa de acción.	a) Ihre Satzungen und Geschäftsordnungen abzufassen, ihre interne Verwaltung und ihre Tätigkeit zu organisieren und ihr Aktionsprogramm zu formulieren.
b) Constituir federaciones, confederaciones y organizaciones internacionales, así como afiliarse a ellas y retirarse de las mismas.	b) Verbände, Dachverbände und internationale Organisationen zu gründen, ihnen beizutreten und aus ihnen auszutreten.
c) No ser suspendidas ni disueltas sino mediante resolución firme de la Autoridad Judicial, fundada en incumplimiento grave de las Leyes.	c) Nicht suspendiert oder aufgelöst zu werden, außer durch eine endgültige Entscheidung der Justizbehörde wegen schwerwiegender Verstöße gegen das Gesetz.
d) El ejercicio de la actividad sindical en la empresa o fuera de ella, que comprenderá, en todo caso, el derecho a la negociación colectiva, al ejercicio del derecho de huelga, al planteamiento de conflictos individuales y colectivos y a la presentación de candidaturas para la elección de Comités de Empresa y Delegados de Personal, y de los correspondientes órganos de las Administraciones Públicas, en los términos previstos en las normas correspondientes.	d) Die Ausübung gewerkschaftlicher Tätigkeit im Unternehmen oder außerhalb des Unternehmens, was in jedem Fall das Recht auf Tarifverhandlungen, die Ausübung des Streikrechts, die Austragung individueller und kollektiver Konflikte und die Einreichung von Kandidaturen für die Wahl des Betriebskomitees und der Personaldelegierten sowie der entsprechenden Gremien der Öffentlichen Verwaltungen unter den in den entsprechenden Vorschriften vorgesehenen Bedingungen einschließt.

Artículo 6	Art. 6
1. La mayor representatividad sindical reconocida a determinados sindicatos les confiere una singular posición jurídica a efectos, tanto de participación institucional como de acción sindical.	1. Die Repräsentativität, die bestimmten Gewerkschaften zuerkannt wird, verleiht ihnen eine einzigartige rechtliche Stellung sowohl für die institutionelle Beteiligung als auch für gewerkschaftliche Aktionen.
2. Tendrán la consideración de sindicatos más representativos a nivel estatal:	2. Als die repräsentativsten Gewerkschaften auf gesamtstaatlicher Ebene gelten die folgenden:
a) Los que acrediten una especial audiencia, expresada en la obtención, en dicho ámbito del 10 por 100 o más del total de delegados de personal de los miembros de los comités de empresa y de los correspondientes órganos de las Administraciones públicas.	a) Diejenigen, die eine besondere Repräsentativität aufweisen, die sich darin ausdrückt, dass sie auf dieser Ebene 10 Prozent oder mehr der Gesamtzahl der Personaldelegierten der Mitglieder der Betriebskomitees und der entsprechenden Organe der öffentlichen Verwaltungen repräsentieren.
b) Los sindicatos o entes sindicales, afiliados, federados o confederados a una organización sindical de ámbito estatal que tenga la consideración de más representativa de acuerdo con lo previsto en la letra a).	b) Gewerkschaften oder Gewerkschaftsorgane, die einer Gewerkschaft, die als die repräsentativste im Sinne von Buchstabe a) auf gesamtstaatlicher Ebene angesehen wird, beigetreten, verbündet oder angegliedert sind.
3. Las organizaciones que tengan la consideración de sindicato más representativo según el número anterior, gozarán de capacidad representativa a todos los niveles territoriales y funcionales para:	3. Die Organisationen, die den Status der repräsentativsten Gewerkschaft gemäß der vorstehenden Nummer haben, verfügen auf allen territorialen und funktionalen Ebenen über die Vertretungsbefugnis, für:
a) Ostentar representación institucional ante las Administraciones públicas u otras entidades y organismos de carácter estatal o de Comunidad Autónoma que la tenga prevista.	a) Die institutionelle Vertretung vor den öffentlichen Verwaltungen oder anderen Einrichtungen und Organen des Staates oder der Autonomen Gemeinschaft, die dies vorsehen.
b) La negociación colectiva, en los términos previstos en el Estatuto de los Trabajadores.	b) Tarifverhandlungen unter den im Arbeitnehmerstatut vorgesehenen Bedingungen.
c) Participar como interlocutores en la determinación de las condiciones de trabajo en las Administraciones públicas a través de los oportunos procedimientos de consulta o negociación.	c) Teilnahme als Gesprächspartner an der Festlegung der Arbeitsbedingungen in den Öffentlichen Verwaltungen im Rahmen der entsprechenden Anhörungs- oder Verhandlungsverfahren.

d) Participar en los sistemas no jurisdiccionales de solución de conflictos de trabajo. e) Promover elecciones para delegados de personal y comités de empresa y órganos correspondientes de las Administraciones públicas. f) Obtener cesiones temporales del uso de inmuebles patrimoniales públicos en los términos que se establezcan legalmente. g) Cualquier otra función representativa que se establezca.	d) Teilnahme an außergerichtlichen Verfahren zur Beilegung von Arbeitsstreitigkeiten. e) Ausrufung von Wahlen zu Personaldelegierten und Betriebskomitees und den entsprechenden Gremien in Öffentlichen Verwaltungen. f) Recht zur vorübergehenden Überlassung von öffentlichem Eigentum unter den gesetzlich festgelegten Bedingungen. g) Jede andere repräsentative Funktion, die festgelegt werden kann.
Artículo 7	Art. 7
1. Tendrán la consideración de sindicatos más representativos a nivel de Comunidad Autónoma: a) Los sindicatos de dicho ámbito que acrediten en el mismo una especial audiencia expresada en la obtención de, al menos, el 15 por 100 de los delegados de personal y de los representantes de los trabajadores en los comités de empresa, y en los órganos correspondientes de las Administraciones públicas, siempre que cuenten con un mínimo de 1.500 representantes y no estén federados o confederados con organizaciones sindicales de ámbito estatal; b) los sindicatos o entes sindicales afiliados, federados o confederados a una organización sindical de ámbito de Comunidad Autónoma que tenga la consideración de más representativa de acuerdo con lo previsto en la letra a).	1. Als repräsentativste Gewerkschaften auf der Ebene der Autonomen Gemeinschaft gelten: a) Gewerkschaften auf der Ebene der Autonomen Gemeinschaft, die eine besondere Repräsentativität aufweisen, die sich darin äußert, dass sie mindestens 15 Prozent der Personaldelegierten, der Mitglieder in den Betriebskomitees und in den entsprechenden Gremien der Öffentlichen Verwaltungen vertreten, sofern sie mindestens eine Anzahl von 1.500 Vertretern erreichen und nicht mit Gewerkschaftsorganisationen auf gesamtstaatlicher Ebene verbunden sind. b) Gewerkschaften oder gewerkschaftliche Organisationen, die einer Gewerkschaftsorganisation auf der Ebene der Autonomen Gemeinschaft angehören, die als die repräsentativste im Sinne des Buchstabens a) angesehen wird.

Estas organizaciones gozarán de capacidad representativa para ejercer en el ámbito específico de la Comunidad Autónoma las funciones y facultades enumeradas en el número 3 del artículo anterior, así como la capacidad para ostentar representación institucional ante las Administraciones públicas u otras entidades u organismos de carácter estatal.	Diese Organisationen verfügen über die Vertretungsbefugnis, um im spezifischen Bereich der Autonomen Gemeinschaft die in Nummer 3 des vorhergehenden Artikels aufgeführten Funktionen und Befugnisse auszuüben, sowie über die institutionelle Vertretungsbefugnis vor Öffentlichen Verwaltungen oder anderen Einrichtungen oder Organen mit staatlichem Charakter.
2. Las organizaciones sindicales que aun no teniendo la consideración de más representativas hayan obtenido, en un ámbito territorial y funcional específico, el 10 por 100 o más de delegados de personal y miembros de comité de empresa y de los correspondientes órganos de las Administraciones públicas, estarán legitimadas para ejercitar, en dicho ámbito funcional y territorial, las funciones y facultades a que se refieren los apartados b), c), d), e) y g) del número 3 del artículo 6.° de acuerdo con la normativa aplicable a cada caso.	2. Die Gewerkschaftsorganisationen, die zwar nicht als die repräsentativsten angesehen werden, aber in einem bestimmten territorialen und funktionalen Bereich 10 % oder mehr der Personaldelegierten und Betriebskomiteemitglieder sowie der entsprechenden öffentlichen Verwaltungsorgane auf sich vereinen, sind berechtigt, in diesem territorialen und funktionalen Bereich die in Artikel 6 Absatz 3 b), c), d), e) und g) genannten Funktionen und Befugnisse gemäß den jeweils geltenden Vorschriften auszuüben.
Artículo 8	Art. 8
1. Los trabajadores afiliados a un sindicato podrán, en el ámbito de la empresa o centro de trabajo: a) Constituir Secciones Sindicales de conformidad con lo establecido en los Estatutos del Sindicato. […] 2. Sin perjuicio de lo que se establezca mediante convenio colectivo, las Secciones Sindicales de los sindicatos más representativos y de los que tengan representación en los comités de empresa y en los órganos de representación que se establezcan en las Administraciones públicas o cuenten con delegados de personal, tendrán los siguientes derechos: a) […]	1. Arbeitnehmer, die Mitglied einer Gewerkschaft sind, können auf der Ebene des Unternehmens oder des Betriebs: a) Gewerkschaftssektionen gemäß den Bestimmungen der Satzung der Gewerkschaft bilden. […] 2. Unbeschadet der tarifvertraglichen Bestimmungen haben die Gewerkschaftssektionen der repräsentativsten Gewerkschaften und derjenigen, die in den Betriebskomitees und in den Vertretungsorganen der Öffentlichen Verwaltungen vertreten sind oder Personaldelegierte haben, die folgenden Rechte: a) […]

b) A la negociación colectiva, en los términos establecidos en su legislación específica. c) […]	b) Das Recht auf Tarifverhandlungen gemäß den in den jeweiligen Rechtsvorschriften festgelegten Bedingungen. c) […]
Artículo 10	Art. 10
1. En las empresas o, en su caso, en los centros de trabajo que ocupen a más de 250 trabajadores, cualquiera que sea la clase de su contrato, las Secciones Sindicales que puedan constituirse por los trabajadores afiliados a los sindicatos con presencia en los comités de empresa o en los órganos de representación que se establezcan en las Administraciones públicas estarán representadas, a todos los efectos, por delegados sindicales elegidos por y entre sus afiliados en la empresa o en el centro de trabajo.	1. In Unternehmen oder gegebenenfalls in Betrieben mit mehr als 250 Arbeitnehmern, unabhängig von der Art ihres Vertrages, werden die Gewerkschaftssektionen, die von gewerkschaftlich organisierten Arbeitnehmern gebildet werden können, deren Gewerkschaft in Betriebskomitees oder Vertretungsorganen Öffentlicher Verwaltungen vertreten sind, in jeder Hinsicht durch Gewerkschaftsdelegierte vertreten, die von und unter ihren Mitgliedern im Unternehmen oder Betrieb gewählt werden.
2. Bien por acuerdo, bien a través de la negociación colectiva, se podrá ampliar el número de delegados establecidos en la escala a la que hace referencia este apartado, que atendiendo a la plantilla de la empresa o, en su caso, de los centros de trabajo corresponden a cada uno de éstos. A falta de acuerdos específicos al respecto, el número de delegados sindicales por cada sección sindical de los sindicatos que hayan obtenido el 10 por 100 de los votos en la elección al Comité de Empresa o al órgano de representación en las Administraciones públicas se determinará según la siguiente escala: De 250 a 750 trabajadores: Uno. De 751 a 2.000 trabajadores: Dos. De 2.001 a 5.000 trabajadores: Tres. De 5.001 en adelante: Cuatro.	2. Die Anzahl der Delegierten, die in der in diesem Abschnitt genannten Skala festgelegt wird, kann entweder durch Vereinbarung oder durch Tarifverhandlungen erhöht werden, je nach der Anzahl der Beschäftigten im Unternehmen oder gegebenenfalls in den Betrieben, die diesen entsprechen. In Ermangelung spezifischer Vereinbarungen wird die Zahl der Gewerkschaftsdelegierten für jede Gewerkschaftssektion der Gewerkschaften, die bei den Wahlen zum Betriebskomitee oder zur Vertretungskörperschaft in den Öffentlichen Verwaltungen 10 % der Stimmen erhalten haben, nach folgender Skala festgelegt: Von 250 bis 750 Arbeitnehmern: Eins. Von 751 bis 2.000 Arbeitnehmern: Zwei. Von 2.001 bis 5.000 Arbeitnehmern: Drei. Ab 5.001: Vier.

Las Secciones Sindicales de aquellos sindicatos que no hayan obtenido el 10 por 100 de los votos estarán representadas por un solo delegado sindical.	Die Gewerkschaftssektionen derjenigen Gewerkschaften, die nicht 10 Prozent der Stimmen erhalten haben, werden durch einen einzigen Gewerkschaftsdelegierten vertreten.
3. Los delegados sindicales, en el supuesto de que no formen parte del comité de empresa, tendrán las mismas garantías que las establecidas legalmente para los miembros de los comités de empresa o de los órganos de representación que se establezcan en las Administraciones públicas, así como los siguientes derechos a salvo de lo que se pudiera establecer por convenio colectivo:	3. Die Gewerkschaftsdelegierten haben, falls sie nicht dem Betriebskomitee angehören, die gleichen Garantien, wie sie gesetzlich für die Mitglieder der Betriebskomitees oder der Vertretungsorgane in den Öffentlichen Verwaltungen vorgesehen sind, sowie die folgenden Rechte, mit Ausnahme derjenigen, die durch Tarifvertrag festgelegt werden können:
1.º Tener acceso a la misma información y documentación que la empresa ponga a disposición del comité de empresa, estando obligados los delegados sindicales a guardar sigilo profesional en aquellas materias en las que legalmente proceda.	(1) Zugang zu denselben Informationen und Unterlagen, die das Unternehmen dem Betriebskomitee zur Verfügung stellt, wobei die Gewerkschaftsdelegierten zur Wahrung des Berufsgeheimnisses in den Angelegenheiten verpflichtet sind, in denen dies gesetzlich vorgeschrieben ist.
2.º Asistir a las reuniones de los comités de empresa y de los órganos internos de la empresa en materia de seguridad e higiene o de los órganos de representación que se establezcan en las Administraciones públicas, con voz pero sin voto.	(2) Teilnahme an den Sitzungen des Betriebskomitees und der unternehmensinternen Gremien für Sicherheit und Gesundheitsschutz oder der Vertretungsorgane der Öffentlichen Verwaltungen mit Rede-, aber ohne Stimmrecht.
3.º Ser oídos por la empresa previamente a la adopción de medidas de carácter colectivo que afecten a los trabajadores en general y a los afiliados a su sindicato en particular, y especialmente en los despidos y sanciones de estos últimos.	(3) Das Recht auf Anhörung durch das Unternehmen vor der Verabschiedung von kollektiven Maßnahmen, die die Arbeitnehmer im Allgemeinen und die Gewerkschaftsmitglieder im Besonderen betreffen, insbesondere bei Kündigungen und Sanktionen gegen Letztere.

Artículo 11	Art. 11
1. En los convenios colectivos podrán establecerse cláusulas por las que los trabajadores incluidos en su ámbito de aplicación atiendan económicamente la gestión de los sindicatos representados en la comisión negociadora, fijando un canon económico y regulando las modalidades de su abono. En todo caso, se respetará la voluntad individual del trabajador, que deberá expresarse por escrito en la forma y plazos que se determinen en la negociación colectiva.	1. In Tarifverträgen können Klauseln festgelegt werden, wonach die unter den Tarifvertrag fallenden Arbeitnehmer für die Verwaltung der im Verhandlungskomitee vertretenen Gewerkschaften finanziell verantwortlich sind, wobei ein finanzielles Entgelt festgelegt und die Bedingungen für dessen Zahlung geregelt werden. In jedem Fall ist der individuelle Wille des Arbeitnehmers zu respektieren, der schriftlich in der Form und innerhalb der Fristen zum Ausdruck gebracht werden muss, die in den Tarifverträgen festgelegt sind.
2. El empresario procederá al descuento de la cuota sindical sobre los salarios y a la correspondiente transferencia a solicitud del sindicato del trabajador afiliado y previa conformidad, siempre, de éste.	2. Der Arbeitgeber nimmt den Abzug des Gewerkschaftsbeitrags vom Lohn und die entsprechende Überweisung auf Antrag der Gewerkschaft, der der Arbeitnehmer angehört und stets mit dessen vorheriger Zustimmung, vor.
Artículo 12	Art. 12
Serán nulos y sin efecto los preceptos reglamentarios, las cláusulas de los convenios colectivos, los pactos individuales y las decisiones unilaterales del empresario que contengan o supongan cualquier tipo de discriminación en el empleo o en las condiciones de trabajo, sean favorables o adversas, por razón de la adhesión o no a un sindicato, a sus acuerdos o al ejercicio en general de actividades sindicales.	Rechtsvorschriften, Tarifvertragsklauseln, individuelle Vereinbarungen und einseitige Entscheidungen des Arbeitgebers, die irgendeine Art von Diskriminierung bei der Beschäftigung oder den Arbeitsbedingungen enthalten, seien sie vorteilhaft oder nachteilig, aus Gründen des Beitritts oder Nicht-Beitritts zu einer Gewerkschaft, zu ihren Vereinbarungen oder zur Ausübung gewerkschaftlicher Tätigkeiten, sind nichtig und ohne Wirkung.
Artículo 14	Art. 14
El sindicato a que pertenezca el trabajador presuntamente lesionado, así como cualquier sindicato que ostente la condición de más representativo, podrá personarse como coadyuvante en el proceso incoado por aquél.	Die Gewerkschaft, der der mutmaßlich geschädigte Arbeitnehmer angehört, sowie jede andere Gewerkschaft, die am repräsentativsten ist, kann dem von dem mutmaßlich geschädigten Arbeitnehmer angestrengten Verfahren beitreten.

Real Decreto de 24 de julio de 1889 Código Civil. Real Dekret vom 24. Juli 1889, Zivilgesetzbuch (zuletzt geändert durch Disposición final 1^{era} und 2^{nda} Ley 4/2023)

Artículo 2	Art. 2
1. Las leyes entrarán en vigor a los veinte días de su completa publicación en el «Boletín Oficial del Estado», si en ellas no se dispone otra cosa. 2. [...] 3. Las leyes no tendrán efecto retroactivo, si no dispusieren lo contrario.	1. Die Gesetze treten am zwanzigsten Tag nach ihrer vollständigen Veröffentlichung im „Boletín Oficial del Estado" in Kraft, sofern in dem Gesetz nichts anderes vorgesehen ist. 2. [...] 3. Ein Gesetz hat keine rückwirkende Kraft, es sei denn, es sieht etwas anderes vor.
Artículo 6	**Art. 6**
1. [...] 2. La exclusión voluntaria de la ley aplicable y la renuncia a los derechos en ella reconocidos sólo serán válidas cuando no contraríen el interés o el orden público ni perjudiquen a terceros. 3. Los actos contrarios a las normas imperativas y a las prohibitivas son nulos de pleno derecho, salvo que en ellas se establezca un efecto distinto para el caso de contravención. 4. [...]	1. [...] 2. Die Nichtanwendung des geltenden Rechts und der Verzicht auf die darin anerkannten Rechte sind nur dann wirksam, wenn sie nicht dem öffentlichen Interesse oder der öffentlichen Ordnung zuwiderlaufen und Dritte nicht benachteiligen. 3. Handlungen, die gegen zwingende und Verbotsvorschriften verstoßen, sind nichtig, es sei denn, dass für den Fall der Zuwiderhandlung eine andere Rechtsfolge vorgesehen ist. 4. [...]
Artículo 1091	**Art. 1091**
Las obligaciones que nacen de los contratos tienen fuerza de ley entre las partes contratantes, y deben cumplirse a tenor de los mismos.	Die Verpflichtungen aus Verträgen haben zwischen den Vertragsparteien Rechtskraft und müssen vertragsgemäß erfüllt werden.
Artículo 1254	**Art. 1254**
El contrato existe desde que una o varias personas consienten en obligarse, respecto de otra u otras, a dar alguna cosa o prestar algún servicio.	Ein Vertrag liegt vor, sobald eine oder mehrere Personen vereinbaren, sich gegenüber einer oder mehreren anderen Personen zu verpflichten, etwas zu geben oder eine Dienstleistung zu erbringen.
Artículo 1255	**Art. 1255**
Los contratantes pueden establecer los pactos, cláusulas y condiciones que tengan por conveniente, siempre que no sean contrarios a las leyes, a la moral ni al orden público.	Die Vertragsparteien können nach eigenem Ermessen Vereinbarungen, Klauseln und Bedingungen festlegen, sofern diese nicht gegen das Gesetz, die guten Sitten oder die öffentliche Ordnung verstoßen.

Artículo 1256	Art. 1256
La validez y el cumplimiento de los contratos no pueden dejarse al arbitrio de uno de los contratantes.	Die Wirksamkeit und Erfüllung von Verträgen kann nicht in das Ermessen einer der Vertragsparteien gestellt werden.
Artículo 1257	Art. 1257
Los contratos sólo producen efecto entre las partes que los otorgan y sus herederos; salvo, en cuanto a éstos, el caso en que los derechos y obligaciones que proceden del contrato no sean transmisibles, o por su naturaleza, o por pacto, o por disposición de la ley. [...]	Verträge wirken nur zwischen den Parteien, die sie geschlossen haben, und ihren Erben, es sei denn, die Rechte und Pflichten aus dem Vertrag sind weder durch ihre Natur noch durch Vereinbarung oder Gesetz übertragbar. [...]
Artículo 1258	Art. 1258
Los contratos se perfeccionan por el mero consentimiento, y desde entonces obligan, no sólo al cumplimiento de lo expresamente pactado, sino también a todas las consecuencias que, según su naturaleza, sean conformes a la buena fe, al uso y a la ley.	Verträge werden durch bloße Zustimmung geschlossen und verpflichten ab diesem Zeitpunkt zur Erfüllung des ausdrücklich Vereinbarten und allen Pflichten, die ihrer Natur nach mit Treu und Glauben, der Verkehrssitte und dem Gesetz in Einklang stehen.

Ley 36/2011, de 10 de octubre, reguladora de la jurisdicción social. Gesetz 36/2011, vom 10. Oktober, über die Sozialgerichtsbarkeit (zuletzt geändert durch Art. 104 Real Decreto-ley 6/2023)

Artículo 17 Legitimación	Art. 17 Legitimation
1. [...] 2. Los sindicatos de trabajadores y las asociaciones empresariales tendrán legitimación para la defensa de los intereses económicos y sociales que les son propios. Los sindicatos con implantación suficiente en el ámbito del conflicto están legitimados para accionar en cualquier proceso en el que estén en juego intereses colectivos de los trabajadores, siempre que exista un vínculo entre dicho sindicato y el objeto del pleito de que se trate; podrán igualmente personarse y ser tenidos por parte en dichos procesos, sin que tal intervención haga detener o retroceder el curso de las actuaciones.	1. [...] 2. Die Gewerkschaften der Arbeitnehmer und die Arbeitgeberverbände sind berechtigt, ihre eigenen wirtschaftlichen und sozialen Interessen zu verteidigen. Gewerkschaften, die im Konfliktgebiet hinreichend präsent sind, haben das Recht, sich in allen Verfahren, die kollektive Interessen der Arbeitnehmer zum Gegenstand haben, zu betätigen, sofern ein Zusammenhang zwischen der Gewerkschaft und dem Gegenstand des betreffenden Rechtsstreits besteht; sie können in diesem Verfahren auch als Partei auftreten und berücksichtigt werden, ohne dass dies zu einer Unterbrechung oder Verzögerung des Verfahrens führt.

En especial, en los términos establecidos en esta Ley, podrán actuar, a través del proceso de conflicto colectivo, en defensa de los derechos e intereses de una pluralidad de trabajadores indeterminada o de difícil determinación; y, en particular, por tal cauce podrán actuar en defensa del derecho a la igualdad de trato entre mujeres y hombres en todas las materias atribuidas al orden social. En el proceso de ejecución se considerarán intereses colectivos los tendentes a la conservación de la empresa y a la defensa de los puestos de trabajo. 3.–6. […]	Insbesondere können sie unter den in diesem Gesetz festgelegten Bedingungen im Rahmen eines kollektiven Konflikts die Rechte und Interessen einer unbestimmten oder schwer bestimmbaren Mehrzahl von Arbeitnehmern verteidigen; und insbesondere können sie auf diesem Wege das Recht auf Gleichbehandlung von Frauen und Männern in allen der Sozialordnung zuzurechnenden Angelegenheiten verteidigen. Bei der Durchsetzung gelten als kollektive Interessen diejenigen, die auf die Erhaltung des Unternehmens und die Verteidigung der Arbeitsplätze gerichtet sind. 3.–6. […]
Artículo 165 Legitimación	Art. 165 Legitimation
1. La legitimación activa para impugnar un convenio colectivo, por los trámites del proceso de conflicto colectivo corresponde: a) Si la impugnación se fundamenta en la ilegalidad, a los órganos de representación legal o sindical de los trabajadores, sindicatos y asociaciones empresariales interesadas, así como al Ministerio Fiscal, a la Administración General del Estado y a la Administración de las Comunidades Autónomas su respectivo ámbito. A los efectos de impugnar las cláusulas que pudieran contener discriminaciones directas o indirectas por razón de sexo, están también legitimados el Instituto de la Mujer y los organismos correspondientes de las Comunidades Autónomas.	1. Klagebefugt im Rahmen eines gerichtlichen Vorgehens gegen einen Tarifvertrags sind: a) Wenn die Klage auf einer geltend gemachten Gesetzeswidrigkeit beruht, den gesetzlichen oder gewerkschaftlichen Vertretungsorganen der betroffenen Arbeitnehmer, Gewerkschaften und Arbeitgeberverbände sowie der Staatsanwaltschaft, der Allgemeinen Staatsverwaltung und der Verwaltung der Autonomen Gemeinschaften in ihrem jeweiligen Bereich. Zum Vorgehen gegen Klauseln, die eine unmittelbare oder mittelbare Diskriminierung aufgrund des Geschlechts enthalten können, sind auch das Fraueninstitut und die entsprechenden Einrichtungen der Autonomen Gemeinschaften befugt.

b) Si el motivo de la impugnación fuera la lesividad, a los terceros cuyo interés haya resultado gravemente lesionado. No se tendrá por terceros a los trabajadores y empresarios incluidos en el ámbito de aplicación del convenio. 2.–4. […]	b) Wenn der Grund für das gerichtliche Verfahren die Verletzung von Rechten Dritter ist, die Dritten, deren Interessen ernsthaft verletzt worden sind. Zu den Dritten gehören nicht diejenigen Arbeitnehmer und Arbeitgeber, die in den Anwendungsbereich des Tarifvertrags fallen. 2.–4. […]
Artículo 177 Legitimación	Art. 177 Legitimation
1. […] 2. En aquellos casos en los que corresponda al trabajador, como sujeto lesionado, la legitimación activa como parte principal, podrán personarse como coadyuvantes el sindicato al que éste pertenezca, cualquier otro sindicato que ostente la condición de más representativo, así como, en supuestos de discriminación, las entidades públicas o privadas entre cuyos fines se encuentre la promoción y defensa de los intereses legítimos afectados, si bien no podrán personarse, recurrir ni continuar el proceso contra la voluntad del trabajador perjudicado. 3.–4. […]	1. […] 2. In den Fällen, in denen der Arbeitnehmer als Geschädigter als Hauptpartei auftritt, können die Gewerkschaft, der er angehört, jede andere Gewerkschaft, die am repräsentativsten ist, sowie in Fällen von Diskriminierung öffentliche oder private Einrichtungen, die die Förderung und Verteidigung der betroffenen berechtigten Interessen zum Ziel haben, dem Prozess akzessorisch und untergeordnet beitreten; sie können jedoch nicht gegen den Willen des geschädigten Arbeitnehmers auftreten, Rechtsmittel einlegen oder das Verfahren fortsetzen. 3.–4. […]

www.ingramcontent.com/pod-product-compliance
Ingram Content Group UK Ltd.
Pitfield, Milton Keynes, MK11 3LW, UK
UKHW021925290926
8980IPUK00016B/1462

9 783631 943304